AUFBAU BIBLIOTHEK

Louis-Charles-Adélaïde de Chamisso wurde 1781 auf Schloß Boncourt in der Champagne geboren. 1792 emigrierte die Familie nach Deutschland. In Berlin begann der 17jährige Adelbert von Chamisso eine Offizierslaufbahn, daneben verkehrte er in den Berliner Salons und schloß sich dem literarisch-philosophischen Kreis um Varnhagen von Ense an. 1818, nach Rückkehr von der dreijährigen Forschungsexpedition rund um die Welt, erhielt er eine Anstellung am Botanischen Garten in Berlin und wurde Mitglied der Akademie der Wissenschaften. Chamisso starb 1838 in Berlin.

Neben seinem berühmtesten Werk »Peter Schlemihls wundersame Geschichte« (1814) schrieb er so populär gewordene Balladen und Gedichte wie »Frauenliebe und -leben«, vertont von Robert Schumann, »Schloß Boncourt«, »Das Riesenspielzeug« und »Die alte Waschfrau«.

Drei Jahre verbrachte Chamisso auf der russischen Brigg »Rurik«, die den nördlichen Seeweg zwischen Atlantischem und Pazifischem Ozean erkunden sollte. Der Dichter und Naturforscher begleitete diese sensationelle Weltumseglung als wissenschaftlicher Berater und Botaniker. Stationen der Expedition waren u.a. Teneriffa, Brasilien und Chile, Kamtschatka und Kalifornien, die Sandwich-Inseln, Manila und Kapstadt. In Tagebuchform schildert Chamisso das schwierige und oft entwürdigende Schiffsleben in seiner hierarchischen Ordnung. Er beobachtet das Meer im unendlichen Wechselspiel von Licht und Luft und schildert in bewegender Weise die Abenteuer, die ihn bei den Landgängen erwarten.

Adelbert von Chamisso

REISE UM DIE WELT

Aufbau Taschenbuch Verlag

Textgrundlage:
Chamissos Werke, hrsg. von Hermann Tardel,
Band 3, Leipzig und Wien 1907

Mit 25 zeitgenössischen Abbildungen
und einem Nachwort von Johannes Herlyn

ISBN 3-7466-6093-9

1. Auflage 2001

Einbandgestaltung Torsten Lemme
unter Verwendung des Gemäldes von Charles Conder
»Departure of the Orient, Circular Quay« 1888,
Art'Gallery of New South Wales, Sydney
Druck Ebner Ulm
Printed in Germany

www.aufbau-taschenbuch.de

Adelbert von Chamisso
während der Reise um die Welt
Zeichnung von Louis Choris

VORWORTLICH

Des Leutnant der russisch-kaiserlichen Marine, Otto von Kotzebue, »Entdeckungsreise in die Südsee und nach der Berings-Straße zur Entdeckung einer nordöstlichen Durchfahrt, unternommen in den Jahren 1815–18 auf Kosten Sr. Erlaucht des Herrn Reichskanzler Grafen Rumanzow auf dem Schiffe ›Rurik‹. Weimar, 1821. 4.« enthält im dritten Bande meine auf diese Reise, an welcher ich als Naturforscher teilnahm, bezüglichen »Bemerkungen und Ansichten«.

Der einzige Vorteil, den ich mir von meinen Bemühungen während und nach der Reise als Naturforscher und Schriftsteller versprechen durfte, war, diese von mir geforderten Denkschriften vor dem Publikum, für welches sie bestimmt waren, in reinem Abdruck und würdiger Gestalt erscheinen zu sehen. Der Erfolg entsprach nicht meiner Erwartung. Was ich geschrieben, war von unzähligen sinnzerstörenden Druckfehlern an vielen Stellen verfälscht und unverständlich; und dieselben in einem »Errata« anzuzeigen wurde mir bestimmt abgeschlagen. In einer eigenen Abhandlung, die mir zugeschrieben werden konnte und zugeschrieben worden ist, trug Eschscholtz über die *Korallen-Inseln* hergebrachte Meinungen wieder vor, die widerlegt zu haben ich mir zu einem Hauptverdienst anrechnete. Die Verlagshandlung hatte die Aussicht auf eine französische Übersetzung, die ein mir befreundeter Gelehrter besorgen wollte, vereitelt, indem sie die zu diesem Behuf begehrten Aushängebogen verweigerte. Endlich warf noch über das erscheinende Buch Sands unselige Tat ihren düstern Schatten und ließ nur den Namen, den es an der Stirne trug, im Lichte der Parteien schimmern.

Ich habe von dieser Reisebeschreibung, und auch nur von dem nautischen Teil derselben, eine einzige würdigende Beurteilung gesehen (»Quarterly Review«, 1822).

Und dennoch halte ich einige Teile meiner Arbeit für nicht unwert, der Vergessenheit entzogen zu werden. Was ein gradsinniger Mann, der selbst gesehen und geforscht, in der Kürze aufgezeichnet hat, verdient doch wohl, in dem Archive der Wissenschaft niedergelegt zu werden; nur das Buch, das aus andern Büchern ausgeschrieben und zusammengetragen worden, mag von neueren, vollständigeren oder geistreicheren, verdrängt werden und verschallen.

Sollte ich jetzt die Gegenstände, die ich damals abgehandelt, einer neuen Untersuchung unterwerfen, so läge mir ob, die Zeugnisse und Aussagen meiner zahlreichen Nachfolger zu vergleichen und zu prüfen; das ist aber der Beruf des jüngsten Forschers auf dem gleichen Felde, dem die vollständigen Akten vorliegen; ich sage: der Beruf des jüngsten Reisenden; die Berichte älterer Weltumsegler sind in der Regel wahrhaft, aber nur Selbstanschauung kann das Verständnis derselben eröffnen.

In meiner Kindheit hatte Cook den Vorhang weggehoben, der eine noch märchenhaft lockende Welt verbarg, und ich konnte mir den außerordentlichen Mann nicht anders denken als in einem Lichtscheine, wie etwa dem Dante sein Urahnherr Cacciaguida im fünften Himmel erschien. Ich war wenigstens noch der erste, der eine gleiche Reise von Berlin aus unternahm. Jetzt scheint, um die Welt gekommen zu sein, zu den Erfordernissen einer gelehrten Erziehung zu gehören, und in England soll schon ein Postschiff eingerichtet werden, Müßiggänger für ein geringes Geld auf Cooks Spuren herumzuführen.

Ich habe schon oft Gelegenheit gehabt, jüngeren Freunden einen Rat zu erteilen, den noch keiner befolgen mochte. Ich würde, sagte ich ihnen, wenn ich von einer wissenschaftlichen Reise zurückkehrte, über die ich berichten müßte, in der Erzählung derselben den Gelehrten ganz verleugnen und nur das fremde Land und die fremden Menschen oder vielmehr nur mich selbst in der fremden Umgebung dem teilnehmenden Leser zu vergegenwärtigen trachten; und entspräche der Erfolg dem Willen, so müßte sich jeder mit mir hinträumen, wo eben uns die Reise hinführte. Dieser Teil wäre vielleicht am besten während der Reise selbst geschrieben worden. Abgesondert würde ich sodann den Gelehrten vorlegen, was ich für jedes Fach der Wissenschaft Geringfügiges oder Bedeutendes zu erkunden oder zu leisten das Glück gehabt hätte.

Die Erzählung meiner eignen Reise ist nicht von mir gefordert worden, und ich habe, wenig schreibselig, es gern anderen, dem Herrn von Kotzebue und dem Maler Choris*, überlassen, eine solche jeder für sich zu verfassen. Ich habe nur sächlich über die Lande, die wir berührt haben, meine »Bemerkungen und Ansichten« in den Blättern niedergelegt, von denen ich mehrere, unerachtet ihrer oft unvermeidlichen Dürre, gegenwärtiger Sammlung einverleiben will. Und, offenherzig gesprochen, das eben ist's, was mich veranlaßt, das Versäumte nachzuholen und an euch, ihr Freunde und Freunde meiner Muse, diese Zeilen zu richten. Ich bilde mir nicht ein, vor Fremden, sondern nur vor Freunden zu stehen, da ich von mir unumwunden zu reden und ein Hauptstück meiner Lebensgeschichte vorzutragen mich anschicke.

Aber wird nicht der Tau von den Blumen abgestreift,

* »Voyage pittoresque autour du monde«. Paris 1822. Fol.

nicht ihr Duft verhaucht sein? Seither sind fast zwanzig Jahre verstrichen, und ich bin nicht der rüstige Jüngling mehr, ich bin ein fast alter, ein kranker, müder Mann; aber der Sinn ist mir noch frisch, das Herz noch warm geblieben; wir wollen das Beste hoffen. Ebendie Krankheit, die meine Kraft bricht und mich zu ernsteren Arbeiten untüchtig macht, verschafft mir die nötige Muße zu dem vertraulichen Gespräch.

EINLEITEND

Wer mich teilnehmend auf der weiten Reise begleiten will, muß zuvörderst erfahren, wer ich bin, wie das Schicksal mit mir spielte und wie es geschah, daß ich als Titulargelehrter an Bord des »Ruriks« stieg.

Aus einem alten Hause entsprossen, ward ich auf dem Schlosse zu Boncourt in der Champagne im Januar 1781 geboren. Die Auswanderung des französischen Adels entführte mich schon im Jahre 1790 dem Mutterboden. Die Erinnerungen meiner Kindheit sind für mich ein lehrreiches Buch, worin meinem geschärften Blicke jene leidenschaftlich erregte Zeit vorliegt. Die Meinungen des Knaben gehören der Welt an, die sich in ihm abspiegelt, und ich möchte zuletzt mich fragen: Sind oft die des Mannes mehr sein Eigentum? – Nach manchen Irrfahrten durch die Niederlande, Holland, Deutschland und nach manchem erduldeten Elend ward meine Familie zuletzt nach Preußen verschlagen. Ich wurde im Jahre 1796 Edelknabe der Königin-Gemahlin Friedrich Wilhelms II. und trat 1798 unter Friedrich Wilhelm III. in Kriegsdienst bei einem Infanterieregimente der Besatzung Berlins. Die mildere Herrschaft des Ersten Konsuls gewährte zu Anfange des Jahrhunderts meiner Familie die Heimkehr nach Frankreich, ich aber blieb zurück. So stand ich in den Jahren, wo der Knabe zum Manne heranreift, allein, durchaus ohne Erziehung; ich hatte nie eine Schule ernstlich besucht. Ich machte Verse, erst französische, später deutsche. Ich schrieb im Jahre

1803 den »Faust«, den ich aus dankbarer Erinnerung in meine Gedichte aufgenommen habe. Dieser fast knabenhafte metaphysisch-poetische Versuch brachte mich zufällig einem andern Jünglinge nah, der sich gleich mir im Dichten versuchte, K. A. Varnhagen von Ense. Wir verbrüderten uns, und so entstand unreiferweise der »Musenalmanach auf das Jahr 1804«, der, weil kein Buchhändler den Verlag übernehmen wollte, auf meine Kosten herauskam. Diese Unbesonnenheit, die ich nicht bereuen kann, ward zu einem segensreichen Wendepunkte meines Lebens. Obgleich mein damaliges Dichten meist nur in der Ausfüllung der poetischen Formen, welche die sogenannte neue Schule anempfahl, bestehen mochte, machte doch das Büchlein einiges Aufsehen. Es brachte mich einerseits in enge Verbrüderung mit trefflichen Jünglingen, die zu ausgezeichneten Männern heranwuchsen; andererseits zog es auf mich die wohlwollende Aufmerksamkeit von Männern, unter denen ich nur Fichte nennen will, der seiner väterlichen Freundschaft mich würdigte.

Dem ersten Musenalmanach von Ad. von Chamisso und K. A. Varnhagen folgten noch zwei Jahrgänge nach, zu denen sich ein Verleger gefunden hatte, und das Buch hörte erst auf zu erscheinen, als die politischen Ereignisse die Herausgeber und Mitarbeiter auseinandersprengten. Ich studierte indes angestrengt, zuvörderst die griechische Sprache, ich kam erst später an die lateinische und gelegentlich an die lebenden Sprachen Europas. Der Entschluß reifte in mir, den Kriegsdienst zu verlassen und mich ganz den Studien zu widmen. Die verhängnisvollen Ereignisse vom Jahre 1806 traten hemmend und verzögernd zwischen mich und meine Vorsätze. Die Hohe Schule zu Halle, wohin ich den Freunden folgen sollte, bestand nicht mehr; sie selbst waren in die weite Welt zerstreut. Der Tod hatte mir die Eltern geraubt. Irr an mir selber, ohne Stand und Geschäft, gebeugt, zerknickt, verbrachte ich in Berlin die düstere Zeit. Am zerstörendsten wirkte ein Mann auf mich ein, einer der ersten Geister der Zeit, dem ich in frommer Verehrung anhing, der, mich emporzurichten, nur eines Wortes, nur eines Winkes bedurft hätte und der, mir jetzt noch unbegreiflich, sich angelegen sein ließ, mich niederzutreten. Da wünschte mir ein Freund, ich möchte nur irgendeinen tollen Streich begehen, damit ich etwas wiedergutzumachen hätte und Tatkraft wiederfände.

Der Zerknirschung, in der ich unterging, ward ich durch den Ruf als Professor am Lyceo zu Napoléonville entrissen, den unerwartet im Spätjahr 1809 ein alter Freund meiner Familie an mich ergehen ließ. Ich reiste nach Frankreich; ich trat aber meine Professur nicht an. Der Zufall, das Schicksal, das Waltende entschied abermals über mich; ich ward in den Kreis der Frau von Staël gezogen. Ich brachte nach ihrer Vertreibung aus Blois den Winter 1810–11 in Napoléonville bei dem Präfekten Prosper von Barante zu, folgte im Frühjahr 1811 der hohen Herrin nach Genf und Coppet und war 1812 ein mitwirkender Zeuge ihrer Flucht. Ich habe bei dieser großartig wunderbaren Frau unvergeßliche Tage gelebt, viele der bedeutendsten Männer der Zeit kennengelernt und einen Abschnitt der Geschichte Napoleons erlebt, seine Befeindung einer ihm nicht unterwürfigen Macht; denn neben und unter ihm sollte nichts Selbständiges bestehen.

Im Spätjahr 1812 verließ ich Coppet und meinen Freund August von Staël, um mich auf der Universität zu Berlin dem Studium der Natur zu widmen. So trat ich jetzt erst handelnd und bestimmend in meine Geschichte ein und zeichnete ihr die Richtung vor, die sie fortan unverwandt verfolgt hat.

Die Weltereignisse vom Jahre 1813, an denen ich nicht tätigen Anteil nehmen durfte – ich hatte ja kein Vaterland mehr oder noch kein Vaterland –, zerrissen mich wiederholt vielfältig, ohne mich von meiner Bahn abzulenken. Ich schrieb in diesem Sommer, um mich zu zerstreuen und die Kinder eines Freundes zu ergötzen, das Märchen »Peter Schlemihl«, das in Deutschland günstig aufgenommen und in England volkstümlich geworden ist.

Kaum hatte der Boden sich wieder befestigt und wieder blau der Himmel sich darüber gewölbt, als im Jahre 1815 der Sturm sich wiederum erhob und aufs neue zu den Waffen gerufen ward. Was meine nächsten Freunde mir beim ersten Ausmarsch zuschreien müssen, sagte ich mir nun selbst: die Zeit hatte kein Schwert für mich; aber aufreibend ist es, bei solcher waffenfreudigen Volksbewegung müßiger Zuschauer bleiben zu müssen.

Der Prinz Max von Wied-Neuwied schickte sich damals an, seine Reise nach Brasilien anzutreten. Ich faßte den Gedanken, mich ihm anzuschließen; ich ward ihm zu einem Gehülfen vorgeschlagen; – er konnte seine schon abgeschlossene Ausrüstung nicht erweitern, und die Reise aus eignen Mitteln zu bestreiten, war ich unvermögend.

Da kam mir zufällig einmal bei Julius Eduard Hitzig ein Zeitungsartikel zu Gesichte, worin von einer nächst bevorstehenden Entdeckungsexpedition der Russen nach dem Nordpol verworrene Nachricht gegeben ward. »Ich wollte, ich wäre mit diesen Russen am Nordpol!« rief ich unmutig aus und stampfte wohl dabei mit dem Fuß. Hitzig nahm mir das Blatt aus der Hand, überlas den Artikel und fragte mich: »Ist es dein Ernst?« – »Ja!« – »So schaffe mir sogleich Zeugnisse deiner Studien und Befähigung zur Stelle. Wir wollen sehen, was sich tun läßt.«

Das Blatt nannte Otto von Kotzebue als Führer der Expedition. Mit dem Staatsrate August von Kotzebue, der zur Zeit in Königsberg lebte, hatte Hitzig in Verbindung gestanden und war mit ihm in freundlichem Verhältnisse geblieben. Briefe und Zeugnisse meiner Lehrer, die zu meinen Freunden zu rechnen ich stolz sein konnte, sandte Hitzig mit der nächsten Post an den Staatsrat von Kotzebue ab, und in der möglichst kurzen Zeit folgte auf dessen Antwort ein Brief von seinem Schwager, dem Admiral, damaligem Kapitän der russisch-kaiserlichen Marine, von Krusenstern, dem Bevollmächtigten des Ausrüsters der Expedition, Grafen Romanzow, aus Reval vom 12. Juni 1815. Ich war an die Stelle des Professors Ledebour, den seine schwache Gesundheit zurückzutreten vermocht hatte, zum Naturforscher auf die zu unternehmende Entdeckungsreise in die Südsee und um die Welt ernannt.

VORFREUDE. REISE ÜBER HAMBURG NACH KOPENHAGEN

Nun war ich wirklich an der Schwelle der lichtreichsten Träume, die zu träumen ich kaum in meinen Kinderjahren mich erkühnt, die mir im »Schlemihl« vorgeschwebt, die als Hoffnungen ins Auge zu fassen ich, zum Manne herangereift, mich nicht vermessen. Ich war wie die Braut, die, den Myrtenkranz im Haare, dem Heißersehnten entgegensieht. Diese Zeit ist die des wahren Glückes; das Leben zahlt den ausgestellten Wechsel nur mit Abzug, und zu den hienieden Begünstigteren möchte der zu rechnen sein, der da abgerufen wird, bevor die Welt die überschwengliche Poesie seiner Zukunft in die gemeine Prosa der Gegenwart übersetzt.

Ich schaute, freudiger Tatkraft mir bewußt, in die Welt, die offen vor mir lag, hinein, begierig, in den Kampf mit der geliebten Natur zu treten, ihr ihre Geheimnisse abzuringen. So wie mir selber in den wenigen Tagen bis zu meiner Einschiffung Länder, Städte, Menschen, die ich nun kennenlernte, in dem günstigsten Lichte erschienen, das die eigene Freudigkeit meines Busens hinausstrahlte, so muß ich auch den günstigsten Eindruck in denjenigen, die mich damals sahen, zurückgelassen haben; denn erfreulich ist der Augenblick des Glücklichen.

Das Schreiben des Herrn von Krusenstern enthielt in sehr bestimmten Ausdrücken das nächste, was zu wissen mir not tat. Die Zeit drängte: der »Rurik« sollte Sankt Petersburg am 27. Juli und Kronstadt am 1. August verlassen;

er konnte unter günstigen Umständen schon am 5. August zu Kopenhagen anlegen. Meinem Ermessen ward anheimgestellt, entweder in Sankt Petersburg oder zu Kopenhagen zu der Expedition zu stoßen. Im Falle, daß ich das erstere vorzöge, würde ich den mir für den Eintritt in Rußland nötigen Paß an der Grenze vorfinden. Der Ehr- und Habsucht ward keine Aussicht vorgespiegelt, sondern als Lohn auf das Gefühl verwiesen, zu einem rühmlichen Unternehmen mitgewirkt zu haben. Das Schiff war anscheinend vorzüglich gut gebaut und besonders bequem und gut eingerichtet. Meine Kajüte, so lauteten die Worte, war, ungeachtet der geringen Größe des Schiffes, viel besser als die von Herrn von Tilesius am Bord der »Nadeshda«.

Nach reiflicher Beratung mit meinen Freunden ward beschlossen, daß ich zu Kopenhagen an Bord steigen und die drei Wochen bis zur Mitte Juli in Berlin benutzen und genießen solle.

Ich erhielt in diesen Tagen von August von Staël einen Paris am 15. Mai datierten, aber durch die nötig gewordenen Umwege verspäteten Brief, den ich nur mit Wehmut aus der Hand zu legen vermochte. Der Wurf war geschehen, und ich blickte nur vorwärts, nicht seitwärts.

Meines Freundes Gedanken hatten sich vom alten Europa nach der Neuen Welt gewandt, und er schickte sich zur Reise an, in den Urwäldern, die seine Mutter am Sankt-Laurenz-Fluß besaß, Neckerstown zu begründen. Sein Begehren war, meine Zukunft an die seinige zu binden; er teilte mir seinen weitaussehenden, näher zu beratenden Plan mit und bezeichnete mir den Anteil, den er mir in der Ausführung zugedacht. Ich sollte mit angeworbenen Arbeitern im nächsten Frühjahr in New York zu ihm stoßen. Ich konnte ihm nur das eben von mir eingegangene Verhältnis darlegen, betrübt, ihm meine Mitwirkung bei einem Plane zu versagen, der übrigens nie in Ausführung gebracht worden. Was ihn davon abgelenkt hat, habe ich nie erfahren.

Mein Hauptgeschäft war nun, emsig die Zeit und die Willfährigkeit gelehrter Männer benutzend, zu erkunden, welche Lücken der Wissenschaft auszufüllen eine Reise gleich der vorgehabten die Hoffnung darböte; mir Fragen vorlegen, mir sagen zu lassen, worauf besonders zu sehen, was vorzüglich zu sammeln sei. Ich konnte mich und andere nur Allgemeines fragen; über Zweck und Plan der Reise hatte Herr von Krusenstern geschwiegen, und ich wußte nicht, an welchen Küsten angelegt werden sollte.

Niebuhr bezeichnete mir einen Strich der Ostküste Afrikas, dessen Geographie noch mangelhaft sei und den bei westlicher Rückfahrt aufzunehmen die Umstände leichtlich erlauben möchten. Ich entgegnete ihm kleinlaut und fast erschrocken, dieses sei doch allein Sache des Kapitäns. Er maß aber auch in solcher Angelegenheit der beratenden Stimme des Gelehrten einiges Gewicht bei. – Was bei einer solchen Entdeckungsreise ein Gelehrter ist, wird aus diesen Blättern erhellen.

Der Dichter Robert sagte zu mir: »Chamisso, sammeln Sie immerhin und bringen Sie heim für andere Steine und Sand, Seegras, Blattpilze, Entozoa und Epizoa, das heißt, wie ich höre, Eingeweidewürmer und Ungeziefer; aber verschmähen Sie meinen Rat nicht: Sammeln Sie auch, wenn Sie auf Ihrer Reise Gelegenheit dazu finden, Geld und legen Sie es für sich beiseite; mir aber bringen Sie eine wilde Pfeife mit.« – Wohl habe ich für den Freund eine wilde Pfeife von den Eskimos mitgebracht, und er hat seine Freude daran gehabt; aber das Geld habe ich vergessen.

Ich will hier gelegentlich anführen, daß ich am Bord des »Ruriks« eine Denkschrift des Doktors Spurzheim vorfand, der, weniger praktisch, zur Beförderung der Kraniologie empfahl, den Wilden das Haupthaar zu scheren und ihre Schädel in Gips abzuformen.

Ich fuhr von Berlin den 15. Juli 1815 mit der ordinären Post nach Hamburg ab. Die Beschreibung von dem, was damals eine ordinäre Post hieß, möchte jetzt schon an der Zeit und hier an ihrem Orte sein, da der Fortschritt der Geschichte auch dieses Ungeheuer weggeräumt hat. Ich kann aber, ohne meine Glaubwürdigkeit zu gefährden, auf Lichtenberg verweisen, der die Martermaschine mit dem Fasse des Regulus verglichen hat. »Der deutsche Postwagen«, schrieb ich damals, »scheint recht eigentlich für den Botaniker eingerichtet zu sein, indem man nur außerhalb desselben ausdauern kann, und dessen Gang darauf berechnet ist, gute Muße zu lassen, vor und zurücke zu gehen. In der Nacht wird auch nichts versäumt, da man sich am Morgen ungefähr auf demselben Punkte wiederfindet, wo man am Abend vorher war.«

Der Schirrmeister, der die ersten Stationen den Zug leitete, ein langer, fröhlicher Gendarm, hatte seit fünf und einem halben Jahre, daß er *zur Ruhe gesetzt* war, ungefähr 8524 deutsche Meilen auf seinem Postkurs von etwa zehn Meilen in Hin- und Herschwingungen zur Post zurückgelegt – der Gurt der Erde mißt deren nur 5400. Die Passagiere waren unbedeutend. In Lenzen gesellte sich zu uns ein Mann vom Volke, ein schöner, rüstiger, fröhlicher Greis, früher Hamburger Matrose, zur Zeit Elbschiffer, der vielmals, und zuletzt als Harpunier, auf dem Robben- und Walfischfange den nordischen Polargletscher besucht hatte. Einmal war das Schiff, worauf er war, nebst mehreren andern im Eise untergegangen; er selbst hatte nach siebzehn auf dem Eise verbrachten Hungerstagen Grönland erreicht. Er hatte siebzehn Monate mit dem »Wildmann« gelebt und »Wildmannssprache« gelernt. Ein dänisches Schiff von fünf Mann Equipage nahm ihn nebst zwanzig seiner Unglücksgefährten an Bord und brachte ihn bei dürftiger Kost nach Europa zurück. – Von beiläufig 600 Mann kehrten nur 120 heim. Er selbst hatte etliche Finger eingebüßt. Dieser Mann, mit dem ich bald freund wurde, war mir erfreulicher als ein Buch; er erzählte einfach und lebendig, was er gesehen, erlebt und erduldet; ich horchte ihm lernbegierig zu und sah vor mir die Eisfelder und Berge und die Küsten des Polarmeeres, in das ich von der Berings-Straße aus einzudringen die Hoffnung hatte und worin Gleiches zu erleben und zu erdulden mein Los sein konnte.

Ich erreichte am 18. Juli die liebe Stadt Hamburg, wo ich meine Geschäfte besorgte, alte Freunde besuchte und neue werte Bekanntschaften anknüpfte. Besonders lieb- und hülfreich war mir Friedrich Perthes, in dessen Buchhandlung sich folgendes Ergötzliche zutrug. Der Hausknecht, der seinen Herrn so freundlich vertraut mit mir umgehen sah und mich beim Globus von weiten Reisen erzählen hörte, fragte einen der Kommis, wer denn der schwarze ausländische Herr sei, für den er manche Gänge zu besorgen gehabt. – »Weißt du das nicht?« antwortete ihm jener; »es ist Mungo Park.« Und froh und stolz, wie ein Zeitungsblatt, das einmal eine große Nachricht auszuposaunen hat, lief der literarische Zwischenträger seine Gänge durch die Stadt, jeden, den er kannte, anhaltend, um ihm mitzuteilen, Mungo Park sei nicht umgekommen; er sei da, er sei bei seinem Herrn, er sehe so und so aus und erzähle viel von seinen Reisen. – Nun kamen einzeln und scharenweise die guten Hamburger zu Perthes in den Laden gelaufen und wollten Mungo Park sehen. – Im »Schlemihl«, und zwar im vierten Abschnitt, steht geschrieben: »Muß ich's bekennen? es schmeichelte mir doch, sei es auch nur so, für das verehrte Haupt angesehen worden zu sein.«

Am 21. abends nahm ich Extrapost nach Kiel. Hamburg war zur Zeit noch die Grenze der mir bekannten Welt gegen Norden, und weiter hinaus nach Kopenhagen zu Land oder zur See vordringend – ich hatte noch in meinem Leben kein Schiff bestiegen –, war ich auf einer Entdeckungsreise begriffen. Ich habe wirklich mit Treue die nordische Natur bei Kopenhagen studiert, woselbst, mit dem »Rurik« anlangend, mein Freund und Gefährte Eschscholtz, der noch nie so weit nach Süden vorgeschritten war, gleichzeitig die südliche Natur zu studieren begann, entzückt, als ihm zuerst Vitis vinifera sub dio, die Weinrebe im Freien, zu Gesichte kam. Süden und Norden sind wie Jugend und Alter; zwischen beiden denkt sich jeder, solang er kann; alt sein und dem Norden angehören will kein Mensch. – Ich habe aus einem Gedicht an einen Jubilar das Wort »alt« ausmerzen müssen, und ein lappländischer Prediger erzählte mir von seiner Versetzung nach dem Süden, nach Torneå unter dem Polarkreise.

In Kiel am 22. Juli angelangt, war ich daselbst gleich heimisch, wie ich überhaupt die Gabe in mir fand, mich überall gleich zu Hause zu finden. Etliche der Männer, die ich zu sehen hoffte, waren bereits zur Krönung nach Kopenhagen abgereist. Ein Freund führte mich in befreundete Kreise ein, und ich wartete in freudigem Genusse des Moments auf die Abfahrt des Paketboots, an dessen Bord ich erst am 24. Juli vor Tagesanbruch gerufen ward. Ich hatte mich mit ängstlicher Bedächtigkeit erkundigt, ob der Fall überhaupt denkbar sei, daß, durch widrige Winde aufgehalten oder verschlagen, das Paketboot über acht Tage auf der Fahrt nach Kopenhagen zubringen könne, und mir war versichert worden, man könne im schlimmsten Falle immer noch beizeiten auf den dänischen Inseln landen.

Ein Einlaß des Meeres schlängelt sich gleich einem Landsee landeinwärts nach Kiel, begrenzt von Hügeln, die im schönsten Grün der Schöpfung prangen. Ein Binnenmeer ohne Ebbe und Flut, in dessen glatte Spiegelfläche das grüne Kleid der Erde hinabtaucht, hat das Großartige des Ozeans nicht. Nettelbeck schilt die Ostsee einen Entenpfuhl; man kommt auf der Fahrt von Kiel nach Kopenhagen nicht einmal in das Innere desselben hinein, indem man immer Sicht des Landes behält. Aber recht anschaulich wurde, wie die Meere recht eigentlich die Straßen des Landes sind, bei der Menge Segel, die man um sich sieht und von denen wir zwischen der grünen Ebene Seelands und den niedrigen Küsten Schwedens nie unter fünfzig zählten.

Wir waren am Morgen des 24. Juli unter Segel gegangen. Am Abend frischte der Wind, und die Nacht ward stürmisch. Als das Schiff, eine Galeasse von fünf Mann Equipage, zu rollen begann, wurden auf demselben die anfangs lauten Passagiere still, und ich selbst zahlte dem Meere den ersten Tribut. Aber ich erholte mich am andern Tage wieder und glaubte mich schon wohlfeileren Kaufes abgefunden zu haben, als ich selber befürchtet hatte. Nebst dieser Erfahrung erwarb ich auch auf dieser Vorschule des Weltumseglers anderes, wovon ich zu reden Anstand nehme: Das ergab sich später, als ich nicht gern fand, was ich doch emsig zu suchen vermocht wurde. In der Apotheke zu Kopenhagen, wo ich, des Dänischen unkundig, mein bestes Latein hülfebegehrend entfaltete, antwortete mir der Lehrbursche in noch viel besserem Deutsch, indem er mir die gefoderte Salbe einhändigte. Wir wurden am 26. Juli mittags bei gänzlicher Windes- und Meeresstille in den Hafen von Kopenhagen von unsrem Boote bugsiert.

Ich habe in Kopenhagen, wo ich mich gleich heimisch eingerichtet hatte, mit lieben teilnehmenden Freunden und im lieb- und lehrreichen Umgange von Männern, die in Wissenschaft und Kunst die Ehre ihres Vaterlandes sind, vielleicht die heitersten und fröhlichsten Tage meines Lebens verlebt. Hornemann war zur Zeit abwesend, dagegen

Pfaff aus Kiel in Kopenhagen. Oehlenschläger beschäftigte sich eben mit der Übersetzung der »Undine« von Fouqué. Das Theater war, wie gewöhnlich in den Sommermonaten, geschlossen. Bibliotheken, Sammlungen, Gärten beschäftigten mich während der Stunden des Tages, die Abende gehörten der schönsten Geselligkeit.

Ich habe der Salbung, nach unserm Sprachgebrauch der Krönung des vielgeliebten Königs Friedrich VI. von Dänemark im Schlosse zu Friedrichsburg beigewohnt. Ich bemerke beiläufig, daß meine Freunde die für mich nötige Einlaßkarte von einem Juden, der solche feil hatte, erhandelten.

Ich habe in Kopenhagen kein Pferdefleisch zu essen bekommen, was ich als Naturforscher gewünscht hätte. – Meine Freunde bemühten sich umsonst; es wurde auf der Tierarzneischule, die allein dieses Vorrecht hat, kein Pferd während meiner Anwesenheit geschlachtet.

Der Leutnant Wormskiold, der sich bereits auf einer Reise nach Grönland um die Naturgeschichte verdient gemacht hatte und sich jetzt darum bewarb, sich an die Romanzowsche Expedition als freiwilliger Naturforscher anschließen zu dürfen, suchte mich gleich nach meiner Ankunft auf. Ich kam ihm zutrauensvoll mit offenen Armen entgegen, froh, der winkenden Ernte einen Arbeiter mehr zuführen zu können; und man wünschte mir Glück zu dem fleißig-emsigen Gehülfen, den ich an ihm haben würde.

Ich erhielt den 9. August am frühen Morgen gefällige Mitteilung von der Admiralität, daß eine russische Brigg eben signalisiert werde.

Mögen hier noch, bevor ich euch an Bord des »Ruriks« führe, etliche Zeilen Platz finden, die ich damals über Kopenhagen und Dänemark niederschrieb. Man erinnere sich dabei an den Überfall der Engländer und den Verlust der Flotte Anno 1807 und an die neuesten Ereignisse: die erzwungene Abtretung von Norwegen an Schweden, dessen selbständige Verteidigung unter dem Prinzen Christian von Dänemark und den endlichen Vertrag, wodurch es als ein eigenes Königreich unter eigenen Gesetzen sich dem Könige von Schweden unterwarf.

Kopenhagen scheint mir nicht größer, nicht volkreicher als Hamburg zu sein; breite Straßen, neue, charakterlose Bauart. Das neue Stadthaus ist in griechischem Stil aus Backsteinen mit Kalkbewurf gebaut.* Die Dänen hassen von jeher die Deutschen: nur Brüder können einander hassen. Jetzt aber hassen sie zuvörderst die Schweden, sodann die Engländer, und der Haß gegen die Deutschen tritt zurück. Sie ringen nach Volkstümlichkeit und sind gedemütigt. Viele lieben deswegen doch nicht Napoleon; nur erkennen alle, und wer wollte es leugnen, daß sie das Opfer der Sünden anderer geworden sind. An Frankreichs Schicksal nehmen sie teil, weil Frankreichs Macht der Macht ihrer Unterdrücker, der Engländer, die Waage hielt. Sie sind Seemänner, ein Volk der See. Man schaut es von Kopenhagen aus, daß Norwegen nicht, und minder noch als die deutschen Provinzen, eine Besitzung von Dänemark, sondern

* Unter den Künsten ist vorzüglich die Baukunst berufen, einer entschiedenen Volkstümlichkeit, einer charaktervollen Zeit eine Stimme zu verleihen, sich vernehmbar der Nachwelt zu verkünden. Die ägyptische, die griechische, die gotische Baukunst, von denen die letztere schon für uns nicht minder der Vergangenheit angehört als die vorbenannten, legen uns das Zeugnis solcher Volkstümlichkeiten ab. Wie sollte eine Zeit wie die unsrige, deren Charakter eben darin besteht, alle Schranken niederzureißen, alle Volkstümlichkeiten zu verschmelzen und aus den Angelegenheiten eines Volkes die Angelegenheiten aller Völker zu machen, so daß zum Beispiel an der Frage der Reform nicht das Schicksal Englands, sondern das Schicksal der Welt hängt; wie sollte die Zeit der Buchdruckerkunst und der Posten, der Dampffahrzeuge zu Wasser und zu Lande, der Schnellpresse, der Zeitungen und der Telegraphen eine andere Baukunst haben, als um Straßen und Brücken, Kanäle, Häfen und Leuchttürme zu bauen? Ich habe den Maler David vor den Modellen griechischer Tempel den Satz mit Autorität behaupten hören: die Griechen hätten in der Baukunst alles geleistet, was zu leisten möglich wäre, und es bliebe nur übrig, sie zu kopieren; Eigenes ersinnen zu wollen sei widersinnig.

der Sprache, der Verwandtschaft, der Geschichte nach recht eigentlich die andere Hälfte des Reichs war. Die Flotte aber war das Palladium. Gewöhnlich wurde bei den Symposien, zu denen ich zugezogen ward, das norwegisch volkstümliche Lied »Sinclair Song« mit Ingrimm und Wehmut gesungen und der Toast »Auf die erste glückliche Seeschlacht!« ausgebracht. Der König wird mit inniger Anhänglichkeit geliebt und das Unglück der Zeiten nicht ihm zugerechnet. Die Zeremonie der Salbung, bei der er mit Krone und Zepter und seine Ritter in altertümlicher Tracht um ihn her erschienen, war kein Schau- und Faschingspiel, sondern das Herz der Dänen war dabei, und der Volksgeist belebte noch die alten ehrwürdigen Formen. Billigdenkende rechnen mit dankbarer Liebe dem Prinzen Christian das in Hinsicht Norwegens Unternommene und wirklich Erreichte zu, Unbillige das unerreicht Gebliebene und mißschätzen ihn. – – Zu Kiel sind die Professoren deutsch, die Studenten dänisch gesinnt.

DER »RURIK«. ABFAHRT VON KOPENHAGEN. PLYMOUTH

Ich meldete mich am Morgen des 9. August 1815 am Bord des »Ruriks« auf der Reede zu Kopenhagen bei dem Kapitän. Ein Gleiches tat mit mir der Leutnant Wormskiold; und Herr von Kotzebue, anscheinlich durch die Eintracht, die er unter uns herrschen sah, bewogen, sagte ihm die Aufnahme zu. Seiner Reisebeschreibung nach scheint er hierin nicht eigenmächtig gehandelt zu haben. Er übergab mir einen schmeichelhaften Brief vom Grafen Romanzow und einen andern vom Herrn von Krusenstern, ließ mich übrigens vorläufig ohne Instruktion und Verhaltungsbefehle. Ich fragte vergebens danach; ich ward über meine Pflichten und Befugnisse nicht belehrt und erhielt keine Kenntnis von der Schiffsordnung, in die ich mich zu fügen hatte. Es mußte mir in meinen Verhältnissen auf dem »Rurik« so wie überhaupt in der Welt ergehen, wo nur das Leben das Leben lehrt. Es ward uns befohlen, binnen drei Tagen mit unserer Habe am Bord zu sein. Die Abfahrt verzögerte sich aber bis zum 17. Am 13. besuchten die Gesandten mehrerer Höfe das Schiff und wurden, wie sie dessen Bord verließen, mit dreizehn Kanonenschüssen salutiert.

Es ist hier der Ort, von der abgesonderten kleinen Welt, zu der ich nun gehörte, und von der Nußschale, in der eingepreßt und eingeschlossen sie drei Jahre lang durch die Räume des Ozeans geschaukelt zu werden bestimmt war, eine vorläufige Kenntnis zu geben. Das Schiff ist die Heimat des Seefahrers; bei solcher Entdeckungsreise schwebt es über zwei Drittel der Zeit in völliger Abgeschiedenheit zwischen der Bläue des Meeres und der Bläue des Himmels; nicht ganz ein Drittel der Zeit liegt es vor Anker im Angesichte des Landes. Das Ziel der weiten Reise möchte sein, in das fremde Land zu gelangen; das ist aber schwer, schwerer, als sich es einer denkt. Überall ist für einen das Schiff, das ihn hält, das alte Europa, dem er zu entkommen vergeblich strebt, wo die alten Gesichter die alte Sprache sprechen, wo Tee und Kaffee nach hergebrachter Weise zu bestimmten Stunden getrunken werden und wo das ganze Elend einer durch nichts verschönerten Häuslichkeit ihn festhält. Solange er vom fremden Boden noch die Wimpel seines Schiffes wehen sieht, hält ihn der Gesichtsstrahl an die alte Scholle festgebannt. – – Und er liebt dennoch sein Schiff! – wie der Alpenbewohner die Hütte liebt, worin er einen Teil des Jahres unter dem Schnee freiwillig begraben liegt.*

Hier ist, was ich zu Anfang der Reise über unsere wandernde Welt aufschrieb. Den Namen sind die Vor- und Vatersnamen hinzugefügt, bei welchen wir auf dem Schiffe nach russischer Sitte genannt wurden.

Der Kapitän Otto Astawitsch von Kotzebue. Erster Leutnant Gleb Simonowitsch Schischmarew, ein Freund des Kapitäns, älterer Offizier als er, nur Russisch redend; ein heiter strahlendes Vollmondsgesicht, in das man gern schaut; eine kräftige, gesunde Natur; einer, der das Lachen nicht verlernt hat. – Zweiter Leutnant Iwan Jakowlewitsch Sacharin, kränklich, reizbar, jedoch gutmütig, versteht etwas Französisch und Italienisch. – Der Schiffsarzt, Naturforscher und Entomolog Iwan Iwanowitsch Eschscholtz, ein junger Doktor aus Dorpat, fast zurückhaltend, aber treu und edel wie Gold. – Der Naturforscher, ich selbst,

* Dieses ist zu Trient in Savoyen der Fall.

Adelbert Loginowitsch. – Der Maler Login Andrewitsch Choris, der Herkunft nach ein Deutscher, der, jetzt noch sehr jung, bereits als Zeichner Marschall von Bieberstein auf einer Reise nach dem Kaukasus begleitet hatte. – Freiwilliger Naturforscher Martin Petrowitsch Wormskiold. – Drei Untersteuerleute: Chramtschenko, ein sehr gutmütiger, fleißiger Jüngling; Petrow, ein kleiner, launig-lustiger Bursche; der dritte, Koniew, uns fernerstehend. – Zwei Unteroffiziere und zwanzig Matrosen.

Die Seeleute, unter denen, die sich freiwillig zu dieser Expedition gemeldet haben, ausgesucht, sind ein hochachtbares Volk; handfeste Leute, der strengsten Mannszucht unbedingt unterwürfig, sonst von tüchtiger, ehrgeiziger Gesinnung, stolz auf ihren Beruf als Weltumsegler.

Der Kapitän, der in seiner frühesten Jugend mit Krusenstern auf der »Nadeshda« die Reise um die Welt gemacht, ist der einzige an seinem Bord, der die Linie überschritten hat; – der Älteste an Jahren bin ich selbst.

Der »Rurik«, dem der Kaiser auf dieser Entdeckungsreise die Kriegsflagge zu führen bewilligt hat, ist eine sehr kleine Brigg, ein Zweimaster von 180 Tonnen, und führt acht kleine Kanonen auf dem Verdeck. Unter Deck nimmt die Kajüte des Kapitäns den Hinterteil des Schiffes ein. Von ihr wird durch die gemeinschaftliche Treppe die Kajüte de Campagne getrennt, die am Fuß des großen Mastes liegt. Beide bekommen das Licht von oben. Der übrige Schiffsraum bis zu der Küche am Fuße des Vordermastes dient den Matrosen zur Wohnung.

Die Kajüte de Campagne ist beiläufig zwölf Fuß ins Gevierte. Der Mast, an dessen Fuß ein Kamin angebracht ist, bildet einen Vorsprung darin. Dem Kamine gegenüber ist ein Spiegel und unter dem, mit der einen Seite an der Wand befestigt, der viereckige Tisch. In jeglicher Seitenwand der Kajüte sind zwei Kojen befindlich, zu Schlafstellen eingerichtete Wandschränke, beiläufig sechs Fuß lang und dritthalb breit. Unter denselben dient ein Vorsprung der Länge der Wand nach zum Sitz und gibt Raum für Schubladen, von denen je vier zu jeder Koje gehören. Etliche Schemel vollenden das Ameublement.

Zwei der Kojen gehören den Offizieren, die zwei anderen dem Doktor und mir. Choris und Wormskiold schlafen im Schiffsraum in Hängematten. Meine Koje und drei der darunter befindlichen Schubkasten sind der einzige Raum, der mir auf dem Schiffe angehört; von der vierten Schublade hat Choris Besitz genommen. In dem engen Raume der Kajüte schlafen vier, wohnen sechs und speisen sieben Menschen. Am Tische wird morgens um sieben Uhr Kaffee getrunken, mittags um zwölf gespeist und sodann das Geschirr gescheuert, um fünf Uhr Tee getrunken und abends um acht der Abhub der Mittagstafel zum zweitenmal aufgetragen. Jede Mahlzeit wird um das Doppelte verlängert, wenn ein Offizier auf dem Verdecke die Wache hat. In den Zwischenzeiten nimmt der Maler mit seinem Reißbrett zwei Seiten des Tisches ein, die dritte Seite gehört den Offizieren, und nur wenn diese sie unbesetzt lassen, mögen die andern sich darum vertragen. Will man schreiben oder sonst sich am Tische beschäftigen, muß man dazu die flüchtigen, karggezählten Momente erwarten, ergreifen und geizig benutzen; aber so kann ich nicht arbeiten. Ein Matrose hat den Dienst um den Kapitän, Scheffecha, ein kleiner Tatar, ein Mohammedaner; ein anderer in der Kajüte de Campagne, Sikow, einer der tüchtigsten, ein Russe fast herkulischen Wuchses. – Es darf nur in der Kajüte Tabak geraucht werden. – Es ist wider die Schiffsordnung, das Geringste außerhalb des jedem gehörigen Raumes unter Deck oder auf dem Verdeck ausgesetzt zu lassen. – Der Kapitän protestiert beiläufig gegen das Sammeln auf der Reise, indem der Raum des Schiffes es nicht gestatte und ein Maler zur Disposition des Naturforschers stehe, zu zeichnen, was dieser begehre. Der Maler aber protestiert, er habe nur unmittelbar vom Kapitän Befehle zu empfangen.

Zu Kopenhagen wurde über die oben angeführte Zahl der Schiffsmannschaft noch ein Koch angeworben, ein verwahrlostes Kind der See: der Gesichtsbildung nach ein Ostindier oder ein Malaie; der Sprache nach, die aus allen Dialekten der redenden Menschen undeutlich zusammengemischt war, kaum ein Mensch. Außerdem ward ein Lotse für die Fahrt im Kanal und nach Plymouth an Bord genommen, und dieser brachte die Zahl unserer Tischgesellschaft auf acht, die am kleinen Tische nicht mehr Raum hatten.

Der »Rurik« war am 30. Juli 1815 – zwei Tage früher, als mir gemeldet worden – von Kronstadt ausgelaufen und am 9. August auf der Reede von Kopenhagen angelangt. Wir lichteten am 17. um vier Uhr des Morgens die Anker, die wir vier Stunden später vor Helsingör wiederum auswerfen mußten. Der Wind, der abwechselnd nur zur Ein- oder Ausfahrt das Tor offenhält, ward uns erst am Morgen des 19. günstig, an welchem Tage wir um zehn Uhr des Morgens durch den Sund fuhren und mit uns zugleich über sechzig andere Schiffe, die auf denselben Moment gewartet hatten. Wir salutierten die Festung, ohne ein Boot abzuwarten, das vom Blockschiff auf uns zu ruderte; und rascher segelnd als die Kauffahrer um uns her, überholten wir schnell die vordersten und ließen bald ihr Geschwader weit hinter uns. Der Augenblick war wirklich schön und erhebend.

Wir hatten auf der Fahrt durch die Nordsee fast anhaltend widrige Winde bei naßkaltem Wetter und bedecktem Himmel. Nach langem Lavieren mußte uns ein Schiff, das wir anriefen, das Leuchtschiff am Ausfluß der Themse zeigen, das wir noch nicht entdeckt hatten. Ich ward in der

Nacht vom 31. August zum 1. September auf das Verdeck gerufen, um die Feuer der französischen Küste bei Calais brennen zu sehen; der Eindruck entsprach nicht ganz meiner Erwartung. Am Morgen brachte uns ein günstiger Windhauch durch die Dover-Straße. Albion mit seinen hohen weißen Küsten lag uns nahe zur Rechten, fern zur Linken dämmerte Frankreich im Nebel; wir verloren es allmählich außer Sicht, und es ward nicht wieder gesehen. Wir mußten noch am selben Tage die Anker auf einige Stunden fallen lassen. Am 7. September mittags gingen wir vor der Stadt Plymouth im Cathwater vor Anker.

Die Zeit dieser Fahrt war für mich eine harte Lehrzeit. Ich lernte erst die Seekrankheit kennen, mit der ich unausgesetzt rang, ohne sie noch zu überwinden. Es ist aber der Zustand, in den diese Krankheit uns versetzt, ein erbärmlicher. Teilnahmslos mag man nur in der Koje liegen oder oben auf dem Verdecke, am Fuße des großen Mastes, sich vom Winde anwehen lassen, wo näher dem Mittelpunkte der Bewegung dieselbe unmerklicher wird. Die eingeschlossene Luft der Kajüte ist unerträglich, und der bloße Geruch der Speisen erregt einen unsäglichen Ekel. Obgleich mich der Mangel an Nahrung, die ich nicht bei mir behalten konnte, merklich schwächte, verlor ich dennoch nicht den Mut. Ich ließ mir von andern erzählen, die noch mehr gelitten als ich, und von Nelson, der nie zur See gewesen, ohne krank zu sein. Ich duldete um des freudigen Zieles willen die Prüfung ohne Murren.

Wormskiold hatte indes die meteorologischen Instrumente zu beobachten übernommen. Seine Kenntnis des Seelebens gab ihm einen großen Vorsprung vor mir, der ich, in die neuen Verhältnisse uneingeweiht, durch manchen Verstoß unvorteilhafte Vorurteile wider mich erweckte. Ich wußte zum Beispiel noch nicht, daß man nicht ungerufen den Kapitän in seiner Kajüte aufsuchen darf; daß ihm, wenn er auf dem Verdeck ist, die Seite über dem Wind ausschließlich gehört und daß man ihn da nicht auch anreden soll; daß diese selbe Seite, wenn sie der Kapitän nicht einnimmt, dem wachthabenden Offizier zukommt; ich wußte vieles der Art nicht, was ich nur gelegentlich erfuhr.

Ich hatte nicht bemerkt, daß in Hinsicht der Bedienung ein Unterschied zwischen den Offizieren und uns anderen gemacht werde. Als wir in Plymouth einliefen, gab ich unserm Sikow meine Stiefeln zu putzen; er empfing sie aus meiner Hand und setzte sie vor meinen Augen sogleich da wieder hin, wo ich sie eben hergenommen hatte. So ward mir kund, daß er nur seinen Offizieren zu dienen habe. Ich mußte von dem Tage an auf die kleinen Dienste Verzicht leisten, die er mir bis dahin freiwillig geleistet hatte; der wackere Kerl war mir von Herzen gut, ich glaube, er würde für mich durchs Feuer gegangen sein; aber meine Stiefeln hätte er nicht wieder angerührt. Solche Dienste wußte sich Choris von andern Matrosen zu verschaffen; Eschscholtz wußte sie sich selber zu leisten; ich aber wußte mich darüber hinwegzusetzen und ihrer zu entbehren.

Ich ward, sobald das Schiff vor Anker lag, zu dem Kapitän gerufen. Ich trat zu ihm in seine Kajüte ein. Er redete mich ernst und scharf an, mich ermahnend, meinen Entschluß wohl zu prüfen; wir seien hier in dem letzten europäischen Hafen, wo zurückzutreten mir noch ein leichtes sei. Er gebe mir zu überlegen, *daß ich als Passagier an Bord eines Kriegsschiffes, wo man nicht gewohnt sei, welche zu haben, keinerlei Ansprüche zu machen habe.* Ich entgegnete ihm betroffen: es sei mein unabänderlicher Entschluß, die Reise unter jeder mir gestellten Bedingung mitzumachen, und ich würde, wenn ich nicht weggewiesen würde, von der Expedition nicht abtreten.

Die Worte des Kapitäns, die ich hier wiederholt habe, wie ich sie damals niederschrieb, wie sie ausgesprochen wurden und mir unvergeßlich noch im Ohre schallen, waren für mich sehr niederschlagend. Ich glaubte nicht, Veranlassung dazu gegeben zu haben. Ich kann aber dem Kapitän bei dieser Gelegenheit nicht unrecht geben. Es scheint so natürlich, daß ein Titulargelehrter, Teilnehmer einer gelehrten Unternehmung, begehren werde, dabei eine Auctorität zu sein, daß dem Schiffskapitän nicht zu verargen ist, es zu erwarten und dem vorzubeugen. Denn zwei Auctoritäten können auf einem Schiffe nicht zusammen bestehen, und das lehrt die Erfahrung auch auf Kauffahrteischiffen, wo es meist unerfreulich zugeht, wann neben dem Kapitän ein Superkargo und Stellvertreter des Eigentümers ist. Man nimmt auch, wo das Seewesen verstanden wird, Rücksicht darauf. In Frankreich und England werden auf Entdeckungsreisen keine Titulargelehrten mehr mitgenommen, sondern es wird dafür gesorgt, daß alle Teilnehmer der Expedition Gelehrte seien; bei den amerikanischen Kauffahrern ist der Führer des Schiffes zugleich der Handelsmann, und die Handelskompanien haben Faktoreien, zwischen welchen und dem Mutterland das befrachtete Schiff zu fahren dem unumschränkt an seinem Bord gebietenden Offizier einzig obliegt. Ob es gleich in der Wesenheit der Dinge liegt, ist es doch zu bedauern, daß der Gelehrte, dem es in der Regel am Bord eines Kauffahrers so wohl ergeht, so beengt wird da, wo sich ihm ein weiterer Wirkungskreis zu eröffnen scheint. Voller Lust und Hoffnung, voller Tatendurst kommt er hin und muß zunächst erfahren, daß die Hauptaufgabe, die er zu lösen hat, darin besteht, sich so unbemerkbar zu machen, sowenig Raum einzunehmen, sowenig dazusein als immer möglich. Er hat hochherzig von Kämpfen mit den Elementen, von Gefahren, von Taten geträumt und findet dafür nur die gewohnte Langeweile und die nie ausgehende Scheidemünze des häuslichen Elendes, ungeputzte Stiefeln und dergleichen.

Meine nächste Erfahrung war eben auch nicht ermutigend. Ich hatte mich vorsorglich über das Prinzip und den Bau der Filtrierfontäne belehrt und erbot mich, eine solche zu verfertigen. Das zur ungünstigsten Zeit geschöpfte und jetzt schon sehr übel riechende Wasser der Newa, welches wir tranken, schien meinen Antrag zu unterstützen. Nichtsdestoweniger fand er keinen Anklang. Es fehlte an Raum, an Zeit, an andern Erfordernissen, und zuletzt war der Kapitän der Meinung, »das Filtrieren werde dem Wasser die nahrhaften Teile entziehen und es weniger gesund machen«. Ich sah ein, daß ich die Sache fallenlassen müsse.

Plymouth liegt an einem Einlaß des Meeres, welcher sich hinter dem Küstenstriche höheren Landes in Arme teilt und zwischen schönen Felsenufern weit in das Land eindringt. Alte und neue Städte, Dörfer, Stapelplätze, Arsenäle, Festungen, prachtvolle Landhäuser drängen sich an diesen Ufern; die ganze Gegend ist nur eine Stadt, das eigentliche Plymouth nur ein Revier derselben. Das Land umher wird überall von Mauern und Hecken in Felder abgeteilt. Die weißen Mauern, der feine Staub, die Bauart, die riesenhaften Inschriften der Häuser und die Anschlagzettel erinnern unwillkürlich an die Umgegend von Paris. Ein solches Meer von Häusern ist auch Paris; aber ihm fehlt die große Straße, das Meer. Dieses trägt hier in eigenen Häfen und auf Ankerplätzen unzählige Schiffe, dort (Plymouth-Dock) Kriegsschiffe, hier (Plymouth-Cathwater) Kauffahrteischiffe aller Nationen. Es wurde zur Zeit ein riesenhaftes Werk ausgeführt, das Breakwater, ein Damm, der den Eingang des Sundes zum Teil absperren und das Binnenwasser vor dem Andrange der äußeren Wellen schützen sollte. Über zweiundsechzig Fahrzeuge waren unaufhörlich beschäftigt, die Felsenmassen herbeizubringen, die in den Steinbrüchen an den Ufern des Fjordes unablässig gesprengt wurden. Das Abdonnern dieser Minen, die Signalschüsse, das Salutieren der Schiffe erweckten oft im tiefsten Frieden das Bild einer belagerten Stadt.

Ich war und blieb fremd in Plymouth. Die Natur zog mich mehr an als die Menschen. Sie trägt einen unerwartet südlichen Charakter, und das Klima scheint besonders mild zu sein. Die südeuropäische Eiche (Quercus ilex) bildet die Lustwälder von Mount Edgcomb, und Magnolia grandiflora blüht im Freien am Spalier.

Das Meer hat bei hohen felsigen Ufern und Fluten von einer Höhe, die kaum auf einem andern Punkte der Welt – auf der Küste von Neuholland – beobachtet wird, seine ganze Herrlichkeit. Die Flut steigt an den Übergangs-, Kalk- und Tonschieferklippen bis auf zweiundzwanzig Fuß; und bei der Ebbe enthüllt sich dem Auge des Naturforschers die reichste, wunderbar rätselhafteste Welt. Ich habe seither nirgends einen an Tangen und Seegewürmen gleich reichen Strand angetroffen. Ich erkannte fast keine von diesen Tieren; ich konnte sie in meinen Büchern nicht auffinden, und ich entrüstete mich ob meiner Unwissenheit. Ich habe erst später erfahren, daß wirklich die mehrsten unbekannt und unbeschrieben sein mußten. Ich habe im Verlaufe der Reise manches auf diese Weise versäumt, und ich zeichne es hier geflissentlich auf zur Lehre für meine Nachfolger. Beobachtet, ihr Freunde, sammelt, speichert ein für die Wissenschaft, was in euren Bereich kommt, und lasset darin die Meinung euch nicht irren: dieses und jenes müsse ja bekannt sein, und nur ihr wüßtet nicht darum. – War doch unter den wenigen Landpflanzen, die ich von Plymouth zum Andenken mitnahm, eine Art, die für die englische Flora neu war.

Uns begünstigte die heiterste Sonne. Ich begegnete auf einer meiner Wanderungen zweien Offizieren vom 43. Regimente, die, neugierig, unser Schiff zu sehen, mir auf dasselbe folgten. Sie luden den Kapitän und uns alle, Genossen ihres gemeinschaftlichen Tisches zu sein. Die Einrichtung ist getroffen, daß an einem oder zweien Tagen der Woche ein reichlicheres Mahl aufgetragen wird und jeder Gäste mitbringen kann. Der Kapitän und ich folgten der Einladung. Ich glaube nie eine reichlicher besetzte Tafel gesehen zu haben. Es ward viel gegessen, noch mehr getrunken, wobei jedoch den fremden Gästen kein Zwang auferlegt wurde; aber es herrschte keine Lustigkeit. Am Abend gaben uns, die uns eingeladen hatten, das Geleit, und einer der beiden entledigte sich vor uns des genossenen Weins, ohne daß dadurch der Anstand verletzt wurde.

Ich habe der politischen Ereignisse, die mich auf diese Reise gebracht und die, sobald der Ruf an mich ergangen war, für mich in den Hintergrund zurückgetreten waren, nicht wieder erwähnt. Mich mahnt Plymouth, mich mahnt die freundliche Berührung mit dem Offizierkorps des 43. Regimentes an den Mann des Schicksals, den von hier aus kurz vor unserem Einlaufen der »Bellerophon« nach Sankt Helena abgeführt hatte, damit er, der einst die Welt unterjocht und beherrscht hatte, dort in erbärmlichen Zwistigkeiten mit seinen Wächtern kleinlich untergehe. Allgemein war für den überwundenen Feind die Begeisterung, die aus allen Klassen des Volkes, besonders aus dem Wehrstande, einmütig uns entgegenschallte. Jeder erzählte, wann und wie oft er ihn gesehen und was er getan, in die Huldigung der Menge einzustimmen; jeder trug seine Medaillen, jeder pries ihn und schalt zürnend die Willkür, die ihn dem Gesetze unterschlagen. In welchem Gegensatze mit der hier herrschenden Gesinnung war nicht der niedrige Schimpf der Spanier in Chile, die sich beeiferten, das Tier der Fabel zu sein, das dem toten Leuen den letzten Fußtritt geben will! Der »Bellerophon« hatte weit im Sunde vor Anker gelegen, und der Kaiser pflegte sich zwischen fünf und sechs Uhr auf dem Verdecke zu zeigen. Zu dieser Stunde umringten unzählige Boote das Schiff, und die Menge harrte begierig auf den Augenblick, den Helden zu begrüßen und sich an seinem Anblick zu berauschen. Später war der »Bellerophon« unter Segel gegangen und hatte, kreuzend im Kanal, was noch zu seiner Ausrüstung mangelte, erwartet. Man erzählte von einer wegen Schulden gegen Napoleon erhobenen Klage und der darauf erfolgten Vorladung eines Friedensrichters, welche Vorladung, falls sie auf das Schiff, während es vor Anker lag, hätte gebracht werden können, zur Folge gehabt haben würde, daß der Verklagte dem Richter hätte gestellt werden müssen. Hätte aber sein Fuß den englischen Boden berührt, so konnte er nicht mehr dem Schutze der Gesetze entzogen werden.

Auf dem Theater von Plymouth trat zur Zeit bei erhöhten Eintrittspreisen Miß O'Neill in Gastrollen auf. Ich habe sie zweimal gesehen, in »Romeo und Julie« und in »Menschenhaß und Reue« (»The Stranger«). Nach der Rückkehr im Jahre 1818 habe ich in London auch Kean gesehen, und zwar in der Rolle von Othello. Ich erkenne es dankbar als eine Gunst des Schicksals, daß ich, der ich das französische und das deutsche Theater, beide in ihrem höchsten Glanze, ich möchte sagen, vor ihrem Verfall, gekannt habe, auch etliche Fürsten der englischen Bühne, sei es auch nur flüchtig, zu sehen bekam. Miß O'Neill befriedigte mich in der Julie nicht, in welcher Rolle sie mir zu massiv erschien; gegen die Eulalia hatte ich nichts einzuwenden; die Gabe der Tränen, die man an ihr bewundern mußte, kam ihr da vortrefflich zustatten. Mir schienen überhaupt die Darstellenden den Shakespeare zu geben, schier wie Hamlet seine »Mausefalle« nicht gegeben haben will. Kotzebue berechtigt zu minderen Anforderungen, die genügender erfüllt wurden. Übrigens haben die englischen Schauspieler alle einen guten Anstand, sprechen die Verse richtig und bemühen sich mit sichtbarer Anstrengung, die

Worte, gegen die Sitte des gemeinen Lebens, deutlich und vernehmbar auszusprechen. Sie scheinen mir darin den französischen Schauspielern vergleichbar, denen eine Dressur unerläßlich ist, die alles einbegreift, was auch der nicht von dem Gotte Begabte aus sich heraus und in sich hinein zu bilden vermag. Gottbegabte Künstler sind überall selten. Vielleicht hat unser Deutschland deren verhältnismäßig viele, aber selten sieht man auf unserer Bühne solche, die sich zu dem hinaufgebildet haben, was von den französischen Schauspielern gefodert wird; und das gemeine Handwerkervolk, das die Mehrzahl ausmacht – was soll man von ihnen sagen?

Da ich eben berichten müssen, wie ich in Shakespeares Vaterland unsern Kotzebue von den ersten Künstlern, und zwar befriedigender als ihren eigenen Heros, habe aufführen sehen, so werd ich auch gleich, um nicht wieder darauf zurückzukommen, ein vollgültiges Zeugnis ablegen, daß für die, welche die Regierungen de facto anerkennen, dieser selbe Kotzebue der Dichter der Welt ist. Wie oft ist mir doch an allen Enden der Welt, namentlich auf O-Wahu, auf Guajan usw., für meinen geringen Anteil an dem Beginnen seines Sohnes mit dem Lobe des großen Mannes geschmeichelt worden, um auch auf mich einen Zipfel von dem Mantel seines Ruhmes zu werfen. Überall hallte uns sein Name entgegen. Amerikanische Zeitungen berichteten, daß »The Stranger« mit außerordentlichem Beifall aufgeführt worden. Sämtliche Bibliotheken auf den Aleutischen Inseln, soweit ich solche erkundet habe, bestanden in einem vereinzelten Bande von der russischen Übersetzung von Kotzebue. Der Statthalter von Manila, huldigend der Muse, beauftragte den Sohn mit einem Ehrengeschenke von dem köstlichsten Kaffee an seinen Vater, und auf dem Vorgebürge der Guten Hoffnung erfuhr der Berliner Naturforscher Mundt die Ankunft des »Ruriks«, auf dem er mich wußte und erwartete, von einem Matrosen, der ihm nur zu sagen wußte, daß der Kapitän des eingelaufenen Schiffes einen Komödiantennamen habe. Vom »Alarcos«, vom »Ion« und deren Verfassern habe ich in gleicher Entfernung vom Hause nichts gehört.

Die amerikanischen Kauffahrer, denen keine meerbespülte Küste unzugänglich ist, denen aber die Sonne der romantischen Poesie noch nicht aufgegangen, sind die wandernden Apostel von Kotzebues Ruhm; er ist das für sie taugliche Surrogat der Poesie. Die Tat beweist übrigens, daß er ein Erfordernis besitzt, welches manchem Vornehmeren abgeht; denn was hilft es der Stute Rolands, so unvergleichlich und tadellos zu sein, wenn sie leider tot ist?

Wir fanden in der Regel die Meinung herrschend, der große Dichter lebe nicht mehr. Das ist natürlich: Wer suchte Homer, Voltaire, Don Quixote und alle die großen Namen, in deren Verehrung er aufgewachsen, unter den Lebendigen? Aber auch die Anzeigc seines Todes wollte man auf O-Wahu und wohl auch an andern Orten in amerikanischen Zeitungen gelesen haben. Dieses Gerücht, welches mich beunruhigte, kam auch zu den Ohren des Kapitäns, der es auf den Tod eines seiner Brüder deutete, welcher im Feldzug 1813 rühmlich starb. Man wird im Verlauf dieser Blätter sehen, wie man uns in Europa, die wir die Post in Kamtschatka versäumt, verloren und verschollen hat glauben müssen und wie der Vater den hoffnungsvollen Sohn zu beweinen vollgültigen Grund gehabt. Endlich langt unverhofft, unerwartet, allen möglichen Nachrichten von ihm zuvorkommend, der »Rurik« wieder an, und Otto Astawitsch eilt, dem Vater die junge Gattin, mit der er sich vermählt, zuzuführen – er findet die blutige Leiche auf der Totenbahre!

Ich komme von einer Abschweifung, die mich etwas weit geführt hat, auf Plymouth wieder zurück und eile der

Abfahrt entgegen. Die Zeit, nicht immer zweckmäßig angewandt, verging sehr schnell. Wir hatten jeder unsere Ausrüstung zu vervollständigen; uns hielt in der zerstreuenden Umgebung nichts zusammen; jeder sorgte für sich selbst, wie er konnte und mochte; vieles hätte, gemeinschaftlich besprochen und planmäßig ausgeführt, zweckmäßiger und schneller geschehen können. Ein paar Diners, zu denen ich mit dem Kapitän eingeladen wurde, bieten mir zu keinen neuen Bemerkungen Stoff. Die Sitten der mehr Ehrfurcht gebietenden als durch Liebenswürdigkeit anziehenden Engländer finden sich in allen Büchern beschrieben. Ich habe da den Stachelbeerwein gekostet, dessen wegen das Haus des Vicar of Wakefield berühmt war, und habe ihn dem Champagner gleich, nur süßer gefunden. Ich habe nach abgehobenem Tischtuch am grünen Teppiche getrunken und trinken sehen; ernst, gelassen und wortkarg, einer abwechselnd sich gegen den andern verneigend, eine Ehren- oder Wohlwollensbezeigung, die auf gleiche Weise zu erwidern man nicht verabsäumen darf. Ich habe überhaupt Engländer nur dann lachen sehen, wann ich Englisch mit ihnen zu reden versucht, und habe mir auf die Weise oft zu meiner eigenen Freude freudige Gesichter erzeugt. Ich habe später auf dem Schiffe den Freund Choris Englisch gelehrt, der mir die Mühe dadurch vergalt, daß er mir hinfort unter Engländern zu einem Dolmetscher gedient. Wo er zu meinem Englischen die Aussprache herbekommen hat, ist mir unerklärt geblieben. Ich habe übrigens die Engländer im allgemeinen höflich und dienstfertig gefunden. Das Seehospital, welches ich besuchte, veranlaßt mich nur zu bezeugen, daß alles, was man von der Reichlichkeit, Reinlichkeit und Schönheit solcher englischen Institute und von der Ordnung und Fülle, die in ihnen herrscht, aus Büchern weiß, weit hinter dem Eindruck zurückbleibt, den die Ansicht macht.

Am 22. September war der »Rurik« segelfertig. Das Observatorium, das unter einem Zelte auf Mount Batten, einer wüsten Halbinsel in unsrer Nähe, gestanden hatte, war wieder eingeschifft und das Dampfbad abgebrochen, welches neben dem Observatorium unter einem andern Zelte für Offiziere und Matrosen eingerichtet worden war. Ich habe in Plymouth zuerst die Sitte der russischen Bäder kennengelernt und mir angeeignet.

Wir sollten am nächsten Tage die Anker lichten, und noch lagen die Briefe meiner Lieben und in Anweisungen ein kleines Kapital, das ich auf die Reise mitnehmen wollte, bei der russischen Gesandtschaft in London, an die ich sie adressieren lassen; und alle Schritte, die ich getan, die Absendung derselben an mich zu erwirken, waren vergeblich gewesen. Ich habe seither auch in Amtsgeschäften erfahren, daß selten durch Gesandtschaften etwas pünktlicher besorgt werde, und selber nie diesen Weg zu Versendungen gewählt. Das Liegenlassen, welches ein treffliches Mittel sein mag, viele Geschäfte abzutun, ist nicht dem Bedürfnis jeglichen Geschäftes angemessen. Ich bedauerte zur Zeit, daß der Kapitän den Plan, den er zuerst hatte, nicht befolgt, mich auf der Fahrt hierher zu Dover oder auf jedem andern Punkt der englischen Küste ans Land zu setzen, von wo ich über London nach Plymouth gereist wäre. Erst nachdem wir zweimal ausgelaufen und zweimal durch den Sturm in den Hafen zurückgeschlagen worden, kamen meine Briefe an. Es mußten die Stürme der Nachtgleichen sich meiner in meinem Kummer und in meinen Sorgen erbarmen.

Auf einer weiten Reise wird, wie für die Gesundheit der Leute, frische Nahrung usw., auch möglichst für deren Unterhaltung gesorgt; denn das Ertötendste ist die Langeweile. Ein Sängerchor der Matrosen war mit den Instrumenten einer Janitscharenmusik versehen, und unser bengalesischer Koch besaß eine Geige. Nichtsdestoweniger hätte der Kapitän gerne für noch mehr Musik gesorgt. Iwan Iwanowitsch spielte Klavier, und es ward beraten, ein Hackebrett oder ein Instrument, wie nur der Raum es zulassen wollte, für ihn anzuschaffen. Dessen nahm sich Martin Petrowitsch mit außerordentlichem Eifer an. Er kam am letzten Tage ganz begeistert auf das Schiff und meldete, er habe eine ganz vortreffliche Orgel gefunden, die er ausgemessen, die im Schiffsraume am Fuße des großen Mastes aufgestellt werden könne und wofür einundzwanzig Pfund begehrt würden. Man schließt sich nicht aus, wo die Mehrheit entschieden hat; der Kauf ward beliebt, und ich ward für meine drei Pfund ein Gönner der edlen Tonkunst so gut wie ein anderer. Der Kapitän fuhr in Geschäften ans Land; seinerseits auch Martin Petrowitsch, um das Instrument zu holen, welches er bald mit einem Arbeiter, um es aufzustellen, heimbrachte; und unsre Offiziere sahen verwundert und entrüstet, aber stillschweigend am vorbestimmten Orte eine große Maschine, eine Kirchenorgel, aufbauen, welche die Luken, die Zugänge zu dem unteren Schiffsraume, besetzt hielt. Otto Astawitsch, als er, wie kaum das Werk vollbracht war, an Bord wieder eintraf, entsetzte sich davor und wollte dem wachthabenden Offizier zürnen, daß er solches gelitten. Er hatte aber ja selbst den Befehl gegeben. Es blieb ihm nur übrig zu verfügen, daß binnen einer halben Stunde Zeit die Orgel entweder wieder ans Land geschafft oder über Bord geworfen sein solle. Das erste geschah. Wodurch man gesündigt hat, damit wird man bestraft: es kommt mir selber, dem Gegenfüßler eines musikalischen Menschen, ergötzlich vor, an diesem unserm in England liegenden Besitztume nicht nur eine, sondern zwei Aktien zu haben – denn ich habe dem Martin Petrowitsch, als er in Kamtschatka von uns schied, die seine diskontiert.

Wir lichteten am 23. September die Anker, die wir, da der Wind umsprang, sogleich wieder auswerfen mußten. Wir liefen erst am 25. morgens mit schwachem Landwinde aus, aber gleich am Ausgang des Sundes empfing uns von der See her der Südwind, der, frisch und frischer wehend, uns im Angesichte der Küste zu lavieren zwang und in der Nacht zu einem gewaltigen Sturme anwuchs. Wir erlitten etliche Havarien, wobei ein Mann beschädigt ward, und schätzten uns glücklich, am 26. bei Tagesanbruch unsern alten Ankerplatz wieder zu erreichen. Wir befährdeten dabei ein neben uns liegendes englisches Kauffahrteischiff, dem wir einigen Schaden an seinem Tauwerke zufügten und dessen Kapitän in Hemdärmeln, mit vorgebundenem Tuche, halb eingeseift und halb barbiert, fluchend auf dem Verdeck erschien.

Der »Rurik« aber kämpfte gegen die Gewalt des Sturmes in einer finstern Herbstnacht zwischen dem Leuchtturme von Eddystone, der sein blendendes Licht auf die Szene warf, und der Küste von England, auf der zu scheitern er in Gefahr schwebte, gezwungen durch die Umstände, viele Segel zu führen. Ihr kennt den Leuchtturm von Eddystone schon von euren längst verbrauchten Kinderbilderbüchern her, dieses schöne Werk der modernen Baukunst, das sich von einem einzeln im Kanal verlorenen Steine bis zu einer Höhe erhebt, die ihr vielleicht wißt und die nachzuschlagen ich mir die Zeit nicht nehmen will; ihr wißt, daß bei hohem Sturme der schäumende Kamm der Wellen bis zu der Laterne hinan gespritzt wird; ihr merkt, daß alle Umstände sich hier vereinigen, einen Sturm recht *schön* zu machen, und ihr erwartet von mir eine recht dichterische Beschreibung. Meine Freunde, ich lag nach entleertem Magen stille, ganz stille in meiner Koje, mich um nichts in der Welt bekümmernd und kaum auf den Lärm merkend, den Tisch, Stühle, Stiefeln, Schubkasten um mich her verführten, die nach der Musik und dem Takte, die oben auf dem Verdeck geblasen und geschlagen wurden, unruhig auf ihre eigene

Hand durch die Kajüte hin und her tanzten. Was der seekranke Mensch für ein erbärmliches Tier ist, entnehmet daraus, daß unser guter Doktor, sonst eifrig und gewissenhaft in seiner Pflicht wie nicht ein anderer, zur Hülfe des verwundeten Matrosen gerufen, geholt, kommandiert, stille, ruhig und regungslos in seiner Koje liegenblieb, bis alles vorüber war.

Ist euch einmal, wie mir, das Haus, das ihr bewohntet, in einer schönen Nacht über dem Kopfe abgebrannt? Habt ihr besonnen und tätig für Weib und Kind, für Habe und Gut Sorge getragen und von allem, was zu tun war, nichts versäumt? Dasselbe mag für den Seeoffizier ein Sturm sein. Mit gesteigerter Tätigkeit führt er den Kampf gegen das Element und hat, siegend oder besiegt, Freude an sich selber, ist reicher nach überstandener Gefahr um eine erfreuliche Erfahrung von der eigenen Tatkraft. Es ist dasselbe Gefühl, welches den Soldaten nach der Schlacht begierig macht. Für den Passagier aber ist der Sturm nur eine Zeit der unsäglichen Langeweile. Wie es im Verlauf der Reise dabei zuzugehen pflegte, werde ich hier in der Kürze berichten. Bei einem gewissen Kommando, das oben auf dem Verdeck erscholl, hieß es in der Kajüte: der Krieg ist erklärt. Darauf vernagelte jeder seine Schubladen und sorgte, seine bewegliche Habe fest zu stellen. Wir legten uns in unsre Kojen. Bei der nächsten Welle, die auf das Verdeck schlug und häufig in die Kajüte zu den Fenstern hineindrang, wurden diese mit verpichten Tüchern geschützt, und wir waren geblendet. Dann wurde ich gewöhnlich aufgefodert, den Versuch zu machen, noch etliche unerzählte Anekdoten aus dem Vorrat hervorzuholen; bald aber verstummten wir alle und hörten nur einander der Reihe nach gähnen. Die Mahlzeiten hörten auf. Man aß Zwieback und trank Schnaps oder ein Glas Wein. Auf das Verdeck darf sich kaum der Naturforscher wagen, um sich aus Pflichtgefühl einmal den Wellengang flüchtig anzusehen; überspült ihn eine Welle, so hat er in vollkommener Unbeholfenheit kein Mittel, Kleider oder Wäsche zu wechseln oder sich zu trocknen. Übrigens hat die Sache nicht einmal den Reiz der Gefahr; diese ist für die unmittelbare Anschauung nie vorhanden und könnte höchstens nur auf dem Wege der Berechnung für den Verstand zu ermitteln sein. Die nicht geladene Pistole, deren Mündung ich mir selber vor das Auge halte, zeigt mir die Gefahr; ich habe ihr nie so auf dem kleinen wellengeschaukelten Bretterhause ins Angesicht gesehen.

Wir gingen am 30. früh abermals unter Segel und mußten, vom Sturm empfangen und heimgetrieben, am selben Abend Schutz hinter dem Breakwater suchen, wo wir die Anker fallen ließen. Unserem Lotsen, den wir, nach seiner treffenden Ähnlichkeit mit den Karikaturen, John Bull nannten, mußten wir wie der immer wiederkehrende Bucklige aus den »Tausendundeine Nacht« vorkommen.

Es gelang uns erst am 4. Oktober, die See zu behaupten.

REISE VON PLYMOUTH NACH TENERIFFA

Wir segelten aus dem Sund von Plymouth den 4. Oktober 1815 gegen zehn Uhr des Morgens. Wir behielten günstigen Wind, aber die See ging von den vergangenen Stürmen noch hohl. Das Land blieb uns den Tag über im Angesicht. Wie ich am andern Morgen auf das Verdeck stieg und nach dem Kap Lizard rückblicken wollte, war es schon untergetaucht, und nichts war zu sehen als Himmel und Wellen. Die Heimat lag hinter uns, vor uns die Hoffnung.

Zu Anfang dieser Fahrt, und etwa bis zum 14. Oktober, litt ich an der Seekrankheit so anhaltend und schwer wie noch nicht zuvor. Ich erhielt jedoch meine Munterkeit und suchte mich zu beschäftigen. Ich las mit Martin Petrowitsch dänisch einen Aufzug von »Hakon Jarl« und ohne Hülfe weiter. Ich verdanke Oehlenschlägern manche Freuden und manchen Trost. »Correggio« hat mich immer bewegt, und Hakon Jarl, der abtrünnige Christ, der einzige gläubige Heide, der mir aus unsern Büchern lebendig entgegengetreten ist, hat mir immer Ehrfurcht eingeflößt.

Wir folgten mit meist günstigem Wind der großen Fahrstraße, die aus dem Kanal südwärts nach dem Mittelländischen Meer oder, dem Eingange desselben vorüber, nach beiden Indien führt. Selten verging ein Tag, ohne daß wir verschiedene Segel gesehen hätten, und vom Lande, dessen äußerste Vorsprünge uns beiläufig 300 Seemeilen* im Osten

* Unter Meilen werden fortan englische Seemeilen verstanden sein, deren sechzig auf einen Grad des Äquators gehen, Minuten des Äquators.

blieben, kamen bei Nordwestwind und klarem Himmel häufige Boten zu uns herüber. Am 9. setzte sich eine kleine Lerche auf unser Schiff nieder, wo sie drei Tage lang der Gastfreundschaft genoß, die wir ihr gern angedeihen ließen; und drei Landvögel umflatterten uns an verschiedenen Tagen. Nirgends ist mir der Atlantische Ozean breit vorgekommen; ich habe mich immer auf einer vielbefahrenen Straße gefühlt, deren Ufer ich nicht zu sehen brauchte, um sie gleichsam zu spüren. Fast zu enge dünkten mir hingegen die bisher befahrenen Meere zu sein, deren Küstenfeuer man bei Nacht, wie die Laternen in einer Stadt, selten aus den Augen verliert und wo man andere Schiffe umzusegeln oder selbst umgesegelt zu werden befürchten muß. Das große, das ehrfurchtgebietende Schauspiel bot uns der Himmel in seinen Veränderungen dar. Hinter uns senkte sich der Polarstern; und der Große Bär, noch beim Homer ἄμμορος ὠκεανοῖο, unteilhaftig der Salzflut, tauchte seine Sterne nacheinander ins Meer; vor uns aber erhob sich der Vater des Lichtes und des Lebens.

Am 13. Oktober und den folgenden Tagen hatten wir in 39° 27' nördlicher Breite fast fünf Tage lang vollkommene Windstille. Das Meer ebnete sich zu einem glatten Spiegel, schlaff hingen die Segel von den Rahen, und keine Bewegung war zu spüren. Merkwürdig, daß auch dann Strömungen des Wassers unmerklich mit dem Schiffe spielten, das seine Richtung gegen die Sonne veränderte, so daß man auf dem Verdecke seinen eigenen Schlagschatten zu seinen Füßen kreisen und bald zu der einen, bald zu der andern Seite des Körpers fallen sah. So auch veränderte ein ausgesetztes Boot seine Lage gegen das Schiff und ward bald ihm näher gebracht, bald weiter von ihm entführt. Soll meine Phantasie ein Bild erschaffen, gräßlicher als der Sturm, der Schiffbruch, der Brand eines Schiffes zur See, so bannt sie auf hoher See ein Schiff in eine Windstille, die keine Hoffnung, daß sie aufhören werde, zuläßt.

Die Windstille übrigens ruft zu einer neuen Tätigkeit den Naturforscher auf, der bei günstigem Winde müßig, den Blick nur vorwärts gerichtet, von der Küste träumt, auf welcher er zunächst landen soll. Die Sonne lockt die niedren Tiere des Meeres an die Oberfläche des Wassers, und er kann dieser reizendsten Rätsel der Natur leicht habhaft werden. Wir konnten sonst nur bei einem Laufe von höchstens zwei Knoten (das ist zwei Meilen die Stunde) mit dem Köscher von Flaggentuch, an einer Stange befestigt, vom Verdecke des Schiffes ähnliche Tiere zu fischen hoffen.

Hier beschäftigten mich und Eschscholtz besonders die Salpen, und hier war es, wo wir an diesen durchsichtigen Weichtieren des hohen Meeres die uns wichtig dünkende Entdeckung machten, daß bei denselben eine und dieselbe Art sich in abwechselnden Generationen unter zwei sehr wesentlich verschiedenen Formen darstellt; daß nämlich eine einzeln, frei schwimmende Salpa anders gestaltete, fast polypenartig aneinander gekettete Junge lebendig gebiert, deren jedes in der zusammen aufgewachsenen Republik wiederum einzeln, frei schwimmende Tiere zur Welt setzt, in denen die Form der vorvorigen Generation wiederkehrt. Es ist, als gebäre die Raupe den Schmetterling und der Schmetterling hinwiederum die Raupe.*

Ich habe mit meinem treuen Eschscholtz immer gemeinsam studiert, beobachtet und gesammelt. Wir haben in vollkommener Eintracht nie das Mein und Dein gekannt; es mochte sich einer nur an der eigenen Entdeckung freuen, wann er den andern zum Zeugen, zum Teilnehmer gerufen hatte. – Warum muß ich's sagen? Mit dem Leutnant Wormskiold war es nicht so. Er hatte eine eifersüchtelnde Nebenbuhlerschaft, die leider unter den Gelehrten

* Siehe: Chamisso, »De animalibus quibusdam e classe vermium Linnaeana«, Fasc. I, »De Salpa«. Berol. 1819. 4. Erläuterungen zu dieser Schrift in Okens »Isis«, 1819, Fasc. II, »reliquos vermes continens«. Gemeinschaftlich mit C.G. Eisenhardt in »Nova acta phys. med. Academiae C.L.C. Naturae curiosorum« X, 1821.

nicht unerhört ist, dem Verhältnis, das ich ihm angeboten hatte und das ich mit Eschscholtz eingegangen war, vorgezogen. Daß er mich für einen Naturphilosophen hielt, die bei ihm nicht gut angeschrieben waren, mochte ihn von mir entfernt haben; er mochte auch glauben, zu sehr im Vorteil zu sein, um sich nicht aus einer Gemeinschaft zurückzuziehen, worin er mehr eingebracht als eingeerntet hätte. Ich lächle jetzt über den tiefen Kummer, über die Verzweiflung, in die ich darüber geriet und wovon die Briefe zeugen, die ich aus Teneriffa, Brasilien und Chile schrieb. Ich bot alles auf, mich selbst und andere zu überzeugen, daß ich bei dem, was ich für ein Mißverhältnis erkannte, außer aller Schuld sei. Jetzt kann ich, ein alter Mann, nach abgekühlter Leidenschaft und wiederholt eingesehenen Akten, Richter sein über mich selbst und sprechen: ich war wirklich außer Schuld. Es tröstete mich in der Folge noch nicht, daß nicht sowohl mit mir als mit dem Maler Choris Wormskiold in Mißhelligkeiten lebte, wie sie leicht das Seeleben veranlassen kann und die sich nur nach dem Charakter und der Eigentümlichkeit der Menschen gestalten. Ich erinnere mich, daß in Sicht des Staatenlandes ich hinüber zu den traurigen, nackten Felsen schaute und fast begehren mochte, daß mich vom Schiffe aus das kleine Boot nach jener winterlichen Öde hinübertrage und dort aussetze, mich von der marternden Gegenwart zu befreien.

Übrigens hatte der Leutnant Wormskiold in Plymouth geäußert, er würde vielleicht schon in Teneriffa die Expedition verlassen. Auf der Überfahrt von Teneriffa nach Santa Catharina erklärte er, in Brasilien sein Schicksal von dem unsrigen trennen zu wollen. Daselbst angelangt – das Land kühlt die zur See erhitzte Galle ab –, riet ich ihm freundschaftlich, dieses reichste Feld der Forschung zu seiner Ernte zu erwählen, und stellte, um ihm die Ausführung zu erleichtern, meine Barschaft zu seiner Verfügung. Er war nun anderen Sinnes. Er wollte in Chile bleiben; aber dem widersetzte sich die Lichtscheue der Spanier und stellte seinem Entschlusse unüberwindliche Hindernisse entgegen. Er trennte sich erst in Kamtschatka von uns.

Diese Zeilen sind mir zu schreiben so schwer wie eine Beichte aufs Herz gefallen, und ich werde auf den Gegenstand nicht wieder zurückkommen, den ich einmal nicht unerwähnt lassen konnte. Es ist etwas gar Eigentümliches um das Leben auf einem Schiffe. Habt ihr bei Jean Paul die Biographie der mit dem Rücken aneinandergewachsenen Zwillingsbrüder gelesen? Das ist etwas Ähnliches, nichts Gleiches. – Das äußere Leben ist einförmig und leer wie die Spiegelfläche des Wassers und die Bläue des Himmels, die darüber ruht; keine Geschichte, kein Ereignis, keine Zeitung; selbst die sich immer gleiche Mahlzeit, die, zweimal wiederkehrend, den Tag einteilt, kehrt mehr zum Verdrusse als zum Genusse zurück. Es gibt kein Mittel, sich abzusondern, kein Mittel, einander zu vermeiden, kein Mittel, einen Mißklang auszugleichen. Bietet uns einmal der Freund anstatt des guten Morgens, den wir zu hören gewohnt sind, einen guten Tag, grübeln wir der Neuerung nach und bebrüten düster unsern Kummer; denn ihn darüber zur Rede zu setzen ist auf dem Schiffe nicht Raum. Abwechselnd ergibt sich einer oder der andere der Melancholie. Auch das Verhältnis zu dem Kapitän ist ein ganz besonderes, dem sich nichts auf dem festen Lande vergleichen läßt. Das russische Sprichwort sagt: »Gott ist hoch, und der Kaiser ist fern.« Unumschränkter als der Kaiser ist an seinem Bord der Mann, der immer gegenwärtige, an den man auch gleichsam mit dem Rücken angewachsen ist, dem man nicht ausweichen, den man nicht vermeiden kann. Herr von Kotzebue war liebenswürdig und liebenswert. Unter vielen Eigenschaften, die an ihm zu loben waren, stand obenan seine gewissenhafte Rechtlichkeit. Aber die zu seinem Herrscheramte erforderliche Kraft mußte er sich mit dem Kopfe machen; er hatte keine Charakterstärke; und auch er hatte seine Stimmungen. Er litt an Unterleibsbeschwerden, und wir spürten ungesagt auf dem Schiffe, wie es um seine Verdauung stand. Bei dem gerügten Mangel, besonders in der späteren Zeit der Reise, wo seine Kränklichkeit zunahm, mochte er leicht von dem, der ohne Arg grade vor sich schritt und fest auftrat, sich gefährdet glauben. Auf der Fahrt durch den Atlantischen Ozean hatte er die Vorurteile abgestreift, die er gegen mich gefaßt haben mochte, und ich kam für seinen Günstling zu gelten. Ich hing ihm aber auch an mit fast schwärmerischer Liebe. – Später wandte er sich von mir ab, und auf mir lastete seine Ungnade.

Ich hatte mit Hülfe von Login Andrewitsch Russisch zu lernen angefangen; erst lässig unter dem schönen Himmel der Wendekreise, dann mit ernsterem Fleiße, als wir dem Norden zusteuerten. Ich hatte es so weit gebracht, mehrere Kapitel im Sarytschew zu lesen, aber ich ließ mit gutem Bedacht von dem Beginnen ab und lernte mich glücklich schätzen, daß die Sprache eine Art Schranke sei, die zwischen mir und der nächsten Umgebung sich zog. Ich habe auch nicht leicht etwas so schnell und vollständig verlernt als mein Russisch. Es hat ganze Zeiten gegeben, wo ich während des Essens – ich nahm zufälligerweise bei Tafel den mittleren Sitz ein – stumm und starr, den Blick fest auf mein Spiegelbild geheftet, gehüllt in meine Sprachunwissenheit, die Brocken in mich hineinwürgte, allein wie im Mutterleib.

Ich kehre zu dem Zeitpunkt zurück, von welchem ich abgeschweift. Wir steuerten bei schwachen wechselnden Winden langsam der Mittagssonne zu, und wiederkehrende Windstillen verzögerten noch unsere Fahrt. Mit den Gestirnen des nächtlichen Himmels hatte sich das Klima verändert, und Bewußtsein des Daseins gab uns nicht mehr wie in unserm Norden physischer Schmerz, sondern Atmen war zum Genusse geworden. In tieferem Blau prangten Meer und Himmel, ein helleres Licht umfloß uns; wir genossen einer gleichmäßigen, wohltätigen Wärme. Auf dem Verdeck, angeweht von der Seeluft, wird die Hitze nie lästig, die wohl in der verschlossenen Kajüte drückend werden kann. Wir hatten die Kleider abgelegt, die daheim, wenn einmal der Sommer schöne, warme Tage hat, uns unleidlicher werden als selbst die feindliche Kälte der Winterluft. Eine leichte Jacke nebst Pantalons, ein Strohhut auf dem Kopfe, leichte Schuhe an den Füßen, keine Strümpfe, keine Halsbinde: das ist allgemein die angemessene Tracht, worin in der heißen Zone alle Europäer die Wohltaten des Himmels entgegennehmen; nur die Engländer nicht, denen überall die Londoner Sitte als erstes Naturgesetz gilt. Während der Mittagshitze ward ein Zelt ausgespannt, und wir schliefen die Nacht unter dem freien Himmel auf dem Verdeck. Nichts ist der Schönheit solcher Nächte zu vergleichen, wenn, leise geschaukelt und von dem Zuge des Windes gekühlt, man durch das schwankende Tauwerk zu dem lichtfunkelnden gestirnten Himmel hinaufschaut. Später ward uns Passagieren dieser Genuß entzogen, indem den Steuerleuten verboten ward, uns das zur Einrichtung unsers Lagers erforderliche alte Segeltuch verabfolgen zu lassen.

Ich werde zu den Schönheiten dieses Himmels ein Schauspiel rechnen, welches man wenigstens in der wärmeren Zone, wo man mehr im Freien lebt, unausgesetzter zu betrachten aufgefodert wird und welches sich auch da in reicherer Pracht zu entfalten pflegt. Ich meine das Leuchten des Meeres. Dieses Phänomen verliert nie seinen anziehenden Reiz, und nach dreijähriger Fahrt blickt man in die leuchtende Furche des Kieles mit gleicher Lust wie am ersten Tage. Das gewöhnliche Meerleuchten, wie von Alexander von Humboldt (»Reise«, Band I) und von mir beobachtet, rührt bekanntlich von Punkten her, die im Wasser erst durch Anstoß oder Erschütterung leuchtend werden und aus organischen, unbelebten Stoffen zu bestehen scheinen. Das Schiff, das die Flut durchfurcht, entzündet um sich her unter dem Wasser diesen Lichtstaub, der sonst die Wellen nur dann zu erhellen pflegt, wenn sie sich schäumend überschlagen. Außer diesem Lichtschauspiele hatten wir hier noch ein anderes. Es schien im Wasser gleichsam von einem sich in einiger Tiefe entzündenden Lichte zu blitzen, und dieser Schein hatte manchmal einige Dauer. Es schien uns dieses Leuchten von Tieren (Quallen) herzurühren, bei denen eine organische Lichtentwickelung sich annehmen läßt.

Wir hatten am 23. Oktober Windstille in 30° 36' nördlicher Breite, 15° 20' westlicher Länge (über 300 Meilen fern von der afrikanischen Küste). Die Trümmer eines Heuschreckenzuges bedeckten das Meer um uns her.* Drei Tage lang begleiteten uns diese Trümmer. Wir hatten am 25. mittags Ansicht der Salvages, kreuzten den 26. in ihrer Nähe und sahen am 27. den Pic de Teyde in einer Entfernung von beiläufig 100 Meilen schon unter einem sehr hohen Winkel sich uns enthüllen. Der Wind erhob sich während der Nacht und führte uns unserm Ziele zu.

Ich hatte mir während dieser Fahrt den Schnurrbart wachsen lassen, wie ich ihn früher in Berlin getragen. Wie wir uns dem Landungsplatze näherten, ersuchte mich der Kapitän, ihn abzuschneiden. Ich mußte das Opfer bringen und Haare lassen.

Am 28. mittags um elf Uhr ließen wir auf der Reede von Santa Cruz die Anker fallen.

Der Zweck, wofür in Teneriffa angelegt wurde, war, Erfrischungen und hauptsächlich Wein an Bord zu nehmen,

* Gryllus tataricus L.

da wir bis jetzt nur Wasser getrunken hatten. Zu dem Geschäfte sollten drei Tage hinreichen, und es ward uns freigestellt, diese auf eine Exkursion ins Innere der Insel zu verwenden.

Von Gelehrten besucht und beschrieben worden ist Teneriffa wie kein anderer Punkt der Welt. Alexander von Humboldt ist auf dieser Insel gewesen, und Leopold von Buch und Christian Smith, die nicht mehr hier anzutreffen uns schmerzlich war, hatten eben bei einem verlängerten Aufenthalte die ganze Kette der Kanarischen Inseln zum Gegenstande ihrer Untersuchungen gemacht. Wir hatten nur an uns selber Erfahrungen zu machen und unsern durstenden Blick an den Lebensformen der tropischen Natur zu weiden.

Man möchte erwarten, daß auf Reisende, die aus einer nordischen Natur unmittelbar in eine südliche versetzt werden, der unvermittelte Gegensatz mit gleichsam märchenhaftem Reiz einwirken müsse. Dem ist aber nicht also. Die Reihe der im Norden empfangenen Eindrücke liegt völlig abgeschlossen hinter uns; eine neue Reihe anderer Eindrücke beginnt, die, von jener ganz abgesondert, durch nichts mit ihr in Verbindung gesetzt wird. Die Zwischenglieder, welche beide Endglieder zu einer Kette, beide Gruppen zu einem Bilde vereinigen würden, fehlen eben zu einem Gesamteindruck. – Wenn wir nach unserm Winter die Bäume langsam zögernd knospen gesehen und sie auf einmal nach einem warmen Regen Blüten entfalten und Blätter, und der Frühling erscheint in seiner Pracht – dann schwelgen wir in dem Märchen, das die Natur uns erzählt. Wenn wir in unsern Alpen von der Region der Saaten durch die der Laub- und Nadelwälder und die der Triften zu den Schneegipfeln hinan- und von diesen wiederum in die fruchtbaren Täler herabsteigen, haben die Verwandlungen, die wir schauen, für uns einen Reiz, dessen der Gegensatz der verschiedenen Naturen entbehrt, welchen uns das Schiff entgegenführt. Aber die Veränderung des gestirnten Himmels und der Temperatur während der Fahrt schließt sich jenen Beispielen an. Ich füge erläuternd eine andere Beobachtung hinzu: Wir können auf einem hohen Standpunkt schwindlig werden, wenn unser Blick an der Mauer des Turmes oder an Zwischengegenständen in die Tiefe unter uns hinabgleitet; der Luftschiffer aber mag auf die Erde unterwärts blicken, er ist dem Schwindel nicht ausgesetzt.

Aus den Gärten der kleinen Stadt Santa Cruz erheben nur ein paar Dattelpalmen ihre Häupter und wenige Bananenstauden ihre breiten Blätter über die weißgetünchten Mauern. Die Gegend ist öde, die hohen zackigen Felsen der Küste nach Osten zu sind nackt und nur spärlich mit der gigantischen, blassen, kaktusartigen kanarischen Wolfsmilch besetzt. Auf ihren Gipfeln ruhten die Wolken. Man sah auf dem Wege von Laguna her etliche Dromedare herabtreiben.

Ich hatte die erste Gelegenheit benutzt, um ans Land zu fahren. Der gelehrte Mineralog Escolar, dessen Bekanntschaft ich machte, übernahm es lieb- und hülfreich, mir einen Führer für den andern Morgen zu besorgen. Den 29. Oktober früh trat ich mit Eschscholtz die Wanderung an. Wir wollten den gebahnten Weg nach Laguna vermeiden; Señor Nicolas, unser Bote, führte uns irr in den östlichen, felsigen, öden Tälern. Um wenige zerstreut liegende Ansiedelungen sah man den Drachenbaum und die amerikanische Agave und Cactus opuntia. – Die mehrsten bezeichnenden Formen der tropischen Natur waren dem Menschen hörige, ausländische Gewächse. Wir kamen nach drei Uhr zu Laguna an. Es begann zu regnen. Wir speisten Weintrauben und besuchten den gelehrten Dr. Savignon, der uns ein Empfehlungsschreiben an Herrn Cologan in Oratava gab: »No quierendo privar a la casa de Cologan de su antiguo privilegio de proteger los sabios viageros« etc.

(»Nicht wollend das Haus Cologan seines alten Vorrechtes berauben, die weisen oder gelehrten Reisenden zu beschützen« usw.). Wir fanden ein Unterkommen zu Nacht und Weintrauben zur Speise bei einer sehr gesprächigen und lustigen alten Frau. Gasthäuser gibt es auf der Insel nur zwei, zu Santa Cruz und zu Oratava. Am Morgen des 30. strömte der Regen. Wir schlugen den Weg nach Oratava ein. Er führt über Matanza und Vittoria, zwei Namen, die, auf den Karten der spanischen Kolonien oft wiederkehrend, das Schicksal der eingebornen Völker bezeichnen: Sieg und Gemetzel. Man gelangt erst bei Vittoria in die Weingärten, die der Stolz und der Reichtum der Insel sind. Die Aussicht über das Gebürge und die Küste, den Pik und das Meer, ist ausnehmend schön, zumal, wie sie sich uns darbot, im Spiele der Wolken und der Abendsonne. Die Wolken bildeten sich unten am Gestade und zogen von Zeit zu Zeit an dem Abhang des Gebürges den Höhen zu. Auch der Gipfel des Piks erschien, bedeckt von frisch gefallenem Schnee, durch die Nebel. Ich sah aber diesem Berge seine Höhe nicht an; der Eindruck entsprach nicht der Erwartung. Wohl hat sich mir in unsern Schweizer Alpen die Schneelinie als Maßstab der Höhen eingeprägt, und wo dieser nicht anwendbar ist, bin ich ohne Urteil.

Wir hatten uns verspätet und hätten in Oratava nur Stunden der Nacht zubringen können; wir fanden es angemessen, nicht weiterzugehen. Ich rauchte, votum solvens, eine Pfeife unter einem Palmbaume, schnitt mir zum Andenken ein Blatt desselben ab und gebrauchte die Rippe als Wanderstab; wir suchten ein Unterkommen für die Nacht. Wir mußten bis Matanza zurückgehen, wo wir in einer Hütte Weintrauben fanden und als Lager die nackte Erde. Um animalische Nahrung nicht ganz zu entbehren, hatten wir selber in verschiedenen Häusern Hühnereier aufgekauft.

Wir kehrten am 31. bei anhaltendem Regen über Laguna,

wo wir noch einen Garten besuchten, nach Santa Cruz zurück. Zuvorkommend traten uns hier verschiedene unterrichtete Bürger entgegen und luden uns ein, Gärten, Naturaliensammlungen, Guanchen-Mumien zu sehen; unsere Zeit war aber abgelaufen.

Auf unserer Wanderung schien uns im allgemeinen das Volk äußerst arm und häßlich, dabei heiteren Gemüts und von großer Neugierde. Die spanische Würde, die sich in den Sprachformen dartut, trat uns hier achtunggebietend zum erstenmal unter Lumpen entgegen. »Euer Gnaden« ist bekanntlich auch unter dem niedrigen Volk die bräuchliche Anrede.

Zuerst auf Teneriffa, wie später überall im ganzen Umkreis der Erde, haben sich die Wißbegierigen, mit denen ich als ein Wißbegieriger in nähere Berührung kam, Mühe gegeben, den russischen Nationalcharakter an mir, dem Russen, der aber doch nur ein Deutscher und als Deutscher eigentlich gar ein geborener Franzos, ein Champenois, war, zu studieren.

REISE VON TENERIFFA NACH BRASILIEN. SANTA CATHARINA

Am 1. November 1815 lichteten wir die Anker und verließen die Reede von Santa Cruz. Wir hatten im Kanal zwischen Teneriffa und Canaria Windstille oder nur schwachen Wind. Wir sahen den Pik von Wolken völlig enthüllt und am Morgen die Wasserdünste sich an ihm niederschlagen und ihn verschleiern. Am 3. hatten wir außerhalb des Kanals den Nordostpassat erreicht, der ungemein frisch blies und uns mit einer Schnelligkeit von sechs bis acht Knoten – so viele Meilen die Stunde – auf unsrem Wege förderte. Ich bemerke beiläufig, daß die Schnelligkeit seines Schiffes ein Punkt ist, in betreff dessen die Aussage jegliches Schiffskapitäns so unzuverlässig ist als die einer Frau, die ihr eigenes Alter angeben soll. Wir durchkreuzten den 6. früh um vier Uhr den nördlichen Wendekreis. Wir sahen an diesem Tage Delphine und am 7. die ersten Fliegenden Fische.

Diese Tiere, die an Gestalt Heringen zu vergleichen sind, haben Brustflossen, die, zum Fluge und nicht zum Schwimmen geschickt, so lang wie der Körper sind. Sie fliegen mit ausgebreiteten Flossen in gebogenen Linien ziemlich hoch und weit über die Wellen, in die sie wieder tauchen müssen, um die Geschmeidigkeit ihrer Flugwerkzeuge zu erhalten. Da sie aber das Auge des Vogels nicht haben und nicht brauchen, weil die Natur ihnen in der Luft keine Hindernisse entgegensetzt, so wissen sie Schiffen, denen sie begegnen, nicht auszuweichen und fallen häufig an Bord derer, die, wie der »Rurik«, nicht höher, als sich ihr Flug erhebt, aus den Wellen ragen. Begreiflich ist es, daß dem Nordmann, zu dem die Kunde nicht gedrungen ist, der Flug der Fische, Grausen erregend, als eine Umkehrung der Natur erscheine. Der erste Fliegende Fisch, der auf das Verdeck und unsern Matrosen in die Hände fiel, ward von ihnen unter Beobachtung des tiefsten Stillschweigens in Stücke zerschnitten, die sie sodann nach allen Richtungen in die See warfen. Das sollte das vorbedeutete Unheil brechen. Gar bald verlor sich für unsere Leute das Unheimliche einer Erscheinung, die in den gewöhnlichen Lauf der Natur zurücktrat. Die Fliegenden Fische fielen im Atlantischen und Großen Ozean so oft und häufig auf das Schiff, daß sie nicht nur uns, sondern auch, soviel ich weiß, ein paarmal den Matrosen zu einer gar vorzüglichen Speise gereichten.

Wir hatten in Teneriffa eine Katze und ein kleines weißes Kaninchen an Bord genommen. Beide lebten in großer Eintracht. Die Katze fing sich Fische, und das Kaninchen verzehrte die Gräten, die sie ihm übrigließ. Ich erwähne dessen, weil es mir auffiel, das Kaninchen, nach Art der Mäuse und anderer Nager, ganz von animalischer Nahrung leben zu sehen. Das Kaninchen starb jedoch, bevor wir die Linie passierten, und die Katze erreichte auch nicht Brasilien.

Wir hatten am 9. die Breite der nördlichsten der Kapverdischen Inseln erreicht. Am 10. mittags zeigte sich uns Brava durch den Nebel, schon unter einem sehr hohen Winkel. Wir hatten gegen halb zwei Uhr diese hohe Insel zehn Meilen im Südosten plus Süd einhalb Ost, und östlicher erschienen unter einem sehr geringen Winkel zwei andere Lande, das östlichste mit einem anscheinlich vulkanischen Pik in der Mitte. Wir kamen am Abend der Insel Brava zu nah unter dem Winde, den sie uns plötzlich benahm. Über der Wolkenlage, die auf ihren Höhen ruhte, erschienen auf kurze Zeit unter einem fast gleichen Winkel die Gipfel der weiter liegenden Insel Fogo. Zwischen uns und Brava spielten unzählige Herden von Delphinen, die uns wohl nicht gewahrten, da sie an das Schiff nicht kamen.

Die Kapverdischen Inseln werden unter portugiesischer Botmäßigkeit mehrstens von armen Negern bewohnt. Die Einwohner der verschiedenen Inseln werden jedoch sehr verschieden geschildert. Die mit weißem Blute versetzten Einwohner von San Jago werden als unverständig und räuberisch dargestellt; die armen und guten Neger von Brava erinnern an die Neger, die uns Mungo Park kennen und lieben gelehrt hat.

Die Sage erzählt, daß die ersten, die auf Fogo gelandet, zwei Christenpriester gewesen, die daselbst ein gottgefälliges, einsiedlerisch beschauliches Leben führen wollten. Noch brannte die Insel von keinen unterirdischen Feuern. Man weiß nicht, ob die Ankömmlinge Alchimisten oder Zauberer gewesen; aber sie fanden im Gebürge Gold und bauten da ihre Zellen. Sie gruben nach Gold und scharrten einen Schatz zusammen, und ihr Herz wandte sich der Welt wieder zu. Der eine, der sich über den andern überhob, riß das mehrste Gold an sich; daher ihr wechselseitiger Haß und ihre Fehde. Die Flammen, die ihre nicht geheure Kunst ihrem Rachedurst verliehen, entzündeten die ganze Insel, und beide fanden im allgemeinen Brande ihren Untergang. Seither ließ die Gewalt des Feuers nach, das sich in den Mittelpunkt der Insel zurückzog.

Versunken im Anschaun dieser Inseln, auf denen meines Wissens noch kein Naturforscher verweilte, mochte ich träumen, es sei mir vorbehalten, sie einst zum Ziele einer eigenen Reise zu machen und, was dort noch für die Wissenschaft zu tun sei, zu leisten.

Übrigens haben uns weder Rauch noch Flammen die

Vulkane dieser Inseln verraten, die frühere Reisende brennen gesehen, und Cook, der auf San Jago landete, erwähnt auch nichts von vulkanischen Erscheinungen.

Der nördliche Passatwind, den wir bis zum sechsten Grad nördlicher Breite zu behalten uns schmeichelten, verließ uns schon am 13. November im zehnten Grad. Dagegen erreichten wir am 18. zwischen dem siebenten und achten Grad nördlicher Breite den südlichen, den wir erst gegen die Linie anzutreffen hofften. Wir hatten binnen dieser Grenzen und während dieser Zeit unbeständiges Wetter, Windstille, von häufigen Windstößen und Regengüssen unterbrochen; zweimal leuchtete das Wetter, und Donner ward gehört. Einmal, am 17. nachmittags, ward ein Phänomen, das einer Wasserhose glich, wahrgenommen. Der plötzlich einbrechende Regen störte einigemal unsere Nachtruhe auf dem Verdecke. Boten brachten uns Kunde von dem Lande, das uns fünfeinhalb Grad im Osten lag. Am 15. setzte sich ein schön rot befiederter Landvogel auf unsern Bugspriet nieder und flog dann von uns weg. Am 16. umkreisten uns drei Reiher, von denen einer, der sich auf das Schiff setzen wollte, ins Wasser fiel; die andern setzten ihren Flug fort. Am 17. verfolgte uns vom Morgen an eine Ente, die am Mittag geschossen ward (Anas Sirsair Forsk.); endlich zeigte sich am 18. eine andere Ente.

Während dieser Zeit wurden auch verschiedene Haifische geangelt und versahen uns mit erwünschter frischer Nahrung. Ich möchte sagen, ich habe nie bessern Fisch gegessen als den Haifisch; denn er pflegt auf hoher See gefangen zu werden, wenn man eben seiner begehrt.

Am 18. setzte sich der Wind zwischen Süd und Südost fest, und wir steuerten einen sehr westlichen Kurs. Wir sahen am 19. eine Seeblase, das seltsamste vielleicht der tierischen Geschöpfe, welche die Oberfläche des Meeres bewohnen. Wir sahen nur die eine nördlich vom Äquator; in der südlichen Halbkugel wurden sie häufig. Am Morgen des 21. waren uns zwei Segel im Angesicht, und wir wurden am Mittag von einem dritten Schiffe, einem heimwärts segelnden Ostindienfahrer, angesprochen, der ein Boot an uns sandte, Nachrichten von Europa zu begehren. Er teilte uns welche von Sankt Helena mit, wo Napoleon angelangt war. Am 22. und 23. umschwärmten uns Herden von Delphinen.

Am 23. November 1815 abends um acht Uhr durchkreuzten wir zum erstenmal den Äquator. Die Flagge ward aufgezogen, alles Geschütz abgefeuert und ein Fest auf dem »Rurik« begangen. Die Matrosen, die alle Neulinge waren, wußten nicht recht, was sie tun sollten, und ihr Neptun war ziemlich albern. Aber eine ausnehmende Freudigkeit herrschte unter ihnen, und eine Komödie, die sie aufführten, beschloß spät und ergötzlich den Tag. Punsch war ihnen in hinreichender Menge gereicht worden.

Der Beifall, den dieses Schauspiel geerntet, veranlaßte eine zweite Vorstellung, die am 3. Dezember stattfand und noch vorzüglicher ausfiel. Der Steuermann Petrow war diesmal Dichter des Stückes und einer der Hauptdarstellenden. Es war ein rührendes Stück, aber mit gehöriger Ironie aufgefaßt und vorgetragen. Der Kirchengesang bei der Einsegnung des liebenden Paares bestand in der Litanei sämtlicher Taue und Leinen des Schiffes unter Anrufung des Herrn Steuermanns.

Überhaupt ward alle Sonntage für die Ergötzung der Matrosen gesorgt. Die Janitschareninstrumente wurden hervorgeholt, und es ward gesungen. Ich bemerke beiläufig, daß unter den russischen Nationalliedern, die wir in allen fünf Weltteilen ertönen ließen, auch »Marlborough« war. Ich zweifle nicht, daß, wenn heutzutage eine gleiche russische Expedition die See hält, ihre Sänger überall das »Mantellied« von Holtei unter ihren volkstümlichen Gesängen anstimmen.

Wir sahen am 24., 25. und 26. November ein Schiff, eine

englische Brigg, welcher die Bramstange des großen Mastes fehlte.

Wir hatten auch, seit wir den südlichen Passat erreicht, häufige Wolken und rasch vorübergehende leichte Regengüsse, besonders während der Nacht. Der Wind, der allmählich vom Süden zum Osten übergegangen war, wandte sich am 30. November nach Norden und verließ uns ganz am 1. Dezember. Nach einer kurzen Windstille erhob sich der Südwind. Wir hatten am 5. die Sonne scheitelrecht. Wir durchkreuzten am 6. den südlichen Wendekreis. In diesen Tagen wurden mehrere Boniten harpuniert und versorgten uns mit frischen Lebensmitteln. Auch brachten uns Schmetterlinge wiederholt Kunde von dem Festlande Amerika, das uns 120 Meilen im Westen lag. Etliche Schiffe wurden gesehen.

Wir beobachteten am 7. Dezember ungefähr anderthalb Grad südlich vom Kap Frio eine Erscheinung, die sich am 9. auffallender wiederholte. Wind und Strom hatten andersfarbiges Wasser, strohgelbes und grünes, bandartig, scharf begrenzt, unabsehbar über die Oberfläche des Meeres hingezogen. Wir untersuchten das Wasser dieser farbigen Flüsse oder Straßen, die wir in unserm Kurs durchschnitten. Das blaßgelbe Wasser war wie von einem sehr feinen blaßgrünen Staube getrübt oder wie von einer mikroskopischen Spreu dicht überstreut. Das Färbende zeigte sich unter dem Mikroskop als eine frei schwimmende, gradstäbige, gegliederte Alge. Eigenmächtige Bewegung ward an derselben nicht wahrgenommen. – Das am 7. untersuchte Wasser enthielt außerdem in sehr geringem Verhältnis grüne, schleimige Materie und seltnere, sehr kleine rötliche Tiere aus der Klasse der Krebse, die, umherschwimmend, sich häufig Fäden von der Oberfläche holten und selbige zu Grunde zogen. Die Striche grünen Wassers, die am 9. beobachtet wurden, waren in der Regel weniger breit als die graugelben. Sie verbreiteten einen sehr auffallenden faulen Geruch. Die reine grüne Farbe rührte von einer unendlichen Menge Infusorien her, die das Wasser verdichteten. Die Planarien ähnlichen Tiere waren mit bloßen Augen kaum unterscheidbar. Das Wasser des Kanals von Santa Catharina war manchmal, besonders bei Südwind, ähnlich gefärbt und hatte einen ähnlichen faulen Geruch, aber diese Tiere waren darin nicht vorhanden.

Am 10. überfiel uns ein Sturm in der Nähe des Hafens. Am 11. sahen wir das Land und lagen am 12. nachmittags um vier Uhr im Kanal von Santa Catharina auf der Seite des festen Landes und in der Nähe des Forts Santa Cruz vor Anker.

Ich werde nicht, ein flüchtiger Reisender, der ich auf dieses Land gleichsam nur den Fuß gesetzt habe, um vor der riesenhaft wuchernden Fülle der organischen Natur auf ihm zu erschrecken, mir anmaßen, irgend etwas Belehrendes über Brasilien sagen zu wollen. Nur den Eindruck, den es auf mich gemacht, den es in mir zurückgelassen hat, möchte ich den Freunden mitteilen; aber auch da fehlen mir die Worte.

Die Insel Santa Catharina liegt in der südlichen Halbkugel außerhalb des Wendekreises, in derselben Breite wie Teneriffa in der nördlichen. Dort ist der felsige Grund nur stellenweis und nur dürftig begrünt, den europäischen Pflanzenformen sind nur fremdartige beigemengt und die auffallendsten derselben auch fremd dem Boden. Hier umfängt eine neue Schöpfung den Europäer, und in ihrer Überfülle ist alles auffallend und riesenhaft.

Wenn man in den Kanal einläuft, der die Insel Santa Catharina von dem festen Lande trennt, glaubt man sich in das Reich der noch freien Natur versetzt. Die Berge, die sich in ruhigen Linien von beiden Ufern erheben, gehören, vom Urwald bekleidet, nur ihr an, und man gewahrt kaum an

Die Küste Brasiliens gegenüber der Insel Santa Catharina

deren Fuß die Arbeiten des neu angesiedelten Menschen. Im Innern ragen, als Kegel oder Kuppeln, höhere Gipfel empor, und ein Bergrücken des festen Landes begrenzt gegen Süden die Aussicht.

Die Ansiedelungen des Menschen liegen meist längs dem Gestade, umschattet von Orangenbäumen, welche die Höhe unserer Apfelbäume erreichen oder übertreffen. Um dieselben liegen Pflanzungen von Bananen, Kaffee, Baumwollenstauden usw. und Gehege, worin etliche unserer Küchengewächse, denen viele europäische Unkrautarten parasitisch gefolgt sind, unscheinbar gebaut werden. Der Melonenbaum und eine Palme (Cocos Romanzowiana M.) ragen aus diesen Gärten hervor. Unterläßt der Mensch, die Spanne Landes, die er der Natur abgerungen hat, gegen sie zu verteidigen, überwuchert gleich den Boden ein hohes, wildes Gesträuch, worunter schöne Melastoma-Arten sich auszeichnen, umrankt von purpurblütigen Bignonien. Will man von da seitab in die dunklc Wildnis des Waldes einzudringen versuchen, wird man von dem ausgehauenen Pfade, den man betreten hat, bald verlassen, und der Gipfel des nächsten Hügels ist unerreichbar. Fast alle erdenklichen Baumformen drängen sich im Walde in reicher Abwechselung. Ich will bloß die Akazien anführen, mit vielfach gefiederten Blättern, hohen Stämmen und fächerartig ausgebreiteten Ästen. Darunter wuchern am Boden über umgestürzten modernden Stämmen, weit über Manneshöhe, Gräser, Halbgräser, Farren, breitblättrige Helikonien usw.; dazwischen Zwergpalmen und baumartige Farrenkräuter. Vom Boden erhebt sich zu den Wipfeln hinan und hängt von den Wipfeln wieder herab ein vielfach verschlungenes Netz von Schlingpflanzen. Viele Arten aus allen natürlichen Familien und Gruppen des Gewächsreiches nehmen in dieser Natur die bezeichnende Form der Lianen an. Hoch auf den Ästen wiegen sich luftige Gärten von

Orchideen, Farren, Bromeliazeen usw., und die Tillandsia usneoides überhängt das Haupt alternder Bäume mit greisen Silberlocken. Breitblättrige Aroideen wuchern am Abfluß der Bäche. Riesenhafte, säulenartige Kaktus bilden abgesonderte, seltsame, starre Gruppen. Farrenkräuter und Lichene bedecken dürre Sandstrecken. Über feuchten Gründen erheben luftige Palmen ihre Kronen, und gesellig übergrünt die ganzblättrige Mangle (Rhizophora) die unzugänglichen Moräste, in welche die Buchten des Meeres sich verlieren. Die Gebirgsart, ein grobkörniger Granit, durchbricht nirgends die Dammerde und wird nur stellenweise am Gestade und an den Klippen wahrgenommen, die aus dem Kanal hervorragen.

Ich muß bemerken, daß ich nirgends die Palmen, weder in Brasilien, noch auf Luzon, noch auf Java, soweit ich vom Schiffe aus die nahe liegende Küste überschauen konnte, die Vorherrschaft über andere Pflanzenformen behaupten, den Wald überragen und den Charakter der Landschaft bedingen sah. Nur die von dem Menschen angepflanzte und ihm nur hörige schönste der Palmen, die schlanke, windbewegte Kokospalme auf den Südsee-Inseln, könnte als Ausnahme angeführt werden. Aber vorherrschend sollen zwischen den Tropen die Palmen sein in den weiten, niedren, oft überflossenen Ebenen, durch welche die großen Flüsse Amerikas sich ergießen.

Obgleich Amerika den riesenhaften Tierformen der Alten Welt, von dem Elefanten bis zu der Boaschlange, keine ähnliche entgegenzustellen hat, scheint doch in der brasilianischen Natur die Mannigfaltigkeit und Fülle diesen Mangel auszugleichen. Die Tierwelt ist in Einklang mit der Pflanzenwelt. Der Lianenform der Gewächse entspricht der Kletterfuß der Vögel und der Wickelschwanz der Säugetiere, mit dem selbst Raubtiere versehen sind. Überall ist Leben. Herden von Krebsen bewohnen in der Nähe des

Brasilien

Meeres die feuchteren Stellen des Landes und ziehen sich vor dem Wanderer in ihre Höhlen zurück, ihre größere Schere über dem Kopfe schwingend. Der größte Reichtum und die größte Pracht herrschen unter den Insekten, und der Schmetterling wetteifert mit dem Kolibri. Senkt sich die Nacht über diese grüne Welt, entzündet rings die Tierwelt ihre Leuchtfeuer. Luft, Gebüsch und Erde erfüllen sich mit Glanz und überleuchten das Meer. Der Elater trägt in geradlinigem Fluge zwei Punkte beständigen Lichtes, zwei nervenversehene Leuchtorgane, auf dem Brustschild; die Lampyris wiegt sich in unsicheren Linien durch die Luft mit ab- und zunehmendem Schimmer des Unterleibes, und bei dem märchenhaften Schein erschallt das Gebell und das Gepolter der froschähnlichen Amphibien und der helle Ton der Heuschrecken.

Den unerschöpflichen Reichtum der Flora Brasiliens beweisen die seit Jahren ihr gewidmeten Bemühungen von Auguste de Saint-Hilaire, Martius, Nees von Esenbeck, Pohl, Schlechtendal und mir, teils auch von de Candolle und Adrien de Jussieu. Alles war neu für die Wissenschaft. Die Arbeiten so vieler Männer haben sich noch nur über Bruchstücke erstrecken können; und hält einer Nachlese in einer Familie, die bereits ein anderer bearbeitet hat, gibt oft diese der ersten Ernte wenig nach.

Am 13. Dezember, dem Morgen nach unserer Ankunft, ward der »Rurik« dem Lande näher gebracht, und ich begleitete sodann den Kapitän nach der Stadt Nostra Señora do Destero, auf der Insel, beiläufig neun Meilen von unserm Ankerplatz, an der engsten Stelle des Kanals gelegen. Ich habe sie wiederholt besucht, und sie hat mir keine deutliche Erinnerung zurückgelassen; auch von den Menschen, mit denen ich in Berührung gekommen, vermisse ich in mir ein bestimmtes Bild. Die Natur, nur die riesenhafte Natur hat mir bleibende Eindrücke eingeprägt.

Am 14. ward das Observatorium ans Land gebracht und daselbst ein Zelt aufgeschlagen. Ein ärmliches Haus und das Zelt dienten dem Kapitän und der Schiffsgesellschaft, die er mit sich nahm, zur Wohnung, während Gleb Simonowitsch auf dem Schiffe blieb, dessen Kommando er übernahm.

Ich erfuhr, daß der Leutnant Sacharin, der auf der Herreise mehr und mehr erkrankt war, sich hier, und gleich am andern Morgen, einer furchtbaren chirurgischen Operation unterwerfen wolle, und Eschscholtz, der sie verrichten sollte, eröffnete mir, daß er dabei auf meine Beihülfe rechne. Es war, ich gestehe es, einer der ernstesten Momente meines Lebens, als nach empfangenen Instruktionen und getroffenen Vorbereitungen ich mit Eschscholtz an das Bette des Kranken trat und zu mir selber sagte: »Fest und aufmerksam! Von deiner unerschütterlichen Kaltblütigkeit hängt hier ein Menschenleben ab.« Als aber zu dem blutigen Werke geschritten werden sollte, fand der Doktor die Umstände, und zwar zum Bessern, verändert. Die Operation unterblieb, und der Kranke erholte sich wirklich und konnte in der Folge seinen Dienst wieder versehen.

Ob es gleich nicht die Regenzeit war, die für diesen Teil Brasiliens in den September fällt, so hatten wir doch fast beständigen Regen, und man brachte wohl im Volke die Ankunft der Russen mit dem ungewöhnlichen Wetter in Verbindung. Indes war von den gesammelten und schwer zu trocknenden Pflanzen mein ganzer Papiervorrat bereits eingenommen. Die vom Schiffe, welche unter dem Zelte schliefen, Maler, Steuermann und Matrose, bedienten sich meiner Pflanzenpakete zur Einrichtung ihres Lagers und als Kopfkissen. Ich war darum nicht befragt worden und hätte mich der eingeführten Ordnung zu widersetzen vergeblich versucht. Das Zelt ward aber in einer stürmisch regnichten Nacht umgeworfen, und das erste, woran jeder bei dem Unfalle dachte, war eben nicht, meine Pflanzenpakete ins Trockne zu bringen. Ich verlor auf die Weise nicht nur einen Teil meiner Pflanzen, sondern auch noch einen Teil meines Papieres – ein unersetzlicher Verlust und um so empfindlicher, als mein Vorrat nur gering war, indem ich auf einen anderen zu rechnen verleitet worden und selber nun mit meinem Eingebrachten für einen zweiten, für Eschscholtz, der ganz entblößt war, ausreichen sollte.

Krusenstern, an dessen Bord Otto von Kotzebue sich befand, war vor zwölf Jahren zu derselben Jahreszeit mit der »Nadeshda« und der »Newa« in diesem selben Hafen gewesen, hatte ungefähr an derselben Stelle vor Anker gelegen und sein Observatorium auf der kleinen Insel Atomery gehabt, auf welcher das Fort Santa Cruz liegt. Damals hatte ein geborener Preuße, namens Adolf, wohnhaft zu San Miguel, vier bis fünf Meilen von unserm Zelt, Krusenstern und seine Offiziere auf das gastlichste empfangen und mit ihnen auf das freundschaftlichste gelebt. Otto Astawitsch erinnerte sich liebevoll des Gastfreundes, er erkundigte sich nach ihm; es wurde ihm berichtet, daß jener gestorben sei, daß aber die Witwe noch lebe, und er beschloß, die wohlbekannte, freundliche Frau zu besuchen; wir wallfahrteten nach San Miguel. – Diese Witwe war nicht die Frau, die Otto Astawitsch gekannt hatte, sondern eine junge Frau, die Adolf bald nach dem Tode der ersten in zweiter Ehe geheiratet hatte. Sie beherbergte einen Landsmann und Freund in dem neu aufgeputzten Hause. Damals hatten die russischen Offiziere ihre Namen an die gastliche Wand eingeschrieben: geglättet und übertüncht waren die Wände; der Fleck, wo jene Namen gestanden, war nicht mehr zu ermitteln, keiner wußte davon, und das Andenken des erst im vorigen Jahre verstorbenen Adolfs schien sowohl als das der Russen gänzlich ausgegangen.

Wir wurden auf solchen Exkursionen von den Landbewohnern, bei welchen wir ansprachen oder die uns selber zuvorkommend in ihre Häuser zogen, mit Früchten bewirtet, und es ward uns, was der Vorrat erlaubte, angeboten; wenn wir aber für das Genossene Bezahlung anboten, verstand man uns nicht. Die Übervölkerung hat der natürlichen Gastfreundschaft noch nicht Einhalt getan.

Wir fanden hier den Sklavenhandel noch in Flor. Das Gouvernement Santa Catharina bedurfte allein jährlich fünf bis sieben Schiffsladungen Neger, jede zu hundert gerechnet, um die zu ersetzen, die auf den Pflanzungen ausstarben. Die Portugiesen führten solche aus ihren Niederlassungen in Kongo und Moçambique selber ein. Der Preis eines Mannes in den besten Jahren betrug 200 bis 300 Piaster. Ein Weib war viel geringeren Wertes. Die ganze Kraft eines Menschen schnell zu verbrauchen und ihn durch neuen Ankauf zu ersetzen schien vorteilhafter zu sein, als selbst Sklaven in seinem Hause zu erziehen. – Mögen euch ungewohnt diese schlichten Worte eines Pflanzers der Neuen Welt ins Ohr schallen. – Der Anblick dieser Sklaven in den Mühlen, wo sie den Reis in hölzernen Mörsern mit schweren Stampfkolben von seiner Hülse befreien, indem sie den Takt zu der Arbeit auf eine eigentümliche Weise ächzen, ist peinvoll und niederbeugend. Solche Dienste verrichten in Europa Wind, Wasser und Dampf. Und schon stand zu Krusensterns Zeit eine Wassermühle im Dorfe San Miguel. Die im Hause der Herren und die in ärmeren Familien überhaupt gehalten werden, wachsen natürlich dem Menschen näher als die, deren Kraft bloß maschinenmäßig in Anspruch genommen wird. Wir waren übrigens nie Zeugen grausamer Mißhandlungen derselben. Das Weihnachtsfest schien, wie überall das Fest der Kinder, auch hier das Fest der Schwarzen zu sein. Sie zogen truppenweise, phantastisch ausstaffiert von Haus zu Haus durch die Gegend und spielten und sangen und tanzten um geringe Gaben, ausgelassener Fröhlichkeit hingegeben. Um Weihnachten diese grüne Palmen- und Orangenwelt! Überall im Freien Paniere und Fackeln, Gesang und Tanz und das freudige Stampfen des Fandango. – In den letzten Tagen hatten die Genossen Bekanntschaften angeknüpft, bei denen sie das Fest feiern mochten; – ich war an diesem Abend so für mich allein!

Man findet überall bekannte Spuren. In der Stadt lebte ein Schneider, der aus meiner Provinz, gleichsam aus meiner Vaterstadt, aus Châlons-sur-Marne, gebürtig war. Mein Name mußte ihm geläufig sein. – Er hat mich aufgesucht; ich weiß aber nicht, wie es sich traf, ich habe ihn nicht gesehen.

Folgende Notiz möge hier noch Platz finden. Der Name Armaçaõ bezeichnet die königlichen Fischereien, die den Walfischfang ausüben und deren es vier in diesem Gouvernement gibt. Der Fang geschieht in den Wintermonaten vor dem Eingange des Kanals. Es gehen bloß offene, gezimmerte Boote aus, die mit sechs Ruderern, einem Steuermann und einem Harpunier bemannt sind; der erlegte Fisch wird ans Land gezogen und da zerschnitten. Jede Armaçaõ soll deren in jedem Winter nah an hundert einbringen, und man versicherte uns, die Zahl könnte viel höher anwachsen, wenn die Auszahlung der Gehalte, die um drei Jahre verspätet war, pünktlicher geschehe. Nördlicher gelegene Gouvernements haben an dem Walfischfange auch teil. Man soll den Fischen schon unter dem zwölften Grad südlicher Breite begegnen. – Es ist vermutlich der Pottfisch (Physeter), dem unter so heißer Sonne an den Küsten Brasiliens nachgestellt wird.

Ich finde in einem Briefe, den ich aus Brasilien nach Berlin schrieb, eine Entdeckung verzeichnet, die kaum in eine Reisebeschreibung gehören mag, die ich jedoch hier einbuchen will, weil es mir neckisch vorkommt, daß grade ein geborener Franzose um die Welt reisen mußte, um sie fernher den Deutschen zu verkünden. Ich habe nämlich auf der Fahrt nach Brasilien in der »Braut von Korinth«, einem der vollendetsten Gedichte Goethes, einem der Juwelen der deutschen und europäischen Literatur, entdeckt, daß der vierte Vers der vierten Strophe einen Fuß zuviel hat!

Daß er angekleidet sich aufs Bette legt.

Ich habe seither keinen Deutschen, weder Dichter noch Kritiker, angetroffen, der selbst die Entdeckung gemacht hätte; ich habe Kommentare über die »Braut von Korinth«, vergötternde und schimpfende, gelesen und darin keine Bemerkung über den angeführten überzähligen Fuß gefunden. – Die Deutschen geben sich oft so viel Mühe, von Dingen zu reden, die sie sich zu studieren so wenig Mühe geben! – Ich halte die Entdeckung noch für neu.

Am 26. Dezember 1815 wurden die Instrumente an Bord gebracht, und wir selbst schifften uns ein. Stürmisches Wetter hielt uns am 27. noch im Hafen, den wir erst den dritten Tag verließen.

FAHRT VON BRASILIEN NACH CHILE. AUFENTHALT IN TALCAGUANO

Wir gingen am 28. Dezember 1815 früh um fünf Uhr mit schwachem Winde unter Segel. Beim Auslaufen aus dem Kanal zeigte sich, wie am 7. Dezember vor dem Einlaufen in denselben, jedoch minder auffallend, das Wasser von der mikroskopischen Alge getrübt, und der kleine rote Krebs zeigte sich auch darin. Der Wind erhob sich während der Nacht, und wir hatten am Morgen das Land aus dem Gesichte verloren.

Schiffe, die das Kap Hoorn umfahren, pflegen in diesen Breiten einen Südsüdwest-Kurs zu halten und der amerikanischen Küste in einer Entfernung von fünf bis sechs Grad zu folgen. Sie steuern zwischen dem festen Land und den Falklands-Inseln, ohne Land zu sehen; der Strom treibt den Inseln zu; das Meer ist dort ohne Tiefe; das Lot findet den Grund mit sechzig bis siebzig Faden auf grauem Sande. Südlicher halten sie mehr ostwärts, um das Kap San Juan, die Ostspitze vom Staatenland, den einzigen Punkt des Landes, den sie zu sehen begehren, zu umfahren. Sie hoffen auf der Fahrt längs der Küste auf günstige Nordwinde; in südlicheren Breiten stellen sich meist westliche Winde und Stürme ein. Wie zwischen den Wendekreisen die Ostwinde beständig sind, sind in der Region der wechselnden Winde gegen die Pole zu die Westwinde entschieden vorherrschend. Gegen diese ankämpfend, suchen die Schiffe eine höhere Breite (bis zu dem sechzigsten Grad) zu gewinnen, um von da, nachdem sie die Mittagslinie des Kap Hoorn durchkreuzt, wieder nordwärts zu steuern. Nicht beispiellos ist es, daß Schiffe, die lange und erfolglos gegen die Weststürme gerungen, die Hoffnung, das Kap Hoorn zu umfahren, aufgebend, den westlichen Kurs gegen den östlichen vertauschen und um das Vorgebirge der Guten Hoffnung in den Großen Ozean eingehen.

Der beschriebene Kurs war auch der unsrige, nur daß der Kapitän beschloß, beim Umfahren des Kap Hoorn westlicher zu steuern und nicht ungezwungen höhere Breiten zu suchen. Und dennoch – ich war zu der Zeit berechtigt, vorauszusetzen, daß der Zweck unserer Reise uns eine lange Zeit im Nördlichen Eismeer beschäftigen würde, und es wollte mich bedünken, daß das südliche Eis, der südliche Polargletscher, dem unser Kurs uns zur Zeit so nahe brachte, uns einen lehrreichen Vergleichungspunkt bei den Untersuchungen, die uns bald beschäftigen sollten, darbieten und wohl geeignet sein könne, unsere Neugierde anzuziehen. Herr von Kotzebue ging in diese Idee nicht ein, die ich seinem Urteil zu unterwerfen mich vermaß. – Erst zwei Jahre später machte der »William«, Kapitän Smith, die Entdeckung des New South Shetland, welche, wenn der Kapitän meine Ansicht geteilt hätte, ihm vielleicht zuteil geworden wäre.

Wir sahen am Morgen des 19. Januar 1816 das Kap San Juan und umschifften dasselbe in der folgenden Nacht. Wir durchkreuzten den 22. die Mittagslinie des Kap Hoorn in 57° 33' südlicher Breite, erreichten am 1. Februar die Breite des Kap Vittoria, hatten am 11. um zehn Uhr abends bei Mondschein Ansicht vom Lande und liefen nach einer Fahrt von nur sechsundvierzig Tagen am 12. in die Bucht von Concepción ein.

Ich hole mit kurzen Worten einiges von den Begegnissen unserer Fahrt nach. Man habe Nachsicht mit mir. Wie in der Geschichte eines Gefangenen eine Fliege, eine Ameise, eine Spinne einen großen Raum einnehmen, so ist dem Seefahrer die Ansicht eines Blattes Tang, einer Schildkröte, eines Vogels eine gar wichtige Begebenheit.

Wir hatten in Brasilien etliche Vögel (junge Ramphastos) und einen Affen (Simia capucina) an Bord genommen. Die Vögel starben beim ersten Windstoß, der uns auf hoher See empfing; der Affe blieb bis Kamtschatka der unterhaltendste Gesell unserer Genossenschaft.

Wir sahen am 30. Dezember ein Schiff, das vermutlich nach Buenos Aires bestimmt war, das einzige Segel, dessen Anblick uns auf dieser einsamen Fahrt erfreute. – Einige Seeschildkröten wurden an verschiedenen Tagen in einer Entfernung vom Lande von 300 Meilen und mehr beobachtet. Ich selber sah sie nicht. Der Nordwind verließ uns in der Breite beiläufig von einundvierzig Grad, und die Kälte ward bei plus zwölf Grad Réaumur unangenehm. Wir suchten unsere Winterkleider hervor, und die Kajüte ward geheizt. Wir waren am Kap Hoorn, wo das Minimum der Temperatur plus vier Grad war, die Kälte gewohnt worden und unempfindlicher gegen sie. Südwinde brachten uns klares Wetter, Nordwinde Regen. Wir sahen die ersten Albatrosse in einer Breite von beiläufig vierzig Grad; etwas südlicher stellten sich die gigantischen Tange des Südens ein: Fucus pyriferus und Fucus antarcticus, eine neue Art, die ich in Choris' »Voyage« abgebildet und beschrieben habe. – Ich hatte die verschiedenen Formen dieser interessanten Gewächse in vielen Exemplaren gesammelt, und es war mir erlaubt worden, sie zum Trocknen im Mastkorbe auszustellen; später aber, als einmal das Schiff gereinigt ward, wurde mein kleiner Schatz ohne vorhergegangene Anzeige über Bord geworfen, und ich rettete nur ein Blatt von Fucus pyriferus, das ich zu andern Zwecken in Weingeist verwahrt hatte.

Walfische, andere Säugetiere des Meeres, Delphine mit

weißem Bauche (Delphinus Peronii) wurden an verschiedenen Tagen gesehen. Am 10. [Januar] soll der Steuermann Chramtschenko auf seiner Morgenwacht ein Boot mit Menschen, gegen die See ankämpfend, gewahrt haben. An diesem selben Tage erhob sich aus Südwest der Sturm, der uns zwischen dem sechsundvierzigsten und siebenundvierzigsten Grad südlicher Breite fast unausgesetzt sechs Tage lang gefährdete. Nachmittags um vier Uhr schlug auf das Hinterteil des Schiffes eine Welle ein, die eine große Zerstörung anrichtete und den Kapitän über Bord spülte, der zum Glücke noch, im Tauwerk verwickelt, über dem Abgrund schweben blieb und sich wieder auf das Verdeck schwang. Das Geländer war zerschmettert, selbst die stärksten Glieder der Brüstung zersplittert und eine Kanone auf die andere Seite des Schiffes geworfen. Das Steuerruder war beschädigt, ein Hühnerkasten mit vierzig Hühnern war über Bord geschleudert und fast der Rest unsers Geflügels ertränkt. Das Wasser war in die Kajüte des Kapitäns zu dem zerstörten Gehäuse hineingedrungen; Chronometer und Instrumente waren zwar unbeschädigt geblieben, aber ein Teil des Zwiebacks, der im Raume unter der Kajüte verwahrt wurde, war durchnäßt und verdorben.

Der Verlust der Hühner war ein sehr empfindlicher. Das Essen gewinnt auf einem Schiffe eine Wichtigkeit, von der man sich auf dem Lande nichts träumen läßt; es ist ja das einzige Ereignis im täglichen Leben. Wir waren in der Hinsicht übel daran. Der »Rurik« war zu klein, um andere Tiere aufnehmen zu können als etliche kleine Schweine, Schafe oder Ziegen und Geflügel. Unser Bengaleser war, wie die Frau von Staël mit minderem Rechte von ihrem Koch behauptete, ein Mann ohne Phantasie; die Mahlzeit, die er uns am ersten Tage nach dem Auslaufen auftischte, wiederholte sich ohne Abwechslung die ganze Zeit der Überfahrt, nur daß die mitgenommenen frischen Lebensmittel, bald auf die Hälfte reduziert, am Ende gänzlich wegblieben. Verbot man dem verrückten Kerle, ein Gericht, dessen man überdrüssig geworden, wieder aufzutragen, so bat er mit Weinen um die Vergünstigung, es doch noch einmal machen zu dürfen. Die letzten der lebendig mitgenommenen Tiere werden in der Regel für den Notfall aufgespart; und tritt dieser nicht ein, so geschieht es wohl, daß sie dem Menschen näher heranwachsen und wie Hunde als Haus- und Gesellschaftstiere das Gastrecht erwerben. Wir hatten zu der Zeit noch an Bord ein Paar der aus Kronstadt mitgenommenen Schweine, von denen weiter unten die Rede sein wird.

Wir hatten an einem dieser stürmischen Tage Hagel und Donner. Wir sahen außer Delphinen und Albatrossen auch eine Robbe, die äußerst schnell unter dem Wasser schwamm, sich in hohen Sprüngen über dasselbe erhob und, wie Delphine pflegen, nach dem Vorderteile des Schiffes kam. Sie wurde mit der Harpune getroffen, aber wir wurden ihrer nicht habhaft. Wir hatten in der Höhe der Falklands-Inseln sehr unbeständiges Wetter, Stürme und Windstille. Die Robbe ward noch einmal gesehen. Ein kleiner Falke kam an unsern Bord und ließ sich mit Händen greifen.

Das Feuerland, das uns am 19. Januar im Angesichte lag, ist ein hohes Land mit sehr zackigen, nackten Gipfeln. Im westlicheren, innerlichen Teile lag stellenweise Schnee auf den Abhängen. Durch die Straße Le Maire vom Feuerlande getrennt, ist das Staatenland die östliche Verlängerung desselben. Es erhebt sich in ruhigeren Linien mit zwei Nebengipfeln zu dem höheren Pik des Innern, und das östliche Vorgebürge senkt sich mit sanfterem Abhange zum Meere herab. In der Nähe des Kap San Juan waren die Tange am häufigsten, und unter ihnen schwamm im Meer ein zweifelhaftes Wesen, Tier oder Pflanze, das unsere Neugierde reizte, ohne daß wir seiner habhaft werden konnten. Zahlreiche Albatrosse schwammen um das Schiff; es ward auf mehrere geschossen, aber das Blei drang durch den dichten Federpanzer nicht durch.

Wir hatten beim Umschiffen des Kap Hoorn und in der Mittagslinie desselben Stürme aus Südwest, die mehrere Tage anhielten und uns die höchsten Wellen brachten, die wir bis jetzt gesehen. Das Meer war ohne Phosphoreszenz. Keine oder nur wenige Walfische. Es wurde kein Polarlicht beobachtet.

Reisende pflegen am südlichen Himmel das Gestirn des Kreuzes mit den Versen Dantes, »Purgatorio« I, 22 und folgende, zu begrüßen, welche jedoch, mystischeren Sinnes, schwerlich auf dasselbe zu deuten sind. Sie pflegen überhaupt den gestirnten Himmel jener Halbkugel an Glanz und Herrlichkeit weit über den nördlichen zu erheben. Ihn gesehen zu haben ist ein Vorzug, der ihnen vor Nichtgereisten gesichert bleibt. Osagen, Botokuden, Eskimos und Chinesen bekommt man bequemer daheim zu sehen als in der Fremde; alle Tiere der Welt, das Nashorn und die Giraffe, die Boa- und die Klapperschlange, sind in Menagerien und Museen zur Schau ausgestellt, und Walfische werden stromaufwärts der Neugierde unserer großen Städte zugeführt. Das Sternenkreuz des Südens kann man nur an Ort und Stelle in Augenschein nehmen. – Das Kreuz ist wahrlich ein schönes Gestirn und glänzender Zeiger an der südlichen Sternenuhr; ich kann aber in das überschwengliche Lob des südlichen Himmels nicht einstimmen; ich gebe dem heimischen den Vorzug. Habe ich vielleicht zu dem Großen Bären und der Kassiopeia die Anhänglichkeit, die der Alpenbewohner zu den Schneegipfeln hegt, die seinen Gesichtskreis beschränken?

Als wir nach Norden steuerten, verschwand der Tang. Am 31. Januar 1816 ward in der Nähe des Kap Vittoria mein vierunddreißigster Geburts- oder vielmehr Tauftag gefeiert. (Wann und ob ich überhaupt geboren bin, ist im Dokumente nicht verzeichnet; Zeugen sind nicht mehr zu beschaffen, und es streitet nur die Wahrscheinlichkeit dafür.) Ich hatte von Brasilien aus etliche Goldfrüchte aufgespart, und wie ich die bei der Gelegenheit vorbrachte, gab der Kapitän eine Flasche Portwein aus seinem eigenen Vorrat zum besten.

Wir hatten, nordwärts längs der Westküste von Amerika, in einer Entfernung von beiläufig zwei Grad, segelnd, schönes, heiteres Wetter und Südwinde, wie solche hier in dieser Jahreszeit zu erwarten sind.

Ich verweise, was den Anblick betrifft, den die Küste von Chile bei Concepción gewährt, auf den Aufsatz, welchen man unter den »Bemerkungen und Ansichten« finden wird und der außerdem noch einige flüchtige Blicke und Notizen enthält. An Ort und Stelle geschriebene Blätter, die der Kapitän über jeden Landungsplatz, den wir eben verlassen, von mir begehrte und erhielt, liegen jenen Denkschriften zum Grunde.

Den 12. Februar 1816 mittags fuhren wir in die Bucht von Concepción ein und waren, gegen ungünstigen Wind lavierend, um drei Uhr in Ansicht von Talcaguano. Wir zeigten unsere Flagge und begehrten nach Seemannsbrauch einen Lotsen. Aber wir wurden nur von fern scheu und furchtsam rekognosziert. Was man uns zurief, verstanden wir nicht, und wir konnten uns nicht verständlich machen. Die Nacht fiel ein, und wir warfen Anker. Wir wurden mit Tagesanbruch ein Boot gewahr, das uns beobachtete; es gelang uns endlich, dasselbe herbeizulocken. Unsere Flagge war hier unbekannt und übergroß die Furcht vor Korsaren aus Buenos Aires, gegen die man sich nicht zu verteidigen gewußt hätte. Wir wurden nun nach dem Ankerplatz vor Talcaguano gelotset, und der Kapitän sandte sogleich den

Leutnant Sacharin und mich an den Kommandanten des Platzes ab.

Ferdinand der Siebente war zur Zeit Herr über Chile. In den Machthabern und dem Militär, mit denen wir natürlicherweise zunächst in Berührung kamen, trat mir Koblenz von 1792 entgegen, und das Buch meiner Kindheit lag offen und verständlich vor mir. Ich habe einen alten Offizier sich in der Begeisterung ungeheuchelter Loyalität vor dem Porträt des Königs, das der Gouverneur uns zeigte, anbetend auf die Erde niederwerfen sehen und mit Tränen der Rührung die Füße des Bildes küssen. Was in diesem vor vielen andern hieroglyphisch herausgehobenen Zuge sich ausdrückt, die Selbstverleugnung und die Aufopferung seiner selbst an eine Idee, sei diese auch nur ein Hirngespinst, ist das Hohe und Schöne, was Zeiten politischer Parteiungen an dem Menschen zeigen. Aber die Kehrseite ist im Triumphe der Übermut, die Grausamkeit, die sich tierisch sättigende Rachsucht. Vae victis! Hievon auch einen Zug. Ich sah bei dem Balle, den uns der Gouverneur gab, seinen natürlichen Sohn, einen ungezogenen Knaben von dreizehn bis vierzehn Jahren, Damen, die, in die Mantilla gehüllt, sich nach Landessitte als Zuschauerinnen eingefunden, mit Füßen treten und anspeien, weil solche Patriotinnen seien; und was der Knabe tat, war in der Ordnung. Den nicht ausgewanderten, deportierten oder eingekerkerten Patrioten oder Verdächtigen und deren Familien wurden, wie rechtlosen Unterdrückten, alle Lasten, Lieferungen, Transporte, Einquartierungen aufgebürdet. Da galt die Formel: Es sind Patrioten.

Die letzten weltgeschichtlichen Ereignisse waren hier bekannt, und gegen uns ward die Ehre derselben ausschließlich den russischen Waffen zugemessen. Natürlich war es, die befreundete Flagge und den Kapitän, der sie führte, zu ehren; aber in ihren Ehrenbezeugungen wußten die Spanier weder Maß noch Takt zu halten, und ich konnte nur mit Verwunderung die absonderliche Stellung betrachten, in der sich die höchsten Autoritäten der Provinz vor dem jungen russischen Marineleutnant darstellten.

Der Kommandant von Talcaguano, der Obristleutnant Don Miguel de Rivas, kam sogleich an Bord des »Ruriks« und lud uns zum Abend in sein Haus ein. Auf den Eilboten, den er nach Concepción geschickt hatte, erschien sogleich ein Adjutant des Gouverneur-Intendanten, Don Miguel Maria de Atero, und am andern Morgen dieser selbst, dem Leutnant von Kotzebue den ersten Besuch an seinem Bord abzustatten. Da wir einerseits die spanische Flagge und anderseits den Gouverneur salutiert hatten, war in Hinsicht der Schüsse, welche der Flagge gegolten, ein Mißverständnis eingetreten, worüber unterhandelt wurde und worin Spanien nachzugeben sich beeilte. Eine Ehrenwache von fünf Mann wurde dem Kapitän an Bord geschickt mit einem Briefe, dessen Worte spanisch stolz-hochtrabend und dessen Sinn fast kriechend war. Vor das Haus, das dem Kapitän eingeräumt wurde, worin er sein Observatorium aufschlug und mit mir allein von der Schiffsgesellschaft am 16. einzog, ward ihm eine Ehrenschildwacht gegeben.

Aber ich muß euch auch das Militär zeigen, von dem hier die Rede ist. Dazu wird anstatt einer Musterung vorläufig eine Anekdote hinreichen. Der Kapitän hatte mit Geschick den Kommandanten und seine Offiziere an unsere wohlbesetzte Tafel gewöhnt. Wir waren die Wirte, sie unsere täglichen Gäste, von denen selten einer vergeblich auf sich warten ließ. Der Kommandant, Don Miguel de Rivas, den wir nach einem Liede, das er zu singen pflegte, »Nello frondoso d'un verde prado«, schlechtweg Frondoso nannten, war nicht der Mann einer politischen Partei, sondern ein gar guter, freudiger Mann und mit Leib und Seele unser zugetaner Freund. Als er einmal nach aufgehobener Tafel

Hand in Hand mit dem Kapitän ausgehen wollte, traf es sich, daß der Schildergast die Schwelle der Tür, vor welcher er stehen sollte, zur Lagerstelle, den Mittagsschlaf zu halten, bequem gefunden hatte. Wir frugen uns nun gespannt: Was wird Frondoso tun? Frondoso trat an den behaglich Schlafenden heran, betrachtete ihn eine Weile behaglich lächelnd, schritt sodann behutsam und leise über ihn weg und bot dem Kapitän die Hand, ihm auf dieselbe Weise aus dem Hofe in die Straße zu helfen, ohne daß der Kriegsmann in seiner Ruhe gestört werde.

Es war mit Don Miguel de Rivas verabredet, am 19. nach Concepción zu reiten, um dem Gouverneur einen Gegenbesuch zu machen. Dieser ließ aber den Kapitän ersuchen, bis zum 25. zu warten, damit er Anstalten treffen könne, ihn würdig zu empfangen. Der Vergleich wurde getroffen, daß wir ihn als Freunde am 19. besuchen und am 25. der Ehrenbezeugungen, die er dem russischen Kapitän zugedacht, gewärtig sein würden.

Wir wurden indes wiederholt bei Don Miguel de Rivas zu anmutiger Abendgesellschaft und Ball eingeladen. Wir lernten in Concepción die ersten Männer der Provinz kennen: den Bischof, an feiner Bildung und Gelehrsamkeit jedem andern überlegen; Don Francisco de Rines, Gouverneur von Valdivia; Don Martin la Plaza de los Reyes mit seinen sieben reizenden Töchtern und andere. Ich suchte den würdigen alten Missionar Pater Alday auf, der mir viel und gern von den wohlredenden Araukanern erzählte und mich auf den hohen Genuß vorbereitete, der mir bevorstand, Molinas Zivilgeschichte von Chile zu lesen. Ich glaube nicht, daß das Werk ins Deutsche übersetzt worden, und ist doch ein Buch wie Homer. Den Menschen stellt es uns auf einem fast gleichen Standpunkte der Geschichte dar und Taten, würdig einer heroischen Zeit.

Wir wurden am 25. bei unserm Einzuge mit sieben Kanonenschüssen salutiert. Ein Festmahl war uns beim Gouverneur bereitet und abends ein glänzender Ball; auf die Nacht waren wir wie das erste Mal ausquartiert, weil el palacio, das vom Gouverneur bewohnte Haus, nicht eingerichtet sei, Fremde zu beherbergen. Der Tisch war reichlich besetzt, Gefrorenes in Überfluß vorhanden. Der Bischof saß beim Gouverneur und Herrn von Kotzebue an der Ehrenstelle, und ein Geistlicher wartete ihm auf. Es wurden Toaste bei Kanonendonner und Trompetenschall ausgebracht; es wurden von manchen Verse improvisiert, wozu man sich durch Schlagen auf den Tisch und den Ruf »Bomba!« Gehör erbat. Ich kann von diesen Stegreifdichtungen eben nicht sagen, daß sie sehr vorzüglich waren; nur der Bischof zeichnete sich aus mit einer wohlgelungenen Stanze, worin Alexander und Ferdinand, der Bio-Bio und der Nationaldichter Ercilla volltönigen Klanges genannt wurden. Choris gab mir ein kleines Intermezzo zum besten. Es fiel ihm ein, zu einer Speise, die ihm vorgesetzt worden, Essig, der nicht vorhanden war, zu begehren. Er konnte sich nicht verständlich machen. Ich war in der Nähe und mußte dolmetschen, aber das Wort war mir entfallen. Daß aceite nicht acetum, sondern Öl bedeutet, war mir gegenwärtig; ich suchte, fast zu gelehrt, aus oxys ein spanisches Wort zu bilden und verlor meine Mühe. Ich konnte die unglückselige Unterhandlung nicht abbrechen, neue Hülfstruppen rückten heran, ja es ward oben ruchbar, daß bei den Gästen an jenem Flügel des Tisches ein Mangel gefühlt werde, den sie mit keinem Worte auszudrücken vermochten. Der Gouverneur stand auf, der Bischof stand auf, der Aufstand ward allgemein! – nun fiel mir erst das näherliegende Wort vinagre ein; es ward nach Essig geschickt, und der Fluß trat in sein Bett zurück. Aber als der Essig kam, hatte der Urheber des Lärmes die Speise, wozu er ihn begehrt, bereits verzehrt und weigerte sich, ihn zu trinken.

Am Abend versammelte sich zum Tanz die glänzendste Gesellschaft; die Damen, worunter viele von ausnehmender Schönheit, in Überzahl Bewahrerinnen feinerer Sitte, sichtlich zu gefallen bemüht, aber auch durch Liebreiz gefallend.

Der Kapitän lud den Gouverneur zu einer Gegenbewirtung ein und übertrug ihm, alle, die zu seiner Gesellschaft gehörten, gleichfalls einzuladen. Später ward zu unserm Feste der 3. März bestimmt.

Am 27. Februar feierten die Spanier die Einnahme von Cartagena.

Am 29. starb an der Schwindsucht der einzige Matrose, der im Verlauf der Reise mit Tod abgegangen. Der Kapitän hätte gewünscht, ihn auf dem gemeinsamen Kirchhofe und mit kirchlichen Ehrungen beisetzen zu sehen. Er sprach davon mit unserm Freunde, dem Kommandanten, der aber zurücktrat und sagte, das seien Sachen der Geistlichkeit, in die er sich nicht zu mischen habe; was in seiner Macht stände, militärische Ehrenbezeigungen, stünden zu Befehl. Zum Glücke beruhigte sich dabei der Kapitän, und ein Kommando Soldaten stellte sich zur bestimmten Stunde ein, der Bahre zu folgen. Es schien wirklich gefährlich, solchem Gesindel Pulver anvertraut zu haben. Mancher schoß schon auf unserm Hof seine Flinte ab, ohne sich vorzusehen, wohin. Sie folgten endlich dem Zuge unserer Matrosen, und der gute Wille der Autoritäten war bewiesen. Als am andern Tage die Unsern hingingen, das auf dem Schiffe gezimmerte griechische Kreuz auf das Grab zu pflanzen, ergab es sich, daß solches aufgewühlt worden; die Hobelspäne, die im Sarge gelegen, lagen zerstreut umher. Der Kapitän ließ die Sache auf sich beruhen. Ich erzählte es später einmal gesprächsweise dem Don Miguel de Rivas. Er entsetzte sich ob des Frevels und trat, sich bekreuzend, zwei Schritte zurück.

Der 3. März kam heran, unsere Gäste stellten sich ein.

Kleidung der Chilenen

Sie wurden abteilungsweise auf unsern Booten von unsern festlich geschmückten Matrosen nach dem »Rurik« übergefahren, um unser Schiff zu besichtigen. Ein Schuppen, angrenzend unserm Hause, war in eine Myrtenlaube umgeschaffen und zu einem Tanzsaal eingerichtet, dessen Blumenpracht wohl Bewunderung in Europa erregt haben würde. Er war mit Wachskerzen, und nicht karg, erleuchtet, und diese Erleuchtung war es, deren in Chile nie gesehene Pracht eine Bewunderung erregte, die nichts übertreffen kann. »Cera de España! cera de España!« Der Ausruf übertönte alles, und der Gouverneur, als wir Chile verließen, erbat sich noch von unserm Kapitän nebst einigem russischen Sohlenleder zehn Pfund Wachslichter (cera de España, spanisches Wachs) zum Geschenke. Choris hatte noch zu der Verherrlichung des Festes mit zwei Transparentgemälden beigesteuert. Verschlungene Hände und Namenszüge der Monarchen nebst Lorbeerkronen und ein Genius des Sieges oder des Ruhmes, der mit blauen Fittichen über der Weltkugel schwebte. Der unglückliche Einfall, die Erde vom Südpol aus gesehen darzustellen, hatte uns ein aufrecht stehendes Kap Hoorn zuwege gebracht, das ich anzusehen mich geschämt hätte. – Die von den unterrichtetsten von unsern Gästen oft an uns gerichtete Frage, aus welchem Hafen wir ausgelaufen, ob aus Moskau oder aus Sankt Petersburg, finde ich ganz natürlich; die, ob jene fliegende Figur den Kaiser Alexander vorstelle, ist schon um vieles besser; aber die Krone verdient die, zu der eine schwarzbronzierte Büste des Grafen Romanzow auf dem »Rurik« Veranlassung gab. Sie ist schon des Umstandes wegen aufzeichnenswert, daß sie nicht nur in Chile, sondern auch noch in Kalifornien, und zwar mit denselben Worten, von einem dortigen Missionär getan wurde, die Frage nämlich: »Wie sieht er denn so schwarz aus! Ist denn der Graf Romanzow ein Neger?«

Hof und Gärten waren reichlich mit Lampions erleuchtet, wozu eine Muschel, die hier gegessen wird, Concholepas peruviana, gedient hatte. Ein Feuerwerk ward im Garten abgebrannt; die Tische waren in den etwas engen Räumen des Hauses eingerichtet; das Sängerchor unserer Matrosen und die Artillerie des »Ruriks« taten ihre Dienste. Alle waren bei unserm Feste außerordentlich froh und wohl damit zufrieden; nur die Neugierigen nicht, mit denen sich draußen an den Türen ein unangenehmer kleiner Krieg entsponnen hatte. Am andern Morgen war auch von dem Gesindel der Schuppen halb abgedeckt, um nur da hineinzugehen, wo der Ball gewesen war.

Ich habe Concholepas peruviana genannt. Ich habe diese Muschel während meines Aufenthaltes in Chile fast täglich gegessen, und sie hat mir sehr gut geschmeckt; als behufes der Erleuchtung eine ganze Fuhre von den Schalen bei uns abgeladen ward, habe ich mir ein paar Hände voll von den schönsten Exemplaren ausgesucht und von diesen auf dem »Rurik« den andern Neugierigen, denn jeder wollte auch sammeln, wohl die Hälfte verteilt. Erst später – werft mir nicht den Stein, ihr Freunde, sondern merkt es euch und erwäget bescheidentlich, es wurde auch euch auf einer solchen Reise, wenn nicht gerade dasselbe, so doch gewiß Ähnliches begegnet sein –, erst später habe ich erfahren, daß zur Zeit das Tier der Concholepas völlig unbekannt und der Gegenstand einer für die Naturgeschichte wichtigen Streitfrage war und daß die Muschel, in den Sammlungen noch sehr selten, in sehr hohem Preise stand. Es liegt mir übrigens sehr fern, bei solchen Dingen nach dem Geldeswert zu fragen; und da ich alles Naturhistorische, was ich gesammelt, den Berliner Museen geschenkt habe, hätten auch diese und nicht ich den Vorteil davon gehabt.

Unsere Gäste aus Concepción brachten meist den andern Tag bei den Freunden zu, die ihnen ein Obdach gegeben, und Talcaguano, von jener festlichen Menge überfüllt, gewann ein ungemein belebtes Ansehen. Gruppen von Damen und Herren zogen umher, Musik erscholl aus allen Häusern, und am Abend ward in verschiedenen Zirkeln getanzt. Ich war spät mit dem Kapitän heimgekehrt; wir hatten uns beide zur Ruhe gelegt und schliefen schon, als Musik unter unsern Fenstern sich hören ließ, eine Gitarre, Stimmen. – Der Kapitän stand verdrießlich auf und suchte nach seinen Piastern, um die Ruhestörer befriedigt zu entfernen. »Um Gottes willen«, rief ich aus, der Sitte kundiger als er, »das ist ein Ständchen! Es sind vielleicht die vornehmsten Ihrer Gäste«; – und aus dem Fenster spähend, erkannte ich unter vier jungen Damen, die ein junger Mann beschützte, die zwei Töchter unseres Freundes Frondoso. Wir warfen uns in unsere Kleider, bald brannte Licht; wir nötigten die Nachtwandlerinnen herein, und es ward gespielt, gesungen und getanzt bis später in die Nacht hinein, denn es war schon nicht mehr frühe. – Aber was tanzten die Fräulein von Rivas für einen Tanz?! O meine Freunde! kennt ihr die Fricassée? Nein, ihr kennt die Fricassée gewiß nicht; dazu seid ihr zu jung. Ich habe die Fricassée in den Jahren 1788 bis 1790 zu Boncourt in der Champagne als einen alten volkstümlichen Charaktertanz von alten Leuten tanzen sehen, die sie in ihrer Jugend von anderen erlernt hatten, die damals auch schon alt waren. Ich bin seither nur noch einmal zu Genf flüchtig an die Fricassée erinnert worden, aber ich weiß sie von Boncourt her noch auswendig: zwei Kavaliere begegnen einander, begrüßen einander, sprechen miteinander, erhitzen sich gegeneinander, ziehen gegeneinander, erstechen einander, und das alles nach einer Melodie, die ich euch noch vorsingen wollte, wenn ich überhaupt singen könnte. – Was tanzten die Fräulein von Rivas anderes als eben die Fricassée! – Es fand sich am andern Tage zum großen Schrecken des Kapitäns, daß die Chronometer, die wir über der Fricassée vergessen, von der erlittenen Erschütterung ihren Gang merklich verändert hatten.

Ich schloß mich den nächtlichen Schwärmerinnen an, als sie das Observatorium verließen, und es ward noch lange durch Talcaguanos Straßen umhergeschweift, kleine Nekkereien zu verüben. Es wurde, wo junge Herren und Offiziere wohnten, ans Fenster geklopft, und eine der Freundinnen brach, mit der Stimme einer entzahnten Alten, in launenhaft eifersüchtig-zärtliche Vorwürfe gegen den Ungetreuen aus und führte mit ausnehmendem Talente die ergötzlichsten Szenen auf. Die Männer in der Regel ließen sich nur brummend vernehmen, und wir fanden nirgends Aufnahme wie auf dem Observatorium.

Wir schickten uns bereits zur Abfahrt an, als am 6. Schaffecha, der Leibmatrose des Kapitäns, vermißt wurde. Dieses Deserteurs wegen wurde wiederum mit dem Gouverneur unterhandelt. Es war vorauszusetzen, daß, jetzt in irgendeinem Schlupfwinkel verborgen, er nicht vor der Abfahrt des »Ruriks« zum Vorschein kommen werde. Ich entsetzte mich ordentlich, als ich schwarz auf weiß vom Gouverneur von Concepción, Don Miguel Maria de Atero, die Versicherung in Händen hielt, der Ausgetretene solle, wo man seiner habhaft werden könne, festgenommen und zur Strafe nach Sankt Petersburg als Arrestant geschafft und ausgeliefert werden. Wohl mehr versprochen, als zu halten möglich war; aber welch ein Versprechen! Soll ein Südasiat, ein mohammedanischer Tatar, vor der Rute seines nordeuropäischen, griechisch-katholischen Zwingherrn am Ende der Welt, auf der anderen, der westlichen, der südlichen Halbkugel nicht Sicherheit finden und das römisch-katholische Spanien noch in der Neuen Welt, an der Grenze der freien Araukaner, Scherge sein für den Russen!?

Bei solchen Verhandlungen war ich mit dem Französischen, das mir geläufig war, und dem Spanischen, das ich erlernt hatte, um den »Don Quixote« in der Ursprache zu lesen, dem Kapitän, dem ich die Korrespondenz zum Danke führte, nützlich und bequem, und das war gut. Aber ich will die letzten Nachrichten, die uns von unserm Deserteur zugekommen, nicht unterschlagen. Bei der Heimkehr im Jahre 1818 erfuhr der Kapitän in London, daß sich Schaffecha selbst als ein reuiger Sünder vor die dortige russische Gesandtschaft gestellt und um einen Paß nach Petersburg angehalten habe. Bei dem konservativen Gang der Geschäfte hatte der Paß nicht sogleich ausgefertigt werden können, und der Bittsteller war nicht wieder erschienen, die Sache zu betreiben.

Könnte vielleicht die Geschichte einer Sau, die hier zu erzählen ich mich nicht erwehren kann, einen Novellisten reizen, sie ausgeschmückt in die für ein Taschenbuch schickliche Länge auszuspinnen? Sie kann nicht besser erfunden werden. Zu Kronstadt waren junge Schweine von einer sehr kleinen Art für den Tisch der Offiziere eingeschifft worden. Die Matrosen hatten denselben scherzweise ihre eigenen Namen gegeben. Nun traf das blinde Schicksal bald den einen, bald den andern, und wie die Gefährten des Odysseus, so sahen sich die Mannen im Bilde ihrer tierischen Namensverwandten nacheinander schlachten und verzehren. Nur ein paar kamen über die afrikanischen Inseln und Brasilien, um das Kap Hoorn nach Chile, darunter aber die kleine Sau, die den Namen Schaffecha führte und bestimmt war, ihren Paten am Bord des »Ruriks« zu überleben. Schaffecha, die Sau, die zu Talcaguano ans Land gesetzt worden war, ward wieder eingeschifft, durchschiffte mit uns Polynesien, kam nach Kamtschatka und warf dort in Asien ihre Erstlinge, die sie in Südamerika empfangen hatte. Die Jungen wurden gegessen; sie selbst schiffte mit uns weiter nach Norden. Sie erfreute sich zur Zeit des Gastrechtes, und es war nicht mehr daran zu denken, daß sie geschlachtet werden könne, es sei denn bei eintretender Hungersnot, wo am Ende die Menschen auch einander aufessen. Aber unsere ehrgeizigen Matrosen, auf die Ehre eines Weltumseglers eifersüchtig, murrten bereits, daß ein Tier, daß eine Sau desselben Ruhmes und Namens wie sie teilhaft werden sollte, und das Mißvergnügen wuchs bedrohlicher mit der Zeit. So standen die Sachen, als der »Rurik« in den Hafen von San Francisco, Neu-Kalifornien, einlief. Hier wurden Ränke gegen Schaffecha, die Sau, geschmiedet; sie wurde angeklagt, den Hund des Kapitäns angefallen zu haben, und demnach ungehört verurteilt und geschlachtet. Sie, die alle fünf Weltteile gesehen, wurde in Nordamerika, mitten im waltenden Gottesfrieden des Hafens, geschlachtet, ein Opfer der mißgünstigen Nebenbuhlerschaft der Menschen.

Nachdem ich von den Schweinen in Beziehung auf Schaffecha berichtet, darf ich wohl die geringfügigern Angelegenheiten des Gelehrten vortragen. In Brasilien war eine Moosmatratze von mir vom Regen durchnäßt worden und infolgedessen dergestalt verstockt, daß sie nicht mehr zu brauchen war. Ich konnte von unsern Matrosen, die sich nur ihren Offizieren unterordneten und selbst diesen nur ungern aufwarteten, indem sie nur freudig auf Wache zogen und den Seedienst verrichteten, keinerlei Hülfe erwarten. In Chile, wo ich dem Kapitän näherstand, klagte ich ihm, dem Patuschka, dem Hausväterchen, gelegentlich einmal die Not, die ich mit meiner Matratze hatte, und er befahl seinem Schaffecha, dafür zu sorgen. Verschwunden war nun mit Schaffecha zugleich auch meine Matratze, von der ich nicht wieder sprechen hörte und nicht wieder zu sprechen begann. Der durch diesen Ausfall bewirkte leere Raum in meiner Koje ist das einzige, was ich auf der ganzen Reise den Matrosen des »Ruriks« zu verdanken gehabt.

In diesen letzten Tagen bekam auch unser verrückter Koch den Einfall, in Talcaguano bleiben zu wollen. Davon ihn abzubringen, hielt ihm unser Freund Don Miguel de Rivas mit spanischer Würdigkeit einen langen Sermon, worin er ihn »Usted« (das übliche »Euer Gnaden«) anredete und ihm sehr schöne Sachen zu hören gab, von denen der alberne Mensch kein Wort verstehen mochte; nichtsdestoweniger ließ er von seinem Vorsatz ab.

Ich wünschte der Reihe chilenischer Bilder, die ich euch vorzuführen versucht habe, mit leichter Radiernadel noch ein paar Figuren hinzuzufügen.

Die erste: Don Antonio, ein langer, hagerer, lebhafter Italiener, der, unser Lieferant, uns mit allen Bedürfnissen versorgte, geschickt und tätig sich überall zwischenschob, Pferde und was wir begehren mochten anschaffte, aber uns in allem übermäßig betrog, indem er, uns sicher zu machen, unablässig über die Spanier schimpfte. Don Antonios größter Kummer war, daß er nicht lesen und schreiben konnte, was ihm allerdings bei seiner doppelten Buchhaltung hätte zustatten kommen müssen.

Die zweite: ein dürftiger Kerl, ich glaube, ein Schenkwirt, bei dem die Matrosen einen Wein tranken, der in einen der Verrücktheit ähnlichen Zustand versetzte. Der Mann drängte sich an mich mit allerlei Gefälligkeiten und kleinen Geschenken. Spät und zögernd kam er mit seinem Anliegen hervor. Er war ein geborner Pole und hatte seine Muttersprache gänzlich vergessen. Er erwartete von mir, der ich ein Russe war, mit dem er sich auf Spanisch verständigen konnte, daß ich ihm doch sein vergessenes Polnisch wieder zu lehren die Gefälligkeit haben würde.

Die größte Strafe, die ich am Bord des »Ruriks« über Matrosen habe verhängen sehen, war, von der Hand beider Unteroffiziere mit Ruten gestrichen zu werden. – Der Kapitän verhört, richtet und läßt in seinem Beisein die

Exekution vornehmen, selbständig und ohne Zuziehung seiner Offiziere. – Solche Exekutionen waren selten, und gewöhnlich, nachdem sie vorüber, zog sich der Kapitän in seine Kajüte zurück und bedurfte der Hülfe des Arztes. – Ich komme darauf, weil hier zu dem Behufe Ruten geschnitten wurden, und zwar – Myrtenruten.

Wir nahmen an Bord, ich weiß nicht mehr, ob als Geschenk des Gouverneurs, einigen Wein von Concepción, der mit den süßen spanischen Weinen Ähnlichkeit hat. Unserm Vorrat war hier Abbruch geschehen, und der Ersatz war willkommen. Etliche Schafe wurden eingeschifft. Alles war zur Abfahrt bereit. Wir stiegen zu Schiff, und ein kleiner, häßlicher Hund, der sich an uns gewöhnt hatte und den Namen Valet führte oder erhielt, folgte uns.

Bevor ich dieses Land verlasse, werde ich aus dem Briefe, den ich aus Talcaguano an den Freund in der Heimat schrieb, etliche Zeilen mitteilen, worin die Stimmung der flüchtigen Stunde ihr dauerhafteres Gepräge zurückgelassen hat:

»– Σύ μοί ἐσσι, πατὴρ καὶ πότνια μήτηρ
'Ηδὲ κασίγνητος.

Das weißt Du, und Berlin ist mir durch Dich die Vaterstadt und der Nabelort meiner Welt, von dem aus ich zu meinem Zirkelgange ausgegangen, um dahin zurückezukehren und meine müden Knochen zu seiner Zeit, so Gott will, neben den Deinen zur leichten Ruhe auszustrecken. Mein guter Eduard, es lebt sich auf so einer Reise eben wie zu Hause. Viele Langeweile während des Sturmes, wann der Mensch es vor lauter Schaukeln und Wiegen zu weiter nichts bringen kann als zu schlafen, Durack (Germanis: Schafskopf) zu spielen und Anekdoten zu erzählen, worin ich allerdings noch einmal unerschöpflicher bin, als ich selbst glaubte.

Sehr unglücklich und zerknirscht, wann man wieder in Reibung mit der Gemeinheit geraten ist; froh, wann die Sonne scheint; hoffnungsvoll, wann man das Land sieht; und wann man darauf ist, wiederum gespannt, es zu verlassen. Man sieht immer stier in die Zukunft hinein, die unablässig als Gegenwart über unser Haupt wegfliegt, und ist an den Wechsel der Naturszenen ebenso gewöhnt wie daheim an den Wechsel der Jahreszeiten. Der Polarstern (τὸ τοῦ πόλον ἄστρον) ist untergegangen, und das werden wir auch zu unserer Zeit tun; die Kälte kommt vom Süden, und der Mittag liegt im Norden; man tanzt am Weihnachtsabend im Orangenhain usw. Was heißt denn das mehr, als daß eure Dichter die Welt aus dem Halse der Flasche betrachten, in welcher sie eben eingeschlossen sind. Auch das haben wir los. Wahrlich, ihr Süden und Norden und ihr ganzer naturphilosophisch-poetischer Kram nimmt sich da vortrefflich aus, wo einem das Südliche Kreuz im Zenit steht. Es gibt Zeiten, wo ich zu meinem armen Herzen sage: Du bist ein Narr, so müßig umherzuschweifen! Warum bliebest du nicht zu Hause und studiertest etwas Rechtes, da du doch die Wissenschaft zu lieben vorgibst? – Und das auch ist eine Täuschung, denn ich atme doch durch alle Poren zu allen Momenten neue Erfahrungen ein; und, von der Wissenschaft abgesehen, wir werden an meiner Reise Stoff auf lange Zeit zu sprechen haben, wenn schon die alten Anekdoten zu welken beginnen. Lebe wohl.« –

Am 8. März 1816 gingen wir unter Segel, nachdem unser Freund Don Miguel de Rivas sich weinend unsern Umarmungen entwunden hatte.

VON CHILE NACH KAMTSCHATKA

Salas y Gomez. Die Oster-Insel. Die Zweifelhafte Insel. Romanzow. Spiridow. Die Ruriks-Kette. Die Deans-Kette. Die Krusensterns-Inseln. Die Penrhyn-Inseln. Die nördlichsten Gruppen von Radack

Hier beginnt die Entdeckungsreise des »Ruriks«. – Wir fuhren am 8. März 1816 aus der Bucht von Concepción aus, am 19. Juni in die Bucht von Awatscha ein und hatten während drei Monaten und elf Tagen nur einmal die Anker auf kurze Momente vor der Oster-Insel fallen lassen, nur zweimal, auf dieser und auf der Romanzows-Insel, den Fuß flüchtig auf die Erde gesetzt, nur mit den Bewohnern der Oster-Insel, der Penrhyn-Inseln und den Radackern flüchtig verkehrt und nur die oben verzeichneten Landpunkte gesehen. Unsere Blicke hatten auf keinem europäischen Segel geruht; wir sahen erst am 18. Juni abends, in Ansicht der Küste von Kamtschatka und im Begriff, in die Bucht von Awatscha einzufahren, das erste Schiff, dessen Anblick uns mit den Menschen unserer Gesittung vereinigte.

Spärlicher als im Atlantischen Ozean sind die Fahrstraßen befahren, welche dieses weite Meerbecken durchkreuzen, und es begrenzt sie kein Ufer, woran der Seefahrer mit dem Gedanken lehnen könnte; aber der Flug der Seevögel und andere Zeichen lassen ihn oft Land, Inseln, die er nicht sieht und nicht sucht, ahnen, und noch findet er sich nicht in unbegrenztem Raume verloren. Schiffe begegnen in der Regel einander nur in der Nähe der Häfen, die ihnen zum Sammelplatz dienen, der Sandwich-Inseln und anderer. Wir aber vermieden auf dieser langen Fahrt alle Wege des Handels und suchten auf der verlorenen Spur älterer Seefahrer zweifelhafte Punkte der Hydrographie aufzuklären. Dieser Abschnitt unserer Reise, der, in Hinsicht der Leistungen des Herrn von Kotzebue einer der wichtigsten, in seiner Beschreibung ziemlich viel Raum einnimmt, wird hier auf wenige Blätter zusammenschwinden. Was ich über die Inseln, die wir gesehen, und die Menschen, mit denen wir verkehrt, zu sagen hatte, habe ich in meinen »Bemerkungen und Ansichten« gesagt und habe namentlich dort in den Hauptstücken »Überblick« und »Radack« von der geognostischen Beschaffenheit der Niedern oder Korallen-Inseln, zu denen, die Oster-Insel und Salas y Gomez ausgenommen, alle hier zu erwähnende Landpunkte zu rechnen sind, ausführlich abgehandelt. Was das Nautische und Geographische anbetrifft, muß ich auf Otto von Kotzebue und auf Krusenstern verweisen, der in der Reisebeschreibung selbst und sodann in anderen Werken die Entdeckungen des »Ruriks« in der Südsee kritisch beleuchtet hat.

Es ist zu bedauern, daß die deutsche Originalausgabe der Reisebeschreibung des Herrn von Kotzebue sich dergestalt inkorrekt erweist, daß die im Texte angegebenen Zahlen aller Zuverlässigkeit ermangeln. Vergleicht man die Breiten- und Längenbestimmungen, wie sie in der Erzählung und wiederholt in den meteorologischen Tabellen verzeichnet sind, so findet man, daß in der Erzählung nicht bloß die Sekunden zum öftesten ausgelassen sind, sondern die Zahlen abweichen. Die Tabelle »Aerometer-Beobachtungen«, III, p. 221, die korrekter als der Text zu sein scheint, wird die Mittagsbestimmungen vom 18. Juli 1816 bis zum 13. April 1818, von Kamtschatka bis vor Santa Helena, zu berichtigen dienen und namentlich für einen späteren Abschnitt der Reise, vom 5. bis zum 24. November 1817, auf der Fahrt zwischen Radack und den Marianen durch das Meer der Karolinen, Wichtigkeit erlangen. Hier steht zum

Beispiel im Texte, II, p. 125, die Breite vom 20. November 1817 10° 42', was offenbar fehlerhaft ist, und in der Tabelle p. 226 11° 42' 29", was das richtige zu sein scheint. Man wird für den Abschnitt der Reise, der uns beschäftigt, der Beihülfe einer solchen Tabelle entbehren. Es ist zu bedauern, daß Herr von Kotzebue seiner Reisebeschreibung keinen Auszug seines Schiffjournals beigegeben hat. Es ist zu bedauern, daß er in derselben, wo man sie sucht, viele Karten und Pläne nicht mitgeteilt, die ihm die Hydrographie verdankt und von denen Krusenstern, II, Seite 160, den Plan der Häfen Hana-ruru auf O-Wahu und La Calderona de Apura auf Guajan namentlich anführt. Es ist zu bedauern, daß er die ihm auf seine Reise erteilten Instruktionen, worauf er selbst und Krusenstern an verschiedenen Stellen sich beziehend verweisen, nicht bekanntgemacht hat. Es ist endlich zu bedauern, daß er die zur See während einer längeren Zeit zu verschiedenen Stunden des Tages beobachteten Barometerstände aufzubewahren verschmäht hat.

Die mir während der Reise vom Kapitän mitgeteilten Zahlen – Breiten und Längen, Bergeshöhen usw. – stimmen nie mit denen, die ich in seinem Werke verzeichnet finde. Ich bin hier den letzteren gefolgt, wo ich keinen Grund gefunden habe, einen Druck- oder Schreibfehler zu argwöhnen.

Ich bitte diese Abschweifung zu entschuldigen. Ich werde mit flüchtigem Finger den vom »Rurik« gehaltenen Kurs auf der Karte zeigen und sodann ein weniges von den Ereignissen der Fahrt hinzufügen.

Wir segelten nordwärts, die Insel Juan Fernandez unter dem Winde, das ist im Westen, lassend, bis wir den siebenundzwanzigsten Grad südlicher Breite erreicht, den wir sodann westwärts verfolgten. Wir sahen am 25. den nackten Felsen Salas y Gomez, 26° 36' 15" südlicher Breite, 105° 34' 28" westlicher Länge, und berührten am 28. die

Oster-Insel. Wir steuerten von da etwas mehr nach Norden und erreichten am 13. April den fünfzehnten Grad südlicher Breite, beiläufig im 134. Grad westlicher Länge. Wir verfolgten westwärts diese Parallele, auf der Spur von Lemaire und Schouten, durch ein sehr gefährliches Meer, das mit niedren Inseln und Bänken angefüllt ist, worauf man zu stranden Gefahr läuft, bevor man sie gesehen hat. Wir lavierten öfters die Nacht hindurch, ohne fortzuschreiten, teils um Gefahr zu vermeiden, teils um kein Land in unsrem Gesichtskreise ungesehen zu lassen. Wir ließen auf dieser Fahrt die Marquesas im Norden und westlicher die Gesellschafts-Inseln im Süden liegen. Es ist bemerkenswert, daß wir seit der Oster-Insel und diesen Teil der Reise hindurch bis zu dem Äquator meist Nord- und Nordostwind hatten, wo wir im Gebiete des Südostpassats auf Südostwind zu rechnen hatten. Wir hatten öfters Windstöße, Regen und Wetterleuchten.

Am 16. und 17. April. Die Zweifelhafte Insel in 14° 50' 11" südlicher Breite, 138° 47' 7" westlicher Länge.

Am 20. April die Romanzows-Insel entdeckt und am 21. auf derselben gelandet. 14° 57' 20' südlicher Breite, 144° 28' 30" westlicher Länge. Sie ist die einzige der hier aufgezählten Inseln, auf welcher der Kokosbaum wächst; die anderen sind nur spärlich bewachsen. Alle haben mit breitem, weißem Strande das Ansehen von Sandbänken, wofür sie ältere Seefahrer hielten, verwundert, in deren nächster Nähe keinen Grund mit dem Senkblei zu finden; ein Umstand, den sie anzuführen nie ermangeln.

Am 22. April die Spiridow-Insel 14° 51' 00" südlicher Breite, 144° 59' 20" westlicher Länge.

Am 23. in der Nähe der Pallisers von Cook die Ruriks-Kette, von welcher wir südlich fuhren. Wir sahen sie zwischen 15° 10' 00" und 15° 30' 00" südlicher Breite, 146° 31' 00" und 146° 46' 00" westliche Länge. Ihre größere

Ausdehnung nach Norden wurde nicht erforscht. – Im Südsüdosten ward Land gesehen, aber nicht untersucht.

Am 24. und 25. April die Deans-Kette, deren südlicher Rand in der Richtung Nordwest sechsundsiebzig Grad und Südost sechsundsiebzig Grad, zwischen 15° 22' 30" und 15° 00' 00" südlicher Breite und 147° 19' 00" und 148° 22' 00" westlicher Länge aufgenommen wurde.

Am 25. die Krusensterns-Inseln; Mitte der Gruppe 15° 00' 00" südlicher Breite, 148° 41' 00" westlicher Länge.

Wir bogen von da den Kurs mehr nach Norden, verschiedene zweifelhafte Inseln aufsuchend, die wir nicht fanden. Wir steuerten sodann nach den Penrhyn-Inseln, die wir am 30. April sahen und mit deren Bewohnern wir am 1. Mai zur See verkehrten. Die Mitte der Gruppe liegt nach der Bestimmung des Kapitäns 9° 1' 35" südlicher Breite, 157° 34' 32" westlicher Länge. Ein starkes Gewitter entladete sich über diese Inseln, als wir sie verließen.

Wir hatten nun häufige Windstillen und Windstöße, die oft von Regenschauern begleitet waren. Wir durchkreuzten zum zweitenmal den Äquator am 11. Mai in 175° 27' 55" westlicher Länge.

Wir suchten am 19. und 20. Mai die nördlichen Gruppen der Mulgraves-Inseln auf und hatten bereits diese Untersuchung aufgegeben, als uns, nordwärts steuernd, am 21. Mai die erste Ansicht der nördlichen Gruppen der Inselkette Radack, Udirick und Tegi erfreute. Diese Inseln, deren liebliche Bewohner wir hier zum erstenmal gewahrten, werden uns später beschäftigen. Der Kanal zwischen beiden Gruppen liegt 11° 11' 20" nördlicher Breite, 190° 9' 23" westlicher Länge.

Wir richteten von Radack aus unsern Kurs fast nordwärts nach Kamtschatka. Wir traten unter dem dreiunddreißigsten Grad nördlicher Breite in die Region der nordischen Nebel, und der Himmel und das Meer verloren ihre Bläue.

Wir hatten am 13. Juni unter dem siebenundvierzigsten Grad nördlicher Breite Sturm und Eis. Am 18. nachmittags um vier Uhr zerteilte sich der Nebel, und der Eingang der Bucht von Awatscha lag vor uns.

Von Chile aus übertrug der Kapitän dem Doktor Eschscholtz die Beobachtung der physischen und meteorologischen Instrumente.

Vor dem Einlaufen in die Bucht von Concepción war uns bereits einmal das Meer stellen- und strichweise schwach rötlich gefärbt erschienen. Dieses Phänomen wiederholte sich deutlicher in den ersten Tagen unserer Fahrt nordwärts längs der Küste. Das Färbende muß auf jeden Fall sehr fein und zerteilt sein und nicht so zu erkennen wie die Alge und das Infusorium des Atlantischen Ozeans. Ich konnte in dem auf das Verdeck heraufgebrachten Wasser nichts unterscheiden und zweifelte, ob es auch wirklich aus den gefärbten Meerstellen herrühre.

Am 9. März, dem Tage obiger Beobachtung, trieb ein toter Walfisch an uns vorüber, auf welchem unzählige Scharen von Vögeln (eine kleine Art Procellaria?) ihre Nahrung hatten. War vielleicht von dieser verwesenden Fleischmasse die Färbung des Meeres herzuleiten?

Die Walfische, die in der Bucht von Concepción häufig gesehen werden, wo ihnen damals nur die Amerikaner nachstellten, begleiteten uns noch eine Zeit. Erst nachdem die Walfische des Nordens gehörig untersucht und beschrieben sein werden, wird es an der Zeit sein, den Wunsch zu äußern, auch die des Südens mit ihnen zu vergleichen.

Am 10. nachmittags um sechs Uhr glaubte der Kapitän eine eigentümliche Erschütterung in der Luft zu verspüren, wobei das Schiff ihm ein wenig zu erzittern schien. Das Geräusch, das er fernem Donner vergleicht, erneuerte sich nach ungefähr drei Minuten; nach einer Stunde merkte er nichts mehr. – Andere glauben, in der Nacht zum 11. und noch am 11. selbst dieselbe Erschütterung wiederholt empfunden zu haben. Ein Zweifel stieg in uns auf, ob vielleicht jetzt das uns so gastliche Land, von einem Erdbeben durchwühlt, ein Schauplatz des Schreckens und der Zerstörung sei. Unsere Befürchtung hat sich übrigens nicht bestätigt.

Wir hatten in Chile Flöhe in fast bedrohlicher Menge an Bord genommen; hätten sie sich vermehrt, so hätten wir viel zu leiden gehabt. Aber wie wir sonnenwärts fuhren, verloren sie sich mehr und mehr, und wir waren bald gänzlich davon befreit. Wir machten in der nördlichen Halbkugel – auf der Fahrt von Kalifornien nach den Sandwich-Inseln – unter ähnlichen Umständen dieselbe Erfahrung.

Dagegen zeigte sich ein anderes Ungeziefer, das wir bis jetzt nicht gekannt, und vermehrte sich auf dieser Fahrt zwischen den Wendekreisen schon merklich: ich meine die bei den Russen sich heiligen Gastrechts erfreuenden Tarakanen (Blatta germanica, Licht- und Bäckerschaben). Später wurden sie uns zu einer entsetzlichen Plage; sie zehren nicht nur den Zwieback ganz auf, sondern nagen alles und selbst die Menschen im Schlafe an. In das Ohr eines Schlafenden gedrungen, verursachen sie ihm unsägliche Schmerzen. Der Doktor, dem der Fall öfters vorgekommen, ließ mit gutem Erfolg Öl in das befährdete Ohr gießen.

Am 16. März, in einer Entfernung von mehr als siebzehn Grad (beiläufig 1 000 Meilen) von dem nächsten bekannten Lande, der amerikanischen Küste, ward ein Vogel im Fluge beobachtet, der für eine Schnepfe gehalten wurde.

Wir sahen am 24. die ersten Tropenvögel, diese herrlichen Hochsegler der Lüfte, die ich mich fast nicht erwehren kann Paradiesvögel zu nennen.

Am Morgen des 25. verkündigten uns über dem Winde von Salas y Gomez Seevögel in großer Anzahl, Pelikane und Fregatten, diesen ihren Brüteplatz, an welchem wir mittags vorüberfuhren.

Der 28. März 1816 war der Tag der Freude: die erste Bekanntschaft zu stiften mit Menschen dieses reizvollen Stammes und die erste schöne Verheißung der Reise sich erfüllen zu sehen! – Als mit breiter, schön begrünter Kuppe die Oster-Insel sich aus dem Meere erhob, die verschiedenfarbigen Feldereinteilungen an den Abhängen von ihrem Kulturzustande zeugten, Rauch von den Hügeln stieg; als näher kommend wir am Strande der Cooks-Bai die Menschen sich versammeln sahen; als zwei Boote – mehr schienen sie nicht zu besitzen – vom Strande stießen und uns entgegenkamen – da freute ich mich wie ein Kind; alt nur darin, daß ich zugleich mich auch darüber freute, mich noch so freuen zu können. Die flüchtigen Augenblicke unserer versuchten Landung vergingen uns, umtaumelt von diesen lärmenden kindergleichen Menschen, wie im Rausch. Ich hatte alles, Eisen, Messer, Scheren, alles, was ich mitgenommen hatte, eher verschenkt als vertauscht und nur, ich weiß nicht wie, ein schönes, feines Fischernetz erhandelt.

Ich habe den verdächtigen Empfang, der uns ward, in den »Bemerkungen und Ansichten« zu beschreiben versucht, und mit dem, was ich davon gesagt, können die Berichte von Kotzebue und Choris verglichen werden. Ich habe die vermutliche Veranlassung der halb bedrohlichen Stimmung der Insulaner nur angedeutet. Herr von Kotzebue selber hatte die Geschichte aufgezeichnet, und ihm gebührte es, sie bekanntzumachen. Ich setze sie ergänzend hieher in seinen urkundlichen Worten. Sie stehet im ersten Bande, Seite 116, seiner Reisebeschreibung.

»Eine Nachricht, die das feindselige Betragen der Insulaner gegen mich erklärt und welche ich erst später auf den Sandwich-Inseln durch Alexander Adams erhielt, glaube ich dem Leser hier mitteilen zu müssen. Dieser Adams, von Geburt ein Engländer, kommandierte im Jahre 1816 die dem Könige der Sandwich-Inseln gehörige Brigg ›Kahumanu‹ und hatte vorher auf der nämlichen Brigg, als sie den Namen ›Forester of London‹ führte und dem Könige noch nicht verkauft war, unter Kapitän Piccort als zweiter Offizier gedient. Der Kapitän des Scunner ›Nancy‹ aus Neu-London/Amerika, seinen Namen hat mir Adams nicht genannt, beschäftigte sich im Jahr 1805 auf der Insel Mas a fuero mit dem Fange einer Gattung von Seehunden, welche den Russen unter dem Namen Kotik (Seekatzen) bekannt ist. Die Felle dieser Tiere werden auf dem Markte von China teuer verkauft, und daher suchen die Amerikaner in allen Teilen der Welt ihren Aufenthalt ausfindig zu machen. Auf der bis jetzt noch unbewohnten Insel Mas a fuero, welche westlich von Juan Fernandez liegt und wohin sie aus Chile die Verbrecher schicken, ward dieses Tier zufällig entdeckt und gleich Jagd darauf gemacht. Da aber die Insel keinen sichern Ankerplatz gewährte, weshalb das Schiff unter Segel bleiben mußte, und er nicht Mannschaft genug besaß, um einen Teil derselben zur Jagd gebrauchen zu können, so beschloß er, nach der Oster-Insel zu segeln, dort Männer und Weiber zu stehlen, seinen Raub nach Mas a fuero zu bringen und dort eine Kolonie zu errichten, welche den Kotikfang regelmäßig betreiben sollte. Diesen grausamen Vorsatz führte er im Jahr 1800 aus* und landete in Cooks-Bai, wo er sich einer Anzahl Einwohner zu bemächtigen suchte. Die Schlacht soll blutig gewesen sein, da die tapfern Insulaner sich mit Unerschrockenheit verteidigten; sie mußten dennoch den furchtbaren europäischen Waffen unterliegen, und zwölf Männer mit zehn Weibern fielen lebendig in die Hände der herzlosen Ameri-

* Ein hier oder weiter oben zu vermutender Druckfehler in der Jahreszahl benimmt der Geschichte nichts von ihrer Glaubwürdigkeit.

Die Oster-Insel

kaner. Nach vollbrachter Tat wurden die Unglücklichen an Bord gebracht, während der ersten drei Tage gefesselt und erst, als kein Land mehr sichtbar war, von ihren Banden erlöst. Der erste Gebrauch, den sie von ihrer Freiheit machten, war, daß die Männer über Bord sprangen und die Weiber, welche ihnen folgen wollten, nur mit Gewalt zurückgehalten wurden. Der Kapitän ließ sogleich das Schiff beilegen, in der Hoffnung, daß sie doch wieder an Bord Rettung suchen würden, wenn die Wellen sie zu verschlingen drohten; er bemerkte aber bald, wie sehr er sich geirrt, denn diesen mit dem Elemente vertrauten Wilden schien es nicht unmöglich, trotz der Entfernung von drei Tagreisen ihr Vaterland zu erreichen, und auf jeden Fall zogen sie den Tod in den Wellen einem qualvollen Leben in der Gefangenschaft vor. Nachdem sie einige Zeit über die Richtung, die sie zu nehmen hatten, gestritten, teilte sich die Gesellschaft, einige schlugen den geraden Weg nach der Oster-Insel ein, und die übrigen wandten sich nach Norden. Der Kapitän, äußerst entrüstet über diesen unerwarteten Heldenmut, schickte ihnen ein Boot nach, das aber nach vielen fruchtlosen Versuchen wieder zurückkehrte; denn sie tauchten allemal bei seiner Annäherung unter, und die See nahm sie mitleidig in ihren Schutz. Endlich überließ der Kapitän die Männer ihrem Schicksale, brachte die Weiber nach Mas a fuero und soll noch öftere Versuche gemacht haben, Menschen von der Oster-Insel zu rauben. Adams, welcher diese Geschichte von ihm selbst hatte und ihn deshalb wahrscheinlich nicht nennen wollte, versicherte mir, 1806 an der Oster-Insel gewesen zu sein, wo er aber wegen des feindseligen Empfangs der Einwohner nicht landen konnte; ein gleiches Schicksal hatte nach seiner Aussage das Schiff ›Albatros‹ unter Kommando des Kapitän Windship im Jahr 1809.«

Ich ergreife diese Gelegenheit, auch hier gegen die Benennung »Wilde« in ihrer Anwendung auf die Südsee-Insulaner feierlichen Protest einzulegen. Ich verbinde gern, soviel ich kann, bestimmte Begriffe mit den Wörtern, die ich gebrauche. Ein Wilder ist für mich der Mensch, der, ohne festen Wohnsitz, Feldbau und gezähmte Tiere, keinen andern Besitz kennt als seine Waffen, mit denen er sich von der Jagd ernährt. Wo den Südsee-Insulanern Verderbtheit der Sitten schuld gegeben werden kann, scheint mir solche nicht von der Wildheit, sondern vielmehr von der Übergesittung zu zeugen. Die verschiedenen Erfindungen, die Münze, die Schrift usw., welche die verschiedenen Stufen der Gesittung abzumessen geeignet sind, auf denen Völker unseres Kontinentes sich befinden, hören unter so veränderten Bedingungen auf, einen Maßstab abzugeben für diese insularisch abgesonderten Menschenfamilien, die unter diesem wonnigen Himmel ohne Gestern und Morgen dem Momente leben und dem Genusse.

Die Fliegenden Fische, von denen wenigstens zwei Arten in dem Großen Ozean vorkommen, scheinen in der Nähe des Landes häufiger zu sein. Wir sahen deren viele in der Nähe der Oster-Insel.

Wir durchschritten in der Nacht zum 1. April den südlichen Wendekreis, sahen am 3. eine Fregatte und hatten am 7. und wiederholt am 13. Windstille. Hier war es, wo, mit der Beobachtung des Meeresgewürmes beschäftigt, die Entdeckung des ersten wahren Meerinsektes den Doktor Eschscholtz erfreute. Es ist unserer gemeinen Wasserwanze (Hydrometra rivulorum F.) zu vergleichen, schreitet und springt auf dieselbe Weise auf der Oberfläche des Wassers und kommt zwischen den Wendekreisen in allen Meeren vor.

Wir sahen am 15. viele Seevögel, Fregatten und Pelikane, erduldeten etliche Windstöße und segelten während der Nacht nicht weiter. Der Himmel war dunkel umwölkt, es regnete heftig, und es blitzte in allen Richtungen.

Der Ruf »Land!« regte uns am 16. mittags freudig an. Die

Erwartung ist gespannt, wann freiwillig, möchte ich sagen, und nicht auf das Gebot des Seemanns ein Land der Spiegelfläche enttaucht und sich allmählich vor uns gestaltet. Der Blick sucht begierig nach Rauch, der wehenden Flagge, die den Menschen dem Menschen, der ihn sucht, verkündigt. Steigt Rauch auf, dann pocht einem seltsam das Herz. Aber diese traurigen Riffe haben bald, bis auf eine eitele Neugier, alles Interesse verloren.

Es war doch ein großes Fest, als am 20. beschlossen ward, eine Landung auf der kleinen palmenreichen Insel Romanzow zu versuchen. Der Kapitän beorderte den Leutnant Sacharin, den Landungsplatz zu erkunden, und mich, ihn zu begleiten. Ich stieg freude- und hoffnungsvoll in das Boot; wir stießen ab. Wir ruderten ganz nahe der Insel, vom Ufer nur durch die schäumende Brandung getrennt. Ein mutiger Matrose schwamm mit einer Leine ans Land. Er schritt längs dem Ufer, entdeckte Menschenspuren, Kokosschalen, betretene Pfade, er lauschte durch das Gebüsch, pflückte grüne Zweige und kam zu der Leine zurück. – Sacharin deutete mit der Hand nach der Insel und sprach zu mir: »Adelbert Loginowitsch, wollen Sie?« – Ich glaube nicht, daß mich noch einmal in meinem Leben solch peinliches Gefühl durchbohrt. Ich schreibe es zu meiner Demütigung nieder. Was der Matrose getan, war ich nicht imstande zu tun. – Jener schwamm zu uns wieder her, und wir ruderten zum Schiffe. Auf den erstatteten Bericht ward ein Prahm aus allem beweglichen Holze am Bord verfertigt, und wir fuhren am andern Tage in zwei Booten der Insel zu. Die Boote ankerten in großer Wassertiefe zunächst der Brandung; der Matrose schwamm mit der Leine ans Land, und mit Hülfe des Prahms konnten wir einzeln das Ufer erreichen, wo uns die schäumende Welle übergoß. Wir durchwandelten nun fröhlich den Wald und durchforschten die Insel. Wir lasen alle Spuren der Menschen auf, folgten ihren gebahnten Wegen, sahen uns in den verlassenen Hütten um, die ihnen zum Obdach gedient. Ich möchte das Gefühl vergleichen mit dem, das wir in der Wohnung eines uns persönlich unbekannten, teuren Menschen haben würden; so hätte ich Goethes Landhaus betreten, mich in seinem Arbeitszimmer umgesehen. – Daß diese Insel keine festen Wohnsitze hat und nur von andern uns unbekannten Inseln her besucht zu werden scheint, habe ich in den »Bemerkungen« gesagt.

Der Tag, der ohnehin das Osterfest der Russen war, wurde festlich und auf dem »Rurik« mit Kanonenfeuer begangen. Die Mannschaft erhielt doppelte Portion. Wir brachten den auf dem Schiffe Zurückgebliebenen etliche Kokosnüsse mit. Sie zu erhalten, war die Axt an den Baum gelegt worden, ein Verfahren, das mir in die Seele schnitt; zur Sühne hatte man die Axt daselbst gelassen.

In der Nähe der Niedern Inseln, deren Aufnahme uns in den folgenden Tagen bis zum 25. April beschäftigte, ließen sich die Seevögel nur sparsam sehen; dagegen waren die Fliegenden Fische häufig. Hier sah ich auch einmal eine Wasserschlange im Meere schwimmen.

Wir entbehrten schon lange aller frischen Nahrung; das Wasser ward uns am 28. April zum erstenmal zugemessen. Die Portion war aber vollkommen hinreichend, und ich verbrauchte von der meinen nur einen Teil. Ich hätte mich im Notfall mit Seewasser auch begnügt. Ich habe oft auf Exkursionen Seewasser getrunken, ohne Widerwillen und ohne Nachteil; ob es mir aber den Durst löschte wie süßes Wasser, könnte noch gefragt werden. Die häufigen Regengüsse, die besonders in der südlichen Halbkugel uns erfrischten, gaben uns eine erwünschte Gelegenheit, frisches Wasser einzusammeln, wozu unser Zelt eingerichtet war. Solches frisches, gesundes Wasser ist eine wahre Erquickung; denn leider fehlen dem des Vorrats »die nahrhaf-

Begegnung mit den Bewohnern der Penrhyn-Inseln

ten Teile« niemals ganz und sind manchmal in unerwünschtem Überflusse vorhanden. – Am 4. Mai regnete es so stark, daß zwölf Fässer Wasser gesammelt wurden.

Ich habe eigentlich zu dem nichts hinzuzufügen, was ich in den »Bemerkungen und Ansichten« über die Penrhyn-Inseln gesagt habe, die wir am 30. April sahen und mit deren Einwohnern wir am andern Morgen verkehrten. Ein solcher Tag mit seinen Ereignissen ist im einförmigen Schiffsleben ein Lichtpunkt, der dessen eintöniges Einerlei belebend durchbricht. Wollte ich wiederholt die empfundene Freude beschreiben, so würde ich in dem Leser eben die Langeweile erzeugen, die sie für uns zu unterbrechen kam. – Wir verhielten uns übrigens dieses Mal leidend, und es war nicht mehr der erste Eindruck. – Ich habe nirgends den Palmenwald schöner als auf den Penrhyn gesehen. Zwischen dem hoch getragenen, windbewegten Baldachin der Kronen und dem Boden sah man zwischen den Stämmen hindurch den Himmel und die Ferne. Es schienen, wenigstens stellenweise, das niedere Gebüsch und der Damm zu fehlen, welche die Inseln dieser Bildung nach außen zu umzäunen und zu beschützen pflegen. Verhältnismäßig zahlreich, stark und wohlgenährt, friedlich und dennoch vertrauend seinen Waffen, unbekannt mit den unsern, war das Volk, das uns umringte; jegliche Familie, so schien es, unter Führung des Alten im eigenen Boote. Sie erhandelten Eisen von uns, das köstliche Metall, und als wir unsern Lauf weiter nahmen, waren sie kaum zu bewegen, von uns zu lassen.

Wir hatten in den nächsten Tagen häufige Windstillen, mit Windstößen abwechselnd, und erreichten am 4. Mai, beiläufig unter 7° 30' südlicher Breite, den wirklichen Nordostpassat. Wir sahen in den folgenden Tagen viele Seevögel morgens dem Wind entgegen, bei Sonnenuntergang mit dem Winde fliegen. Die kleine Seeschwalbe

(Sterna stolida) ließ sich wiederholt auf dem Schiffe fangen, und wir entließen etliche, denen wir auf pergamentnem Halsbande den Namen des Schiffes und das Datum mitgaben. Es möchte für ein Schiff eine Freude sein, einen solchen Boten in diesem weiten Meerbecken wieder aufzufangen; ließ sich doch in der Chinesischen See ein Pelikan am Bord des »Ruriks« greifen, der von unserer Konserve, der »Eglantine«, kam, wo er sich schon in die Gefangenschaft begeben hatte.

Wir durchkreuzten am 11. den Äquator. Am 12. zeigten sich viele Seevögel. Auch ein Landvogel soll gesehen worden sein. Ein Delphin wurde harpuniert, der erste, dessen wir habhaft wurden. – Er diente uns zu einer willkommenen Speise. Es ist ein schwarzes, blutvolles Fleisch, erdig und unschmackhaft, aber nicht eben tranig. Ich möchte, wie die Haifische, so auch die Delphine für den Tisch loben; sie kommen zu Zeiten, wo sie nicht zu tadeln sind.

Am 19. Mai, da wir die Mulgraves-Inseln aufsuchten, blies unversehens ein Windstoß dem herrschenden Winde entgegen, brachte die Segel in Verwirrung und zerriß manches Tauwerk. Der Kapitän ward von einem geschleuderten Tau am Vorderhaupte getroffen und sank betäubt nieder. Dieser Vorfall, der Schrecken unter uns verbreitete, hatte glücklicherweise keine Folgen.

Wir entdeckten am 21. ein nur an wenigen Punkten spärlich begrüntes Riff, auf dem nur wenige Kokosbäume sich erhoben. Am 22. kamen uns zwei Boote zierlichen Baues, geschickt gegen den Wind zu lavieren, aus diesem Riffe entgegen. Die Menschen, geschmückt und anmutig, luden uns auf ihre Erde ein, aber im Gefühl ihrer Schwäche und unserer Kraft vermaßen sie sich nicht, uns näher zu kommen. Ein Boot ward in die See gelassen, worauf ich mit Gleb Simonowitsch und Login Andrewitsch Platz nahm, und wir ruderten ihnen entgegen. Aber auch so vermoch-

Die Krusenstern-Inseln

ten wir nicht, ihnen Zutrauen einzuflößen. Sie warfen uns Geschenke zu, eine zierliche Matte und eine Frucht des Pandanus, und entfernten sich schnell der Insel zu, uns einladend, ihnen zu folgen. Das waren die Radacker. Sie beschenkten uns zuerst und schieden bei dieser ersten Begegnung unbeschenkt von uns.

Wir hatten, nach Norden steuernd, den 27. die Sonne im Zenit und durchschnitten am 28. den nördlichen Wendekreis, nachdem wir zweiundvierzig Tage südlich vom Äquator und zwölf Tage nördlich von demselben in der heißen Zone zugebracht. Wir wallten unsern heimischen Sternen zu; vor uns erhob sich der Große Bär, und hinter uns senkte sich das Kreuz.

Wir hatten am 2. und 3. Juni, etwas südlicher, als gewöhnlich die Inseln Rica de Plata und Rica de Oro angegeben werden, ungefähr in derselben Breite wie Mearn, Landzeichen. – Am Morgen des 3. ließ sich ein kleiner Vogel vom Geschlechte der Schnepfen auf das Schiff nieder und ward mit Schaben gefüttert. – Treibholz und Tange schwammen im Meer, das Wasser war außerordentlich trübe, doch fand das Senkblei mit 100 Faden Leine keinen Grund.

Die Kälte nahm zu. Wir waren in dem nordischen Nebel, der sich oft an unserm Tauwerke niederschlug und als pechbittere Quellen längs den Wänden herabfloß. Wir fingen in den ersten Tagen des Juni unter der Breite von Gibraltar zu heizen an und hatten gegen die Mitte desselben Monats, bevor wir die Breite von Paris erreicht, Eis am Bord. Das Meer, in diesem selben Meerbecken zwischen den Tropen dunkel ultramarinblau, ist hier schwarzgrün gefärbt und undurchsichtig. Die Wassertiefe, worin ein weißer Gegenstand sichtbar bleibt, hat sich von sechzehn Faden auf zwei Faden vermindert. Das Treibholz ward nordwärts immer häufiger.

Am 4. ward ein zweiter Delphin von einer andern Art harpuniert. Die Arten dieser uns sehr mangelhaft bekannten Gattung möchten sehr zahlreich sein. Scheint doch fast jegliche Herde, die das Schiff umschwärmt, sich von allen andern durch Farbe, Zeichnung und Größe zu unterscheiden.

Am 6. erschienen rote Flecken im Meer; sie rührten von einem kleinen Krebse her, womit das Wasser angefüllt war.

Seitdem wir nach Norden steuerten, eilten Wünsche und Gedanken dem Schiffe voran der Küste zu, wo wir die Hoffnung hatten, Briefe von der Heimat vorzufinden. Wir selber fingen an, unsre Journale durchzusehen, unsre Papiere zur Absendung zu ordnen und Briefe an unsre Lieben zu schreiben. Ich habe, durch einen Scherz des Kapitäns dazu ermuntert, vom Norden des Großen Ozeans eine nach Breiten- und Längengrad datierte Order ausgestellt, einen Korb Champagnerwein an den Staatsrat von Kotzebue zu expedieren, und der Wein ist expediert worden und angekommen.

Ein kleiner Landvogel (eine Fringilla) sagte uns am 17. das Land an, das sich uns am 18. entschleierte. Ein hohes Land mit zackigen Zinnen, über welche sich aus dem Innern hohe vulkanische Kegel erheben. Der Schnee bedeckt nicht gleichmäßig die Höhen wie in unsern Alpen, sondern liegt fleck- und streifenweise an den Abhängen des zerrissenen Gebürges und steigt an denselben tief zu Tale. Am 18. Juni noch so viel Schnee!

Wir fuhren am 19. in das schöne weite Becken, die Awatscha-Bucht, hinein. Wir wurden von der Berghöhe, die den Nordpfeiler des äußern Tores bildet, telegraphisch nach Sankt Peter und Paul angemeldet; ein Hülfsboot kam uns entgegen. Wir waren durch den schmalen Kanal des Einganges mit günstigem Winde eingefahren, der uns, sobald wir im Innern angelangt, plötzlich gebrach. Es war Nacht,

Die Awatscha-Bucht in Kamtschatka

als wir in den Hafen hineinbugsiert wurden. Ein unleidlicher Fischgestank verkündigte uns die Nähe des Ortes. – Die Anstalt zum Trocknen der Fische, das tägliche Brot dieser nordischen Lande, liegt auf einer Landzunge, die den inneren Hafen abschließt.

Hier, zu Sankt Peter und Paul, betrat ich zuerst den russischen Boden; hier sollte ich meine erste Bekanntschaft mit Rußland machen.

Wir waren hier angemeldet und wurden erwartet; wir waren alle namentlich bekannt, die Zeitungen hatten unsre Namen ausposaunt, und was hat man in Sankt Peter und Paul anderes zu tun, als die Zeitung zu studieren! Wir wurden empfangen, wie sich's erwarten ließ. Wir brachten Bewegung in das stockende Leben, und es schien ein Tag über diesen Winkel der Erde, der nicht wie alle übrigen Tage war. Es waren Landsleute, die einander als Wirte und Gäste an diesem abgelegenen Orte, so fern vom eigentlichen Vaterlande, begegneten.

Der Gouverneur, Leutnant Rudokow, sorgte für alle Bedürfnisse des Schiffes, dessen Kupfer besonders schadhaft befunden ward. Er half uns mit den noch brauchbaren Kupferplatten der »Diana« aus, des Schiffes, das Golownin nach seiner Fahrt nach Japan als untauglich, die See zu halten, im hiesigen Hafen zurücklassen mußte. Der Kapitän zog ans Land, und es folgten aufeinander Gast- und Festmähler, wie sie nur in Kamtschatka zu beschaffen waren. Wir erfreuten uns in Kamtschatka der russischen Bäder. Es ist das Erste und vielleicht das Erquicklichste, was die russische Gastfreundschaft anzubieten weiß. Unsere Matrosen wußten sich selbst, wo es erwünscht war, ihr Badezelt einzurichten, und nur unter einem glücklicheren, wärmeren Himmel unterblieb es als entbehrlich.

Am 22. Juni ward auf dem »Rurik« ein Dankfest gefeiert und bei dem Gouverneur zu Abend gespeist. Sonntag den

23. ward nach der Kirche bei uns getafelt. Am 30. war Festmahl beim Kommandanten, wo beim Kanonendonner pokuliert wurde. – Der Wein war nicht eben der vorzüglichste, aber die Gäste, aus allen nur zeigbaren Russen bestehend, waren zahlreich; und nach englischer Sitte, die mehr oder minder überall beobachtet wird, wo salziges Wasser das Land bespült, wollte jeder mit jedem von uns ein Glas Wein trinken, welche Höflichkeit erwidert werden mußte, so daß der Gläser Weines sehr viele wurden. Nach Tische sollten wir das landesübliche Fuhrwerk kennenlernen und zu Schlitten mit Hundegespann auf grünem Rasen, weil schon der Schnee im Tale geschmolzen war, den Abhang des Hügels hinabfahren. Es konnte keiner von uns den Sitz behaupten, was allerdings einige Übung erfordert; abgeworfen, verkrochen wir uns in das Gebüsch, und jeder suchte einen stillen Platz, das Fest für sich allein zu beschließen.

Am 4. Juli speisten wir bei Herrn Clark, einem Amerikaner, der hier, wohin er verschlagen worden, neue Verhältnisse angeknüpft hat. Er hatte das Kap Hoorn nur einmal umfahren, war aber sechsmal, und zum letztenmal vor sechs Jahren, auf den Sandwich-Inseln gewesen. Ich habe die Nachrichten, die er mir von diesen Inseln gab, und das Bild, das er mir von denselben entwarf, vollkommen wahr und treu befunden. Ich sah zuerst bei Herrn Clark ein Bild, das ich seither oftmals auf amerikanischen Schiffen und, durch ihren Handel verbreitet, auf den Inseln und an den Küsten des Großen Ozeans wiedergesehen habe: das von chinesischer Hand zierlich auf Glas gemalte Porträt von Madame Récamier, der liebenswürdigen Freundin der Frau von Staël, bei der ich lange Zeit ihres vertrauten Umgangs mich erfreut. Wie ich hier dieses Bild betrachtete, schien mir unsre ganze Reise eine lustige Anekdote zu sein, nur manchmal langweilig erzählt, und weiter nichts.

Am 11. Juli war das Kirchenfest von Sankt Peter und Paul. Wir steuerten zu einer Kollekte bei, die für den Bau einer Kirche gesammelt wurde. Der erste Beamte der Russisch-Amerikanischen Kompanie bewirtete uns an diesem Tage.

Am 12. ward das Fest von Gleb Simonowitsch bei uns gefeiert und besonders von den Matrosen mit ausgelassener Freudigkeit begangen, denn Gleb Simonowitsch war allgemein geliebt. Dieses Fest gibt mir Veranlassung, über eine russische Sitte zu berichten, die bei der strengen Mannszucht und der unbedingten Unterwürfigkeit des Untergebenen gegen seinen Vorgesetzten seltsam erscheinen dürfte. Aber mir scheint der gemeine Russe sich gegen seinen Herrn, gleichviel ob Kapitän, Herr oder Kaiser, in ein mehr kindliches als bloß knechtisches Verhältnis zu stellen, und unterwirft er sich der Rute, so behauptet er auch seine Kindesfreiheiten. Die Matrosen ergriffen zuerst Otto Astawitsch, und in zwei Reihen gestellt, welche Front gegeneinander machten und sich bei den Händen anfaßten, ließen sie ihn schonungslos über ihre Arme schwimmen; eine Art des Prellens, die unter uns für keine Ehren- oder Freundschaftsbezeugung gelten würde. Nach Otto Astawitsch kam Gleb Simonowitsch an die Reihe und nach diesem wir alle, sowie sie unser habhaft werden konnten. Die am höchsten in ihrer Gunst standen, wurden am höchsten geschnellt und am unbarmherzigsten behandelt. Ich erfuhr nachher, daß solches Tun ein Gegengeschenk verdiene, welches der Geprellte an die prellende Mannschaft zu entrichten pflege.

Am 13. waren wir segelfertig, aber die erwartete Post aus Sankt Petersburg war nicht angekommen, und wir mußten unserer getäuschten Hoffnung bis zu der Rückkehr nach Kamtschatka, die uns auf den Herbst 1817 verheißen war, Geduld gebieten. – Auch von dieser Hoffnung wurden wir enttäuscht. Wir haben während dieser drei Jahre keine direkt an uns gerichtete Nachricht von der Heimat und keine Briefe von unsern Angehörigen erhalten. Ich hätte vielleicht, wenn mich die Sehnsucht nach der Post nicht hier gebannt gehalten, eine Exkursion in das Innere unternommen; dazu war es jedoch noch zu früh, da in diesem Jahre der Winter nicht weichen zu wollen schien. Schnee lag noch um Sankt Peter und Paul, als wir ankamen, und jetzt erst begann der Frühling zu blühen. Wie ich von hier aus in die Heimat schrieb, auf das Papier die toten Buchstaben fallen ließ, die kein Widerhall waren und keinen Widerhall gaben, schnürte ein peinliches Gefühl das Herz mir zu.

Ich muß einiges nachholen. Bücher, so von Berings Zeiten her Reisende hier oder in Hintersibirien zurückgelassen, haben sich in Sankt Peter und Paul zu einer Bibliothek angesammelt, in welcher wir verwundert und erfreut Werke fanden, deren Mangel wir schmerzlich empfunden hatten. Bosc konnte uns für das so reizende Studium der Seegewürme zu einem Leitfaden dienen, dessen wir ganz entbehrten; und wie erwünscht uns im Norden Pallas' »Reisen« und Gmelins »Flora sibirica« sein mochten, brauche ich nicht erst zu sagen. Dem Herrn Gouverneur schien es die natürlichste Bestimmung dieser Bücher zu sein, bei einer wissenschaftlichen Expedition wie die unsrige gebraucht zu werden, und er ließ mich aus der Bibliothek die Werke, die ich begehrte, nehmen, unter der heilig von mir erfüllten Bedingung, sie nach der Heimkehr der Petersburger Akademie zurückzustellen. In dieser Bibliothek waren auch unter anderen etliche von Julius Klaproth einst an der chinesischen Grenze zurückgelassene Bücher, die mit seinem chinesischen Siegel, dem Spruch von Konfuzius: »Die Gelehrten sind das Licht der Finsternis«, gestempelt waren. Dieses selbe Siegel, das besaß ich; ein Geschenk von Julius Klaproth im Jahre 1804 oder 1805, wo ich in Berlin vertraulich mit ihm lebte und von ihm Chinesisch lernen wollte. Ich hatte dieses Siegel zufällig auf diese Reise mitgenommen; ich hatte es bei mir und hätte, es vorweisend, die Bücher als mein Eigentum ansprechen können.

Von einem Naturforscher und Sammler, von Redowsky, der in diesem Winkel der Erde ein unglückliches Ende nahm, rührten ein paar kleine Kisten her, die getrocknete Pflanzen und Löschpapier enthielten und womit Herr Rudokow mir ein Geschenk machte. Auch das Papier war mir sehr erwünscht. Wie karg benutzte ich damals jedes Schnitzel; unsere Transparentgemälde aus Chile verbrauchte ich zu Samenkapseln, und ich finde in einem aus Sankt Peter und Paul geschriebenen Briefe von mir dankbarlichst eines Bundes Fidibus erwähnt, das mir die Kinder eines Freundes in Kopenhagen geschenkt, als ich im Begriffe war, zu Schiffe zu steigen.

Ich hatte mir in England eine gute Doppelflinte angeschafft. Der Kapitän selbst hatte uns damals die Weisung gegeben, uns mit Waffen zu versorgen. Ich hatte sie auf der Reise sehr wenig gebraucht, doch war ein Schloß nicht in gutem Stande, und sie war schmutzig, weil ich der Gerätschaften entblößt war, ein Gewehr instand und rein zu erhalten. Es borgte sie in Sankt Peter und Paul jemand von mir, und ich war dessen unmaßen froh, erwartend, es würde ihr nun ihr Recht geschehen und sie würde wie neu aussehen, wann sie in meine Hände wieder käme. Darin hatte ich mich nun geirrt; ich bekam sie ungeputzt zurück, und die Not war größer als zuvor. Der Gouverneur hatte meine Flinte gesehen und wünschte sie zu besitzen; er beauftragte den Kapitän, mit mir über den Preis, den ich darauf setzen wollte, zu unterhandeln. Nachdem ich mich vergewissert, daß Herr von Kotzebue, der sich Herrn Rudokow gefällig zu erweisen trachtete, selber wünschte, den Handel zustande zu bringen, sagte ich zu ihm, daß, insofern die

Flinte, wie er anzunehmen scheine, mir als Notwehrwaffe entbehrlich sei, ich sie gern Herrn Rudokow überlassen wollte; ich wisse aber nicht, sie in Geld abzuschätzen, und sei auch kein Handelsmann. Er möge nur die Tiere und Vögel, die er damit bis zur Zeit unserer Rückkunft schießen würde, von seinen Leuten ausbalgen lassen und mir die Häute verwahren; das solle der Preis sein. Diese Wendung des Handels schien allen Teilen gleich erfreulich und würde auch den Berliner Museen trefflich zustatten gekommen sein, wenn wir nicht unterlassen hätten, nach Kamtschatka zurückzukehren.

Der Leutnant Wormskiold blieb in Sankt Peter und Paul. Er wollte sein am Bord des »Rurik« nach den Instrumenten der Expedition geführtes meteorologisches Journal nur unter Bedingungen mitteilen, auf die sich Herr von Kotzebue nicht einlassen mochte. Dieser, zu dessen Verfügung ich für den eingetroffenen Fall meine Barschaft gestellt hatte, gab mir, ohne von jener Gebrauch gemacht zu haben, mein Wort zurück. Auch der kranke Leutnant Sacharin mußte, obgleich ungern, hier von der Expedition scheiden. Wir drückten uns herzlich die Hände. Er hätte wirklich nicht unternehmen sollen, was auszuführen er körperlich nicht imstande war; denn der Dienst des Seeoffiziers hat Beschwerden, denen der Passagier fremd bleibt.

Unsern lustigen Gesellen, den Affen, schenkte der Kapitän dem Gouverneur. Man möchte meinen, wenn Affen, wie auf Schiffen geschieht, auf vertraulichem Fuße mit den Menschen leben, daß sie, geschickt, neu und wißbegierig, wie sie sind, es weit in der Bildung bringen könnten, wenn sie nur hätten, was zu einem Gelehrten gehört und was ihnen die Natur vorenthalten hat: Sitzfleisch. Sie haben keine Geduld. Das alles gilt vielleicht mehr noch von den ostindischen Affen, die wir später an Bord nahmen, als von diesem Brasilianer.

Der Kapitän erhielt zur Verstärkung der Mannschaft des »Rurik« sechs Matrosen von dem hiesigen Kommando und einen Aleuten von der Russisch-Amerikanischen Handelskompanie. Dieser war ein vielerfahrener, sehr verständiger Mann. – Diese sieben Mann sollte Herr von Kotzebue bei seiner Rückkunft in Kamtschatka im andern Jahre wieder abgeben. Er nahm außerdem eine Baidare an Bord, die er hier verfertigen lassen: ein offenes, flaches Boot, das aus einem leicht gezimmerten, mit Robbenhäuten überzogenen hölzernen Gerippe besteht und beim Übernachten auf dem Lande als Zelt oder Schutzwehr gegen den Wind gebraucht wird.

Wir alle hatten uns mit Parken versehen, und mehrere hatten sich Bärenhäute zum Lager angeschafft. Die Parke ist das gewöhnliche Pelzkleid dieser Nordvölker, ein langes, aus Rentierfell verfertigtes Hemd ohne Schlitzen, mit daran hängender Haube oder Kapuze. Manche sind zwiefältig mit Rauchwerk nach innen und außen.

Wir verließen am 14. Juli 1816 den Hafen von Sankt Peter und Paul und konnten erst am 17. aus der Bucht von Awatscha auslaufen.

NORDFAHRT VON KAMTSCHATKA AUS IN DIE BERINGS-STRASSE

Sankt-Laurenz-Insel. Kotzebues-Sand. Sankt-Laurenz-Bucht im Lande der Tschuktschi. Unalaschka

Zur Erforschung einer nordöstlichen Durchfahrt« sind Worte, die die »Entdeckungsreise von Otto von Kotzebue in die Südsee und nach der Berings-Straße« an der Stirne trägt. Nun aber segeln wir nach Norden, der Berings-Straße zu, und es dünkt mich an der Zeit zu sein, euch, die ihr mir bis jetzt auf gut Glück gefolgt seid, ohne zu wissen, wohin die Reise ging und was sie beabsichtigte, nachträglich über den Hauptzweck derselben und den Plan, nach welchem er verfolgt werden sollte, die Aufklärungen zu geben, die ich selber nur nach und nach erhalten hatte. Die Sommerkampagne 1816 sollte einer bloßen Rekognoszierung gewidmet sein. Ein Hafen, ein sicherer Ankerplatz für das Schiff, sollte in Norton-Sound oder, noch besser, im Norden der Straße aufgefunden werden, von wo aus mit Baidaren und Aleuten*, diesen Amphibien dieser Meere, den eigentlichen Zweck der Expedition anzugreifen der zweiten Sommerkampagne vorbehalten bliebe. Früh sollten wir dann in Unalaschka eintreffen, wo unsere Ausrüstung für das nächste Jahr von den Beamten der Russisch-Amerikanischen Kompanie beschafft werden sollte: Baidaren, Mannschaft, Mundvorrat für dieselbe und Dolmetscher, welche die Sprachen der nördlichen Eskimos verstünden. Diese Dolmetscher würden von Kodiak bezogen

* Dreisilbig: A-le-ut. So spreche ich das Wort mit den Russen aus. Meine Jungen, die in Klein-Quarta sitzen, wissen es freilich besser und verweisen es mir. – Daß es zweisilbig A-leut heißen muß, weiß jedes Kind.

werden müssen, wohin von Unalaschka aus einen Boten auf dreisitziger Baidare die Küsten der Inseln und des festen Landes entlang zu senden je später im Jahre, desto fahrvoller und unzuverlässiger sei. Deshalb durften wir uns jetzt nicht verspäten. Die Zeit des nordischen Winters sollten wir dann in Sommerlanden verbringen, teils der Mannschaft die erforderliche Erholung gönnen, teils anderwärtigen geographischen Untersuchungen obliegen, dann im Frühjahr 1817, nach Unalaschka zurückkehrend, daselbst, was für unsre Nordfahrt vorbereitet worden, uns aneignen und, sobald das nordische Meer sich der Schiffahrt eröffnete, den »Rurik« in den vorbestimmten Hafen fahren, sichern und zurücklassen und mit Baidaren und Aleuten zur Erforschung einer nordöstlichen Durchfahrt so weit nach Norden und Osten zu Wasser oder zu Lande vordringen, als es uns ein gutes Glück gestattete. – Wenn die vorgerückte Jahreszeit oder die sonstigen Umstände unserer Unternehmung ein Ziel gesetzt, sollten wir die Rückfahrt über Kamtschatka antreten und auf der Heimkehr noch die fahrvolle Torres-Straße untersuchen. Wahrlich, es war zweckmäßig, zu Entdeckungen im Eismeer die Söhne des Nordens und ihre Fahrzeuge zu gebrauchen. Nur mißlich war es, die ganze Hoffnung des Gedeihens auf den einzigen Wurf nur einer Kampagne zu setzen, die ein ungünstiges Jahr vereiteln konnte. Aber mit Beharrlichkeit möchten am füglichsten von Unalaschka aus durch Aleuten und wenige rüstige, abgehärtete Seemänner, welche nur die erforderlichen Ortsbestimmungen vorzunehmen befähigt wären, die letzten Fragen zu lösen sein, welche die Geographie dieser Meer- und Küstenstriche noch darbietet.

Die Sommerkampagne 1816, deren Ergebnis in der Karte vorliegt, die Herr von Kotzebue von dem nach ihm benannten Sunde mitteilt, hat, was von ihr erwartet werden konnte, auf das befriedigendste geleistet. Der Kotzebues-

Sund, ein tiefer Meerbusen, der im Norden der Straße unter dem Polarkreise in die amerikanische Küste eindringt und dessen Hintergrund beiläufig einen Grad nördlicher und unter gleicher Länge liegt als der Hintergrund von Norton-Sound, bietet den Schiffen im Schutze der Chamisso-Insel den sichersten Ankerplatz und den vortrefflichsten Hafen dar. Herr von Kotzebue hat im Jahre 1817 darauf verzichtet, Vorteil von seiner Entdeckung zu ziehen, um weiteren Entdeckungen in das Eismeer entgegenzusehen. Was der Romanzowschen Expedition aufgegeben war, ist seither von den Engländern verfolgt worden, und Kapitän Beechey mit dem »Blossom« hat in den Jahren 1826 und 1827 von diesem selben Hafen aus einen Teil der amerikanischen Küste im Eismeer aufgenommen.

Ich kehre zu unserer Nordfahrt zurück. Ihr Zweck war die Geographie. Wir haben zwar mit den Eingebornen, den Bewohnern der Sankt-Laurenz-Insel, den Eskimos der amerikanischen Küste, den Tschuktschi der asiatischen, häufig verkehrt; doch haben wir mit und unter ihnen nicht gelebt. Die Karte und der Bericht von Herrn von Kotzebue, das Zeichenbuch des Malers, das er in seinem »Voyage pittoresque« offenhält, werden belehrender sein als mein dürftiges Tagebuch. Übrigens, was ich über diese Völker mongolischer Rasse zu sagen gewußt, habe ich am Schlusse des Aufsatzes, den ich den Nordlanden in meinen »Bemerkungen und Ansichten« gewidmet habe, in wenige Worte zusammengedrängt.

Am 17. Juli 1816 liefen wir aus der Bucht von Awatscha aus und hatten am 20. Ansicht von der Berings-Insel, deren westliches Ende sich mit sanften Hügeln und ruhigen Linien zum Meere senkt. Sie erschien uns im schönen Grün der Alpentriften; nur stellenweise lag Schnee.

Von der Berings-Insel richteten wir mit günstigem Winde unsern Kurs nach der Westspitze der Sankt-Laurenz-Insel. Wir waren in den dichtesten Nebel gehüllt; er zerteilte sich am 26. auf einen Augenblick; ein Berggipfel ward sichtbar; der Vorhang zog sich wieder zu. Wir lavierten in der gefährlichen Nähe des nicht gesehenen Landes.

An diesem Tage war die Erscheinung einer Ratte auf dem Verdeck ein besorgniserregendes Ereignis. Ratten sind auf einem Schiffe gar verderbliche Gäste, und ihrer Vermehrung ist nicht zu steuern. Wir hatten bis jetzt keine Ratten auf dem »Rurik« gehabt; war diese in Kamtschatka an unsern Bord gekommen, konnten auch mehrere schon in den untern Schiffsraum eingedrungen sein. Eine Rattenjagd ward auf dem Verdeck als ein sehr ernstes Geschäft angestellt, und drei Stück wurden erlegt. Es ist von da an keine mehr verspürt worden.

Am 27. steuerten wir auf das Land zu, das uns im heitersten Sonnenschein erschien, sowie wir in seiner Nähe aus der Nebeldecke des Meeres heraustraten. Zwei Boote wurden zu einer Landung ausgerüstet. Indem wir nach dem Ufer ruderten, begegneten wir einer Baidare mit zehn Eingebornen. Wir verkehrten mit ihnen, nicht ohne wechselseitig auf unserer Hut zu sein. »Tabak! Tabak!« war ihr lautes Begehren. Sic erhielten von uns das köstliche Kraut, folgten unsern Booten freundlich, fröhlich, vorsichtig und leisteten uns beim Landen in der Nähe ihrer Zelte hülfreiche Hand. Die hier am Strande aufgerichteten Zelte von Robben- und Walroßhäuten schienen Sommerwohnungen zu sein und die festen Wohnsitze der Menschen hinter dem Vorgebürge im Westen zu liegen. Von daher kam auch eine zweite Baidare herbei. Unser verständiger Aleut, der eine längere Zeit auf der amerikanischen Halbinsel Alaska zugebracht, fand die hiesige Völkerschaft den Sitten und der Sprache nach mit der dortigen verwandt und diente zu einem halben Dolmetscher. Während der Kapitän, der in ein Zelt geladen worden, den Umarmungen und Bestreichungen sowie der Bewirtung der freundlichen tranigen Leute, die er mit Tabak und Messern beschenkte, ausgesetzt blieb, bestieg ich allein und unbefährdet das felsige Hochufer und botanisierte. Selten hat mich eine Herborisation freudiger und wunderlicher angeregt. Es war die heimische Flora, die Flora der Hochalpen unserer Schweiz zunächst der Schneegrenze, mit dem ganzen Reichtum, mit der ganzen Fülle und Pracht ihrer dem Boden angedrückten Zwergpflanzen, denen sich nur wenige eigentümliche harmonisch und verwandt zugesellten. Ich fand auf der Höhe der Insel unter dem zertrümmerten Gesteine, das den Boden ausmacht, einen Menschenschädel, den ich, unter meinen Pflanzen sorgfältig verborgen, mitnahm. Ich habe das Glück gehabt, die reiche Schädelsammlung des Berliner Anatomischen Museums mit dreien, nicht leicht zu beschaffenden Exemplaren zu beschenken: diesem von der Sankt-Laurenz-Insel, einem Aleuten aus einem alten Grabmal auf Unalaschka und einem Eskimo aus den Gräbern der Bucht der Guten Hoffnung in Kotzebues-Sund. Von den dreien war nur der letztere schadhaft. Nur unter kriegerischen Völkern, die, wie die Nukahiwer, Menschenschädel ihren Siegestrophäen beizählen, können solche ein Gegenstand des Handels sein. Die mehrsten Menschen, wie auch unsere Nordländer, bestatten ihre Toten und halten die Gräber heilig. Der Reisende und Sammler kann nur durch einen seltenen glücklichen Zufall zu dem Besitze von Schädeln gelangen, die für die Geschichte der Menschenrassen von der höchsten Wichtigkeit sind.

Wir erreichten gegen zwei Uhr nachmittags das Schiff und verbrachten, in den tiefen Nebel wieder untergetaucht, noch den 28. und den Vormittag des 29. in der Nähe der Insel, um deren westliches Ende wir unsern Kurs nahmen. Am Abend des 28. hob sich die Nebeldecke, das Land ward sichtbar, und wir erhielten auf drei Baidaren einen zahlreichen Besuch der Eingebornen, in deren Führer der Kapitän

Tschuktschen vor ihren Wohnungen

seinen freundlichen Wirt vom vorigen Tage erkannte. Nach vorgegangener Umarmung und Reiben der Nasen aneinander wurden Geschenke und Gegengeschenke gewechselt, und ein lebhafter Tauschhandel begann. In kurzer Zeit waren wir alle und unsere Matrosen reichlich mit Kamlaiken versehen. Die Kamlaika ist das gegen Regen und Übergießen der Wellen schützende Oberkleid dieser Nordländer, ein Hemde mit Haube oder Kapuze, aus der feinen Darmhaut verschiedener Robben und Seetiere verfertigt; die Streifen, ring- oder spiralförmig, wasserdicht mit einem Faden von Flechsen von Seetieren aneinandergenäht; die Nähte zuweilen mit Federn von Seevögeln oder anderem verziert. Die gröbste Kamlaika muß für die geübteste Näherin die Arbeit von mehreren, von vielen Tagen sein – sie wurden ohne Unterschied für wenige Blätter Tabak, soviel wie etwa ein Raucher in einem Vormittag aufrauchen könnte, freudig hingegeben.

Die sonderbare Sitte des Tabakrauchens, deren Ursprung zweifelhaft bleibt, ist aus Amerika zu uns herübergekommen, wo sie erst seit beiläufig anderthalb Jahrhunderten Anerkennung zu finden beginnt. Von uns verbreitet, ist sie unversehens zu der allgemeinsten Sitte der Menschen geworden. Gegen zwei, die von Brot sich ernähren, könnte man fünf zählen, welche diesem magischen Rauche Trost und Lust des Lebens verdanken. Alle Völker der Welt haben sich gleich begierig erwiesen, diesen Brauch sich anzueignen; die zierlichen, reinlichen Lotophagen der Südsee und die schmutzigen Ichthyophagen des Eismeeres. Wer den ihm einwohnenden Zauber nicht ahnet, möge den Eskimo seinen kleinen steinernen Pfeifenkopf mit dem kostbaren Kraut anfüllen sehen, das er sparsam halb mit Holzspänen vermischt hat; möge sehen, wie er ihn behutsam anzündet, begierig dann mit zugemachten Augen und langem, tiefem Zuge den Rauch in die Lungen einatmet und wieder gegen den Himmel ausbläst, während aller Augen auf ihm haften und der nächste schon die Hand ausstreckt, das Instrument zu empfangen, um auch einen Freudenzug auf gleiche Weise daraus zu schöpfen. Der Tabak ist bei uns hauptsächlich und in manchen Ländern Europas ausschließlich Genuß des gemeinen Volkes. – Ich habe immer nur mit Wehmut sehen können, daß grade der kleine Anteil von Glückseligkeit, welchen die dürftigere Klasse vor den begünstigteren vorausnimmt, mit der drückendsten Steuer belastet werde, und empörend ist es mir vorgekommen, daß, wie zum Beispiel in Frankreich, für das schwer erpreßte Geld die schlechteste Ware geliefert werde, die nur gedacht werden kann.

Wir hatten am 29. Ansicht vom Nordkap der Insel, einer steilen Felsklippe, an welcher sich eine Niederung anschließt, worauf Jurten der Eingebornen gleich Maulwurfshaufen erschienen, von den Hängeböden umstellt, auf denen, was aus dem Bereich der Hunde gehalten werden soll, verwahrt wird. Es stießen sogleich drei Baidaren vom Lande ab, jegliche mit beiläufig zehn Insulanern bemannt, die, bevor sie an das Schiff heranruderten, religiöse Bräuche vollbrachten. Sie sangen eine Zeitlang eine langsame Melodie; dann opferte einer aus ihrer Mitte einen schwarzen Hund, den er emporhielt, mit einem Messerstich schlachtete und in das Meer warf. Sie näherten sich erst nach dieser feierlichen Handlung, und etliche stiegen auf das Verdeck.

Am 30. erhellte sich das Wetter; wir sahen am Morgen die Kings-Insel; bald darauf das Kap Wales, die Gwozdews-Inseln – welche vier vereinzelt stehende Felsensäulen in der Mitte der Straße sind – und selbst die asiatische Küste. Cook hatte nur drei der vorerwähnten Felsen gesehen; der vierte, die Ratmanow-Insel von Kotzebue, ist eine neue Entdeckung von diesem. Wir fuhren durch die Straße, auf der amerikanischen Seite in einer Entfernung von beiläufig drei Meilen vom Ufer, nachmittag gegen die zweite Stunde.

Ich habe hier eine Frage zu beantworten, die in den Gedanken der Wissenschaft den unaufhaltsamen Fortschritt der Zeit und der Geschichte bezeichnet. – Ihr Starren, die ihr die Bewegung leugnet und unterschlagen wollt, seht, ihr selber, ihr schreitet vor. Eröffnet ihr nicht das Herz Europas nach allen Richtungen der Dampfschiffahrt, den Eisenbahnen, den telegraphischen Linien und verleihet dem sonst kriechenden Gedanken Flügel? Das ist der Geist der Zeit, der, mächtiger als ihr selbst, euch ergreift. – Gauß aus Göttingen zuerst fragte mich im Herbst 1828 zu Berlin, und die Frage ist seither wiederholt an mich gerichtet worden: ob es möglich sein werde oder nicht, die geodätischen Arbeiten und die Triangulierung von der asiatischen nach der amerikanischen Küste über die Straße hinaus fortzusetzen. Diese Frage muß ich einfach bejahend beantworten. Beide Pfeiler des Wassertores sind hohe Berge, die in Sicht voneinander liegen, steil vom Meer ansteigend auf der asiatischen Seite und auf der amerikanischen den Fuß von einer angeschlemmten Niederung umsäumt. Auf der asiatischen Seite hat das Meer die größere Tiefe und der Strom, der von Süden in die Straße mit einer Schnelligkeit von zwei bis drei Knoten hineinsetzt, die größere Gewalt. Wir sahen nur auf der asiatischen Seite häufige Walfische und unzählbare Herden von Walrossen. Die Berghäupter mögen wohl die Nebeldecke überragen, die im Sommer über dem Meere zu ruhen pflegt; aber es wird auch Tage geben, wie der 30. Juli 1816 einer war.

Als die Niederung der amerikanischen Küste sich über unsern Gesichtskreis zu erheben begann, schien ein Zauberer sie mit seinem Stabe berührt zu haben. Stark bewohnt, ist sie von Jurten übersäet, die von Gerüsten und Hängeböden umringt sind, deren Pfeiler, Walfischknochen oder angeschlemmte Baumstämme, die Böden, die sie tragen, überragen. Diese Gerüste nun erschienen zuerst am Horizonte im Spiele der Kimming (Mirage) durch ihr Spiegelbild verlängert und verändert. Wir hatten die Ansicht von einer unzählbaren Flotte, von einem Walde von Masten.

Wir verfolgten jenseit der Straße die Küste nach Ostnordost in möglichster Nähe des Landes in fünf bis sieben Faden Tiefe. Das Land war bis auf wenige Punkte auf den Höhen des Innern frei von Schnee und begrünt. Wir ließen am Morgen des 31. die Anker vor einem Punkte fallen, wo das niedre Ufer sich außer Sicht verlor, als sei da die Mündung eines Flusses oder der Eingang eines Meerarmes. Wir landeten unserm Ankerplatz gegenüber und befanden uns auf einer schmalen, flachen Insel, die, wie die Barre eines Flusses, einen breiten, durch die Niedrung sich ergießenden Wasserstrom halb absperrte: die Sarytschews-Insel und die Schischmarew-Bucht von Kotzebues Karte. Die Tiefe in der Mitte der breiteren Nordwesteinfahrt betrug acht Faden, und der Strom setzte bei steigender Flut landeinwärts.

Auf der Insel Sarytschew umringten uns alle Täuschungen der Kimming. Ich sah eine Wasserfläche vor mir, in der sich ein niedriger Hügel spiegelte, welcher sich längs des jenseitigen Ufers hinzog. Ich ging auf dieses Wasser zu; es verschwand vor mir, und ich erreichte trocknen Fußes den Hügel. Wie ich ungefähr den halben Weg dahin zurückgelegt, war ich für Eschscholtz, der da zurückgeblieben war, von wo ich ausgegangen, bis auf den Kopf in die spiegelnde Luftschicht untergetaucht, und er hätte mich, so verkürzt, eher für einen Hund als für einen Menschen angesehen. Weiter vorschreitend dem Hügel zu, tauchte ich mehr und mehr aus derselben Schicht hervor, und ich erschien ihm, verlängert durch mein Spiegelbild, länger und länger, riesig, schmächtig.

Das Phänomen des Mirage zeigt sich übrigens auch auf den weiten Ebenen unserer Torfmoore, zum Beispiel bei Linum, wo ich es selbst beobachtet habe. Man sieht es in vertikaler Richtung und kann die Bedingungen, unter welchen es entsteht, an weiten, sonnenbeschienenen Mauerflächen (zum Beispiel an den Ringmauern Berlins außerhalb der Stadt nach Süden und Westen) am bequemsten studieren, wenn man allmählich das Auge bis dicht an die Mauer nähert. – Wenn sich das Land über den Horizont erhebt, wie sich der Seemann auszudrücken pflegt, ist die Linie, die für den Horizont gehalten wird, der näher dem Auge liegende Rand einer von der untern Schicht der Luft gebildeten Spiegelfläche; eine Linie, die wirklich tiefer als der sichtbare Horizont liegt. Ich glaube, daß diese Täuschung in manchen Fällen auf astronomische Beobachtungen Einfluß haben und in dieselben einen Irrtum von fünf und vielleicht mehreren Minuten bringen kann. – So müßte man dann den Mirage nebst der Deviation der Deklination der am Bord beobachteten Magnetnadel zu den Ursachen rechnen, die in den Polargegenden der Genauigkeit der astronomischen Beobachtungen und Küstenaufnahmen entgegenstehen. Die Deviation (vergleiche Flinders, Roß, Scoresby usw.) war schon zur Zeit unserer Reise zur Sprache gekommen. Ich glaube nicht, daß Herr von Kotzebue in dieser Hinsicht den Mirage oder die Deviation beachtet hat.

Wir waren bei Jurten gelandet, welche die Menschen verlassen hatten. Nur etliche Hunde waren zurückgeblieben. Wir benutzten die Gelegenheit, die festen Winterwohnsitze dieser Menschen kennenzulernen. Herr von Kotzebue hat, I, Seite 152, eine dieser Jurten beschrieben. Plan und Aufriß würden belehrender gewesen sein.

Eine Kammer von zehn Fuß ins Gevierte, die Wände sechs Fuß hoch, die Decke gewölbt, im Scheitelpunkt ein mit einer Blase verschlossenes viereckiges Fenster. Das Gebäude von Balken aufgeführt, die nach dem Innern abgeflacht. Der Tür gegenüber eine anderthalb Fuß erhöhte Pritsche als Schlafstelle, das Dritteil des Raumes einnehmend. Längs der Wände verschiedene leiterähnliche Hängeböden zur Aufstellung von Gerätschaften. Die Türe, eine runde Öffnung von anderthalb Fuß Durchmesser, in der Mitte der einen Wand. Maulwurfsgängen ähnliche, mit Holz belegte Stollen, die nur in einigen Teilen zum Aufrechtstehen erhöht sind, ziehen sich zwischen der innern Kammertür und dem äußeren Eingange, der, drei Fuß hoch und viereckig, sich zwischen zwei Erdwällen nach Südosten eröffnet. Aus dem Hauptgange führt ein Nebenzweig zu einer Grube, worin der Wintervorrat, fußgroße Speckstücke, verwahrt wird; dabei Siebe mit langem Stiele, um den Speck herauszuholen. Hauptgebäude und Zugänge von außen mit Erde überdeckt.

Während unsers Aufenthaltes auf der Insel fuhr eine Baidare der Eingeborenen unter Segel aus dem Meere zu dem Südwesteingange in die Bucht und kam uns landeinwärts im Osten aus dem Gesichte. Zwei Männer, jeder auf einsitziger Baidare, kamen vom festen Lande, uns zu beobachten, waren aber nicht heranzulocken.

Die einsitzige Baidare ist diesen Völkern, was dem Kosaken sein Pferd ist. Dieses Werkzeug ist eine schmale, lange, nach vorn lang zugespitzte Schwimmblase von Robbenhäuten, die auf ein leichtes hölzernes Geripp gespannt sind. In der Mitte ist eine runde Öffnung; der Mann sitzt mit ausgestreckten Füßen darin und ragt mit dem Körper daraus hervor. Er ist mit dem Schwimmwerkzeuge durch einen Schlauch von Kamlaikastoff verbunden, der, von gleicher Weite als die Öffnung, dieselbe umsäumt und den er um den eigenen Leib unter den Armen festschnürt. Sein leichtes Ruder in der Hand, seine Waffen vor sich, das Gleichgewicht wie ein Reiter haltend, fliegt er pfeilschnell über die bewegliche Fläche dahin. – Dieses bei verschiedenen Völkerschaften nur wenig verschieden gestaltete Werkzeug ist aus Reisebeschreibungen und Abbildungen genug bekannt, und es haben sich uns in den Hauptstädten Europas Eskimos damit gezeigt. – Die große Baidare hingegen, das Frauenboot, ist dem schweren Fuhrwerk zu vergleichen, das dem Zuge der Nomaden folgt.

Als wir gegen Abend wieder an das Schiff fuhren, ruderten uns drei Baidaren der Eingebornen nach, jede mit zehn Mann bemannt. Sie banden mit dem einen Boote an, welches zurückgeblieben war und worauf der Kapitän, der Leutnant Schischmarew und nur vier Matrosen sich befanden. Die Eskimos, welche das Feuergewehr nicht zu kennen schienen, nahmen eine drohende Stellung an, enthielten sich jedoch der Feindseligkeiten und folgten dem Boote bis an das Schiff, auf welches zu kommen sie sich nicht bereden ließen.

Wir folgten der immer niedern Küste in unveränderter Richtung, bis wir am 1. August gegen Mittag uns am Eingang eines weiten Meerbusens befanden. Das Land, dem wir folgten, verlor sich im Osten, und ein hohes Vorgebürge zeigte sich fern im Norden. Der Wind verließ uns; wir warfen die Anker; der Strom setzte stark in die Öffnung hinein. Die Ansicht der Dinge war vielversprechend. Wir konnten am Eingang eines Kanales sein, der das Land im Norden als eine Insel von dem Kontinente trennte und die fragliche Durchfahrt darböte. Um wenigstens einen Hügel zu besteigen und das Land von einem höheren Standpunkte zu erkunden, ließ Herr von Kotzebue ans Land fahren. Hier, auf dem Kap Espenberg seiner Karte, besuchten uns die Eingebornen in großer Anzahl. Sie zeigten sich, wie es wackern Männern geziemt, zum Kriege gerüstet, aber zum Frieden bereit. Ich glaube, daß es hier war, wo, bevor wir ihrer ansichtig geworden, ich, allein und ohne Waffen auf meine eigene Hand botanisierend, unversehens auf einen Trupp von beiläufig zwanzig Mann stieß. Da sie keinen Grund hatten, gegen mich, den einzelnen, auf ihrer Hut zu sein, nahten wir uns gleich als Freunde. Ich hatte als hier gültige Münze dreikantige Nadeln mit, wie man sie in Kopenhagen, dem Bedürfnisse dieses selben Menschenstammes angemessen, für den Handel mit Grönland vorfindet. – Das Öhr ist eine unnütze Zugabe; zum Gebrauche wird es abgebrochen und der Faden von Tierflechse an den Stahl angeklebt. – Ich zog meine Nadelbüchse heraus und beschenkte die Fremden, die sich in einen Halbkreis stellten, vom rechten Flügel anfangend, der Reihe nach jeden mit zwei Nadeln. Eine wertvolle Gabe. Ich bemerkte stillschweigend, daß einer der ersten, nachdem er das ihm Zugedachte empfangen, weiter unten in das Glied trat, wo ihm die andern Platz machten. Wie ich an ihn zum zweiten Male kam und er mir zum zweiten Male die Hand entgegenstreckte, gab ich ihm darein anstatt der erwarteten Nadeln unerwartet und aus aller Kraft einen recht schallenden Klaps. Ich hatte mich nicht verrechnet: alles lachte mit mir auf das lärmendste; und wann man zusammen gelacht hat, kann man getrost Hand in Hand gehen.

Mehrere Baidaren folgten uns an das Schiff, und da ward gehandelt und gescherzt. Den Handel scheinen sie wohl zu verstehen. Sie erhielten von uns Tabak und minder geschätzte Kleinigkeiten, Messer, Spiegel usw.; aber lange Messer, welche sie für ihre kostbaren Pelzwerke haben wollten, hatten wir ihnen nicht anzubieten. Wir erhandelten von ihnen elfenbeinerne Arbeiten, Tier- und Menschengestalten, verschiedene Werkzeuge, Zieraten usw.

Der Wind erhob sich gegen Abend aus Süden, und wir segelten nach Osten in die Straße hinein. Am Morgen des

2. hatten wir noch im Norden hohes Land, im Süden eine niedrige Küste und vor uns im Osten ein offenes Meer. Erst am Abend stiegen einzelne Landpunkte am Horizont herauf und vereinigten sich und zogen eine Kette zwischen beiden Küsten. Nur eine Stelle schien der Hoffnung noch Raum zu geben. Das Wetter ward uns ungünstig; wir fuhren erst am 3. August durch einen Kanal zwischen einem schmalen Vorgebürge des Landes im Norden und einer Insel und warfen an gesicherter Stelle die Anker. Die Ufer um uns waren Urgebürge; die Aussicht nur im Norden noch frei. Diese Stelle zu untersuchen, ward am 4. eine Exkursion mit Barkasse und Baidare unternommen, und bald schloß sich um uns eine Bucht, die nach Norden und Osten in angeschlemmtes Land eindringt; die Ufer abstürzig von beiläufig achtzig Fuß Höhe, die Rücken sanft wellenfaltig zu einer unabsehbaren nackten, torfbenarbten Ebene sich dehnend. Wir bivouakierten die Nacht unter der Baidare und kehrten am 5. bei ungünstigem Wetter zu dem Schiffe zurück. Die Hoffnung blieb noch, die Mündung eines Flusses zu entdecken. Am 7. ward eine zweite Exkursion nach der Bucht im Norden unternommen; am 8. schlug uns ein Sturm nach unserm Bivouak wieder zurück. An diesem Tage entdeckte Eschscholtz, der, während wir anderen weiterzudringen versuchten, westwärts längs des Ufers dem Urgebürge und dem Ankerplatze zu zurückging, die sogenannten Eisberge, denen die mit dem Norden und dem Reisen im Norden nicht Vertrauten fast zuviel Aufmerksamkeit geschenkt zu haben scheinen. Ich habe Beechey über dieses Eisufer sorgfältig gelesen und geprüft und kann doch nicht anders, als einfach bei der Ansicht beharren, die ich in meinen »Bemerkungen und Ansichten« ausgesprochen habe. Entweder war in den Jahren von 1816 bis 1826 die Zerstörung des Eisklintes schnell fortgeschritten und hatte die Grenze von der Eisformation

und dem Sande erreicht, oder ihre Wirkung hatte die Verhältnisse, die uns noch deutlich waren, bemäntelt. Die ruhige Lagerung in waagerechten Schichten, die an der Eiswand deutlich zu erkennen war, läßt meines Erachtens die Vorstellung von Beechey nicht aufkommen. – Die Zeugnisse scheinen mir darüber übereinstimmend,* daß in Asien und Amerika unter hohen Breiten das angeschlemmte Land nirgends im Sommer auftaut; daß, wo es untersucht worden, dasselbe bis zu einer großen Tiefe fest gefroren befunden worden ist und daß stellenweise das Eis, oft Überreste urweltlicher Tiere führend, als Gebirgsart und als ein Glied der angeschlemmten Formation vorkommt, mit vegetabilischer Erde überdeckt und gleich anderem Grunde begrünt. (Ausfluß der Lena und des Mackenzie River, Kotzebue-Sund.) Wo aber die Erde den alten Kern zutage zeigt, da mögen andere Temperaturverhältnisse stattfinden und unter gleichen Breiten mit der Eisformation Quellen anzutreffen sein.

Ich zweifle nicht, daß die Mammutzähne, die wir hier sammelten, aus dem Eise herrühren; die Wahrheit ist aber, daß die, welche uns in die Hände fielen, bereits von den Eingeborenen, auf deren Landungs- und Bivouakplatze wir selber bivouakierten, aufgelesen, geprüft und verworfen worden waren. Ist es aber das Eis, welches die Überbleibsel urzeitlicher Tiere führt, so möchte es älteren Ursprungs sein als der Sand, in dem ich nur Rentiergeweihe und häufiges Treibholz angetroffen habe, dem völlig gleich, das noch jetzt an den Strand ausgeworfen wird. Daß dieses Eisufer sich zwischen dem Urgebürge und dem Sande erstreckt, ist auch nicht zu übersehen.

Ich hatte mehrere Bruchstücke fossilen Elfenbeines gesammelt und sorgfältig beiseite gelegt: – damit wurde in der

* Ich bitte hier zu vergleichen, was ich in der »Linnaea«, 1829, T. IV, p. 58 und folgende, gesagt habe, und die p. 61 angeführten Auctoritäten.

Nacht das Bivouakfeuer unterhalten. Ich mußte froh sein, nachträglich noch den Hauer, den Molarzahn und das Bruchstück zu finden, die ich dem Berliner Mineralogischen Museum verehrt habe. Schildwacht habe ich dabei stehen und selber die Last bis in das Boot tragen müssen. Jede Hülfe und selbst ein schützendes Wort wurde mir verweigert. Der Hauzahn, der mir einerseits zu dick und andererseits zu wenig gekrümmt schien, um dem Mammut anzugehören, ist doch von Cuvier in seinem großen Werke auf meine Zeichnung und Beschreibung hin dieser Art zugeschrieben worden.

Die Bucht, worin wir waren, erhielt den Namen Eschscholtz; die Insel, in deren Schutz der »Rurik« vor Anker lag, den meinen. (Sie ist in meinen »Bemerkungen und Ansichten« ungenannt.) Sowohl auf der sandigen Landzunge, auf welcher wir bivouakierten, als auf der urfelsigen Insel war die Variation der Magnetnadel durchaus unregelmäßig.

Auf Exkursionen wie diese hatte meine Sekundenuhr von Schunigk zu Berlin die Ehre, Chronometerdienst zu tun; selbst ihrer nicht bedürftig, hatte ich sie dem Kapitän zum Gebrauch ganz überlassen. Nach zweitägigem Bivouak, wobei uns das englische Patentfleisch (frisches Fleisch und Brühe in Blechkasten eingefüllt, die ohne leeren Raum zugelötet sind) sehr guten Dienst geleistet hatte, kehrten wir am dritten Tage, am 9. August morgens, zu dem Schiffe zurück. Während unserer Abwesenheit hatten uns die Eingeborenen auf zwei Baidaren einen Besuch zugedacht, der aber nach dem Befehl des Kapitäns nicht angenommen worden war. Der Hintergrund von Kotzebues-Sund ist unbewohnt, und man findet an dessen Ufern nur Landungs- und Bivouakplätze der Eingeborenen. Ein solcher findet sich zum Beispiel auf der Chamissos-Insel und ein anderer bei den Eisbergen der Eschscholtz-Bucht; diesen besuchen sie vielleicht hauptsächlich nur, um Elfenbein zu sammeln.

Es regnete am 10. August; nachmittags klärte sich das Wetter auf, und wir gingen unter Segel. Es blieb uns ein Teil der südlichen Küste zu untersuchen. Wir warfen die Anker, als es dunkelte, und wurden von Eingeborenen besucht. Wir nahten uns am 11. einem hohen Vorgebürge – das Kap »Betrug« der Karte –; von welchem aus etliche Baidaren an uns ruderten. Zwischen diesem Vorgebürge und dem nördlich von ihm liegenden Kap Espenberg fand sich die niedrige Küste von einer weiten Bucht ausgerandet. Die Tiefe des Wassers nahm ab; wir warfen die Anker und trafen sogleich Anstalten, ans Land zu fahren. Dort ließ sich die Mündung eines Flusses erwarten. – Es war schon spät am Nachmittag; ein dichter Nebel überfiel uns und zwang uns, an das Schiff zurückzukehren. Wir bewerkstelligten am 12. früh die beabsichtigte Landung, aber die stark abnehmende Tiefe des Wassers erlaubte uns nur, auf einem sehr entfernten Punkte, beiläufig sechs Meilen vom Schiffe, anzufahren. Ein Kanal, der sich durch die Niederung schlängelt, ins Meer mündet und in welchen der Strom landeinwärts hineinzusetzen scheint, beschäftigte den Kapitän. Ich fand ihn, wie ich von einer botanischen Exkursion zurückkehrte, mit einem Eingeborenen, von dem er einige Auskunft über die Richtung und Beschaffenheit jenes Stromes zu erhalten sich bemühte. Dieser Mann, der mit seiner Familie allein sein Zelt hier aufgeschlagen hatte, war mit seinem Knaben, kampffertig, den Pfeil auf dem Bogen, dem Kapitän entgegengetreten, als sich dieser mit vier Mann Begleitung gezeigt. Er hatte sich entschlossen, mutig und klug benommen, wie einem tapfern Mann gegen Fremde geziemt, die ihm an Kraft überlegen sind und deren Gesinnung er verdächtigen muß. Der Kapitän, indem er seine Begleiter entfernte und allein und ohne Waffen auf ihn zuging, hatte den Mann beschwichtigt, und Geschenke hatten den Frieden besiegelt. Der Eskimo hatte ihn gastlich unter seinem Zelte aufgenommen, wo er sein Weib und zwei Kinder hatte; doch schien ihm nicht heimlich bei den zudringlichen Fremden zu werden. Ich maßte mir auch hier mein altes Dolmetscheramt an; ich stellte mich pantomimisch, als ruderte ich den Strom landeinwärts, und fragte den Freund mit Blick und Hand: wohin? und wann? Er faßte sogleich die Frage und beantwortete sie sehr verständig: »Während neun Sonnen rudern, während neun Nächte schlafen, Land zur Rechten, Land zur Linken; – dann freier Horizont, freies Meer, kein Land in Sicht.« – Ein Blick auf die Karte berechtigt zu der Vermutung, daß dieser Kanal, mit dem sich der Strom der Schischmarew-Bucht vereinigen mag, nach dem Norton-Sound führen kann.

Sobald es unserm Freunde gelang, von uns abzukommen, brach er sein Zelt ab und zog mit seiner Familie an das entgegengesetzte Ufer. Wir aber richteten uns für die Nacht ein, am Fuß eines Hügels zu bivouakieren, der mit Grabmälern der Eingeborenen gekrönt war. Die Toten liegen über der Erde, mit Treibholz überdeckt und vor den Raubtieren geschützt; etliche Pfosten ragen umher, an denen Ruder und andere Zeichen hangen. Unsere habsüchtige Neugierde hat diese Grabmäler durchwühlt; die Schädel sind daraus entwendet worden. Was der Naturforscher sammelte, wollte der Maler, wollte jeder auch für sich sammeln. Alle Gerätschaften, welche die Hinterbliebenen ihren Toten mitgegeben, sind gesucht und aufgelesen worden; endlich sind unsere Matrosen, um das Feuer unseres Bivouak zu unterhalten, dahin nach Holz gegangen und haben die Monumente zerstört. – Es wurde zu spät bemerkt, was besser unterblieben wäre. Ich klage uns darob nicht an; wahrlich, wir waren alle des menschenfreundlichsten Sinnes, und ich glaube nicht, daß Europäer sich gegen fremde Völker, gegen »Wilde« (Herr von Kotzebue nennt auch die Eskimos »Wilde«) musterhafter betragen können, als wir allerorten getan; namentlich unsere Matrosen verdienen in vollem Maße das Lob, das ihnen der Kapitän auch gibt. – Aber hätte dieses Volk um die geschändeten Gräber seiner Toten zu den Waffen gegriffen: wer mochte da die Schuld des vergossenen Blutes tragen?

Die Ankunft einer zahlreichen Schar Amerikaner, die von der Gegend des Kap Betruges auf acht Baidaren anlangten und ihr Bivouak uns gegenüber aufschlugen, beunruhigte uns während der Nacht. Ihre Übermacht gebot Vorsicht; wir hatten Wachen ausgestellt und die Gewehre geladen. Wir nahmen gegen sie die Stellung an, in der sich kurz zuvor einer von ihnen gegen uns gezeigt hatte. Einem lästigen Besuch auszuweichen, ließ der Kapitän noch bei Nacht das Bivouak abbrechen und zu den Rudern greifen. Aber es war die Zeit der Ebbe, und das Meer brandete über Untiefen, die wir bei hoher Flut nicht bemerkt hatten. Der Kapitän scheint unsere Lage für sehr mißlich gehalten zu haben. »Ich sah keinen Ausweg, dem Tode zu entrinnen«, das sind seine Worte. Ich war freilich auf der Baidare, die nur geringerer Gefahr ausgesetzt gewesen sein mag. Indes setzte der anbrechende Tag unserer Verlegenheit ein Ziel, und wir erreichten, nicht ohne große Anstrengung von seiten der Matrosen, wohlbehalten das Schiff.

Wir lichteten am 13. August die Anker, nachdem wir noch den Besuch von zwei Baidaren der Eingebornen empfangen. Wir näherten uns dem hohen Vorgebirge, das auf der Nordseite den Eingang des Sundes begrenzt. Eine wohlbewohnte Niederung liegt vor dem Hochlande und vereinigt die Bergmassen, die von der See her als Inseln erscheinen mögen.

Der Hauptzweck unserer Sommerkampagne war befriedigend erreicht, und wir setzten hier unsern Entdeckungen ein Ziel. In die Nebel wieder eintauchend, durchkreuzten wir das nördlich der Straße belegene Meerbecken zu der asiatischen Küste hinüber, längs welcher wir hinausfahren wollten, um dann in die Sankt-Laurenz-Bucht im Lande der Tschuktschi einzulaufen. Wir hätten vielleicht die Zeit, die wir in der Sankt-Laurenz-Bucht verbracht, auf eine Rekognoszierung nach Norden anwenden können und sollen, welche Rekognoszierung bei günstigen Umständen erfolgreicher ausfallen konnte als bei ungünstigern die beabsichtigte zweite Kampagne.

Der Südwind blies fortwährend und verzögerte unsere Fahrt; die Tiefe des Wassers nahm zu, die Temperatur nahm ab, und auch das Meer ward in der Nähe der winterlichen asiatischen Küste kälter gefunden. Wir lavierten in der Nacht vom 18. zum 19. gegen Wind und Strom, um zwischen dem Ostkap und der Insel Ratmanow durch die Straße zu kommen; und am Morgen, als wir die Höhe der Sankt-Laurenz-Bucht erreicht zu haben meinten, waren wir noch am Ostkap und nicht vorgeschritten (dreißig Faden ist die größte Wassertiefe, die auf der Karte verzeichnet ist). Da ein Lichtblick durch die Nebel uns das Vorgebürge erblicken ließ, steuerten wir dahin, warfen gegen Mittag die Anker in dessen Nähe und fuhren sogleich in zwei Booten an das Land. Die Tschuktschi empfingen uns am Strande wie einen Staatsbesuch, freundschaftlich, aber mit einer Feierlichkeit, die uns alle Freiheit raubte. Sie ließen uns auf ausgebreitete Felle sitzen, aber luden uns in ihre Wohnungen nicht ein, die weiter zurück auf dem Hügel waren. Nach empfangenen Geschenken folgten uns ihrer etliche, und darunter die zwei Vornehmern, an das Schiff. Diese, bevor sie an Bord stiegen, schenkten dem Kapitän jeder einen Fuchspelz und kamen dann furchtlos mit ihrem Gefolge herauf. Herr von Kotzebue, der sie in seine Kajüte zog, wo ein großer Spiegel sich befand, bemerkt bei dieser Gelegenheit, »daß die nordischen Völker den Spiegel fürchten, die südlichen hingegen sich mit Wohlgefallen darin betrachten«.

Wir benutzten einen Hauch des Nordost, der sich am Nachmittag spüren ließ, um sogleich unter Segel zu gehen. Walrosse, die wir am vorigen Tage einzeln gesehen, bedeckten, wie wir das Ostkap umfuhren, in unzählbaren Herden das Meer und erfüllten die Luft mit ihrem Gebrüll; zahlreiche Walfische spielten umher und spritzten hohe Wasserstrahlen in die Höhe. Wir steuerten bei Regen und Nebel nach der Sankt-Laurenz-Bucht. Am 20. mittags, als wir eben vor dem Eingange derselben waren, klärte das Wetter sich auf, und wir ließen um drei Uhr die Anker hinter der kleinen sandigen Insel fallen, die den Hafen bildet.

Vom nächsten Ufer, auf welchem die Zelte der Tschuktschi den Rücken eines Hügels einnahmen, stießen zwei Baidaren ab, in deren jeder zehn Mann saßen. Sie näherten sich uns mit Gesang, hielten sich aber in einigem Abstande vom Schiffe, bis sie herbeigerufen wurden und dann ohne Furcht das Verdeck bestiegen. Wir trafen Anstalt, selber ans Land zu fahren, und unsere Gäste, mit unserer Freigebigkeit zufrieden, folgten uns. Sie ruderten auf ihren leichten Fahrzeugen viel schneller als unsere Boote und belustigten sich, unsere Matrosen vergeblich mit ihnen wetteifern zu sehen.

Moorgrund und Schneefelder in der Tiefe; wenige seltene Pflanzen, die den alpinischen Charakter im höchsten Maße tragen. Die Hügel und Abhänge zertrümmertes Gestein, worüber Felsenwände und Zinnen sich nackt und kahl erheben, schneebedeckt, wo nur der Schnee liegen kann. – Starres Winterland.

Es waren zwölf der Zelte von Tierhäuten, groß und geräumig, wie wir noch keine gesehen. Ein alter Mann hatte Auctorität über die Völkerschaft. Er empfing aufs ehrenvollste den Gast, dessen Erscheinung ihm jedoch bedrohlich scheinen mochte. Die Tschuktschi sind in ihren Bergen ein unabhängiges Volk und nicht geknechtet. Sie anerkennen die Oberherrschaft Rußlands nur insofern, daß sie den Tribut auf den Marktplätzen bezahlen, wo sie zu wechselseitigem Vorteil mit den Russen handeln. Einer der aus Kamtschatka mitgenommenen Matrosen, der etwas Kariakisch sprach, machte sich hier notdürftig verständlich. Der Kapitän teilte Geschenke aus und weigerte sich, welche anzunehmen, was diesen Leuten seltsam bedünkte. Er wollte nur frisch Wasser und – etliche Rentiere. Rentiere wurden versprochen, aber sie aus dem Innern zu holen würde ein paar Tage Zeit kosten. Man schied zufrieden auseinander.

Ich kann einen Zug nicht unterschlagen, der mir zu dem Bilde dieser Nordländer bezeichnend zu gehören scheint und aus dem namentlich der Gegensatz hervorgeht, in welchem sie zu den anmutsvollen Polynesiern stehen. Einer der Wortführer bei der vorerwähnten wichtigen Konferenz, während er vor dem Kapitän stehend mit ihm sprach, spreizte, unbeschadet der Ehrfurcht, die Beine auseinander und schlug unter seiner Parka sein Wasser ab.

Alle Anstalten waren getroffen, um am andern Tage eine Fahrt in Booten nach dem Hintergrunde der Bucht zu unternehmen. Das Wetter war am 21. ungünstig, und die Partie ward ausgesetzt. Die Tschuktschi aus Nuniago in der Metschigmenskischen Bucht (wo einst Cook gelandet) kamen auf sechs Baidaren, uns zu besuchen. Sie ruderten singend um das Schiff, an dessen Bord sie dann zutraulich stiegen. Sie stifteten Freundschaft mit den Matrosen, und ein Glas Branntwein erhöhte ihre Fröhlichkeit. Sie bezogen Bivouak am Strande, wo wir sie am Nachmittag besuchten und ihren Tänzen zusahen, die für uns wenig Reiz hatten.

Wir vollführten am 22. und 23. August mit Barkasse und Baidare die beabsichtigte Exkursion, deren Ergebnis in die Karte von Herrn von Kotzebue niedergelegt ist. Das Innere der Bucht ist unbewohnt. Am Ufer, wo wir am ersten Tage Mittagsrast hielten, erhielten wir etliche Wasservögel und zwei frisch getötete Robben von tschuktschischen Jägern, die anfangs die Flucht vor uns ergreifen wollten, aber durch unsere Geschenke uns zu Freunden wurden. Die Vögel versorgten unsern Tisch; die Robben ließen wir liegen, um sie am andern Tage an Bord zu nehmen. Da sie aber während der Nacht, wahrscheinlich von Füchsen, angefressen worden, verschmähten wir sie ganz. Im Hintergrunde der Bucht, wo wir unser Bivouak aufschlugen, hatte sich die Ansicht des Landes und der Vegetation nicht verändert. Die Weiden erhoben sich kaum etliche Zoll über den Boden. Die Felsen um uns waren von weißem, kristallinischem Marmor. Es fror Eis während der Nacht.

Gegen Mittag am Schiff angelangt, ward uns die Nachricht, daß unsere Rentiere angekommen. Wir fuhren ans Land, sie in Empfang zu nehmen. Etliche waren geschlachtet, die andern ließen wir vor unsern Augen schlachten. Das Renfleisch ist wirklich eine ganz vorzügliche Speise; aber wie köstlich schmeckt es nicht, wenn man eine lange Zeit hindurch zur Abwechslung vom alten Salzfleisch nur tranige Wasservögel oder ähnliches gekostet hat! Ich vergaß unsere Robben, die des Bisses eines Fuchses halber verworfen zu haben mir eine vorurteilsvolle, sträfliche Verschwendung geschienen hatte. Die Tschuktschi zerlegten in diesen Tagen einen Walfisch auf der sandigen Insel; sie boten uns Speckstücke an, aber wir begnügten uns mit unserm Renfleische.

Am Abend besuchten uns noch neue Ankömmlinge. Auf einer der Baidaren befand sich ein Knabe, dessen possenhaftes Mienenspiel mit etlichen Tabaksblättern belohnt wurde. Ermutigt durch den Erfolg, war er an Affenstreichen unerschöpflich, die er mit ursprünglicher Lustigkeit aufzuführen nicht ermüdete, immer neuen Lohn begehrend und einerntend. Das Lachen ist auch unter diesem Himmel, wie Rabelais treffend sagt, das Eigentümliche des

Menschen, wenn nämlich der Mensch noch unabhängig seiner angebornen Freiheit sich erfreut. Wir werden bald auf Unalaschka die nächsten Verwandten dieser fröhlichen Nordländer antreffen, die das Lachen gänzlich verlernt haben. Ich habe sehr verschiedene Zustände der Gesellschaft kennengelernt und unter verschiedenen Gestaltungen derselben gelebt; ich habe Nachbarvölker gleiches Stammes gesehen, von denen diese frei und jene hörig genannt werden konnten: ich habe nimmer den Despotismus zu loben einen Grund gefunden. Freilich bedingt ein Freibrief, ein Blatt Papier, noch nicht allein die Freiheit und ihren Preis, und das Schwierigste, was ich weiß, ist der Übergang von der anerzogenen Hörigkeit zu dem Genuß der Selbständigkeit und Freiheit.

Wir wollten am 25. August unter Segel gehen; ungünstige Winde, Windstillen und Stürme hielten uns bis zum 29. im Hafen. Es ereignete sich am 28., daß einer der hier bivouakierenden Fremden Gewalt gegen einen unserer Matrosen brauchte und ihm mit gezücktem Messer eine Schere entriß. Einer der ansässigen Tschuktschi sprang schnell hinzu und ergriff den Täter, den, als die Sache zur Sprache kam, sein Chef bereits bestraft hatte. Er wurde dem Kapitän gezeigt, wie er büßend in engem Kreise unablässig in gleicher Richtung gleich einem Manegepferd laufen mußte; und der Vorfall hatte keine anderen Folgen, als uns zu zeigen, daß unter diesem Volke eine gute Polizei gehandhabt werde.

Wir liefen am 29. August 1816 frühmorgens aus der Sankt-Laurenz-Bucht aus und erduldeten am selben Abend einen sehr heftigen Sturm. Wir richteten unsern Lauf nach der Ostseite der Sankt-Laurenz-Insel, die der Kapitän aufnehmen wollte. Die Nebel vereitelten seine Absicht, und wir segelten am 31. vorüber, ohne Ansicht vom Lande zu haben. Untiefen machen die Fahrt auf der amerikanischen

Seite dieses Meerbeckens gefährlich. – Wir steuerten nun nach Unalaschka. Am 2. September hatten wir den in diesen Meerstrichen seltenen Anblick der aufgehenden Sonne. Am 3. kam ein kleiner Landvogel (eine Fringilla) auf das Schiff, und ein Wasservogel (ein Colymbus) lieferte sich uns in die Hände und ließ sich greifen. Nachmittags ward vom Mastkorb die Insel Sankt Paul fern im Westen gesehen, und wir fuhren am Morgen des 4. an Sankt George vorüber, die uns ebenfalls im Westen blieb. Uns erfreute unerwartet an diesem Tage der Anblick eines Schiffes. Wir holten es ein und sprachen mit ihm. Es war ein Scunner der Russisch-Amerikanischen Kompanie, der Pelzwerke von Sankt Paul und Sankt George geholt hatte und nach Sitcha bestimmt war. Wir machten den Weg zusammen nach Unalaschka. Die Nacht war stürmisch und dunkel, und dabei leuchtete das Meer, wie ich es kaum schöner zwischen den Wendezirkeln gesehen. An den vom Kamm der Wellen bespritzten Segeln hafteten die Lichtfunken. Am Morgen des 5. waren wir in Nebel gehüllt und das andere Schiff nicht mehr zu sehen. Wir wußten uns in der Nähe des Landes und konnten es nicht sehen und konnten uns auf unsere Schiffrechnung nicht verlassen. Nachmittags wallte der Schleier auf einen Augenblick auf; wir sahen ein hohes Land, und sogleich war es wieder verschwunden. Wir lavierten die Nacht hindurch.

Am Morgen des 6. Septembers hatten wir ein herrliches Schauspiel. Ein dunkler Himmel überhing das Meer, die hohen zerrissenen, schneebedeckten Zinnen von Unalaschka prangten, von der Sonne beschienen, in roter Glut. Wir mußten den ganzen Tag im Angesichte des Landes gegen den widrigen Wind ankämpfen. Unendliche Flüge von Wasservögeln, die niedrig über dem Wasserspiegel schwebten, glichen von fern niedrigen schwimmenden Inseln. Zahlreiche Walfische spielten um unser Schiff und spritzten in allen Richtungen des Gesichtskreises hohe Wasserstrahlen in die Luft.

Diese Walfische rufen mir ins Gedächtnis, was ich einst von einem genialen Naturforscher ins Gespräch werfen hörte. Der nächste Schritt, der getan werden muß, der viel näher liegt und viel weiter führen wird als die Dampfmaschine mit dem Dampfschiffe, diesem ersten warmblütigen Tiere, das aus den Händen der Menschen hervorgegangen ist – der nächste Schritt ist, den Walfisch zu zähmen. Worin liegt denn die Aufgabe? Ihn das Untertauchen verlernen zu lassen! Habt ihr je einen Flug wilder Gänse ziehen sehen; und ein altes Weib gesehen, mit einer Gerte in der zitternden Hand ein halb Tausend dieser Hochsegler der Lüfte auf einem Brachfeld treiben und regieren? Ihr habt es gesehen und euch über das Wunder nicht entsetzt; was stutzt ihr denn bei dem Vorschlag, den Walfisch zu zähmen? Erziehet Junge in einem Fjord, ziehet ihnen einen von Schwimmblasen getragenen Stachelgurt unter die Brustflossen, stellt Versuche an! Wahrlich, beide Meere zu vereinigen und die Entfernung zwischen Archangel und Sankt Peter und Paul auf acht bis vierzehn Tage Zeit zu verringern ist wohl des Versuchens wert. – Ob übrigens der Walfisch ziehen oder tragen soll, ob und wie man ihn anspannt oder belastet, wie man ihn zäumt oder sonst regiert und wer der Kornak des Wasserelefanten sein soll, das alles findet sich von selbst.

Am 7. September 1816 brachte uns ein günstiger, aber schwacher Wind in den Eingang der Bucht, woselbst er uns zwischen den hohen Bergen der Insel plötzlich gebrach, so daß wir uns in einer ziemlich hülflosen Lage befanden, da dort kein Anker den Grund findet. Aber der Agent der Kompanie, Herr Kriukow, kam uns mit fünf zwanzigruderigen Baidaren entgegen und bugsierte uns in den Hafen. Wir ließen um ein Uhr die Anker vor Illiuliuk, der

Hauptansiedelung, fallen. Das Dampfbad war vorsorglich für uns geheizt.

Herr Kriukow, verpflichtet durch den Befehl der Direktoren der Kompanie in Sankt Petersburg, die Forderungen des Herrn von Kotzebue zu erfüllen, war in allem gegen ihn von einer unterwürfigen Zuvorkommenheit. Von den wenigen Rindern, die auf der Insel sind, wurde sogleich eines für uns geschlachtet, und unsere Mannschaft ward mit frischem Fleische, Kartoffeln und Rüben versorgt, dem einzigen Gemüse, das hier gebaut wird.

Die Forderungen des Herrn von Kotzebue bestanden in folgendem: eine Baidare von vierundzwanzig Rudern, zwei einsitzige und zwei dreisitzige Baidaren verfertigen zu lassen; fünfzehn gesunde, starke Aleuten mit ihrer ganzen Ammunition für das nächste Frühjahr bereitzuhalten; Kamlaikas von Seelöwenhälsen für die sämtliche Mannschaft bis zu derselben Zeit zu beschaffen und sogleich einen Boten nach Kodiak abzufertigen, um dort durch den Agenten der Amerikanischen Kompanie einen Dolmetscher zu erhalten, der die an der nördlicheren Küste Amerikas gesprochene Sprache verstünde und übersetzen könnte. Die gefahrvolle Sendung zu übernehmen, fanden sich drei entschlossene Aleuten bereit.

Die dreisitzige Baidare ist nach dem Muster der einsitzigen gebaut, nur verhältnismäßig länger und mit drei Sitzlöchern versehen. Darin läßt sich ein Europäer, der in Aleutentracht mit Kamlaika und Augenschirm (gegen das Bespritzen der Wellen) den mittleren Sitz einnimmt, von zwei Aleuten fahren. Ich selber habe mich an einem schönen Sonntagsmorgen im Hafen von Portsmouth zur unendlichen Lust der Engländer auf die Weise in einer solchen Baidare fahren lassen.

Am 8. September morgens lief der »Tschirik«, der Scunner, den wir zur See gesehen, in den Hafen ein. Ein Preuße aus der Gegend von Danzig, Herr Binzemann, war Kapitän desselben.

Ein Preuße, der Kapitän eines zwischen Unalaschka und Sitcha fahrenden Scunners der Russisch-Amerikanischen Kompanie geworden ist, hat in der weiten Welt wohl manches erduldet und erlebt, wovon einer nichts träumt, der in seinem Leben nicht weiter gekommen als etwa von den unteren Bänken der Schule bis auf das Katheder. Herr Binzemann hatte nur ein Bein; das andere war ihm auf einem Schiffe, das er kommandierte, durch das Platzen einer Kanone zerschmettert worden. Er, der als Kapitän auch Schiffsarzt an seinem Borde war, ließ sich das nur noch an einigem Fleische hängende Glied von einem Matrosen mit dem Messer abkappen und verband sich dann den Stummel mit einem Pflaster von – *spanischen Fliegen*!! Diese improvisierte Kurmethode eines ohne Unterbindung der Arterien amputierten Gliedes ward durch den besten Erfolg gekrönt, und die Heilung ließ nichts zu wünschen übrig. Ich habe diese Geschichte hier aufzuzeichnen mich nicht erwehren können, weil dieselbe nebst den Berichten, die uns Mariner von den chirurgischen Operationen der Tonga-Insulaner mitteilt, die Ehrfurcht, die ich für die Chirurgie als den sehenden Teil der Heilkunde von jeher gehegt, zu erschüttern beigetragen hat.

Es ist uns ein längerer Aufenthalt auf dieser traurigen Insel verhängt. Nach einem flüchtigen Blick auf das Elend der geknechteten, verarmten Aleuten und auf ihre selbst unterdrückten Unterdrücker, die hiesigen Russen, verbrachte ich die Tage auf den Höhen schweifend, welche die Ansiedelung bekränzen, und ließ die anziehenden Gaben der Flora mich von den Menschen ablenken. Eschscholtz herborisierte seinerseits. Wir hatten erprobt, es sei besser, uns auf dem Lande zu trennen, da wir uns ohnehin auf dem Schiffe genugsam hatten.

Am 10. war das Fest des Kaisers, und ich borge zu dessen Beschreibung die Worte des Herrn von Kotzebue, I, Seite 167.

»Den 11. September. Zur Feier des Namenstages des Kaisers gab Herr Kriukow gestern der ganzen Equipage am Lande ein Mittagsmahl, und nachmittags begaben wir uns in eine große unterirdische Wohnung, wo eine Menge Aleuten zum Tanz versammelt waren. Ich glaube gewiß, daß ihre Spiele und Tänze in früherer Zeit, als sie noch im Besitz ihrer Freiheit waren, anders gewesen sind als jetzt, wo die Sklaverei sie beinahe zu Tieren herabgewürdigt hat und wo dieses Schauspiel weder erfreulich noch belustigend ist. Das Orchester bestand aus drei Aleuten mit Tamburins, womit sie eine einfache, traurige, nur drei Töne enthaltende Melodie begleiteten. Es erschien immer nur *eine* Tänzerin, welche ohne allen Ausdruck ein paar Sprünge machte und dann unter den Zuschauern verschwand. Der Anblick dieser Menschen, welche mit traurigen Gebärden vor mir herumspringen mußten, peinigte mich, und meine Matrosen, welche sich ebenfalls gedrückt fühlten, stimmten, um sich zu erheitern, ein fröhliches Lied an, wobei sich zwei von ihnen in die Mitte des Kreises stellten und einen Nationaltanz aufführten. Dieser rasche Übergang erfreute uns alle, und selbst in den Augen der Aleuten, welche bis jetzt mit gebückten Häuptern dagestanden, blitzte ein Strahl der Freude. Ein Diener der Amerikanischen Kompanie (Promischlenoi), welcher als rüstiger Jüngling sein russisches Vaterland verlassen und in dieser Gegend alt und grau geworden war, stürzte jetzt plötzlich zur Türe herein und rief mit gefalteten, zum Himmel erhobenen Händen: ›Das sind Russen, das sind Russen! O teures, geliebtes Vaterland!‹ Auf seinem ehrwürdigen Gesichte lag in diesem Augenblick der Ausdruck eines seligen Gefühles; Freudentränen benetzten seine bleichen, eingefallenen Wangen, und er verbarg sich, um seiner Wehmut sich zu überlassen. Der Auftritt erschütterte mich; ich versetzte mich lebhaft in die Lage des Alten, dem seine im Vaterlande glücklich verlebte Jugend jetzt in schmerzlicher Erinnerung vor die Seele trat. In der Hoffnung, im Schoße seiner Familie ein sorgenfreies Alter genießen zu können, war er hergekommen und mußte nun wie viele andere in dieser Wüste sein Leben enden.«

Die Russisch-Amerikanische Handelskompanie weiß durch Geldvorschüsse, die sie denen leistet, welche unternehmenden Geistes sich unter solchem Verhältnisse ihrem Dienste widmen, sie unter ihrem Joche zu erhalten. Dafür ist gesorgt, daß sie die Schuld zu tilgen nimmer vermögend werden, und, wie Friedrich vor seinem Militär gesagt haben soll: »Aus der Hölle gibt es keine Erlösung.«

Wir hatten Wasser eingenommen, die Arbeiten waren vollendet, und alles war am 13. September 1816 bereit, am andern Morgen mit Tagesanbruch die Anker zu lichten. Die Nacht brach ein, und Eschscholtz, der in die Berge botanisieren gegangen war, blieb aus und kam an das Schiff nicht zurück. Ich werde, sollte ich auch der Gefahr mich aussetzen, albern zu erscheinen, von der einzigen Begebenheit Meldung tun, wobei ich auf der ganzen Reise in Gefahr geschwebt zu haben mir bewußt bin. Kein Mensch hat Notiz davon genommen, kein Mensch hat es mir gedankt, und hier ist zum ersten Male die Rede davon. Der Kapitän beorderte mich mit etlichen Matrosen und Aleuten, den Doktor im Gebürge zu suchen, wo er sich beim Botanisieren verirrt haben mußte. Ich begehrte, daß uns ein paar Pistolen mitgegeben würden, um Signalschüsse machen zu können; es ward aber nicht beliebt. Ich führte meine Leute zu dem Absturz hin, der in den Bergkessel hinaufführte, den ich durchsuchen wollte. Die Matrosen meinten, man könne da nicht hinaufklettern. Als ich aber, der ich diesen

Paß gut kannte, oben war, folgten mir alle, und wir erreichten von der innern Seite auf sanfterem Abhange die Felsenzinnen, deren Kamm ich verfolgen wollte. Da erscholl vom »Rurik« ein Kanonenschuß, der uns zurückrief. Ich überließ es nun meinen Aleuten, uns den richtigsten Weg von der Höhe, die wir erreicht hatten, zum Strande zu führen. Ich ward zu einer Schlucht geführt, die, vom schmelzenden Schneewasser eingerissen, von dem höchsten Felsenkamme, worauf wir standen, steil, fast senkrecht zum Meere abfiel. Ich nahm, wie sich's gebührt, die Vorhut, und einzeln, wie auf einer Leiter, folgten mir die andern nach; daß Steine rollten, war nicht zu vermeiden; wie in pechfinsterer Nacht ich und meine Leute, wir alle mit heiler Haut hinuntergekommen sind, habe ich später nicht begreifen können, wann ich zu dieser Schlucht hinaufgeschaut habe. Als ich mit den Matrosen am Bord anlangte, war der Doktor schon lange da, ich konnte ruhig zu Bette gehen; ich schlief noch, als wir den 14. September 1816 schon unter Segel waren.

VON UNALASCHKA NACH KALIFORNIEN. AUFENTHALT ZU SAN FRANCISCO

Wir fuhren am 14. September 1816 früh am Morgen mit günstigem Winde aus dem Hafen von Unalaschka. Es wurde auf einen Walfisch geschossen, der uns in der Bucht zu nahe kam; ich lag noch in meiner Koje. Der Paß zwischen den Inseln Akun und Unimak war dem Kapitän als der sicherste gerühmt worden, um die Kette der Aleutischen Inseln von Norden nach Süden zu durchkreuzen. Er wählte demnach diese Straße, die auch er jedem Seefahrer empfiehlt. Das Wetter war klar, und der luftige Pik von Unimak, dessen Höhe Kotzebue auf 5525 englische Fuß angibt, wolkenlos. Die Umstände, die hier unsere Fahrt verzögerten, waren zu der Aufnahme einer Karte günstig, auf die Herr von Kotzebue verweist, ohne sie mitzuteilen. Das Meer war zwischen diesen Inseln besonders lichtreich. Wir befanden uns am 16. morgens in offener See.

Unsre Hauptaufgabe war jetzt, dem nordischen Winter auszuweichen. Ich halte es nicht für das Ungeschickteste, was ich in meinem Leben getan, drei Winter auf dieser Reise unterschlagen zu haben. Drei Winter! Habe ich daheim wieder einmal den Winter ausgehalten, so glaube ich als ein mutiger Mann genug getan zu haben, aber ihn loben, ihn rühmen kann und will ich nicht. Wir Winterländer aber preisen noch die göttliche Weisheit, die bei solcher Einrichtung uns die Freude des Frühlings schenkt. Sollten wir nicht auch von unserer Obrigkeit verlangen, daß sie uns nach der Analogie den halben Tag durch Daumenschrauben anlegen lasse, damit wir uns auf die Stunde freuten, worin sie uns abgenommen würden? Diese Einrichtung – sie ist ja auf unserm Erdball eine Winkeleinrichtung, von welcher die Mehrheit der redenden Menschen nichts weiß. Vor vielen begünstiget von Gott mögen sich unsre Dichter rühmen, denen er zu ihren Frühlingsliedern den Stoff bereitet, aber unbegreiflich und lügengleich bleibt es für den, welcher einmal den Winterkreis überschritten hat, daß der Mensch, das gabelförmige, nackte Tier, sich in Winterlanden, unter dem zweiundfünfzigsten, ja unter dem zweiundsiebzigsten Grad nördlicher Breite anzusiedeln vermessen hat, wo er nur durch die Macht des Geistes sein kümmerliches Dasein zu fristen vermag. Denkt euch doch, wie euch Gott geschaffen hat, und geht an einem Wintertag hinaus und betrachtet euch die auf den halben Jahreskreis ausgestorbene Gegend unter dem Leichentuche von Schnee. Das ausgesetzte Leben schläft im Samen und im Ei, im Keime und in der Larve, tief unter der Erde, tief im Wasser unter dem Eise. Die Vögel sind fortgezogen; Amphibien und Säugetiere schlafen den Winterschlaf; nur wenige Arten der warmblütigen Tiere drängen sich parasitisch um eure Wohnungen; nur wenige der größeren unabhängigen Arten verbringen dürftig die harte Zeit.*

Aber der Mensch ist ein geistiges Tier, und mit dem Feuer, das er sich geraubt, erkennt er auf der Erde keine Schranken. Die unter dem sechzigsten Grad nördlicher Breite ansässigen ostjakischen Fischer, lehrt uns Adolf Erman (»Reise« I, Seite 721), wissen auch von einem verlorenen Paradiese; aber sie verlegen es gegen Norden und über den Polarkreis hinaus! Die Sage ist gar lesenswert.

* Das alles und manches andere habe ich schon in einer Schrift gesagt: »Ansichten von der Pflanzenkunde und dem Pflanzenreiche«, die, einer Kompilation beigedruckt, Berlin, bei Dümmler, 1827 erschienen ist.

Ich habe schon gelegentlich von einem Prediger in Lappland gesprochen. Sieben Jahre hatte der Mann in dieser Pfarre zugebracht, welche über die Region der Bäume hinaus lag; während der warmen Sommermonate ganz allein (seine Pfarrkinder zogen zu der Zeit mit ihren Rentierherden in die kühleren Gegenden am Meer). Während der Winternacht, als der Mond am Himmel war, zog er zu Schlitten umher, bivouakierte bei gefrorenem Quecksilber und suchte seine Lappen, die er liebhatte, auf, um seines Amtes zu warten. Zweimal in diesen sieben Jahren hatte er in seiner Einsamkeit den Zuspruch von Stamm- und Sprachverwandten genossen; ein Bruder von ihm hatte ihn besucht, und ein Botaniker hatte sich zu ihm verirrt. Wohl wußte er anerkennend die Freude zu preisen, die der Mensch dem Menschen bringt; aber nicht diese Freude und keine andere im Leben, so beteuerte er mir, ist der Wonne zu vergleichen, nach der langen Winternacht die Sonnenscheibe sich kreisend wieder über den Horizont erheben zu sehen.

Der Frühling ist für uns das Erwachen aus einer langen, verzögernden Krankheit, die, gemäßigter als der Winterschlaf anderer Tiere, demselben entspricht. Voller und schneller lebt der Mensch unter einer scheitelrechten Sonne, die, wie in Brasilien, Fülle des Lebens aus dem Schoße der Erde zeugt; unter einem Himmel ohne Glut, auf einer Erde ohne Fruchtbarkeit zählt er mehr der Tage, mehr der Jahre.

Wahrlich, ich möchte in der Region der Palmen wohnen und gewahren von da den alten Unhold auf die Zinnen des Gebürges gebannt. Gern auch wollte ich ihm in seinem Reiche mit Party oder Roß einen Staatsbesuch abstatten; aber hart finde ich es, ihn daheim die halbe Zeit des Jahres zu beherbergen. Wir haben während der drei Jahre in zwei nordischen Sommern nur etliche Nachtfröste erduldet, wie solche eben auch bei uns in dieser Jahreszeit nichts Unerhörtes sind.

Wir hatten stets günstige Nord- und Nordwestwinde; die Nachtgleichen und der Vollmond brachten uns nur einen starken Wind, der fast zum Sturme sich erhob und vor welchem wir mit vollen Segeln schnell vorwärts kamen.

Wir steuerten nach San Francisco in Neu-Kalifornien. Herr von Kotzebue, der über die Sandwich-Inseln, wohin er seinen Instruktionen gemäß von Unalaschka aus segeln sollte, von den Schiffskapitänen der Amerikanischen Kompanie sehr gut berichtet worden war, hatte diesen Inseln, wo die Frequenz der Schiffe den Preis aller Bedürfnisse gesteigert hat und wo nur mit spanischen Piastern oder mit Kupferplatten, Waffen und ähnlichem bezahlt werden kann, jenen Port als Rast- und Erholungsort für seine Mannschaft und zur Verproviantierung des »Rurik« vorgezogen.

Ich werde, da ich von der Fahrt selbst nichts zu berichten habe, einiges hier einschalten, das mir noch nicht in die Feder geflossen ist. Bei der Schiffsordnung, die ich früher beschrieben habe, zu welcher noch hinzukam, daß das Licht abends um zehn Uhr ausgelöscht wurde, und bei der einförmig ruhigen, aller anstrengenden Bewegung entbehrenden Lebensart konnte unsereiner nicht alle Stunden, worin er still zu liegen verdammt war, mit festem, bewußtlosem Schlafe ausfüllen, und eine Art Halbschlaf nahm einen großen Teil des Lebens mit Träumen ein, von denen ich euch unterhalten will. Ich träumte nie von der Gegenwart, nie von der Reise, nie von der Welt, der ich jetzt angehörte; die Wiege des Schiffes wiegte mich wieder zum Kinde, die Jahre wurden zurückgeschraubt, ich war wieder im Vaterhause, und meine Toten und verschollene Gestalten umringten mich, sich in alltäglicher Gewöhnlichkeit bewegend, als sei ich nie über die Jahre hinausgewachsen, als habe der Tod sie nicht gemäht. Ich träumte von dem Regimente, bei welchem ich gestanden, von dem Gamaschendienst; der Wirbel schlug, ich kam herbeigelaufen, und zwischen mich und meine Kompanie stellte sich mein alter Obrist und schrie: »Aber Herr Leutnant, in drei Teufels Namen!« – O dieser Obrist! Er hat mich, ein schreckender Popanz, durch die Meere aller fünf Weltteile, wann ich meine Kompanie nicht finden konnte, wann ich ohne Degen auf Parade kam, wann – was weiß ich, unablässig verfolgt; und immer der fürchterliche Ruf: »Aber Herr Leutnant; aber Herr Leutnant!« – Dieser mein Obrist war im Grunde genommen ein ehrlicher Degenknopf und ein guter Mann; nur glaubte er, als ein echter Zögling der ablaufenden Zeit, daß Grobsein notwendig zur Sache gehöre. Nachdem ich von der Reise zurückgekehrt, wollte ich den Mann wiedersehen, der so lange die Ruhe meiner Nächte gestört. Ich suchte ihn auf: ich fand einen achtzigjährigen, stockblinden Mann, fast riesigen Wuchses, viel größer als das Bild, das ich von ihm hatte, der in dem Hause eines ehemaligen Unteroffiziers seiner Kompanie ein Stübchen unten auf dem Hofe bewohnte und von einigen kleinen Gnadengehalten lebte, da er im unglücklichen Kriege, mehr aus Beschränktheit als aus Schuld, allen Anspruch auf eine Pension verwirkt hatte. – Fast verwundert, von einem Offizier des Regimentes, bei dem er nicht beliebt war, aufgesucht zu werden, und nicht maßzuhalten wissend, war er gegen mich von einer übertriebenen Höflichkeit, die mir in der Seele wehe tat. Wie er mir die Hand reichte, befühlte er mit zwei Fingern das Tuch meines Kleides, und was in diesem Griffe lag – ich weiß es nicht, aber ich werde ihn nie vergessen. – Ich schickte ihm etliche Flaschen Wein als ein freundliches Geschenk, und als er, ich glaube im folgenden Jahre, verschied, fand es sich, daß er mich zu seinem Leichenbegängnis einzuladen verordnet hatte. Ich folgte ihm allein mit einem alten Major des Regimentes und seinem Unteroffizier; – und Friede sei seiner Asche!

Ich will noch einiges von den Tieren nachholen, die zur Zeit Haus- und Gastrecht auf dem »Rurik« genossen. Unser kleiner Hund aus Concepción, unser Valet, war uns treu geblieben. Er gehörte in die Kajüte de Campagne und war zur See mit Lust und Kunst von einer wahrhaft musterhaften Trägheit. Er sah uns alle bittend an, und winkte ihm einer Gewährung, so war er mit einem Satze in dessen Koje, wo er bis zu der nächsten Mahlzeit schlief. An jedem Landungsplatz hingegen mußte er zuerst an das Land, und wenn man ihn im Boote nicht mitnehmen wollte, so schwamm er hin. Er suchte, wie wir, seine Gattung, kam aber meist, wenn er sie gefunden, übel zugerichtet und zerfetzt wieder heim. Unser Valet hatte an einem jungen Hunde von der unter den Eskimos dienenden Rasse, welchen der Kapitän von seiner Nordfahrt mitgebracht, einen Nebenbuhler gefunden. Dieser neue Gast hieß auf dem »Rurik« »der große Valet«. Wir hatten drittens noch Schaffecha, die Sau, die übermütig ihrem schon verkündeten Schicksal entgegenging.

Als wir von Kamtschatka nach Norden fuhren, hatten wir einen letzten Hahn am Bord, der, aus dem Hühnerkasten entlassen, als ein stolzer Gesell frei auf dem Verdeck spazierenging. Ich war neugierig zu beobachten, wie er sich hinsichtlich des Schlafes verhalten würde, wenn die Sonne für uns nicht mehr unterginge. Die Beobachtung unterblieb indes aus zwei Gründen: denn wir kamen erstlich nicht so weit nach Norden, und zweitens flog über Bord, fiel ins Meer und ertrank der Hahn, bevor wir noch die Sankt-Laurenz-Insel erreicht hatten.

Aber ich kehre zu unserer Fahrt zurück. Wir segeln am 2. Oktober 1816 nachmittags um vier Uhr in den Hafen von San Francisco hinein. Große Bewegung zeigt sich auf dem Fort am südlichen Eingange des Kanals; sie ziehen ihre Flagge auf, wir zeigen die unsere, die hier nicht bekannt zu sein scheint, und salutieren die spanische mit sieben Schüssen, welche nach dem spanischen Reglement mit zwei weniger erwidert werden. Wir lassen die Anker vor dem Presidio fallen, und kein Boot stößt vom Ufer, zu uns zu kommen, weil Spanien auf diesem herrlichen Wasserbecken kein einziges Boot besitzt.

Ich ward sogleich beordert, den Leutnant Schischmarew nach dem Presidio zu begleiten. Der Leutnant Don Luis de Arguello, nach dem Tode des Rittmeisters Kommandant ad interim, empfing uns ausnehmend freundschaftlich, sorgte augenblicklich für die nächsten Bedürfnisse des »Ruriks«, indem er Obst und Gemüse an Bord schickte, und ließ noch am selben Abende einen Eilboten an den Gouverneur von Neu-Kalifornien nach Monterey abgehen, um demselben unsre Ankunft zu melden.

Am andern Morgen (den 3.) traf ich den Artillerieoffizier Don Miguel de la Luz Gomez und einen Pater der hiesigen Mission, die eben an das Schiff kamen, als ich selbst im Auftrage des Kapitäns nach dem Presidio gehen wollte. Ich geleitete sie an Bord; sie waren die Überbringer der freundlichsten Hülfsverheißungen von seiten des Kommandanten und der viel vermögenderen Mission. Der geistliche Herr lud uns außerdem auf den folgenden Tag, der das Fest des Heiligen war, auf die Mission von San Francisco ein, wohin zu reiten wir Pferde bereit finden würden. Auf den ausgesprochenen Wunsch des Kapitäns wurden wir sofort mit Schlachtvieh und Vegetabilien auf das reichlichste versorgt. Nachmittags wurden die Zelte am Lande aufgerichtet, das Observatorium und das russische Bad. Am Abend statteten wir dem Kommandanten einen Besuch ab. Acht Kanonenschüsse wurden zum Empfang des Kapitäns von dem Presidio abgefeuert.

Nicht aber nach diesen überflüssigen Höflichkeitsschüssen, sondern nach den zweien der russischen Flagge schuldig gebliebenen begehrte der Kapitän, und er bestand mit Beharrlichkeit auf deren Erstattung. Darüber ward lange unterhandelt, und nur unwillig und gezwungen (ich weiß nicht, ob nicht erst auf Befehl des Gouverneurs) bequemte sich endlich Don Luis de Arguello, die zwei vermißten Schüsse nachträglich zu liefern. Es mußte noch einer unserer Matrosen nach dem Fort kommandiert werden, um die Leine zum Aufziehen der Flagge wieder in Ordnung zu bringen; denn sie war bei dem letzten Gebrauch zerrissen, und es war unter den Einheimischen niemand, der vermocht hätte, an dem Mast hinaufzuklettern.

Das Fest des heiligen Franziskus gab uns Gelegenheit, die Missionare in ihrer Wirksamkeit und die Völker, an die sie gesandt waren, in gezähmtem Zustande zu beobachten. Ich werde dem, was ich in den »Bemerkungen und Ansichten« gesagt habe, nichts hinzuzufügen haben. Man kann über die Stämme der Eingeborenen Choris nachlesen, der in seinem »Voyage pittoresque« eine schätzbare Reihe guter Porträts gegeben hat; nur sind die nachträglich in Paris gezeichneten Blätter X und XII auszuschließen; daß man so, wie dort dargestellt, den Bogen nicht braucht, weiß jeder. Choris liefert sogar in seinem Texte kalifornische Musik. Ich weiß nicht, wer es übernommen haben mag, hier und noch einigemal im Verlaufe des Werkes Noten nach Choris' Gesang zu Papiere zu bringen. Ich pflegte zwar dem Freunde einzuräumen, daß er besser sänge als ich, doch durfte er nicht den großen Vorzug bestreiten, den mein Gesang vor dem seinen habe, sich nämlich fast nie hören zu lassen.

Der Kapitän hatte hier wie in Chile den Kommandanten und seine Offiziere an unsern Tisch zu gewöhnen gewußt. Wir speisten auf dem Lande unter dem Zelte, und unsere

Tanz kalifornischer Indianer in der Mission von San Francisco

Freunde vom Presidio pflegten nicht auf sich warten zu lassen. Das Verhältnis ergab sich fast von selbst. Das Elend, worin sie seit sechs bis sieben Jahren, von Mexiko, dem Mutterlande, vergessen und verlassen, schmachteten, erlaubte ihnen nicht, Wirte zu sein, und das Bedürfnis, redend ihr Herz auszuschütten, trieb sie, sich uns zu nähern, mit denen es sich leicht und gemütlich leben ließ. Sie sprachen nur mit Erbitterung von den Missionaren, die bei mangelnder Zufuhr doch im Überflusse der Erzeugnisse der Erde lebten und ihnen, seitdem das Geld ausgegangen, nichts mehr verabfolgen ließen, wenn nicht gegen Verschreibung, und auch so nur, was zum notdürftigsten Lebensunterhalt unentbehrlich, worunter nicht Brot, nicht Mehl einbegriffen – seit Jahren hatten sie, ohne Brot zu sehen, von Mais gelebt. Selbst die Kommandos, die zum Schutze der Missionen in jeglicher derselben stehen, wurden von ihnen nur gegen Verschreibung notdürftig verpflegt. »Die Herren sind zu gut!« rief Don Miguel aus, den Kommandanten meinend, »sie sollten requirieren, liefern lassen!« Ein Soldat ging noch weiter und beschwerte sich gegen uns, daß der Kommandant ihnen nicht erlauben wollte, sich dort drüben Menschen einzufangen, um sie wie in den Missionen für sich arbeiten zu lassen. Mißvergnügen erregte auch, daß der neue Gouverneur von Monterey, Don Paolo Vicente de Sola, seit er sein Amt angetreten, sich dem Schleichhandel widersetzen wollte, der sie doch allein mit den unentbehrlichsten Bedürfnissen versorgt habe.

Am 8. Oktober kam der Kurier aus Monterey zurück. Er brachte dem Kapitän einen Brief von dem Gouverneur mit, der ihm seine baldige Ankunft in San Francisco meldete. – Don Luis de Arguello war nach dem Wunsche des Herrn von Kotzebue ermächtigt worden, einen Eilboten nach dem Port Bodega an Herrn Kuskow abzufertigen; und an diesen schrieb der Kapitän, um von seiner handeltreibenden und blühenden Ansiedelung mehreres, was auf dem »Rurik« zu fehlen begann, zu beziehen.

»Herr Kuskow«, sagt Herr von Kotzebue, II, Seite 9, in einer Note, »Herr Kuskow, Agent der Russisch-Amerikanischen Kompanie, hat sich auf Befehl des Herrn Baranow, welcher das Haupt aller dieser Besitzungen in Amerika ist, in Bodega niedergelassen, um von dort aus die Besitzungen der Kompanie mit Lebensmitteln zu versorgen.« Aber Bodega, beiläufig dreißig Meilen, eine halbe Tagreise, nördlich von San Francisco gelegen, wurde von Spanien, nicht ohne einigen Anschein des Rechtes, zu seinem Grund und Boden gerechnet, und auf spanischem Grund und Boden also hatte Herr Kuskow mit zwanzig Russen und fünfzig Kadiakern mitten im Frieden ein hübsches Fort errichtet, das mit einem Dutzend Kanonen besetzt war, und trieb dort Landwirtschaft, besaß Pferde, Rinder, Schafe, eine Windmühle usw. Da hatte er eine Warenniederlage für den Schleichhandel mit den spanischen Häfen, und von da aus ließ er durch seine Kadiaker jährlich ein paar tausend Seeottern an der kalifornischen Küste fangen, deren Häute nach Choris, der gut unterrichtet sein konnte, auf dem Markt zu Kanton, die schlechteren zu fünfunddreißig Piastern, die besseren zu fünfundsiebzig Piastern, im Durchschnitt zu sechzig Piastern, verkauft wurden. – Es war bloß zu bedauern, daß der Hafen Bodega nur Schiffe, die nicht über neun Fuß Wasser ziehen, aufnehmen kann.

Es scheint mir nicht unbegreiflich, daß der Gouverneur von Kalifornien, wenn er von dieser Ansiedelung späte Kunde erhalten, sich darüber entrüstet habe. Verschiedene Schritte waren geschehen, um den Herrn Kuskow zu veranlassen, den Ort zu räumen; mit allem, was sie an ihn gerichtet, hatte er stets die spanischen Behörden an den Herrn Baranow verwiesen, der ihn hierher gesandt und auf dessen Befehl, falls man den erwirken könne, er sehr gern wieder abziehen würde. – So standen die Sachen, als wir in San Francisco einliefen. Der Gouverneur setzte jetzt seine Hoffnung auf uns. Ich auch werde von Konferenzen und Unterhandlungen zu reden haben und die Denkwürdigkeiten meiner diplomatischen Laufbahn der Welt darlegen. Aber wir sind noch nicht soweit.

Am 9. Oktober wurden etliche Spanier nach dem nördlichen Ufer übergeschifft, um dort mit der Wurfschlinge Pferde einzufangen für den an Herrn Kuskow abzusendenden Kurier, und ich ergriff die Gelegenheit, mich auch jenseits umzusehen. Die rotbraunen Felsen dort sind, wie in meinen »Bemerkungen und Ansichten« gesagt wird und im Mineralogischen Museum zu Berlin nachgesehen werden kann, Kieselschiefer; nicht aber Konglomerat, wie bei Moritz von Engelhardt (»Kotzebues Reise«, III, Seite 192) angenommen wird, um auf diese Annahme weiter zu bauen.

Das Jahr war schon alt, und die Gegend, die in den Frühjahrmonaten, wo sie Langsdorff gesehen hat, einem Blumengarten gleichen soll, bot jetzt dem Botaniker nur ein dürres, ausgestorbenes Feld. In einem Sumpfe in der Nähe unsrer Zelte soll eine Wasserpflanze gegrünt haben, wegen welcher mich Eschscholtz nach der Abfahrt fragte. Ich hatte sie nicht bemerkt, er aber hatte darauf gerechnet, eine Wasserpflanze, meine bekannte Liebhaberei, würde mir nicht entgehen, und hatte sich die Füße nicht naß machen wollen. – So etwas hat man von seinen nächsten Freunden zu gewärtigen.

Auf der nackten Ebene, die am Fuße des Presidio liegt, steht weiter ostwärts einzeln zwischen niedrigerem Gebüsche eine Eiche. Den Baum hat noch jüngst mein junger Freund Adolf Erman gesehen – wenn er ihn näher betrachtet hätte, so hätte er in dessen Rinde meinen Namen eingeschnitten gefunden.

Am 15. Oktober kam der an Kuskow abgefertigte Kurier wieder zurück, und am 16. abends verkündigten Artilleriesalven vom Presidio und vom Fort die Ankunft des Gouverneurs aus Monterey. Gleich darauf kam ein Bote vom Presidio herab, um für zwei Mann, die beim Abfeuern einer Kanone gefährlich beschädigt worden, die Hülfe unseres Arztes in Anspruch zu nehmen. Eschscholtz folgte sogleich der Einladung.

Am 17. morgens wartete Herr von Kotzebue an seinem Bord auf den ersten Besuch des Gouverneurs der Provinz; und der Gouverneur hinwiederum, ein alter Mann und Offizier von höherem Range, wartete auf dem Presidio auf den ersten Besuch des Leutnant von Kotzebue. Der Kapitän wurde zufällig benachrichtigt, daß er auf dem Presidio erwartet werde, worauf er mich nach dem Presidio mit dem mißlichen Auftrag schickte, dem Gouverneur glimpflich beizubringen: er, der Kapitän, sei benachrichtigt worden, daß er, der Gouverneur, ihn heute früh an seinem Bord habe besuchen wollen, und er erwarte ihn. Ich fand den kleinen Mann in großer Montierung und vollem Ornat, bis auf eine Schlafmütze, die er, bereit, sie a tempo abzunehmen, noch auf dem Kopfe trug. Ich erledigte mich, so gut ich konnte, meines Auftrages und sah das Gesicht des Mannes sich auf das Dreifache seiner natürlichen Länge verlängern. Er biß sich in die Lippen und sagte: er bedaure, vor Tisch die See nicht vertragen zu können; und es täte ihm leid, für jetzt auf die Freude verzichten zu müssen, den Herrn Kapitän kennenzulernen. – Ich sah es kommen, daß der alte Mann zu Pferde steigen und unverrichtetersache seinen Kurierritt durch die Wüste nach Monterey zurück wieder antreten würde; denn daß Herr von Kotzebue, wenn einmal die Spaltung ausgesprochen, nachgeben könne, ließ sich nicht annehmen.

Dem nachsinnend, schlich ich zum Strande wieder hinab,

als ein guter Genius sich ins Mittel legte und, bevor es zu Mißhelligkeiten gekommen, den wartenden Frieden durch den schönsten Freundschaftsbund besiegelte. Der Morgen war verstrichen und die Stunde gekommen, wo Herr von Kotzebue, Mittagshöhe zu nehmen und die Chronometer aufzuziehen, an das Land fahren mußte. – Es wurde von den ausgesetzten Spähern auf dem Presidio gemeldet, der Kapitän komme; und wie dieser ans Land trat, schritt ihm der Gouverneur den Abhang hinab entgegen. Er wiederum ging zum Empfang des Gouverneurs den Abhang hinauf, und Spanien und Rußland fielen auf dem halben Wege einander in die offenen Arme.

Es wurde unter unserm Zelte gespeist, und in der Sache von Port Bodega, die zur Sprache kam, hatte der Kapitän Gelegenheit zu bedauern, daß er ohne Instruktion sei, der Unbill, die Spanien widerfahre, zu steuern. – Von jenem Hafen her langte heute eine große Baidare an und brachte von Herrn Kuskow alles, was der Kapitän verlangt hatte. Mit dieser selben Baidare, die am andern Tage, dem 18., zurückeging, ersuchte Herr von Kotzebue im Namen des Gouverneurs den Herrn Kuskow, sich zu einer Konferenz in San Francisco einzufinden.

Wir sahen am 18. den Gouverneur nicht, der vielleicht einen Staatsbesuch auf dem Presidio erwartete. Am 19. ward auf dem Presidio getafelt, und Artilleriesalven begleiteten den Toast auf die Alliance der Souveräne und die Freundschaft der Völker. Am 20. waren wir hinwiederum zu Mittag die Wirte und tanzten abends auf dem Presidio. Bei der Acht-Uhr-Glocke schwieg auf eine Weile die Musik, und das Abendgebet ward in der Stille verrichtet.

Herr von Kotzebue war im Umgang von einnehmender Liebenswürdigkeit, und Don Paolo Vicente de Sola, der doch sehr an Förmlichkeiten hing, denen Genüge zu leisten ausgewichen worden war, hatte, darüber getröstet, sich uns ganz hingegeben. Das hier beliebte Schauspiel des Kampfes eines Bären mit einem Stiere war uns verheißen. Am 21. fuhren zehn bis zwölf Soldaten in der Barkasse der Mission nach dem nördlichen Ufer hinüber, dort Bären mit dem Lasso einzufangen. Man will am späten Abend von der See her Geschrei gehört haben, was auf die Bärenjäger auf jener Küste gedeutet wurde; kein Bivouakfeuer war jedoch zu sehen. Die Indianer sollen ein gar gellendes Geschrei erheben können.

Erst am 22. abends brachten die Jäger eine kleine Bärin ein. Sie hatten auch einen größeren Bären gefangen, aber zu weit von der See ab, um ihn ans Ufer transportieren zu können.

Dem Tiere, das am andern Tage kämpfen sollte und über Nacht in der Barkasse blieb, wurden gegen den Brauch Kopf und Maul frei gelassen, damit es sich frischer erhalte. Der Gouverneur brachte den ganzen Tag, Mittag und Abend in unsern Zelten zu. Zu Nacht brannten auf dem festen Lande im Hintergrunde des Hafens große Feuer; die Eingebornen pflegen das Gras anzuzünden, um dessen Wachstum zu fördern.

Am 23. fand der Bärenkampf am Strande statt. Unfreiwillig und gebunden, wie die Tiere waren, hat das Schauspiel nichts Großes und Erhebendes. Man bemitleidet nur die armen Geschöpfe, mit denen so schändlich umgegangen wird. Ich war mit Gleb Simonowitsch auf den Abend auf dem Presidio. Der Gouverneur erhielt eben die Nachricht, daß das Schiff aus Acapulco, das seit vielen Jahren ausgebliebene, endlich wieder einmal zur Versorgung von Kalifornien in Monterey eingelaufen. Er bekam mit dieser Nachricht zugleich die neuesten Zeitungen aus Mexiko. Mir, dem er sich bei jeder Gelegenheit geneigt und gefällig erwies, teilte er die Blätter mit. Unter königlicher Auctorität redigiert, enthielten sie bloß kurze Nachrichten de la pacificacion de las provincias, von der Unterwerfung der Provinzen, und einen langen laufenden Artikel: die Geschichte der Johanna Krüger, Unteroffizier im Regiment Kolberg – welche Geschichte mir nicht neu war, da ich Gelegenheit gehabt, den tapfern Soldaten selbst bei einem Offizier seines Regiments kennenzulernen.

Don Paolo Vicente, wie er einst vom Presidio zu unsern Zelten herabstieg, brachte ein Geschenk a su amigo Don Adelberto, eine Blume, die er am Wege gepflückt hatte und die er mir, dem Botaniker, feierlich übergab. – Es war zufällig unser Gänserich oder Silberblatt (Potentilla anserina), wie er nicht schöner bei Berlin blühen kann.

In Monterey waren zur Zeit Gefangene verschiedener Nationen, die der Schleichhandel und der Seeotterfang, Abenteuer auf diesen Küsten zu suchen, herbeilockte und von denen einzelne für die andern gebüßt hatten. Darunter ein paar Aleuten oder Kadiaker, mit denen vor sieben Jahren ein amerikanischer Schiffskapitän den Otterfang in den spanischen Häfen dieser Küste getrieben hatte. Die Russen verbrauchen nicht allein diese nordischen Völker, sie liefern sie auch um halben Gewinn andern zum Verbrauch. Ich habe sogar auf den Sandwich-Inseln versprengte Kadiaker angetroffen. Unter den Gefangenen in Monterey befand sich auch ein Herr John Elliot de Castro, von dem weiter noch die Rede sein wird. Er war nach vielen Abenteuern als Superkargo eines von Herrn Baranow aus Sitcha auf den Schleichhandel dieser Küste ausgesandten Schiffes der Russisch-Amerikanischen Kompanie mit einem Teil der Mannschaft in die Hände der Spanier gefallen. Außer den Gefangenen waren noch drei Russen da, alte Diener der Russisch-Amerikanischen Kompanie, die von der Ansiedelung an Port Bodega ausgetreten waren und jetzt, Sprache und Sitten der Heimat vermissend, den getanen Schritt bereuen mochten.

Don Paolo Vicente de Sola erbot sich, dem Kapitän die gefangenen Russen, wofür auch Aleuten und Kadiaker galten, auszuliefern, während er dieselben Herrn Kuskow verweigerte. Es scheint nicht, daß die Spanier irgendeinen Dienst begehrt, irgendeinen Vorteil gezogen haben von diesen Menschen, die fremde Habsucht ihrer Heimat geraubt, um mit ihren Kräften hier zu wuchern. Der König von Spanien vergütigte oder sollte vergütigen anderthalb Realen des Tages für jeden Kriegsgefangenen. Der Kapitän, beschränkt durch die Umstände, vermochte nur die drei ausgetretenen Russen an seinem Bord aufzunehmen und Herrn Elliot die Überfahrt nach den Sandwich-Inseln anzubieten, von wo aus er leicht nach Sitcha, oder wo er sonst hin wollte, gelangen konnte. Der Gouverneur sandte nach diesen Russen, und wie sie angekommen, überantwortete er sie Herrn von Kotzebue, nachdem er von ihm ein feierliches Ehrenwort gefodert und erhalten, daß sie, die Schutz in Spanien gesucht und gefunden, deshalb zu keinerlei Strafe gezogen werden sollten. Ich fand sein Benehmen bei dieser Gelegenheit sehr edel.

Unter diesen Russen war einer, Iwan Strogonow, ein alter Mann, der sich innig freute, zu seinen Landsleuten wieder gekommen zu sein. Da er kaum zum Matrosendienst taugen mochte, bestimmte ihn der Kapitän zu unserm, der Passagiere, Dienste in der Kajüte de Campagne und machte uns solches bekannt. Er wurde die letzten Tage, die wir im Hafen weilten, auf die Jagd geschickt. Der Unglückliche! Am Vorabend der Abfahrt sprang sein Pulverhorn, und er wurde tödlich verletzt zurückgebracht. – Er wollte nur unter Russen sterben: der Kapitän behielt ihn aus Erbarmen an seinem Bord; er verschied am dritten Tage der Fahrt. Er wurde still in die See versenkt und mit ihm die letzte Hoffnung unserer Stiefeln, je noch einmal auf der Reise geputzt zu werden. Friede sei mit Iwan Strogonow!

Aber ich bin der Zeit vorangeeilt; ich kehre wieder zurück.

Am 25. Oktober traf Herr Kuskow mit sieben kleinen Baidaren aus Port Bodega ein. Ein gewandter und in jeder Hinsicht seinem Geschäfte gewachsener Mann.

Am 26. fand in den Vormittagsstunden die diplomatische Konferenz auf dem Presidio statt. Don Paolo Vicente de Sola, Gouverneur von Neu-Kalifornien, setzte das unbestreitbare Recht Spaniens an dem von der russischen Niederlassung unter Herrn Kuskow eingenommenen Gebiete in volles Licht und foderte Herrn Kuskow auf, das widervölkerrechtlich besetzte Gebiet zu räumen. Herr Kuskow, Agent der Russisch-Amerikanischen Handelskompanie und Vorsteher der Ansiedelung zu Port Bodega, ohne sich auf die Rechtsfrage, die ihn nichts angehe, einzulassen, bezeugte die größte Bereitwilligkeit, vom Port Bodega abzuziehen, sobald er nur dazu von seinem Vorgesetzten, Herrn Baranow, der ihn hieher beordert habe, ermächtigt würde. Darauf foderte der Gouverneur den Herrn von Kotzebue auf, namens des Kaisers einzugreifen und die Räumung von Bodega zu erwirken. Der Leutnant der kaiserlich russischen Marine und Kapitän des »Ruriks«, Otto von Kotzebue, erklärte sich für unbefugt, in einer Sache zu handeln, wo ihm übrigens das Recht so klar schiene, daß es bloß ausgesprochen zu werden brauche, um anerkannt zu werden. – Und so waren wir denn soweit, als wir zuvor gewesen.

Hierauf wurde beliebt, über die heutige Verhandlung und den Stand der Dinge ein Protokoll zu verabfassen und dasselbe in duplo, von allen Teilnehmern an besagter Verhandlung unterschrieben und untersiegelt, den beiden hohen Souveränen, als Seiner Majestät dem Kaiser von Rußland durch den Kapitän des »Ruriks« und Seiner Majestät dem Könige von Spanien durch den Gouverneur von Neu-Kalifornien, zuhanden kommen zu lassen.

Die Redaktion dieses Aktenstückes, welches spanisch verfaßt wurde, hatte ich als Dolmetscher zu beaufsichtigen. Ich verwarf den ersten Entwurf, in welchem ich etwas vermißte; »denn«, sagte ich zu Paolo Vicente, »indem Sie diese Sache vor den Thron der hohen Souveräne bringen und von dem Kaiser von Rußland selber die Abhülfe dieser Unbill und die Bestrafung seiner dafür verantwortlichen Diener erwarten, so begeben Sie sich des Ihnen sonst unbestreitbar zukommenden Rechts der Selbsthülfe gegen den Eindringling und dürfen dann der hohen Entscheidung der Monarchen nicht vorgreifen«.

Dagegen hatte denn Paolo Vicente de Sola nichts einzuwenden; er lobte meine Einsicht, ließ das Protokoll umschreiben und gab, als es am 28. abends auf dem Presidio unterschrieben wurde, sein feierliches Ehrenwort, eigenmächtig nichts Gewaltsames gegen den p.p. Kuskow und die russische Niederlassung am Port Bodega zu unternehmen und die Sachen bis zur Entscheidung der hohen Höfe in statu quo zu belassen. – Ich unterschrieb das Aktenstück en clase de interprete, als Dolmetscher, mit.*

Ich will mit dieser Wendung der Dinge nicht prahlen. Denn hätte auch der wackere Don Paolo Vicente de Sola kein Gelübde abgelegt, so hätte er doch schwerlich die Feindseligkeiten eröffnet und einen Kriegszug gegen das russische Fort am Port Bodega unternommen.

Ich habe gehört, daß besagtes Protokoll in Petersburg seine eigentliche Bestimmung nicht verfehlt hat und, ohne weiter zum Vortrag zu kommen, im betreffenden Ministerio ad acta gelegt worden ist. Aber dem Don Paolo Vicente de Sola, Gobernador de la Nova California, soll ein russischer Orden zugesendet worden sein. Ich erhielt von Herrn Kuskow ein schönes Otterfell als Ehrengeschenk,

* Vergleiche über die russische Ansiedelung am Port Bodega: Otto von Kotzebue, »Neue Reise um die Welt in den Jahren 1823–1826«, II, 65–70.

und solches könnt ihr euch zu Berlin im Zoologischen Museum, dem ich es verehrt habe, zeigen lassen.

Eine unmittelbare Folge der Konferenz vom 26. Oktober war für den »Rurik« eben keine ersprießliche. – Die Verhandlung hatte sich über die Mittagsstunde hinaus verlängert, und ein anderer hatte für den Kapitän die Chronometer aufgezogen. – Er vertraute mir, der große Chronometer habe seither seinen Gang dergestalt verändert, daß er ihn für verdorben halten müsse.

Die Gebietsansprüche Spaniens auf dieser Küste wurden von den Amerikanern und Engländern nicht höher geachtet als von den Russen. Den Ausfluß der Colombia rechnete Spanien auch zu seinem Gebiete. Die Geschichte der dortigen Ansiedelung haben uns die Spanier und Herr Elliot ziemlich gleichlautend erzählt. Die Amerikaner hatten sich aus New York, teils zu Lande und teils zur See, dahin begeben und dort eine Niederlassung begründet. Während des Kriegs zwischen England und Amerika ward die Fregatte »Racoon«, Kapitän Black, ausgesandt, Besitz von diesem Posten zu nehmen. Die englischen Kaufleute aus Kanada begaben sich zu Lande dahin, und wie das Kriegsschiff, das die Kolonie bedrohte, im Angesicht des Hafens war, setzten sie sich um Geldes Preis, um 50000 Pfund Sterling, in Besitz derselben und zogen die englische Flagge auf. Eine Handelsstraße zu Land soll die Colombia mit Kanada verbinden. Relata refero.

Die Zeit unsers Aufenthalts in Kalifornien war abgelaufen. Am 26. Oktober, einem Sonntage, war nach einem Ritte nach der Mission Fest- und Abschiedsmahl unter unsern Zelten. Die Artillerie des »Ruriks« begleitete den Toast auf den Bund der Monarchen und der Völker und auf die Gesundheit des Gouverneurs. – Ein guter Missionar hatte seinen Mantel zu tief in das Blut der Reben getaucht und schwankte sichtbarlich unter der Last.

Am 28. wurde das Lager abgebrochen und wieder eingeschifft. Indes wir auf dem Presidio das Protokoll besiegelten, hatte Herr Kuskow mit Vorwissen des Herrn von Kotzebue zwei Baidaren auf den Otterfang in den Hintergrund der Bucht ausgeschickt.

Am 29. reisten einerseits Herr Kuskow früh am Morgen mit seiner Baidaren-Flottille nach Bodega und andererseits später am Tage der gute Don Paolo Vicente de Sola nach Monterey. Dieser nahm unsere Briefe zur Beförderung nach Europa mit, die letzten, die unsere Freunde von der Reise aus von uns erhalten. Mit ihnen verschwand unsere Spur. Denn da wir im Spätjahr 1817 nach Kamtschatka nicht zurückgekehrt, hat man uns in Europa verloren geben müssen.

Am 30. ward alles Getier eingeschifft und Vegetabilien in der größten Fülle. Zugleich kamen eine unendliche Menge Fliegen an Bord, welche die Luft verdichteten. Frisches Wasser hatten wir eingenommen, was im hiesigen Hafen, zumal im Sommer, ein schwieriges Geschäft ist; ein Fäßlein Wein aus Monterey verdankten wir dem Gouverneur. Unsere Freunde vom Presidio speisten zu Mittage mit uns auf dem »Rurik«. Wir waren segelfertig.

Am 31. waren zum letzten Abschied unsere Freunde noch bei uns; einige von uns ritten noch nachmittags nach der Mission. Spät am Abend langte Herr John Elliot de Castro an, noch unschlüssig, ob er von dem Anerbieten des Kapitäns Gebrauch machen werde oder nicht. Er entschied sich jedoch für das erstere.

Am 1. November 1816, am Allerheiligenfeste, morgens um neun Uhr, lichteten wir die Anker, während unsere Freunde in der Kirche waren. Wir sahen sie auf dem Fort ankommen, als wir eben vorbeisegelten. Sie zogen mit einem Kanonenschuß die spanische Flagge auf, wir gleichfalls die unsere. Sie salutierten uns zuerst mit sieben Kanonenschüssen, die wir Schuß für Schuß erwiderten.

Das Wasser des Hafens von San Francisco war in hohem Maß von sehr feinen Lichtpunkten phosphoreszierend, und merklich schimmernd entrollte sich auch die brandende Welle auf dem Strande der Küste außerhalb der Bucht. Ich habe das Wasser des Hafens mit dem Mikroskop untersucht und darin nicht häufige, ausnehmend kleine Infusorien beobachtet, denen ich dennoch bei dem Leuchten keine Rolle zuschreiben mag.

Wir schauten hier täglich dem Spiele der Nebel zu, die, vom waltenden Seewind ostwärts über das sonnenerhellte Land gewehet, zerflossen und sich auflösten. Besonders schön war das Schauspiel, welches sie uns bei der Abfahrt bereiteten, indem sie verschiedene Gipfel und Gegenden der Küste bald verhüllten und bald entschleierten.

VON KALIFORNIEN NACH DEN SANDWICH-INSELN

Erster Aufenthalt daselbst

Wir waren am 1. November 1816 kaum aus dem Hafen, so empfing uns auf dem hohen Meer ein mächtiger Wind, der das Schiff dergestalt schaukelte, daß alte Matrosen und selbst der Kapitän seekrank wurden. Ich habe dieses Übel nie bezwungen, bin nie nach dem kürzesten Aufenthalt auf dem Lande wieder auf die See gekommen, ohne daran zu leiden; ich brauche nicht zu sagen, daß ich darniederlag. Die Fliegen wurden vom Winde weggeblasen; am andern Tage war keine mehr auf dem »Rurik« zu sehen. Wir sahen am 2. große Tange, am 3. Delphine, am 4. unter dem einunddreißigsten Grad nördlicher Breite den ersten Tropikvogel.

Das Meer war blau, der Himmel bedeckt, alles lebensleer wie in keinem andern Meerstriche. Keine andern Vögel als Tropikvögel. Ihr Flug ist hoch, ihr Geschrei durchdringend. Man hört sie oft, ohne sie sehen zu können; oft vernimmt man ihre Stimme zu Nacht.

Wir hatten noch zwischen den Wendezirkeln anhaltende Süd- und Südwestwinde. Abends oft Wetterleuchten im Süden. Einige Windstillen unterbrachen den Südwind, der immer aufs neue zu wehen anhub. Am 9. spielten und lärmten Delphine um unsern Kiel. Am 12. begleiteten uns morgens und abends ein paar Walfische (Physeter?).

Am 16. November (22° 34' nördlicher Breite, 104° 25' westlicher Länge) erreichten wir endlich den Passat.

Am 21. zeigten sich uns einige Berglinien von O-Waihi durch die Wolken.

Herr John Elliot de Castro, aus gemischtem englischen und portugiesischen Blute entsprossen, war so klein, daß ich ihn nur mit dem Jean Paulschen kleinen Kerle vergleichen mag, der sich selber nicht bis an die Knie ging, geschweige denn längeren Personen. Er war ein frommer Katholik und setzte seine Hoffnung in ein Band von der Brüderschaft des heiligen Franziskus, welches er trug und kraft dessen ihm ganz absonderlicher Indult zuteil werden sollte. Er war in Rio Janeiro verheiratet und daselbst als Chirurgus bei einem Hospital angestellt. Aber er war auch verliebt, und unglücklich verliebt, und diese Leidenschaft hatte ihn in die weite Welt und in vieles Unglück getrieben. Er war nämlich in zwanzigtausend Piaster verliebt, zu deren Besitz er nicht gelangen konnte und von denen er sprach mit einer ergreifenden Sehnsucht, mit einer Wahrheit und Tiefe der Empfindung, mit einer Hingerissenheit, die den wenigsten Musenalmanachsgedichten eigen sind. Seine Liebe war wirklich dichterisch; rührend war es, ihn zu sehen, wie er über den Bord des »Ruriks« sich bog und dort in die blaue Ferne ein Segel sich log: »Ein Amerikaner! piasterbeladen vom Schleichhandel mit den Padres der spanischen Küste! Wir haben mehr Kanonen als er! Wir könnten ihn kapern!« – Es war aber nicht einmal das Schiff da. – Wie er einst Tabak in Buenos Aires einzuschmuggeln versucht, war er daselbst in Gefangenschaft geraten. Bevor er das Glück bei Herrn Baranow gesucht, der ihm nur zu einer zweiten Gefangenschaft unter den Spaniern verholfen, hatte er es zwei Jahre lang auf den Sandwich-Inseln erwartet, woselbst er mit den Perlen von Pearl River einen Handel zu treiben versucht, der seiner Hoffnung nicht gelohnt. Er war indes Leibarzt des Königs Tameiameia geworden, der ihn mit Land beliehen hatte, und jetzt, in seine dortige Familie heimkehrend, erwartete er seine Besitzungen in gutem Stande zu finden und vertraute seinem alten Verhältnisse.

Der Umgang mit unserm Gaste während der Tage der Überfahrt war mir unschätzbar lehrreich. Wohl hatte ich, was über die Sandwich-Inseln geschrieben war, gelesen und hatte über deren jetzigen Zustand, besonders in Hinsicht des Handels, dessen Stapelplatz sie geworden sind, manche Notizen gesammelt. Hier aber hatte ich einen O-Waihier (Naja haore, Delphin der weißen Männer) vor mir, der mit und im Volke gelebt, der einer bestimmten Kaste angehört hatte und dem ich die Sprache abhören und die Sitte abmerken konnte. Ich benutzte emsig die Gelegenheit; und wirklich kam ich, gut vorbereitet, zu sehen, und selbst der kindergleichen Sprache nicht ganz fremd, auf den Wohnsitz dieses anziehenden und damals seiner Eigentümlichkeit noch nicht abwendig gemachten Volkes. Gern und herzig stattet seinem wohlwollenden Lehrer, Herrn John Elliot de Castro, der gelehrige Schüler seinen besten Dank ab; aber ich habe ihm auch eine große Freude bereitet; denn ich habe ihm, als zufällig einmal das Gespräch auf die Gabe der Weissagung fiel, mit gehörigem Ernste und Nachdruck geweissagt: er werde als Ordensgeistlicher sein Leben in einem Kloster enden; und bei der Rührung, womit er das Wort auffaßte, sollte es mich keinesweges wundern, wenn die Prophezeiung selber den Grundstein zu deren Verwirklichung gelegt hätte.

Zu mir ist auch auf dieser Überfahrt ein Wort gesprochen worden, worüber ich mich herzig gefreut habe und welches ich, vielleicht ruhmredig, hier verzeichnen will. Gegenstand des Tischgespräches war, wie gewöhnlich, das Land, welches zu sehen, das Volk, mit dem zu verkehren uns bevorstand. Wir hatten die Polynesier noch nur erblickt; hier sollten wir unter ihnen leben. Ich äußerte, wie gespannt dieses Mal meine Neugierde sei und wie erwartungsvoll ich den neuen Eindrücken entgegensehe. Darauf versetzte Herr von Kotzebue, in der nicht verhehlten Absicht, mir etwas Demütigendes zu sagen: ich könne den Zusatz »dieses Mal« sparen; ich sei doch immer der, dessen Neugierde sich am gespanntesten zeige, und so erwartungsvoll sei keiner wie ich. – Ich wurde also, ich, der älteste an Jahren, gescholten, der jüngste zu sein an Sinn und Herz.

Ich fahre in meinem Reisebericht fort. Keine Seevögel hatten uns über dem Winde der Sandwich-Inseln das Land angesagt, und zwischen demselben sahen wir auch keine. Nur hoch in den Lüften der Tropikvogel und nah über dem Spiegel der Wellen der Fliegende Fisch.

Wir richteten unsern Lauf nach der Nordwestspitze von O-Waihi, um diese zu umfahren und, nach dem Rate von Herrn Elliot, Haul-Hanna, Herrn Jung, in der Bai von Tokahai, Gebiet Kochala, zu sprechen, woselbst dieser in der Geschichte der Sandwich-Inseln rühmlichst bekannte Mann seinen Wohnsitz haben sollte. Herr Jung würde uns die nötigen Nachrichten über den jetzigen Zustand der Dinge und den Aufenthalt des Königs mitteilen. Dem Könige aber mußten wir uns vorstellen, bevor wir in den Hafen Hana-ruru der weiter westwärts liegenden Insel O-Wahu einliefen.

In der Nacht zum 22. November und am Morgen dieses Tages enthüllten sich uns die Höhen der großartig in ruhigen Linien sich erhebenden Landmasse, über welche sich mittags und abends die Wolken senken. Noch sahen wir nur Mauna-Kea, den Kleinen Berg, welcher, wenngleich der kleinere, sich höher über das Meer erhebt als der Montblanc über die Täler, von welchen aus er gesehen werden kann. Die Nordküste am Fuße des Mauna-Kea ist die unfruchtbarste der Insel.

Wir umschifften gegen Mittag das nordwestliche Vorgebürge von O-Waihi, fuhren durch den Kanal, der diese Insel von Mauwi trennt, und verloren den Passat unter dem

Winde des hohen Landes. Wir hatten längs der Westküste von O-Waihi sehr schwache Land- und Seewinde und gänzliche Windstille.

Zwei Insulaner ruderten in der Gegend des Vorgebürges an das Schiff. Der auf das Verdeck stieg, beantwortete so scheu und zögernd die Fragen des ihm wohlbekannten Najas, daß dieser über das, was auf den Inseln geschehen sein möchte, Besorgnis schöpfte. Wir erfuhren indes, daß Haul-Hanna mit den mehrsten Fürsten auf O-Wahu und Tameiameia zu Karakakoa sich befinde. Das Kanot, welches an das Schiff angebunden war und worin der andere O-Waihier sich befand, schlug um, und wir hatten Gelegenheit, die Kraft und Gewandtheit dieser Fischmenschen zu bewundern.

Wir sahen von der hohen See die europäisch gebauten Häuser von Herrn Jung sich über die Strohdächer der Eingebornen erheben. Der ganze Strand ist von den Ansiedelungen der Menschen bekränzt, aber schattenlos. Erst südlicher längs der Küste untermischen sich Kokospalmen den Häusern. Die Wälder, die an den Bergen eine hohe Zone einnehmen, steigen nicht zu Tale. Rauchsäulen stiegen in verschiedenen Gegenden des Landes empor.

Andere Kanots kamen an das Schiff; wir verkehrten mit mehreren Eingebornen und vermochten einen weitgewanderten Mann, einen Mann des Königs, der in Boston, an der amerikanischen Nordwestküste und in China gewesen war, an unserm Bord zu bleiben und uns nach Karakakoa zu lotsen. Wir erfuhren, daß zwei amerikanische Schiffe in Hanaruru lägen und vor Karakakoa ein drittes, welches, vom Sturme geschlagen, entmastet nach diesen Inseln gekommen. Wir erfuhren endlich, daß Russen der Amerikanischen Handelskompanie das Reich mit Krieg zu überziehen gedroht und daß man die russischen Kriegsschiffe erwarte, welche die Drohung verwirklichen sollten.

Der Hafen von Hana-ruru

Das waren die Umstände, unter welchen wir vor O-Waihi erschienen und uns glücklich preisen mußten, Herrn Elliot, den Leibarzt des Königs, an Bord zu haben, der Zeugnis von uns ablegen konnte.

Wir lagen die Nacht in vollständiger Windstille. Wir erfuhren am Morgen des 23., daß der König von Karakakoa nordwärts, uns näher, nach Tiutatua am Fuße des Wororai gekommen sei, sich aber daselbst nicht lange aufhalten werde. Herr Elliot ließ ihm Botschaft von uns und sich selber ansagen und den Wunsch des Kapitäns andeuten, Seine Majestät zu Tiutatua nicht zu verfehlen.

Wir kamen sehr langsam vorwärts. Am Abend ward ein Delphin harpuniert. Während der Nacht frischte der Wind; am Morgen des 24. waren wir vor Tiutatua. Das amerikanische Schiff fuhr eben unter allen Segeln in die Bucht. Der Kapitän ließ das kleine Boot aussetzen, worin er Herrn Elliot mit mir, Eschscholtz und Choris an das Land schickte. Wir begegneten einem Europäer, der in seinem Kanot fuhr; er trat in unser Boot über und geleitete uns.

Das Dorf liegt unter Palmbäumen anmutig am Seegestade. Hinter demselben steiget der Blick auf einem Lavastrom zu dem Riesenkegel des Wororai hinan. Zwei Morais standen mit ihren häßlichen Idolen auf einem Vorsprung des Lavastrandes.

Am Ufer war ein zahlreiches Volk in Waffen. Der alte König, vor dessen Wohnung wir landeten, saß auf einer erhabenen Terrasse, von seinen Weibern umringt, in seiner volkstümlichen Tracht, dem roten Maro (Schamgürtel) und der schwarzen Tapa (dem weiten, schönfaltigen Mantel von Bastzeuge). Nur Schuhe und einen leichten Strohhut hatte er von den Europäern erborgt. Den schwarzen Mantel tragen nur die Vornehmen; das färbende Harz verleiht dem Zeuge die Eigenschaft, nicht naß zu werden. Vor dem Könige sitzt jeder Untergeordnete niedriger als er, mit entblößten Schultern. Der alte Herr nahm seinen Arzt gern wieder auf, jedoch ohne überströmende Freude, und ließ sich von ihm über den friedlichen Zweck unserer Expedition belehren; dann richtete er an uns den Friedensgruß, drückte uns die Hand und lud uns ein, ein gebackenes Schwein zu verzehren. (Drei der hervorragenden Männer der alten Zeit, ich rühme mich der Ehre, haben mir die Hand gedrückt: Tameiameia, Sir Joseph Banks und Lafayette.) Wir verschoben die Mahlzeit bis zur Ankunft des Kapitäns; Eschscholtz und ich begehrten botanisieren zu gehen, während Choris blieb und den König zu zeichnen sich erbot. Tameiameia gab uns zu unserm Schutz einen Edeln seines Gefolges mit und warnte uns vor der großen Aufregung des Volkes. Dem Maler wollte er nur in europäischen Kleidern sitzen, nämlich in roter Weste und Hemdesärmeln, da er den Zwang des Rockes nicht ertragen mag. Er beauftragte Herrn Elliot, den Kapitän ans Land zu geleiten, und er sandte mit ihm zwei der vornehmsten Häuptlinge, von denen einer gleichsam als Geisel auf dem Schiffe bleiben sollte, bis er, der Kapitän, an seinen Bord zurückgekehrt sei.

Ich werde hier mit wenigen Worten über die Ereignisse berichten, die unserer Ankunft auf den Sandwich-Inseln zuvorgegangen waren.

Ein gewisser Doktor Scheffer, im Jahre 1815 als Schiffsarzt am Bord des »Suwarow«, Kapitän: Leutnant Lasarew, zu Sitcha angelangt und daselbst im Dienste der Amerikanischen Kompanie zurückgeblieben, war, vermutlich von Herrn Baranow ausgesandt, anscheinlich zu wissenschaftlichen Zwecken auf die Sandwich-Inseln gekommen, wo er den Schutz des Königs genossen hatte. Der Doktor Scheffer hatte die verschiedenen Inseln bereist. Auf O-Wahu, wo zwei Schiffe der Russisch-Amerikanischen Kompanie (die »Clementia« und die »Entdeckung«) angelegt, war ver-

Empfang der Expeditionsteilnehmer durch König Tameiameia

schiedentlich gegen den König und gegen die Volksreligion gefrevelt worden. Die Russen hatten einen Morai entweiht und die Förmlichkeit der Besitznahme der Insel bei Aufziehung der russischen Flagge auf dem Lande vollzogen. Vermittelnde Europäer hatten das Blutvergießen verhindert, und die übermütigen Fremden hatten, gezwungen, sich einzuschiffen, mit Krieg und Eroberung gedroht. Welch ein Anteil der Schuld jenen Schiffen, welcher dem Doktor zuzuschreiben sei, bleibe unentschieden; die größere Erbitterung war gegen den Doktor. Gegenwärtig war derselbe auf den westlichen Inseln, deren König Tamari er vermocht hatte, sich unter russischer Flagge gegen seinen Lehnsherrn Tameiameia zu empören.

Bekanntlich war zur Zeit der Eroberung Tameiameias der ehedem selbständige König von Atuai und den westlichen Inseln dem Gewaltigen zuvorgekommen, indem er sich ihm freiwillig unterworfen.

Das war der jetzige Stand der Dinge. Als wir im Spätjahre 1817 nach den Sandwich-Inseln zurückkamen, hatte auf diesem Schauplatz der Doktor Scheffer seine Rolle bereits ausgespielt; der König von Atuai, dem er lästig geworden, hatte ihn weggewiesen und hatte aufs neue Tameiameia gehuldigt. Der Doktor Scheffer kam nach Petersburg, wo er mit abenteuerlichen Anschlägen und Ratschlägen kein Gehör gefunden zu haben scheint. Er tritt später als kaiserlich brasilianischer Werboffizier in Hamburg auf.

Wie ich mit Eschscholtz botanisieren ging, umringte uns eine mehr lachende als drohende Menge. Ein Häuptling, an seiner Haltung und seinem fast riesigen Wuchs nicht zu verkennen, schwang, wie wir den Weg gingen, den er kam, lachend seinen Wurfspieß gegen mich und drückte mir dann mit dem Friedensgruße »Arocha!« die Hand. Was er dabei sagte, mochte bedeuten: Habt ihr uns wieder einmal den Spaß verdorben? Wir dachten uns zu schlagen, und nun seid ihr gute Freunde.

Das dürre, ausgebrannte Feld hinter dem Dorfe bot dem Botaniker nur eine karge Ausbeute; und doch war es eine große Freude, hier die ersten Sandwicher Pflanzen zu sammeln. »Eine Cyperacee!« rief ich dem Doktor zu und zeigte ihm die Pflanze von ferne. »Küperake! Küperake!« fing unser Führer zu schreien an, indem er eine Handvoll Gras über den Kopf schwang und wie ein Hampelmann tanzte. So sind diese Menschen, fröhlich wie die Kinder, und man wird es wie sie, wenn man unter ihnen lebt. Nach dem, was ich in meinen »Bemerkungen und Ansichten« über die O-Waihier gesagt, bleibt mir nur übrig, sie selbst in kleinen Anekdoten und Zügen auftreten zu lassen.

Wir wurden, in Erwartung des Kapitäns, zu den Königinnen eingeführt; große, starke, fast noch schöne Frauen. Kahu-manu tritt schon unter Vancouver in der Geschichte auf. Sie lagen in einem Strohhause zusammen auf dem weich mit feinen Matten gepolsterten Estrich; wir mußten Platz unter ihnen nehmen. Fast unheimlich wurden mir, dem Neulinge, die Blicke, die meine Nachbarkönigin auf mich warf. Ich folgte Eschscholtz, der sich schon früher aus dem Hause geschlichen hatte. Ich erfuhr von ihm, seine Königin habe sich noch handgreiflicher ausgedrückt.

Unser Kapitän war angelangt. Der alte Held empfing ihn mit Herzlichkeit. Er verstand sehr wohl das Verhältnis und wußte es großartig, ehrfurchtgebietend und leicht zu behandeln. Herr Cook, ein Europäer, der sein Vertrauen besaß und der jetzt erst von dem amerikanischen Schiffe, wohin er ihn gesandt hatte, zurückkam, diente ihm zum Dolmetscher. Er verhielt seinen Ingrimm gegen die Russen nicht, die seiner königlichen Gastfreiheit mit so schnödem Undank gelohnt; in uns aber, die wir, auf Entdeckung ausgesandt, mit jenen nichts zu teilen hatten, wolle er keine

Kahu-manu, Lieblingsfrau des Königs Tameiameia

Russen sehen, sondern nur die Söhne und Nachkommen Cooks und seines Freundes Vancouver. Wir seien keine Kaufleute, er wolle es auch gegen uns nicht sein; er werde für alle unsere Bedürfnisse Sorge tragen, frei, unentgeltlich. Wir brauchten dem Könige nichts zu geben, und wollten wir ihm ein Geschenk machen, so sei es nur nach Belieben. So Tameiameia, König der Sandwich-Inseln.

Unsere Gegengeschenke zeugten von unserer friedlichen Gesinnung. Zwei kleine Mörser mit den dazugehörigen gefüllten Granaten und Pulver. Eisenstangen, die wir als Ballast hatten und die ihm angenehm zu sein schienen, wurden für ihn zu Hana-ruru ausgeschifft. – Er selbst erkundigte sich im Gespräche, ob wir ihm wohl etwas Wein ablassen könnten. Er erhielt ein Fäßlein guten Teneriffa von unserm Vorrat. Der Kapitän hatte zufällig etliche schöne Äpfel aus San Francisco mitgebracht. Er fand sie wohlschmeckend, verteilte sie zum Kosten den Häuptlingen um ihn und ließ die Kerne mit großer Sorgfalt sammeln. Auf den Wunsch, den Herr von Kotzebue aussprach, ließ Tameiameia sogleich einen Federmantel herbeiholen und überreichte ihm solchen für den Kaiser Alexander. Furchtlos und würdevoll schlug er ab, auf das Schiff zu kommen, da die jetzige Stimmung seines Volkes es ihm nicht erlaube. Wir statteten dem Reichserben Lio-lio einen Besuch ab. Ich kann dem, was ich in den »Bemerkungen und Ansichten« gesagt habe, nichts hinzufügen, obgleich die dort, hauptsächlich nach Herrn Marini ausgesprochenen Weissagungen nicht in Erfüllung gegangen sind. Der Tisch war für uns in einem Hause, das im Umfang des königlichen Morai lag, auf europäische Weise gedeckt. Der König geleitete uns dahin mit seinen Häuptlingen, doch nahm weder er noch einer von ihnen Anteil an dem Mahle, das wir allein verzehrten. Unsere Matrosen wurden nach uns auf gleiche Weise bewirtet. Wir erfuhren später, daß mit diesem uns gereichten Mahle ein religiöser Sinn verbunden gewesen. Die wir als Feinde angekündigt, als Freunde gekommen waren, aßen ein geweihtes Schwein an geweihter Stelle in dem Morai des Königs.

Nach uns speiste Tameiameia in seinem Hause allein, wobei wir ihm zuschauten, wie er uns selber zugeschaut hatte. Er aß nach altertümlicher Sitte. Gesottene Fische und ein gebackener Vogel waren die Gerichte, Bananenblätter die Schüssel, und der beliebige Tarobrei vertrat die Stelle des Brotes. – Die Diener brachten die Speisen kriechend herbei, die ein Vornehmerer ihm vorsetzte. Herr von Kotzebue spricht von der sonderbaren Tracht der Höflinge Tameiameias, die alle schwarze Fracks auf dem bloßen Leib getragen. Ich kann mich nur erinnern, ein einziges Mal auf den Sandwich-Inseln dieses Kostüm gesehen zu haben, welches keineswegs so allgemein war und auch dem Auge des Künstlers nicht aufgefallen ist. Vergleiche Choris: »Voyage pittoresque«.

Tameiameia behielt Herrn Elliot um sich, von dem nach O-Wahu begleitet zu werden uns wohl erwünscht gewesen wäre. Er gab uns als Geleitsmann und Überbringer seiner Befehle in unserm Betreff einen Edeln geringeren Ranges mit, der seines völligen Vertrauens genoß. Er ließ diesen Mann, namens Manuja, von zehn Meilen herkommen, weshalb er auch spät eintraf. Der »Rurik« war unter Segel geblieben. Wir hatten bereits Signalschüsse abgefeuert, Raketen abgebrannt und Laternen aufgezogen, als Herr Cook unsern Schutzmann abends um acht Uhr an Bord brachte.

Wir nahmen mit einem schwachen Landwind unsern Kurs nach O-Wahu. Die aufgehende Sonne fand uns am 25. in Ansicht von O-Waihi und Mauwi. Der Wind hatte uns verlassen. Es war ein schöner Morgen. Größe, Ruhe und Klarheit. Luft und Meer klar und ruhig; rein und wolkenlos die groß und ruhig gezeichneten Höhen beider

Der Morai des Königs Tameiameia in der Bucht von Tiutatua

Inseln. Herr von Kotzebue benutzte den Moment, die Höhen der Berge beider Inseln zu messen.

Zu Nacht erhob sich der Wind; wir hatten den Passat wiedergewonnen. Wir sahen die Feuer der Insel Tauroa brennen. Wir segelten am 26. schnell längs der Inselkette und südlich von derselben vorwärts. Ein paar Walfische (Physeter) spritzten nicht fern von uns ihre Wasserstrahlen. Manuja lag seekrank auf dem Verdecke, und sein Dienstmann war kaum imstande, ihm Hülfe zu leisten. Auch Manuja hatte die Kerne der Äpfel, die er bei uns gegessen, sorgfältig gesammelt und verwahrt. Wir lavierten die Nacht in Ansicht der Insel O-Wahu.

Wir gelangten am 27. November in den Mittagsstunden vor den Hafen von Hana-ruru. Manuja fuhr mit dem ersten Kanot, welches sich zeigte, ans Land, und bald kam ein königlicher Lotse, ein Engländer, Herr Herbottel, heraus, der uns die Anker außerhalb des Riffes werfen hieß, da jedes einlaufende Schiff während der Windstille, die hier regelmäßig vor Sonnenaufgang eintritt, in den Hafen bugsiert werden muß.

Der Kapitän fuhr, sobald der »Rurik« vor Anker lag, an das Land. – Ein amerikanischer Scunner, der »Traveller« aus Philadelphia, Kapitän Wilcoks, ging eben unter Segel. Wir sahen über die Brandung hinüber zu der anmutigen Stadt, die, von schlanken Kokospalmen beschattet, aus o-waihischen Strohdächern und europäischen Häusern mit weißen Mauern und roten Dächern besteht. Sie unterbricht die sonnige Ebene, die den Fuß des Gebürges umsäumt. Der Wald, der die Höhen bekleidet, senkt sich auf ihren Abhängen tief herab. Zwei Schiffe lagen im Hafen; beide gehörten dem Herrn der Inseln. Ein Dreimaster, der bald den Namen der Frau von Kareimoku erhalten sollte und der am 29. morgens, mit Taro beladen, nach O-Waihi unter Segel ging. Das zweite, nach Tameiameias edelster Gattin die

»Kahu-manu« genannt, eine kleine elegante, schnell segelnde Brigg, die, in Frankreich zum Kaperschiff gebaut, ursprünglich »La grande guimbarde« geheißen und, von den Engländern genommen, den Namen »Forester« erhalten hatte. – Die »Kahu-manu« feuerte als Wachtschiff bei Sonnenuntergang den üblichen Retraitenschuß ab.

Der Kapitän kam an Bord zurück, nicht eben erfreut von dem Empfang, der ihm geworden. Noch war das Volk gegen die Russen in Aufregung, und bei dem Gouverneur hatte er dasselbe Vorurteil zu bekämpfen gehabt. Herr Jung war ihm hülfreich gewesen. Der Gouverneur Kareimoku, den die Engländer Pitt nennen, auf den Sandwich-Inseln der nächste nach dem Könige, hatte ihm jedoch versprochen, die Befehle, die er im Betreff seiner von Tameiameia erhalten, pünktlich zu vollziehen.

Am 28. um sechs Uhr des Morgens riefen wir verabredetermaßen durch einen Kanonenschuß die Kanots herbei, die uns in den Hafen bugsieren sollten. Der Lotse und acht Doppelkanots, jeder unter der Führung des Eigners von sechzehn bis zwanzig Mann gerudert, kamen heran. Herr Jung fuhr an ihrer Seite in einem kleinen Kanot. Der Anker ward gelichtet, und spielend, lachend, lärmend führten die Sandwicher in guter Ordnung und mit einer Gewalt, die unsere Seeleute bewunderten, den »Rurik« dahin. Wir fuhren nach dem Log drei Knoten. Wir ließen unter den Mauern der Festung die Anker fallen, und Herr Jung kam an Bord, Bezahlung für den Dienst einzufodern, den nicht Leute des Königs uns geleistet hatten.

Ich kann das erste, was uns wie jedem Fremden auf diesen Inseln entgegentrat, mit Stillschweigen nicht übergehen: die allgemeine, zudringliche, gewinnsüchtige Zuvorkommenheit des andern Geschlechtes; die ringsher uns laut zugeschrienen Anträge aller Weiber, aller Männer namens aller Weiber.

Die Scham scheint mir dem Menschen angeboren zu sein, aber die Keuschheit ist nur nach unsern Satzungen eine Tugend. In einem der Natur näheren Zustande wird das Weib in dieser Hinsicht durch den Willen des Mannes gebunden, dessen Besitztum es geworden ist. Der Mensch lebt von der Jagd. Der Mann sorgt für seine Waffen und für den Fang; er ernährt die Familie. Der Waffenfähige herrscht rücksichtslos im Gebrauche seiner Übermacht; das Weib dient und duldet. Er hat gegen den Fremden keine Pflicht; wo er ihm begegnet, mag er ihn töten und sein Besitztum sich aneignen. Ob er des Getöteten Fleisch zur Speise benutzt oder verwesen läßt, ist unerheblich. Schenkt er aber dem Fremdling das Leben, so schuldet er ihm fürder, was zu dem Leben gehört; das Mahl ist für alle bereitet, und der Mann bedarf eines Weibes.

Auf einer höheren Stufe wird die Gastfreundschaft zu einer Tugend, und der Hausvater erwartet am Wege den Fremdling und zieht ihn unter sein Zelt oder unter sein Dach, daß er in seine Wohnung den Segen des Höchsten bringe. Da macht er sich auch leicht zur Pflicht, ihm sein Weib anzubieten, welches dann zu verschmähen eine Beleidigung sein würde.

Das sind reine, unverderbte Sitten.

Diesem Volke der Lust und der Freude – o könnt ich doch mit einem Atemzuge dieser lauen, würzigen Luft, mit einem Blicke unter diesem licht- und farbreichen Himmel euch lehren, was Wollust des Daseins ist! –, diesem Volke, sage ich, war die Keuschheit als eine Tugend fremd; wir haben Hab- und Gewinnsucht ihm eingeimpft und die Scham von ihm abgestreift. – Schon auf der nördlichen Küste der Insel, durch das Gebürge von der verderbten Hafenstadt abgesondert, wähnte ich mehr patriarchalische, unbescholtenere Sitten zu finden.

Ich machte schon an diesem ersten Tage die Bekanntschaft von Herrn Marini (Don Francisco de Paulo Marini, der von den Eingebornen Manini genannt wird). Er kam mir nicht übereilt entgegen, aber ich fand ihn stets hülf- und lehrreich, wo ich seiner bedurfte; und er hat, mit Geist und Blick den Punkt treffend, den ich suchte, mich das Beste gelehrt, was ich über diese Inseln weiß. Marini war noch sehr jung, als er in einem Hafen der amerikanisch-spanischen Küste, ich glaube zu San Francisco Kaliforniens, mit Früchten und Gemüsen auf ein Schiff geschickt ward, das im Begriff stand auszulaufen. Die Matrosen ließen den Knaben trinken, er schlief ein; sie verbargen ihn. – Das Schiff war auf hoher See, als erwachend er hervorkam. Der Wurf, der sein Schicksal entschied, war geschehen. Auf den Sandwich-Inseln ans Land gesetzt, wurde er auf denselben zu einem Häuptling von Ansehen, der als betriebsamer Landwirt unablässig mit den Arten nutzbarer Tiere und Pflanzen, die er einführte, neue Quellen des Wohlstandes aus dem Boden stampft und als betriebsamer Handelsmann die zahlreichen Schiffe, die hier verkehren, mit allen ihren Bedürfnissen versorgt. Er versteht namentlich unter diesem heißen Himmel das Fleisch auf das dauerhafteste einzusalzen, was die Spanier in der Neuen Welt für unmöglich erklären. Marini schien sich als ein unabhängiger Mann von dem Könige fernzuhalten und nicht in dessen Gunst zu stehen. Er lebte mehr der Handelswelt. Ich war glücklich zu preisen, daß ihn jetzt keine Schiffe beschäftigten. Im ersten Gespräche, das ich mit ihm hatte, fiel mir eine Äußerung von ihm auf. Es war von den neuesten Zeitereignissen die Rede und von Napoleon. »*Der*«, sagte er, »hätte in unserm spanischen Amerika getaugt.« Solches Wort hatte ich noch aus keines Spaniers Munde gehört.

Ich machte die erste botanische Exkursion, bestieg den ausgebrannten Vulkan hinter der Stadt, drang berghinan in den Wald und kam über das Tal zurück, das durch kunstreiche Bewässerung für die Kultur der Taro gewonnen ist. Ich lernte die Kühlung der Bergtäler kennen und die erhöhte Temperatur, die einen empfängt, sobald man aus denselben auf den sonnigen Saum der Insel hervortritt.

Der ich täglich die Gegend durchschweifte und das Gebürge, werde meine einsamen Spaziergänge nicht weiter beschreiben, aber hier etliche der kleinen Abenteuer, die mir auf denselben zustießen, zusammentragen.

Über Ströme und Flüsse führt keine Brücke; ist man doch froh, die Gelegenheit zu einem Süßwasserbad zu haben, welches von den Anwohnern des Meeres ebenso geschätzt und begehrt wird wie von uns Mittelländern das Seebad. Man wird auch allerorten auf jede sich darbietende Gelegenheit aufmerksam gemacht, und »Willst du baden?« ist eine Frage, die man bald erlernt hat.

Ich hatte mich ausgezogen, um den Strom, der hinter Hana-ruru sich in den Hafen ergießt, zu durchwaten, und das Wasser ging mir kaum über die Knie, als ich ein leichtes Kanot an mich heranrudern hörte und ein großes Gelächter vernahm. Es war eine Dame, anscheinlich von der ersten Kaste, die mich hier zu necken sich ergötzte. Ich war wie ein unschuldiges Mädchen, das ein Flegel sich den Spaß macht im Bade zu beunruhigen.

Bei einer weiteren Exkursion, auf welcher mich ein Führer geleitete, ging der Weg durch ein breites, ruhiges Wasser. Der O-Waihier stieg vor mir hinein und ging hinüber; das Wasser stieg ihm nicht bis an die Brust. Ich geriet auf den Einfall, ich, der ich eigentlich nicht schwimmen kann, hinüberschwimmen zu wollen. Ich versuchte es, und siehe! das Wasser trug mich, und ich kam ordentlich vorwärts.

Ich war außerordentlich mit mir zufrieden und dachte: es ist auch gut, den Leuten zu zeigen, daß, wenn grade kein Meister in ihrer Kunst, man doch derselben nicht ganz fremd ist. Da weckte mich ein unendliches Gelächter, das laut und lauter vom Ufer erscholl, aus meinem Traum. Wie ich mich umsehen konnte, um zu erkunden, was da vorging, gewahrte ich, daß sich das Ufer dicht mit Menschen bekränzt hatte, die herbeigelaufen waren, um über den kuriosen Kanaka haore (den weißen Mann) zu lachen, der, anstatt wie ein vernünftiger Mensch durchs Wasser zu gehen, sich eine ungeheure Mühe gab, seine Ungeschicktheit zur Schau zu geben. Aber das Lachen hat hier nichts Feindseliges. Lachen ist das Recht des Menschen; jeder lacht über den andern, König oder Mann, unbeschadet der sonstigen Verhältnisse. – Andere Anekdoten werden an ihrem Ort den Satz erläutern.

»Arocha!« ist der Friedensgruß, den jeder jedem bietet und der mit gleichem Gegengruß erwidert wird. Auf jedes »Arocha!«, das einem zugerufen wird, antwortet man »Arocha!« und ziehet seines Weges, ohne sich umzusehen. Als ich einst botanisieren ging und von Hana-ruru meinen Weg nach den Taropflanzungen genommen hatte, fiel es mir auf, daß, wo schon die Häuser zu Ende waren, das Grüßen noch kein Ende nahm; und war doch auf dem freien Felde links und rechts niemand zu sehen. »Arocha!« ward mir in allen Tönen unablässig nachgerufen, und ich erwiderte treuherzig jeden Gruß. Ich sah mich unvermerkt um und ward gewahr, daß ich einen Troß Kinder hinter mir her nachzöge, die es belustigte, den Kanaka haore sein »Arocha!« wiederholen zu lassen. Wartet nur! meinte ich; und ich zog mit großer Geduld, begrüßt und gegengrüßend, den Schwarm mir nach bis an die Engpässe der Tarofelder, über Gräben, Gehege, Wasserleitungen und Erdwälle. Da kehrte ich mich unversehens um und lief mit erhobenen Armen und entsetzlichem Geheul auf sie zu; sie, im ersten Schrecken, ergriffen die Flucht und stürzten übereinander und in die Wasserbehälter. Ich lachte sie aus, sie lachten, und wir schieden als Freunde: »Arocha!«

Auf einer Wanderung durch das fruchtreiche Tal hinter

Hana-ruru fand ich einst am Rande eines der Wasserbehälter, worin der Taro gezogen wird, ein schönes Gras, welches ich mich nicht erinnerte gesehen zu haben und wovon ich mir gleich Exemplare ausriß. Bei dem Geschäfte traf mich ein O-Waihier an, der darob mich ausschalt und pfändete und den ich nur mit Mühe beschwichtigen konnte. Ich erzählte Herrn Marini das Ereignis und zeigte ihm das Gras. Der Mann war sein Pächter, das Gras war der Reis, der, nachdem manche frühere Versuche mißglückt, endlich in diesem Jahre zuerst auf diesen Inseln gegrünt hatte. – Mag mancher Botaniker mich auslachen, dem es vielleicht nicht besser ergangen wäre. Auch ich hätte Oryza sativa im Herbario nicht verkannt.

Bezeichnend mag sein für die hiesige Pflanzenwelt, worin die baumartigen Riesenlianen Brasiliens meist nur durch krautartige Winden- und Bohnenarten vertreten werden, die ihre Netze über das niedre Gebüsch ausspannen, daß ich einmal im Gebürg abseits vom Pfade in so ein Netz geriet und, wie ich weiter vordringen wollte, endlich gewahr wurde, daß ich bereits über den Absturz des Felsen hinaus in einer Hängematte über dem Abgrund schwebte.

Am 29. November wurden wir zuerst nach dem Befehle Tameiameias versorgt. Wurzeln und Früchte, wie sie das Land nur hervorbringen mag, wurden uns in Überfluß gereicht, und die Schweine, die man uns lieferte, waren so groß, daß wir kaum die Hälfte verzehren konnten; die übrigen wurden teils eingesalzen, teils lebendig mitgenommen.

Der Kapitän unternahm an diesem Tage, den Plan des Hafens von Hana-ruru aufzunehmen, und ließ zu dem Behufe Chramtschenko Signalstangen mit Flaggen auf verschiedenen Punkten einpflanzen. Diese Flaggen erinnerten das Volk an jene Flagge, die bei der Besitznahme aufgezogen worden war, und nun griff alles zu den Waffen, sich das Fest einer Schlacht versprechend; denn waffenlustig ist dieses fröhliche Volk, und es entbehrt schon lange dieser Lustbarkeit. Haul-Hanna, der zum Glücke früh genug berichtet ward, schlug sich ins Mittel, beschwichtigte Kareimoku, kam selbst an das Schiff, den Kapitän zu warnen, und ward unser guter Engel. Alles Flaggenartige verschwand sofort, und der Krieg ward abgesagt.

Am 30. November stellten sich auf die Einladung des Kapitäns Kareimoku und die vornehmsten Häuptlinge, Teimotu, Bruder der Königin Kahu-manu, Haul-Hanna und andere zum Mittagessen auf dem »Rurik« ein. Kareimoku war herzlich und brachte dem Kapitän den Friedensgruß. Die Herren waren alle in europäischer Tracht, wenn nicht alle nach der neusten Mode, so doch alle sehr anständig. Man setzte sich zu Tisch, und ihr Benehmen kann für ein Muster der Schicklichkeit und guten Sitte gelten. Wir hingegen, wir waren die Ungeschickten, die Tölpel; denn es ist doch wohl gesellige Pflicht, sich nach den Sitten und Bräuchen derer, die man bewirten will, zu erkundigen und sich in notwendigen Dingen darnach zu richten. Aber das Schwein, das wir den Herren vorsetzten, war nicht im Morai geweiht worden, und so war es nicht (um mich europäisch auszudrücken) kauscher, und nichts von allem war kauscher, was am selben Feuer mit ihm gekocht und gebraten worden. Ein Stück Zwieback und ein Glas Wein war das einzige, was sie genießen durften. Sie mußten nüchtern uns essen sehen, ohne sich einmal mit uns unterhalten zu können; das war unsere Bewirtung. Sie aber benahmen sich dabei besser, als wir uns vielleicht an ihrer Stelle benommen hätten, und ließen den guten Willen für die Tat gelten. Kareimoku trank ein »Arocha!« dem Kaiser von Rußland zu; ein »Arocha!« ward dem Tameiameia dargebracht, und wir waren gute Freunde.

Die Frauen indes, deren einige mitgekommen waren (das Tabu ist auf Schiffen minder streng als auf dem Lande, wo sie unter Todesstrafe das Speisehaus der Männer nicht betreten dürfen), die Frauen, sage ich, tranken indes Wein und betranken sich, was ein O-Waihier von Stand nie tun wird.

Das von Choris gemalte, sehr ähnliche Bild von Tameiameia machte ein ausnehmendes Glück. Alle erkannten es, alle hatten Freude daran. – Ich werde einen Zug nicht vergessen, welchen man vielleicht für die Sitten dieses Volkes bezeichnend finden wird. Der Maler hatte in sein Zeichnenbuch neben den König ein Weib aus der Mittelklasse gezeichnet. Herr Jung, dem zuerst das Blatt gezeigt wurde, fand diese Nachbarschaft dergestalt bedenklich, daß er unserm Freunde riet, die zwei Porträte entweder zu trennen oder gar nicht sehen zu lassen. Demgemäß ward das Blatt durchgeschnitten, bevor das Bild des Königs andern O-Waihiern gezeigt wurde. Von diesem sehr gelungenen Porträt teilte Choris hier etliche Kopien aus. Wie wir im nächsten Jahre nach Manila kamen, hatten sich bereits die amerikanischen Kaufleute dieses Bildes bemächtigt und hatten es in den chinesischen Malerfabriken für den Handel vervielfältigen lassen. Choris hat ein Exemplar der chinesischen Ausgabe nach Europa mitgebracht.

Am 30. November fing mit Sonnenuntergang die Feierlichkeit eines Tabu-pori an, um mit dem Sonnenaufgang des dritten Tages zu endigen. Begierig, den heiligsten Mysterien des o-waihischen Kultus beizuwohnen, wandte ich mich an Kareimoku, der ohne alle Schwierigkeit mich einlud und dessen Gast ich auf die Dauer des Festes im Heiligtume des Morai wurde. Er verließ gegen vier Uhr das Schiff, und ich stellte mich vor Sonnenuntergang bei ihm ein.

Ich habe die Details der Liturgie und der heiligen Bräuche, die man übrigens bei älteren Reisenden genau beschrieben findet, nicht aufgezeichnet; aber eins kann ich sagen: gegen die Lustigkeit, mit der sie vollzogen wurden, könnte die Lustbarkeit eines unserer Maskenbälle für ein Leichenbegängnis angesehen werden. Die religiösen Handlungen füllen nur einzelne Stunden aus. Wie bei der katholischen Liturgie fällt das Volk stellenweise in den Gesang der fungierenden Priester ein. Die Zwischenzeiten gehören der fröhlichsten Unterhaltung, und es werden gute Mahlzeiten abgehalten, wobei ich allein nach europäischer Art bedient wurde und gebackenen Taro anstatt des üblichen Breies bekam. – Zur Mahlzeit wie zur Unterhaltung liegt man in zwei Reihen auf dem mit Matten belegten Estrich, mit dem Kopfe nach dem trennenden Mittelgang, auf den die Türe stößt. Die Gerichte werden auf Bananenblättern aufgetragen, man führt die Speisen mit den Händen zu dem Munde, und der zähe Tarobrei, der das Brot vertritt, wird von den Fingern abgeleckt. Waschwasser wird vor und nach der Mahlzeit gereicht. Zu Nacht geben Fackeln von Kukuinüssen (Aleurites triloba), die auf Stäbchen eingefädelt sind, ein sehr helles Licht. Dieses alles im Morai nicht anders als zu Hause. Wer aus dem heiligen Bezirke sich entfernen will, wird von einem Knaben begleitet, der jeglichem zur Warnung ein kleines weißes Fähnlein führt. – Ein Weib, das man berühren würde, müßte sogleich getötet werden; ein Mann müßte sich nur im Morai der gleichen Absonderung unterwerfen.

Choris hat in seinem »Voyage pittoresque«, T. V–VIII, die Idole eines Morai zu O-Wahu abgebildet. Der Typus, der sich in den Figuren VI, 4; VII, 3 und 4; VIII, 1 und 3 wiederholt, ein gleichsam hieroglyphischer, scheint mir der altertümliche, volkstümliche zu sein. Die mit roten Federn bekleidete Figur von Korbgeflechte, die, im Allerheiligsten des Morai verwahrt, bei den Bräuchen des Tabu-pori zum Vorschein kommt, trägt diesen selben Typus. Der weite Mund ist mit wirklichen, ich glaube Hundezähnen um-

Tameiameia, König der Sandwich-Inseln

zäunt. Ein paar Jünglinge brachten mir in einer Zwischenzeit die Figur, damit ich sie näher betrachten könne. Begierig, die Grenze des mir Erlaubten zu erkunden, fühlte ich der Göttergestalt auf den Zahn, worauf mit einer plötzlichen Wendung derjenige, der die Figur trug, sie meine Hand verschlingen ließ. Natürlicherweise zog ich überrascht die Hand schnell zurück, und sie erhoben ein unmäßiges Gelächter.

Die Bräuche, die ich noch gesehen, werden auf diesen Inseln nicht mehr vollführt, und die Sprache der Liturgie soll verhallen. Keiner wohl hat daran gedacht, zu erforschen und der Vergessenheit zu entziehen, was dazu beitragen könnte, das Verständnis der Äußerlichkeiten des Gesetzes dieses Volkes zu eröffnen, Licht in seine Geschichte, vielleicht in die Geschichte der Menschen zu bringen und die großen Rätsel, die uns Polynesien darbietet, aufzulösen. Wahrlich, es hätte durch die Romanzowsche Expedition Preiswürdiges für die Wissenschaft gewonnen werden können, wenn sie einem geradsinnigen, eifrigen Forscher einen Aufenthalt von einem Jahre auf diesen Inseln gegönnt hätte. Aber man fährt wie eine abgeschossene Kanonenkugel über die Erde dahin, und wenn man heimkommt, soll man rings ihre Höhen und Tiefen erkundet haben. – Als ich gegen den Kapitän mich erbot, hier bis zu der Rückkunft des »Ruriks« zu bleiben, erhielt ich zur Antwort: er wolle mich nicht halten; es stehe bei mir, von der Expedition abzutreten, wann es mir gefiele.

Am 4. Dezember veranstaltete Kareimoku für uns ein Hurrahurra oder Tanzspiel und ein zweites am 6. Dezember. Wahrlich, seit ich wiederholt die widrigen Verrenkungen anzuschauen mir Gewalt angetan habe, die wir unter dem Namen Ballettanz an unsern Tänzerinnen bewundern, erscheint mir, was ich in meinen »Bemerkungen und Ansichten« von der Herrlichkeit jenes Schauspieles gesagt habe, blaß und dem Gegenstande nicht entsprechend. Wir Barbaren! Wir nennen jene mit Schönheitssinn begabten Menschen »Wilde«, und wir lassen das Ballett den beschämten Dichter und den traurenden Mimen aus den Hallen verdrängen, die wir der Kunst geweiht zu haben uns rühmen. – Ich habe es immer bedauert und muß hier mein Bedauern wiederholt ausdrücken, daß nicht ein guter Genius einmal einen Maler, einen zum Künstler Berufenen, nicht nur so einen Zeichner von Profession, auf diese Inseln geführt. – Es wird nun schon zu spät. Auf O-Taheiti, auf O-Waihi verhüllen Missionshemden die schönen Leiber, alles Kunstspiel verstummt, und der Tabu des Sabbats senkt sich still und traurig über die Kinder der Freude.

Ein Zeichen muß ich geben, daß ich unbestochen rede. Am 4. tanzten drei Männer, am 6. eine Schar von Mädchen, darunter viele von ausnehmender Schönheit. Nicht diese haben auf mich den bleibenden Eindruck gemacht, nein, die Männer, die kunstreicher waren und von denen doch der erste nicht einmal schön unter den Seinen zu nennen war. Man sehe übrigens die zwei schlechten Blätter nicht an, die Choris' Atlas verunzieren. Das Tanzen läßt sich nicht malen, und was er hier gemalt hat, möge ihm der Genius der Kunst verzeihen.

So hingerissen und freudetrunken, wie die O-Waihier von diesem Schauspiel waren, habe ich wohl nie bei einem andern Feste ein anderes Publikum gesehen. Sie warfen den Tänzern Geschenke, Zeuge, Juwelen zu.

Ich werde hier Geringfügiges berichten, doch tritt in dem Kinde der Charakter des Volkes hervor. Bei dem Tanz der Männer unter den Kokospalmen war mir ein Knabe sehr hinderlich, der vor mir stand und mir auf die Füße trat. Ich schob ihn unsanft von mir; er sah sich grimmig nach mir um, und ich las auf seinem verfinsterten Gesichte, daß ich einer Menschenseele weh getan habe. Ich entgegnete

Tanz hawaiischer Männer

ihm mit einem erbosten Gesichte und der Pantomime des Wurfspießschwingens, als habe ich ihn zum Gegner und ziele nach ihm. Da war der Junge versöhnt und lachte mich an; hielt ich ihn für waffenfähig und mir gewachsen, so war es gut; aber sich stoßen und treten lassen, das wollte er nicht.

Ein anderes Schauspiel war uns verheißen – das Schauspiel volkstümlicher Waffenübungen von Fürsten und Edeln, einer Scheinschlacht, die, nicht ohne Gefahr bei der raschen Leidenschaftlichkeit dieses Volkes, leicht zu einer wirklichen werden kann. Die Waffe ist, wie man weiß, der Wurfspieß, der nicht mit erhobenem Arm wie von den Griechen, sondern mit gesenktem, längs der Erde, den Rücken der Hand einwärts, den Daumen nach hinten, geschwungen und von unten auf geschleudert wird. Die Fürsten tragen bei diesem Waffenspiel den Federmantel.

Dieses Schauspiel versäumt zu haben ist in meinem Leben ein unersetzlicher Verlust. Es sollte am 7. stattfinden und ward ausgesetzt. Am 8. unternahm der Kapitän nach der Gegend von Pearl River eine Jagdpartie, auf welcher er zwei Tage zubringen sollte. Ich benutzte diese Zeit zu einer Exkursion quer durch die Insel nach der Nordküste derselben. Kareimoku hatte mir zwei seiner Leute mitgegeben und mir in den Orten, wo ich einkehren sollte, einen gastlichen Empfang bereitet. Ich erstieg durch das Tal, welches hinter Hana-ruru liegt, den Kamm des Gebürges, da, wo er sich zu dem niedrigsten Col senkt. Den steil der Nordküste zugekehrten Absturz kletterte ich, wie man schon in der Schweiz tun lernt, mit nackten Füßen hinab. Ich übernachtete unten und kam über einen westlicheren, viel höheren Bergpaß und durch ein anderes Tal am Abend des 9. nach Hana-ruru zurück. Da war das Waffenspiel, das an diesem Tage stattgefunden, bereits zu Ende.

Manuja hatte eifrig, pünktlich und liebevoll die Aufträge

seines Herrn befolgt, das Holzfällen und -heranbringen besorgt usw. Er wurde hinwiederum beauftragt, dem Könige, was noch für ihn bestimmt war, zurückzubringen. Er selber wurde reichlich beschenkt.

Am 13. Dezember waren wir reisefertig. Ich bemerke beiläufig, daß die Europäer auf den Sandwich-Inseln die Zeitrechnung von West in Ost über Kanton erhalten haben, so daß wir, die wir die Zeit von Ost in West mitbrachten, einen Tag gegen sie im Rückstand waren, wie in Kamtschatka und den russischen Ansiedelungen der Fall gewesen war. Derselbe Unterschied fand zwischen Nachbarn, San Francisco und Port Bodega, statt. Wenn man sich mit dem alten und dem neuen Kalender, der Zeitrechnung von Osten her und von Westen her, der Zeit von Greenwich und der von dem Schiffe, der mittleren und der wirklichen Zeit, der Sonnenzeit und der Sternenzeit, dem astronomischen Tag usw. abzufinden hat, so ist es nicht leicht zu sagen, was es an der Zeit ist. Ich rechne bis zur Vollendung des Kreises die Längengrade West von Greenwich und die Tage nach dem neuen Kalender und nach fortlaufender Schiffsrechnung.

Am 14. Dezember 1816, morgens um sechs Uhr, forderten wir durch einen Kanonenschuß den Lotsen, der mit etlichen Doppelkanots herbeikam. Wir wurden aus dem Hafen herausbugsiert. Kareimoku kam an Bord. Wir salutierten die königlich o-waihische Flagge, die über dem Fort wehte, mit sieben Schüssen, die das Fort Schuß für Schuß erwiderte. Sodann salutierte uns das königliche Wachtschiff, die »Kahu-manu«, mit sieben Schüssen, die wir wiederum mit gleicher Anzahl erwiderten. Um acht Uhr waren wir aus dem Hafen; Kareimoku und seine Begleiter nahmen von uns zärtlichen Abschied. Als sie sich in ihre Kanots wieder eingeschifft und von uns abstießen, salutierten sie uns mit einem dreimaligen Hurra, das wir gleicherweise erwiderten.

ABFAHRT AUS HANA-RURU. RADACK

Am 14. Dezember 1816 aus dem Hafen von Hana-ruru ausgesegelt, hatten wir drei Tage lang schwache, spielende Winde und Windstille. Walfische (Physeter) wurden in der Ferne gesehen; am 16. ward eine Seeschwalbe (Sterna stolida) auf dem Schiffe gefangen.

Der Wind stellte sich am 17. ein und brachte uns schnell vorwärts. Am 19. hatten wir Regen. Am 21. und 22. suchten wir vergeblich unter dem siebzehnten Grad nördlicher Breite Inseln, die vom Kapitän Johnston im Jahre 1807 gesehen worden; Pelikane und Fregatten umschwärmten uns in großer Menge. Wir setzten unsern Kurs nach Südwesten fort. Wir fuhren vor dem Winde bei sehr lästigem Schwanken des Schiffes und schnellem Lauf. Die Seevögel begleiteten uns. Der Horizont hatte nicht seine gewöhnliche Klarheit. Wir suchten vom 26. bis zum 28. unter dem elften Grad nördlicher Breite die Insel San Pedro, ohne dieselbe zu entdecken. Zeichen von Land vermochten uns, die Nacht zu lavieren. Am 29. sahen wir Delphine, Fliegende Fische, Treibholz. Die Zahl der Vögel verringerte sich. Vom 28. an steuerten wir westwärts zwischen neun Grad und zehn Grad nördlicher Breite, um die Mulgraves-Inseln aufzusuchen; wir lavierten meist während der Nacht. In der Nacht vom 30. zum 31. stellte sich ein Landregen ein, welcher den ganzen Tag anhielt. Ein Stück Holz, worauf sich eine Schnepfe niedergesetzt, trieb am Morgen am Schiffe vorbei. Man hatte schon zu Nacht Schnepfen gehört. Der

Wind war viel gemäßigter geworden. Am 1. Januar 1817 hatten wir bereits einen nördlicheren Kurs genommen, um die im vorigen Jahre gesehenen Inselgruppen aufzusuchen, als in den Nachmittagsstunden Land gesehen ward.

In dieser Zeit der Reise hatten sich die Lichtschaben (Blatta germanica) auf eine furchtbare Weise auf dem »Rurik« vermehrt und vergegenwärtigten uns eine der ägyptischen Plagen. Es hat etwas Unheimliches, etwas Wundergleiches, wenn die Natur einer solchen untergeordneten Art, deren Individuum als ein unmächtiges Nichts erscheint, durch die überwuchernde Anzahl derselben, durch das Gedeihen aller Keime und durch die Verwandlung alles organischen Stoffes in sie zu einer unerwarteten Übermacht verhilft. Dem Menschen verborgen, entziehen sich seiner Einwirkung die Umstände, welche die Vermehrung und Abnahme jener Geschlechter bedingen; sie erscheinen und verschwinden. Dem Spiele der Natur sieht er unmächtig staunend zu. Als wir im Spätjahr 1817 zum andernmal von Unalaschka südwärts steuerten, hatte sich die Blatta fast gänzlich verloren, und sie nahm nie wieder überhand.

Eine andere Ungemächlichkeit des Seelebens, die wir seit Kalifornien kennengelernt, war der Gestank des faulenden Kielwassers. Auf Schiffen, die, wie der »Rurik«, kein Wasser einlassen und auf welchen die Pumpen müßig sind, leidet man mehr davon als auf solchen, wo das Eindringen und Herauspumpen des Wassers kein Stocken und Faulen desselben zuläßt. Wir mußten selber Wasser eingießen, um das stockende herauszubekommen.

Ich habe bis jetzt noch einer wohltätigen Erquickung nicht gedacht, deren wir in der heißen Zone genossen. Ich meine das Sturzbad, das Übergießen mit Seewasser, womit wir uns abends am Vorderteile des Schiffes erfrischten. Wir waren noch nicht müde und hatten noch Laune zu manchem Scherze. Einmal, während Login Andrewitsch badete, entwendete ihm Iwan Iwanowitsch sein Hemd und machte ihn glauben, der Wind habe es in die See geweht.

Login Andrewitsch schlief noch zu Nacht auf dem Verdeck, nachdem ich und der Doktor auf diesen Genuß verzichten zu müssen geglaubt. Er schob seine Matratze durch das Fenster auf das Verdeck und stieg dann selbst die Treppe hinauf, sich oben zu betten. Ich paßte einmal den Moment ab, wo er auf der Treppe war, zog schnell die Matratze in die Kajüte zurück und legte sie wieder an ihren Ort in seine Koje. Er suchte nun die Verschwundene allenthalben, nur nicht, wo sie war, haderte mit allen, die er auf dem Verdecke fand, und geriet in eine gar komische Verzweiflung.

Man verzeihe mir dieses lustige Zwischenspiel. Ich komme jetzt auf Radack und die Radacker.

Nach dem, was ich in meinen »Bemerkungen und Ansichten« gesagt, bleibt mir hier nur die Geschichte unserer Erscheinung zwischen jenen Riffen zu erzählen und zu berichten, wie wir Bekanntschaft mit einem Volke machten, welches ich unter allen Söhnen der Erde liebgewonnen habe. Die Schwäche der Radacker benahm uns das Mißtrauen gegen sie; ihre eigene Milde und Güte ließ sie Zutrauen zu den übermächtigen Fremden fassen; wir wurden Freunde rückhaltlos. Ich fand bei ihnen reine, unverderbte Sitten, Anmut, Zierlichkeit und die holde Blüte der Schamhaftigkeit. – An Kräftigkeit und männlichem Selbstvertrauen sind ihnen die O-Waihier weit überlegen. Mein Freund Kadu, der, fremd auf dieser Inselkette, sich uns anschloß, einer der schönsten Charaktere, den ich im Leben angetroffen habe, einer der Menschen, den ich am meisten geliebt, ward später mein Lehrer über Radack und die Karolinen-Inseln. In meinem Aufsatze »Über unsere Kenntnis der ersten Provinz des Großen Ozeans« habe ich seiner als einer wissenschaftlichen Auctorität zu erwähnen gehabt und habe dort aus den zerstreuten Zügen unsers Zusammenlebens sein Bild und seine Geschichte zusammengestellt. Habt Nachsicht, Freunde, wenn ich mich vielleicht manchmal wiederhole; hier spreche ich ja von meiner Liebe.

Die Inselkette Radack liegt zwischen 6° und 12°, die von uns gesehenen Gruppen zwischen 8° und 11° 30' nördlicher Breite und 188° und 191° westlicher Länge. – Ich bemerke nur, daß ich von einer Klippe oder Untiefe Limmosalülü im Norden von Arno Nachricht gegeben habe, die auf der Karte des Herrn von Kotzebue fehlt, und verweise im übrigen, was das Geographische anbetrifft, auf die Herren von Kotzebue und von Krusenstern.

Ich lenke in die Tagesgeschichte wieder ein.

Am 1. Januar 1817 hatte sich das Wetter aufgeklärt und der Wind gelegt. Der noch hohe Wellengang bewies, daß kein Land über dem Wind des Schiffes lag. Boniten umschwärmten uns. Nachmittags ward Land entdeckt; es ward erst, als die Sonne unterging, vom Verdeck sichtbar. Eine kleine niedrige Insel: Mesid. Der klare Mondschein sicherte uns zu Nacht vor Gefahr. – Am Morgen des 2. näherten wir uns mit sehr schwachem Winde der Südseite der Insel. Sieben kleine Boote ohne Mast und Segelwerk, jedes mit fünf bis sechs Mann bemannt, ruderten an uns heran. Wir erkannten die Schiffsbauart und das Volk der im Mai des vorigen Jahres gesehenen Inselgruppen. Die reinlichen, zierlichen Menschen betrugen sich sittig; eingeladen, kamen sie zutraulich näher an das Schiff heran, auf dessen Verdeck sich jedoch keiner zu steigen vermaß. Wir eröffneten einen Tauschhandel, der ihrerseits mit großer Ehrlichkeit geführt ward. Wir gaben ihnen Eisen; sie hatten meist nur ihren Schmuck, ihre zierlichen Muschelkränze, uns anzubieten. Eine Landung zu versuchen, ließ der Kapitän die Jalik und die Baidare aussetzen. Der Leutnant Schischmarew kommandierte in der Jalik, ich folgte mit Eschscholtz und Choris in der Baidare; die Mannschaft war bewaffnet. Die das Schiff umringenden Boote folgten uns, als sie uns dem Lande zurudern sahen. Andere kamen von der Insel hinzu, in deren Nähe beiläufig achtzehn gleiche Fahrzeuge um uns einen Kreis zogen, und ich zählte deren noch sechs auf dem Strande. Eine Menge Menschen stand am Ufer, nur Männer; Weiber und Kinder zeigten sich nicht. Ich schätzte die Kopfzahl der von uns Gesehenen auf 100, der Leutnant Schischmarew aber auf das Doppelte; auf jeden Fall eine verhältnismäßig viel stärkere Bevölkerung als auf den übrigen von uns besuchten Gruppen derselben Inselkette. Bei unserer Minderzahl, welche die Insulaner zudringlicher machte, und bei der Übermacht unserer mörderischen Waffen mochte Gleb Simonowitsch das Land nicht betreten. Hatte doch schon einer unserer Leute auf einen Eingeborenen angelegt, der schwimmend ein Ruder unserer Baidare angefaßt hatte. Der Handel ward in der Nähe des Strandes fortgeführt. Die Menschen gaben für Eisen, was sie besaßen: Kokosnüsse, Pandanusfrüchte, Matten, zierliche Muschelkränze, ein Tritonshorn, ein kurzes, zweischneidig mit Haifischzähnen besetztes hölzernes Schwert. Sie brachten uns frisches Wasser in Kokosschalen; sie wollten uns an das Land ziehen; einer versuchte in unser Boot zu steigen. Der Auftritt war dem bei den Penrhyn-Inseln zu vergleichen. – Wir ließen ihnen ziemlich viel Eisen und fuhren an das Schiff zurück.

Die Länge der Insel Mesid von Norden gegen Süden mag ungefähr zwei Meilen betragen. Wir nahten ihr auf der schmalern südlichen Seite, wo Wohnungen der Menschen sind. Die Kokospalmen, unregelmäßig verteilt, erheben sich nicht sehr hoch über den niedern Wald, dessen Hauptbestandteil der Pandanus ausmacht. Man erblickt weithin unter dem grünen Laubdach den von Dammerde entblößten weißen Korallengrund. Die Ansicht ist der von der Insel Romanzow zu vergleichen, doch ist wohl letztere minder dürftig.

Wir steuerten nach Westen und hatten am Abend mit schwachem Winde die Insel aus dem Gesichte verloren.

Wir sahen am 3. mehrere Schnepfen und Strandläufer, einen Walfisch (Physeter) und etliche Pelikane, von denen einer geschossen ward. Wir legten um und steuerten nach Südosten.

Am 4. gegen Mittag, als wir im Begriff waren, das fernere Suchen aufzugeben, kamen wir auf eine Kette von Inseln, die sich unabsehbar von Osten in Westen erstreckte. Auf den begrünten Punkten, die Riff und Brandung vereinigten, erhob sich nicht der Kokosbaum, und nichts verriet die Gegenwart des Menschen. Wir erreichten am Abend die Westspitze der Gruppe und fanden uns unter dem Winde derselben in einem ruhigen Meere. Das Riff, von Land entblößt, nahm eine südöstliche Richtung. Wir segelten längs desselben und entdeckten Lücken in ihm, die uns die Hoffnung gaben, in das innere Becken, das eine ruhige Spiegelfläche darbot, einzudringen. Während der Nacht trieb uns der Strom nach Nordwesten. Am Morgen des 5. war das Land verschwunden. Wir erreichten erst gegen neun Uhr den Punkt, wo uns die Nacht befallen hatte.

Der Leutnant Schischmarew ward ausgesandt, die Eingänge zu untersuchen; und bei dem zweiten verkündigten uns seine Signale, daß ein Tor für den »Rurik« gefunden sei. Da stieg von einer der entfernteren Inseln eine Rauchsäule auf; wir begrüßten frohlockend das Zeichen der Menschen. Kein Fahrzeug der Insulaner ließ sich erblicken.

Der Tag neigte sich schon. Das Boot ward zurückgerufen, und um uns die Nacht auf unserm jetzigen Standpunkt zu behaupten, ward ein Werpanker auf das Riff hinausgetragen und befestigt, dessen Tau in Empfang zu nehmen der »Rurik« unter Segel an die schäumende Brandung hinanfuhr. »So klammert sich der Schiffer endlich noch am Felsen fest, an dem er scheitern sollte.« Der wehende Nordostpassat hielt uns um die Länge eines Taues von unserm Untergange entfernt.

Hier um das Riff und seine Öffnungen umringten uns Boniten, Fliegende Fische und eine Unzahl Haifische, die unsere Boote bedrohlich verfolgten. Zwei wurden gefangen und verspeist.

Am 6. veränderte sich vor Tagesanbruch der Wind, und zum Osten übergehend, trieb er uns der schäumenden Brandung zu. Vom Kabeltau uns lösend, gingen wir unter Segel. Sobald die Sonne aufgegangen, kehrten wir zurück. Um zehn Uhr morgens drangen wir, zu beiden Seiten von der Brandung umbraust, alle Segel aufgespannt, mit Wind und Strom durch die Rurik-Straße in das innere Meer der Gruppe Otdia der Inselkette Radack ein.

Indem das Becken mit der Ebbe und Flut sich leert und füllt, setzt der Strom zu den Lücken seines Randes bei der Ebbe hinaus und mit wiederkehrender Flut hinein.

Mit dem Boote ausgesandt, ermittelte der Leutnant Schischmarew bei der westlichsten der Inseln einen gesicherten Platz, wo der »Rurik« die Anker fallen ließ.

Die kühnen und geschickten Manöver, die Herr von Kotzebue beim Eingange in dieses und in andere ähnliche Riffgehege ausgeführt hat, müssen selbst bei dem, der von der Schiffahrt keine Kenntnis hat, Interesse erwecken. Der Europäer, der fern von der Heimat mit Völkern verkehrt, über die er sich im Vorteil fühlt, wird von manchen Anwandlungen des Dünkels versucht, denen sich hinzugeben er sich nicht übereilen müßte. Diese Söhne des Meeres, meinte ich, werden sich doch verwundern, wenn sie unser Riesenschiff mit ausgespannten Flügeln wie den Vogel der Luft gegen die

Richtung des Windes, der es trägt, sich bewegen, in die Befriedigung ihrer Riffe eindringen und gegen ihre Wohnsitze dort nach Osten fortschreiten sehen. Und siehe! ich habe selber verwundert sehen müssen, daß, während wir schwerfällig lavierten und wenig über den Wind gewannen, sie auf ihren kunstreichen Fahrzeugen den graden Strich hielten, den wir auf krummen Wegen verfolgten, uns voraneilten und das Segel fallen ließen, um uns zu erwarten.

Von diesen Fahrzeugen hatte Herr von Kotzebue auf Otdia mit Zuziehung der erfahrensten Eingebornen ein großes, genügendes Modell mit allem Fleiße verfertigen lassen und hatte dem Gegenstande die Aufmerksamkeit, die er von dem Seemann erzwingt, gewidmet. Sein Werk hat mich in der Erwartung getäuscht, Genügendes darin über die Oa der Radacker zu finden. Choris in seinem »Voyage pittoresque«, »Radack«, T. XI, XII, gibt drei verschiedene Ansichten derselben. Die Seitenansicht, T. XI, ist treu, das Profil aber unrichtig. Der Fuß des Mastes ruht immer auf dem Hängeboden außerhalb des Schiffskörpers auf der Seite des Schwimmbalkens, so wie auf dem Grundriß, T. XII, zu sehen ist. Auf diesem Grundrisse neigt aber der Mast weiter nach außen und dem Schwimmbalken hin, als der Wirklichkeit entspricht. Im ganzen sind diese Zeichnungen unzureichend. Besser ist auf der T. XVII das Boot der Karolinen-Inseln abgebildet, welches im wesentlichen mit dem von Radack übereinstimmt. Keine Beschreibung vermag ein Bild von dem beschriebenen Gegenstande zu erwecken, und dennoch muß ich mit schnellen Worten versuchen, das Boot, von dem die Rede ist, dem Leser anzudeuten. Es hat zwei gleiche Enden, die gleich geschickt sind, beim Fahren zum Vorder- und Hinterteile zu werden, und zwei ungleiche Seiten, von denen eine unter dem Winde, die andere über dem Winde bleibt. Unter dem Winde von einer geraden Fläche begrenzt, über dem Wind nur wenig bauchig, schmal, tief, scharfkielig, an den Enden etwas aufwärts gekrümmt ist der Schiffsrumpf, welcher nur als Schwimmkörper dient. Quer über die Mitte desselben ist ein elastischer Hängeboden befestigt, der nach beiden Seiten hinaus über das Wasser ragt; kürzer unter dem Winde, länger auf der Windseite, wo dies leichte Gebälk gegen das Ende nach unten zu gebogen ist und sich einem dem Schwimmkörper parallelen Schwimmbalken anfügt. Auf diesem Hängeboden, außerhalb des Körpers auf der Windseite, ist der Mast, der, an mehreren Seilen befestigt, nach dem Ende geneigt wird, welches zum vorderen werden soll und an dem ein einfaches, dreieckiges Segel aufgezogen wird, von dem eine Ecke an dem Vorderschiff befestigt wird. Gesteuert wird vom Hinterteile des Schiffes mit einem Handruder; die Schiffenden stehen oder liegen auf dem Hängeboden und nehmen ihren Stand bei stärkerm Winde näher dem Schwimmbalken und bei schwächerem näher dem Schiffskörper. Auf demselben Hängeboden sind zu beiden Seiten des Schiffes Kasten angebracht, worin Proviant und sonstige Habe verwahrt wird. Die größten dieser Fahrzeuge können an dreißig Personen tragen.

Ich füge die Maße von einem dieser Fahrzeuge bei, welches kaum von mittlerer Größe war:

Länge des Schiffskörpers	17	Fuß	6	Zoll
Breite desselben	1	"	10	"
Tiefe desselben	3	"	7	"
Abstand des Schwimmbalkens von dem Körper des Schiffes	11	"	10	"
Länge des Vorsprunges von dem Hängeboden über den Schiffskörper auf der Seite unter dem Winde	3	"	0	"
Höhe des Mastbaumes	19	"	6	"
Länge der Rahe	23	"	4	"

Herr von Kotzebue hat auf Aur zwei Boote von achtunddreißig Fuß Länge gemessen.

Ich werde nicht den Leser einzuschläfern mich bemühen mit ausführlichem Berichte unserer täglichen Versuche und Wahrnehmungen während unseres Aufenthaltes in diesem Hafen. Die Absicht war, nachdem wir, was am 7. geschah, den auf dem Riffe zurückgelassenen Werpanker wieder aufgenommen, nötig erachtete astronomische Beobachtungen gemacht und in Booten voraus rekognosziert hätten, tiefer ostwärts in die Gruppe einzudringen, wo wir die festen Wohnsitze der Menschen zu vermuten berechtigt waren.

Einen traurigen Anblick gewährte dieser westliche Teil der Kette. Die nächsten Inseln um uns waren wüst und ohne Wasser, aber der Mensch hatte auf ihnen seine Spur zurückgelassen, und der jüngst angepflanzte Kokosbaum zeugte von seiner sorgsamen Betriebsamkeit. Es ist wahrlich schwer, alles vorauszusehen, was in einer kleinen Welt wie die unsrige vorfallen kann. Einmal fiel unser alberner Koch über diese Pflanzung her, um die Hoffnung künftiger Geschlechter zu einem Gerichte Gemüse für unsern Tisch zu verbrauchen. Daß es nicht wieder geschah, brauche ich nicht zu sagen.

Auf der vierten Insel (vom Westen an gerechnet) waren neben einer Wassergrube Strohdächer, die, auf niederen Pfosten ruhend, uns nur zu einem Schirm bei gelegentlichem Besuch dieser Gegend bestimmt zu sein schienen. Außer dem Kokosbaum war da auch der Brotfruchtbaum angepflanzt. Auf dieser Insel landete am 6. ein Boot der Eingebornen und ging sodann wieder in die See, uns aus scheuer Entfernung zu betrachten. Es gelang uns nicht, die Menschen an uns zu locken, und auch vor dem Boote, worin wir ihnen entgegenruderten, ergriffen sie ängstlich die Flucht. Sie warfen uns etliche Früchte zu und luden uns an das Land; es war derselbe Auftritt wie im vorigen Jahre auf der hohen See bei Udirick.

Das Boot zeigte sich wiederum am andern Tage, und da folgten wir den Menschen auf ihre Insel. Bei unserm Nahen traten die Weiber in das Dickicht zurück. Die Männer, erst nur wenige, kamen uns zögernd mit grünen Zweigen entgegen; wir brachen auch grüne Zweige; der schon oft gehörte Friedensgruß »Eidara!« ward uns zugerufen, und wir erwiderten ihn auf gleiche Weise. Keine Waffe war gegen uns, die gefürchteten Fremden, in Bereitschaft gehalten. Nachdem wir mit den ersten Freundschaft gestiftet, kamen die andern herbei, und die Weiber wurden herbeigerufen. Die Menschen schienen uns freudig, freundlich, bescheiden, freigebig und nicht erpicht auf Gewinn. Allen Schmuck, den sie trugen, ihre zierlichen Muschel- und Blumenkränze, ihre Halsbänder usw., gaben uns Mann und Weib, und es schien mehr ein anmutiges Liebeszeichen zu sein denn eine Gabe.

Der Kapitän fuhr am nächsten Tage selber nach dieser Insel, fand aber unsere Freunde nicht mehr dort, die, vermutlich um frohe Botschaft von unserer friedlichen Gesinnung zu verkünden, sich fortbegeben hatten.

Von den Tieren, die wir zu O-Wahu an Bord genommen, waren noch etliche Ziegen vorhanden. Diese setzte Herr von Kotzebue auf der Insel aus, wo sie vorläufig zum Entsetzen der rückkehrenden Insulaner gereichten. Bei der frommen Absicht, diese nutzbare Tierart auf Radack einzuführen, war unbeachtet geblieben, daß bei der kleinen Herde ein Bock sich befand (hoffentlich nicht der einzige), ein Bock, sage ich, der, horribile dictu!, der ein kastrierter war. Derselbe, ob vor Scham, seinem Amte nicht gewachsen zu sein, ob an Gift oder Krankheit, starb sogleich, und dessen geschwollener Körper ward am andern Tage am Strande gefunden. Außer den Ziegen wurden auf der Insel ein Hahn und ein Huhn zurückgelassen, die alsbald Besitz von einem Hause nahmen. Wir brachten später in Erfahrung, daß Hühner einheimisch auf diesen Riffen sind. Endlich wurden auch etliche Wurzeln und Gewächse gepflanzt und ausgesäet. Etliche kleine Geschenke wurden in den Häusern zurückgelassen.

Chramtschenko fand am andern Tag Menschen auf der Insel, etliche Männer, andere als die, mit denen wir zuerst Freundschaft gestiftet. Die Insulaner wandern zur Ebbezeit längs dem Riffe zu entfernteren Inseln. Er ward aufs freundlichste empfangen und bewirtet. Die von uns ausgesetzten Geschenke lagen unangerührt, wo und wie wir sie hingelegt hatten. Sie erzeugten, als er sie verteilte, eine lebhafte Freude. Aber die Ziegen verbreiteten den größten Schrecken.

Der Leutnant Schischmarew ward am 10. Januar mit der Barkasse auf eine Rekognoszierung ausgeschickt. Der Wind setzte ihm Schwierigkeiten entgegen. Er sah nur unbewohnte Inseln und kehrte am Abende zurück. Am 12. gingen wir unter Segel; das Wetter war ungünstig, wir mußten bald zu unserm alten Ankerplatze zurückkehren.

Am 14. unternahm der Kapitän selber mit Offizier und Passagieren eine zweite Fahrt auf Booten längs der Inselkette.

Ein Fahrzeug der Eingebornen war auf der Ziegeninsel gelandet, und die Menschen, als wir an ihnen vorüberfuhren, riefen uns herbei und suchten mit dargehaltenen Früchten und Geschenken uns heranzulocken. Auf der nächsten Insel nach Osten, wo wir übernachteten, erhielten wir am 15. früh den ersten Besuch von Rarick, dem Häuptlinge dieser Gruppe. Er kam mit zwei Booten. Auf dem größern, auf dem er selbst fuhr, zählte Herr von Kotzebue fünfundzwanzig Mann. Rarick, seine übrigen Mannen auf den Schiffen lassend, kam mit dreien an das Land

Rarick

und brachte dem Machthaber des fremden Volkes seine Geschenke, vielleicht seine Huldigung dar. – So gingen einst die Fürsten Europas dem entgegen, der Macht hatte über sie. Rarick stand aber vor keinem Eroberer und fand Freundschaft und nicht Demütigung. – Der junge Mann hatte bei dieser ersten, für ihn so ernsten Zusammenkunft einen musterhaften Anstand, und seine zaghaften Begleiter schienen mehr für ihn zu fürchten als er selbst. – Wir haben bei den Fürsten immer mehr Selbstvertrauen, mehr Mut und Edelmut gefunden als bei dem Volke. Es liegt der Wesenheit der Dinge nach in den Verhältnissen; so unterscheidet sich auch in der Levante der Türke von dem Raja. Rarick, der später mein sehr vertrauter Freund wurde, zeichnete sich besonders durch Sanftmut und Gutmütigkeit aus, nicht aber durch besondere Geistesgaben. – Kotzebue und er setzten sich einander gegenüber, und um die zwei bildeten wir und die andern Radacker einen Kreis. Der junge Fürst gab mit lautem Zuruf den auf den Schiffen Zurückgebliebenen Kunde von allem, was seine Aufmerksamkeit fesselte und für ihn eine neue Erfahrung war. Jrîo! Jrîo!, der Ausruf der Verwunderung, ward oft erhoben und widerhallte langgedehnt aus aller Munde. Wir suchten wechselseitig zuerst unsere Namen zu erforschen. Kotzebue, Rarick, wir alle waren genannt; wir fragten nach dem Namen des Radackers, der dem Häuptling zur Linken saß. »Jeridili?« sprach dieser fragend, indem er sich nach jenem umsah. Wir faßten das Wort auf, und der Jüngling ließ es für seinen Namen gelten, so wie wir es nahmen; noch heißt er für uns Jeridili. Das Gelächter, das sich da erhob, verstanden wir erst in der Folgezeit, als uns Kadu belehrte, Jeridili bedeute »links« und sei keines Menschen Name. Ich glaube, daß es schon bei dieser ersten Zusammenkunft war, wo Rarick unserm Kapitän den freundlichen Namenstausch anbot. Bei einer späteren Gelegenheit bot Jeridili diesen seinen Namen dem Doktor Eschscholtz an gegen den seinen, den er noch nicht wußte und nach dem er fragte. Eschscholtz verstand ihn nicht, und ich trat verdolmetschend zwischen beide. »Dein Name!« rief ich dem Freunde zu. »Deinnam«, wiederholte der Radacker. »Ja, Deinnam«, beteuerte der Doktor; und so tauschten die zwei unverschämt ihre falschen Münzen gegeneinander.

Unsere Freunde hatten sich für uns ihres ganzen Schmuckes beraubt. Nun ließ der Kapitän Eisen, Messer, Scheren und andere Kleinigkeiten aus den Booten holen. Eisen! Eisen! Mäl! Mäl! Da mochte man den wirklichen Wert dieses köstlichen Metalls einsehen lernen. Mäl! Mäl! Selbst die auf den Schiffen zurückgelassen worden, widerstanden dem Zuge nicht; die Ordnung war gebrochen, alle strömten herbei, nur um das Eisen, die Schätze anzuschauen, unsern überschwenglichen Reichtum! – Aber kein roher Ausbruch der Begehrlichkeit, keine Verletzung der Sitte.

Während unseres langen Aufenthaltes auf Radack sind nur ein paar Diebstahlsversuche an uns begangen worden. Wahrlich, wenn Fremde unbesorgt so viel Gold der Habsucht unseres Pöbels aussetzten, würden sie den Europäern kein so gutes Zeugnis der Ehrlichkeit zu sprechen haben als wir diesem Volke.

Alle wurden reichlich beschenkt. Herr von Kotzebue machte dem Rarick begreiflich, daß er seinen Wohnort aufsuche, und lud ihn ein, in unser Boot zu steigen und uns dahin zu lotsen. Rarick verstand ihn wohl und stieg auch mutig in unser Boot; aber die Meinung seiner Begleiter, bei denen noch nicht alle Besorgnis beseitigt war, schien solchem Wagnis entgegen zu sein, und auch ihn schien ein mächtiger Reiz anderwärts zu ziehen: jene Tiere, von denen er gehört, die wunderbaren, langbärtigen, die zu sehen auch ein Zweck seiner Reise war. – Mir fällt ein, daß eben die Ziegen auf anderen Inseln der Südsee, wohin sie die Europäer gebracht haben, nicht unrichtig zu den Vögeln gezählt wurden; denn Schweine, Hunde oder Ratten sind es einmal nicht; diese haben ihre Namen, und außer ihnen gibt es nur Vögel oder Fische. – Endlich gab Rarick der Versuchung nach; er sprang ins Wasser und schwamm zu seinen Schiffen, mit denen er den Kurs nach der Zieginsel nahm.

Wir übernachteten am 15. auf der neunten Insel, wo wir nur verlassene Häuser fanden. Sie war reicher an Humus als die Zieginsel, und die Vegetation war auf ihr üppiger.

Am 16. hielten wir zu Mittag auf der dreizehnten Insel und hatten vom Schiffe her erst neun Meilen zurückgelegt. Hier erhielten wir den zweiten Besuch von Rarick, der mit zweien Begleitern längs dem Riffe wandernd zu uns kam und sich mit uns freute. Seine Schiffe kamen ihm gegen den Wind segelnd bald nach und legten bei unseren Booten an. Nun lud er den Kapitän ein, in sein Schiff zu steigen und mit ihm nach seiner Insel zu fahren. Wir versprachen ihm zu folgen, und er schiffte sich ein. Wir fuhren nachmittags noch anderthalb Meilen zu der vierzehnten Insel, der hochbewaldeten, die ich in meinen »Bemerkungen und Ansichten« besonders erwähnt habe. Von da erstreckte sich das Riff nach Nordosten mehrere Meilen weit landentblößt; die nächste Insel war kaum am Horizonte zu sehen. Ein Schiff konnte bei der Insel, wo wir waren, ankern. Der Kapitän ließ Segel aufspannen, und bei frischem Wind erreichten wir noch am selben Abende den »Rurik«.

Am 18. Januar ging früh am Morgen der »Rurik« unter Segel. Der Wind war günstig und zwang uns erst am Nachmittag zu lavieren; das Wetter war klar, und die helle Sonne, welche die Untiefen beschien, machte das Senkblei entbehrlich. Um vier Uhr warfen wir Anker vor Oromed, der siebzehnten Insel vom Westen an gerechnet, die, von der westlichsten beiläufig zwanzig Meilen entfernt, den nördlichen Winkel der Gruppe einnimmt. Wir übersahen von diesem wohlgeschützten Ankerplatze den nordöstlichen Teil der Gruppe, den mit kleineren Inseln dicht besetzten Wall, der in Nordostrichtung dem herrschenden Winde entgegensteht. Wir waren in dem bewohnteren Teile der Gruppe.

Ein Boot, worauf wir einen der Begleiter Raricks erkannten, brachte uns ein Geschenk von Früchten. Aber die Furcht war noch nicht bezwungen, und auf das Schiff zu steigen vermaß sich keiner.

Auf Oromed, der fruchtbarsten der Inseln dieses Riffes, auf welcher jedoch der Kokosbaum den Wald noch nicht überragt, empfing uns ein hochbejahrter, würdiger Greis, der Häuptling Laergaß.* Großherzig und uneigennützig war er vor allen Menschen, die ich gekannt. Er mochte nur geben, schenken und tat es zu der Zeit, wo kein Gegengeschenk mehr zu erwarten war. Durch diesen Charakterzug unterschied er sich sehr von Rarick, dem diese Tugenden abgingen.

Die Bevölkerung der Insel schien aus ungefähr dreißig Menschen zu bestehen. Ihre festen Wohnsitze unterschieden sich nicht von den Dächern, die wir auf den westlicheren Inseln gesehen. Als wir uns eben der Gastfreundschaft des alten Häuptlings erfreuten und mit dem Schmucke schmückten, den die Töchter der Insel uns dargereicht, störte ein Schrecknis die behagliche Stimmung. Unser kleiner Valet kam, seiner Furchtbarkeit unbewußt, munter herbeigesprungen; und wie vor dem nie gesehenen Ungeheuer alles floh und er gar zu blaffen anfing, hatten wir keine geringe Mühe, das verlorene Zutrauen wiederherzustellen.

Die Radacker, die kein anderes Säugetier als die Ratte ge-

* Der greise Häuptling von Oromed wird in der ersten »Reise« von Herrn von Kotzebue gar nicht und in seiner zweiten Langediu genannt.

kannt, trugen vor unsern Tieren, Hund, Schwein und Ziege, eine gar schwer zu überwindende Scheu. Aber vor allen furchtbar war ihnen der kleine Valet, der lustig und behend allen nachlief und zuweilen bellte. Der große Valet, den der Kapitän aus der Berings-Straße mitgebracht, war kein solches Ungetüm; er machte sich mit keinem zu schaffen. Er krepierte während unsers Aufenthalts auf Radack, und zwar auf der Gruppe Aur. Vermutlich wurde ihm das heiße Klima verderblich.

Wir verließen am 20. Januar diesen Ankerplatz, und längs des Riffes segelnd, kamen wir nach einer kurzen Fahrt vor Otdia, der Hauptinsel der Gruppe gleiches Namens, welche, die größte im Umfang, den äußersten Osten des Umkreises einnimmt. Wir fanden unter dem Schutze der Insel guten Ankergrund und lagen sicher wie im besten Hafen. Das Riff biegt sich über Otdia hinaus nach Südsüdwest und dann, von Land entblößt, nach West und der Rurik-Straße hin. – Die Länge der Gruppe von Westen nach Osten beträgt an dreißig Meilen, ihre größte Breite von Norden nach Süden zwölf Meilen. Herr von Kotzebue zählte fünfundsechzig Inseln in ihrem Umkreis.

Otdia war, wie man uns zu Oromed angedeutet, der Wohnsitz von Rarick. Ich ward zuerst ans Land geschickt; bald aber bestieg er, auf das zierlichste geschmückt, sein Boot, kam an das Schiff und stieg, der erste der Radacker, furchtlos auf dasselbe.

Diese sinnreichen Schiffer, deren Kunst unsere Bewunderung erzwingt, schenkten natürlich dem Riesenbau unseres Schiffes die gespannteste Aufmerksamkeit. Alles ward betrachtet, untersucht, gemessen. Ein leichtes war es, die Masten hinan bis zu der Flaggenstange zu klettern, die Rahe, die Segel, alles da oben zu besichtigen und sich jubelnd im luftigen Netze des Tauwerkes zu schaukeln. Aber ein anderes war es, sich dort durch das enge Loch hinunterzulassen und dem rätselhaften Fremden aus dem heiteren Luftreich in die dunkle Tiefe, in die grauenerregende Heimlichkeit seiner gezimmerten Welt zu folgen. Das vermochten nur zuerst die Tapfersten, in der Regel die Fürsten; ich glaube, der gute Rarick schickte einen seiner Mannen voran.

Wie könnte man doch einen dieser Insulaner oder einen O-Waihier, gewohnt, in der freien schönen Natur unter dem Baldachin seiner Kokospalmen der Herrlichkeit seiner Festspiele sich zu freuen, in die dunkeln, bei Tagesscheine halb und düster von Lampen erhellten Irrgänge eines unserer Schauspielhäuser hineinlocken und ihn bereden, in diesem unheimlichen, mördergrubenähnlichen Aufenthalt werde ein Fest bereitet. – Wahrlich, Trauer befällt mich, wann ich lese, daß in Athen ein Schauspielhaus nach unserem Zuschnitt gebauet werde, um darin Ballette aufzuführen.

Da unten in der Kajüte war der große Spiegel. – Goethe sagt in den »Wanderjahren«: »Sehrohre haben durchaus etwas Magisches; wären wir nicht von Jugend auf gewohnt, hindurchzuschauen, wir würden jedesmal, wenn wir sie vors Auge nehmen, schaudern und erschrecken.« Ein tapferer und gelehrter Offizier hat mir gesagt, er empfinde vor dem Fernrohre, was man Furcht zu nennen pflege, und müsse, um hindurchzusehen, seine ganze Kraft zusammennehmen. Der Spiegel ist ein anderes, ähnliches Zauberinstrument, das wir gewohnt geworden sind und welches doch noch in der Märchen- und Zauberwelt seine Unheimlichkeit behält. Der Spiegel versetzte unsere Freunde in der Regel nach dem ersten Erstaunen in die ausgelassenste Lustigkeit. Doch fand sich auch einer, der sich davor entsetzte, schweigend hinausging und nicht wieder daran zu bringen war.

Zu Hamburg kam ich einmal unvorbereitet in ein Haus, auf dessen langem Flur zu beiden Seiten blanke Silberbarren mannshoch aufgespeichert waren. Mich ergriff seltsam die darin schlummernde Macht, und es war mir, als schritte ich durch ein überfülltes Pulvermagazin. Natürlich mußte Ähnliches in unsern Freunden vorgehen, wenn sie unsere eisernen Kanonen und Anker betrachteten.

Die Schätze unserer Freunde bestanden in etlichen Eisenstücken und wenigen harten, zum Schleifen des Eisens brauchbaren Steinen, die das Meer auf die Riffe ausgeworfen; jene auf Schiffstrümmern, diese im Wurzelgeflechte ausgerissener Bäume. Ihre Schiffe, ihr Schmuck und ihre Trommel, das war ihr Besitztum. Nirgends ist der Himmel schöner, die Temperatur gleichmäßiger als auf den Niedern Inseln.* Das Meer und der wehende Wind halten die Waage, und schnell vorübergehende Regenschauer ermangeln nicht, den Wald in üppigem, grünem Glanze zu erhalten. Man taucht in die dunkle blaue Flut mit Lust, sich abzukühlen, wann man von der scheitelrechten Sonne durchglühet ward, und taucht in dieselbe mit Lust, sich zu erwärmen, wann nach einer im Freien durchbrachten Nacht man die Kühlung des Morgens fühlt. Warum muß, denen die Sonne so mild ist, die Erde so stiefmütterlich sein? Der Pandanus, dessen süßen, würzigen Saft sie saugen, dient auf anderen Inseln nur zu einem wohlriechenden Schmucke. Die Nahrung scheint Bienen mehr als Menschen angemessen. Zum Anbau nahrhafter Wurzeln und Pflanzen, worauf sie sehr bedacht sind, eignet sich fast nirgends der Grund; aber überall um ihre Wohnungen angepflanzt, zeugt ein schön und wohlriechend blühendes Liliengewächs von ihrer Arbeitsamkeit und von ihrem Schönheitssinn.

Sie könnten vielleicht aus dem Fischfange ergiebigere Nahrung ziehen und dem Haifische nachstellen, der die Zugänge ihrer Riffe belagert. Wir haben sie nur sehr kleine

* Luft und Wasser beiläufig 22 Grad Réaumur, mit Schwankungen von kaum einem Grade.

Fische essen sehen und nur sehr kleine Fischangeln von ihnen erhalten.

Wir haben uns mit Fleiß und Liebe bemüht, ihnen neue Nahrungszweige zu eröffnen. Nach Herrn von Kotzebues zweiter »Reise« scheint von den Tieren und Pflanzen, die wir ihnen gebracht, wenigstens die Jamswurzel sich erhalten zu haben und unsere fromme Absicht nicht ganz getäuscht worden zu sein.

Aber ich muß, ohne mich ängstlich an die Zeitfolge zu binden, einiges von unsern Freunden erzählen, mit denen wir, nachdem sie die erste Scheu überwunden, auf dem vertrautesten Fuße lebten.

Auf der Insel Otdia, die über zwei Meilen lang ist, hatten ungefähr sechzig Menschen ihre gewöhnlichen Wohnsitze, aber häufige Wanderungen fanden statt, und unsere Gegenwart zog Gäste aus den entfernteren Teilen der Gruppe herbei. Wir durchschweiften täglich einzeln die Insel, schlossen uns jeder Familie an und schliefen unbesorgt unter ihren Dächern. Sie kamen, gleich gern gesehen, an das Schiff, und die Häuptlinge und Angesehensten wurden an unsere Tafel gezogen, wo sie mit leichtem und gutem Anstande sich in unsere Bräuche zu fügen wußten.

Unter den Bewohnern von Otdia machte sich bald ein Mann bemerkbar, der, nicht von adeligem Stamme, sich durch Geist und Verstand, durch schnelle Auffassung und leichte Darstellungsgabe vor allen andern auszeichnete. Lagediack, der Mann unseres Vertrauens, von dem wir am mehrsten lernten und durch den wir unsern Lehren Eingang im Volke zu verschaffen Hoffnung faßten, tauschte später mit mir seinen Namen. Herr von Kotzebue erhielt zuerst von Lagediack wichtige Aufschlüsse über die Geographie von Radack. Durch ihn erhielt er Kunde von den schiffbahren Furten, die im südlichen Riffe von Otdia befindlich sind, von der Nachbargruppe Erigup, von den übrigen Gruppen, aus welchen die Inselkette besteht. Lagediack zeichnete seine Karte mit Steinen auf den Strand, mit dem Griffel auf die Schiefertafel und zeigte die Richtungen an, die nach dem Kompaß verzeichnet werden konnten. Mit ihm legte Herr von Kotzebue den Grundstein zu der interessanten Arbeit, die er über Radack und die westlichere Inselkette Ralick geliefert hat. Der erste Schritt war getan; es galt nur weiter zu gehen.

Lagediack begriff gar wohl die Absicht, die wir hatten, die Arten hier noch unbekannter, nutzbarer Gewächse zum Besten des Volkes einzuführen, einen Garten anzubauen und Sämereien auszuteilen. Am 22. ward mit der Anlage des Gartens der Anfang gemacht, der Grund gesäubert, die Erde durchwühlt, Ignamwurzeln gelegt, Melonen und Wassermelonen ausgesäet. Unsere Freunde waren um uns versammelt und schauten teilnehmend und aufmerksam unserm Werke zu; Lagediack erläuterte unser Beginnen und war unablässig bemüht, die von uns erhaltenen Lehren zu verbreiten und einzuprägen. Wir teilten Sämereien aus, nach welchen erfreuliche Nachfrage war, und wir hatten die Freude, in den nächsten Tagen mehrere Privatgärten nach dem Vorbild des unsern entstehen zu sehen.

Bei der erwähnten Gartenarbeit am 22. ereignete sich, was ich hier, um einen Charakterzug unserer liebenswerten Freunde zu zeichnen, erzählen will. Als ich eben die Zuschauer ansah, ward ich auf mehreren Gesichtern zugleich ein schmerzliches Zucken gewahr. Ich wandte mich zu dem Matrosen, der, um Raum zu gewinnen, das Gesträuch ausreutete und den Wald lichtete; er hatte eben die Axt an einen schönen Schößling des hier so seltenen und so wertvollen Brotfruchtbaumes gelegt. Das Unglück war geschehen, der junge Baum war gefällt. Wenngleich der Mann unwissend gesündigt hatte, mußte doch der Befehlshaber die Verantwortlichkeit für die Tat offenkundig von sich abwälzen; und so fuhr der Kapitän zürnend den Matrosen an, der die Axt abgeben und sich zurückziehen mußte. Da traten die guten Radacker begütigend und fürsprechend dazwischen, und einige gingen dem Matrosen nach, den sie liebkosend zu trösten suchten und dem sie Geschenke aufdrangen.

Die Ratten, die auf diesen Inseln in gar unerhörter Menge sind, hatten am andern Tage bereits vieles zerstört und die mehrsten Sämereien aus der Erde geholt. Doch war, als wir Otdia verließen, unser Garten in blühendem Zustande. Bei unserm zweiten Besuch auf Radack im nächsten Spätjahr ließen wir Katzen auf dieser Insel zurück. Herr von Kotzebue, auf seiner zweiten Reise im Jahre 1824, fand sie verwildert und vermehrt, ohne daß die Anzahl der Ratten abgenommen.

Die Schmiede ward am 24. Januar auf dem Lande aufgestellt. Sie blieb mit dem überschwenglichen Reichtum an Eisen unter der Obhut eines einzigen Matrosen, der dabei schlief. An einem der folgenden Tage wollte sich einmal ein alter Mann eines Stückes Eisen gewaltsam bemächtigen, in welchem Unterfangen er von seinen entrüsteten Landsleuten auch mit Gewalt verhindert ward – das ist kein Diebstahl zu nennen. Aber auch da, wo wirklicher Diebstahl begangen wurde, ward stets von seiten der Radacker der größte Unwille an den Tag gelegt und die lauteste Mißbilligung ausgesprochen.

Einleuchtend ist, welch ein anziehendes Schauspiel für unsere Freunde die von ihnen nicht geahnete Behandlung des kostbaren Eisens im Feuer und unter dem Hammer sein mußte. Die Schmiede versammelte um sich die ganze Bevölkerung. Freund Lagediack war einer der aufmerksamsten und mutigsten dabei; denn Mut erfordert es wohl, das unbekannte Spiel des Blasebalges und das Sprühen der Funken in der Nähe zu betrachten. Für ihn ward auch zuerst eine Harpune geschmiedet, dann eine zweite für Rarick und etliche Kleinigkeiten für andere, bevor die Arbeiten für den »Rurik« vorgenommen wurden.

Wir hatten noch ein Paar o-waihische Schweine, Männchen und Weibchen, worüber verfügt werden konnte und die wir unseren Freunden bestimmt hatten. Wir hatten Sorge getragen, alle, die uns auf dem »Rurik« besuchten, an den Anblick dieser Tiere zu gewöhnen und ihnen einzuprägen, daß ihr Fleisch es sei, welches uns zur Nahrung diene und welches viele an unserm Tische gekostet und wohlschmeckend gefunden hatten. Die Schweine wurden am 26. ans Land gebracht und in einer Umzäunung verwahrt, die für sie in der Nähe von Raricks Hause vorbereitet worden. Ein Matrose wurde der Pflege der noch gefürchteten Tiere vorgesetzt. Auf den verständigen Lagediack, der von der Wichtigkeit unseres Geschenkes durchdrungen war, wurde am mehrsten bei dem gutgemeinten Versuche gerechnet, welcher doch am Ende, wie zu erwarten war, mißglückte. Die verwahrlosten Tiere wurden später in Freiheit gesetzt und kamen doch bald nach unserer Abreise um.

Ein Paar Hühner, unsere letzten, hatten wir noch dem Lagediack geschenkt.

In süßer Gewöhnung mit den Radackern lebend, studierte ich mit allem Fleiß die Beschaffenheit ihrer neptunischen Wohnsitze und hoffte, zu der besseren Kenntnis der Korallenriffe und Inseln nicht verwerfliche Zeugnisse zu sammeln. Die Korallen selbst und Madreporen hätten zu ihrem Studium ein eigenes ganzes Menschenleben erfodert. Die gebleichten Skelette, die man von ihnen in den Sammlungen aufbewahrt, sind nur geringen Wertes, doch wollte ich sie sammeln und mitbringen. Eschscholtz hatte beim Baden alle vorkommenden Formen und Arten vollständig zusammenzubringen sich bemüht, auserwählte kleine Exemplare von denselben auf das Schiff gebracht und sie zum

Bleichen und Austrocknen in den leeren Hühnerkasten untergebracht. Es ist wahr, daß Polypenstöcke in diesem Zustande keinen angenehmen Geruch verbreiten. Als er sich eines Morgens nach seinen Korallen umsehen wollte, waren sie samt und sonders über Bord geworfen worden. Am südlichen Ende von Otdia, wo Lücken in den obern Steinlagern des Riffes Becken bilden, in welchen man in ruhigem Wasser des Bades genießen und dabei unter blühenden Korallengärten den Rätseln dieser Bildungen behaglich nachforschen und nachsinnen mag, hatte ich mir im Kalksande des Strandes einen Raum abgegrenzt, in welchem ich Korallen, Seeigel und alles der Art, was ich aufbewahren wollte, der dörrenden Sonne aussetzte. Ich hatte in meinem Hag einen Stab eingepflanzt und daran einen Büschel Pandanusblätter, das Zeichen des Eigentums, gebunden. Unter diesem Schirme war meine Anstalt den guten Radackern, auf deren Wege sie lag, heilig geblieben, und kein spielender Knabe hatte je das Geringste in dem bezeichneten Bezirke angerührt. Aber wer kann alles vorhersehen? Unsere Matrosen erhielten an einem Sonntage Urlaub, sich am Lande zu ergehen, und unternahmen eine Wanderung um den Umkreis der Insel. Sie entdeckten meinen Trockenplatz, zerstörten von Grund aus meine mühsam zusammengebrachte Sammlung und suchten mich dann gutmütig auf, mir Kunde von ihrer Entdeckung und Bruchstücke von meinen zerschlagenen Korallen zu geben. Ich habe doch noch eine hübsche Sammlung von den Madreporen von Radack zusammengebracht und sie, die eine große Kiste füllte, dem Berliner Museum geschenkt. Aber ein böses Schicksal scheint über diesem Teile meiner Bemühungen obgewaltet zu haben. Meine radackischen Lithophyten sind, mit Ausnahme der Millepora caerulea und der Tubipora Chamissonis Ehrenb., in der königlichen Sammlung entweder ohne Zettel oder gar nicht aufgestellt und mit andern Dubletten zu Gelde gemacht worden, so daß Ehrenberg in seiner Denkschrift über die Korallentiere nur von den zwei benannten Arten den interessanten Standpunkt anführen gekonnt.

Rarick begleitete mich einmal auf einer Wanderung nach meinem Badeplatze und Korallengarten. Daselbst angelangt, bedeutete ich ihm, daß ich baden wolle, und fing an, mich auszuziehen. Bei der Bewunderung, welche die Weiße unserer Haut unseren braunen Freunden einflößte, dachte ich mir, weniger zartfühlend als er, die Gelegenheit werde ihm erwünscht sein, eine sehr natürliche Neugierde zu befriedigen. Als ich aber, ins Bad zu steigen bereit, mich nach ihm umsah, war er verschwunden, und ich glaubte mich von ihm verlassen. – Ich badete mich, beobachtete, untersuchte, stieg aus dem Wasser, zog mich wieder an, durchmusterte meine Trockenanstalt und wollte eben den Heimweg einschlagen: da teilte sich das Gebüsch, und aus dem grünen Laube lächelte mir das gutmütige Gesicht meines Begleiters entgegen. Er hatte sich derweil das Haar mit den Blumen der Scaevola auf das zierlichste geschmückt und hatte auch für mich einen Blumenkranz bereitet, den er mir darreichte. Wir kehrten Arm in Arm nach seiner Wohnung zurück.

Eine gleiche schonende Schamhaftigkeit war unter den Radackern allgemein. Nie hat uns einer im Bade belauscht.

Es war verabredet, daß ich diese Nacht auf dem Lande zubringen würde, die Menschen in ihrer Häuslichkeit zu beobachten. Als wir anlangten, war schon der Kapitän in seinem Boote an das Schiff zurückgekehrt, und es erschien allen ganz natürlich, daß ich mich der Familie als Gast anschloß. Man war mit der Bereitung des Mogan, des Pandanusteiges, beschäftigt. Wir brachten den Abend unter den Kokosbäumen am Strande des innern Meeres zu. Der Mond war im ersten Viertel, es brannte kein Feuer, und ich konnte keines bekommen, meine Pfeife anzuzünden. – Es wurde gegessen und gesprochen; das Gespräch, dessen Gegenstand unsere Herrlichkeiten waren, wurde munter und in langen Sätzen geführt. Meine lieblichen Freunde beeiferten sich, den fremden Gast zu unterhalten, indem sie Lieder vortrugen, die sie selbst zur höchsten Freude begeisterten. Soll man den Rhythmus dieses Vortrages Gesang, die schönen naturgemäßen Bewegungen (im Sitzen) einen Tanz nennen? – Als die radackische Trommel verstummt war, foderte mich Rarick auf, hinwiederum ein russisches Lied vorzutragen. Ich durfte meinem Freunde diese einfache Bitte nicht verweigern und sollte nun, mit unter uns verrufener Stimme, als ein Muster europäischer Singekunst auftreten. Ich fand mich in diese Neckerei des Schicksals, stand auf und deklamierte getrost, indem ich Silbenmaß und Reim stark klingen ließ, ein deutsches Gedicht, und zwar das Goethische Lied »Lasset heut im edlen Kreis« usw. Verzeihe mir unser verewigter deutscher Altmeister – das gab der Franzos auf Radack für russischen Gesang und Tanz aus! – Sie hörten mir mit der größten Aufmerksamkeit zu, ahmten mir, als ich geendet hatte, auf das ergötzlichste nach, und ich freute mich, sie – obwohl mit entstellter Aussprache – die Worte wiederholen zu hören:

»Und im Ganzen, Vollen, Schönen
Resolut zu leben.«

Ich schlief zu Nacht an der Seite Raricks im Hängeboden seines großen Hauses; Männer und Weiber lagen oben und unten, und öfters wechselte Gespräch mit dem Schlafe ab. Ich fuhr am Morgen an das Schiff zurück, um sogleich wieder an das Land zurückzukehren.

Ich habe einen meiner Tage auf Radack beschrieben; sie flossen sanft mit geringer Abwechselung dahin, es möge an dem gegebenen Bilde genügen. Der Zartsinn, die Zierlich-

Radack

keit der Sitten, die ausnehmende Reinlichkeit dieses Volkes drückte sich in jedem geringfügigsten Zuge aus, von denen die wenigsten geeignet sind, aufgezeichnet zu werden. Läßt sich das Benehmen einer Familie erzählen, in welcher in unserm Beisein einmal ein Kind sich unanständig aufführte? die Art, wie der Delinquent entfernt wurde und wie bei der Entrüstung, die der Vorfall hervorbrachte, zugleich die Ehrerbietung für die vornehmen Fremden gerettet und das Kind zu besserer Lebensart angeleitet wurde? – Auch ist in dieser Hinsicht Verneinendes ebenso bezeichnend, und wie soll ich von dem reden, was immer unseren Augen entzogen blieb?

Es wirkt sehr natürlich unsere Volkserziehung dahin, und Volkssagen, Märchen und Lehren vereinigen sich, um uns eine große Ehrfurcht für die liebe Gottesgabe, das Brot, einzuprägen, welche hintenanzusetzen eine große Versündigung sei. Das geringste Stück Brot an die Erde zu werfen war in meiner Kindheit eine Sünde, worauf unbarmherzig, unerläßlich die Rute stand. Beim dürftigen Volke von Radack läßt sich ein ähnliches Gefühl in Hinsicht der Früchte, worauf seine Volksnahrung beruht, erwarten. Einer unserer Freunde hatte einen Kokos dem Kapitän zum Trunke gereicht; dieser warf die Schale mit dem ihr noch anklebenden eßbaren Kerne weg. – Der Radacker machte ihn ängstlich auf die verschmähete Nahrung aufmerksam. Sein Gefühl schien verletzt zu sein, und in mir selber regten sich die alten, von der Kinderfrau eingepeitschten Lehren.

Ich bemerke beiläufig, daß unsere Freunde erst in den letzten Tagen unseres Aufenthaltes auf Otdia die Wirkung unserer Waffen kennenlernten, indem der Kapitän einen Vogel im Beisein von Rarick und Lagediack schoß. Daß der Schuß sie gewaltig erschreckt, versteht sich von selbst; daß Rarick seither den Kapitän flehentlich bat, wenn er ihn mit der Flinte sah, nicht zu schießen, lag in seinem Charakter.

Das Riff trägt im Süden von Otdia außer mehreren kleineren und öden nur zwei fruchtbare und bewohnte Inseln. Die erste, Egmedio, unterscheidet sich dadurch von allen andern, daß der Kokosbaum sich nur auf ihr hoch über den Wald erhebt und nur auf ihr Wurzelstöcke ausgestorbener Bäume vorhanden sind. Sie war der Aufenthalt von dem Häuptling Langien, dessen Besuch wir auf dem »Rurik« schon empfangen, da er uns ein Geschenk von Kokosnüssen gebracht und uns eingeladen, ihn auf seiner Insel zu besuchen. Die andere Insel nimmt den südöstlichen Winkel des Riffes ein, das von da westwärts nur noch geringe, unbewohnbare Inseln trägt.

Am 28. Januar ward in zwei Booten eine Fahrt unternommen, um die von Lagediack uns angegebenen Furten zu untersuchen. Wir legten auf Egmedio an, wohin uns Langien, der sich zur Zeit auf Otdia aufhielt, vorausgeeilt war, uns als Wirt in seiner Heimat freundlich zu empfangen; und er war ein gastfreier, herzlicher Mann, dem unser Besuch eine große Freude machte. – Die Insel schien nur von ihm, seiner Frau und ein paar Menschen bewohnt zu werden. – Ich erfreute ihn mit der Anlage eines kleinen Gartens. Wir hatten am selben Tage eines der Tore, die Lagediack-Straße, untersucht; der »Rurik« hätte diese Furt nicht ohne Gefahr befahren können. Des ungünstigen Wetters wegen verzichteten wir darauf, die nächste Straße zu erreichen, und suchten ein Unterkommen für die Nacht. Dazu eigneten sich die nächsten, wüsten Inseln nicht; wir mußten bis zu der zurückgehen, die den Winkel der Gruppe einnimmt. Hier trat uns erfreulich, unerwartet ein alter Freund entgegen: der fröhliche Labigar bewillkommnete uns auf seinem Grund und Boden und brachte uns Kokosnüsse und Pandanusfrüchte dar. Hier wohnte er allein mit seiner Familie. – Wir hatten auf der Insel Otdia die ganze Bevölkerung der Gruppe kennengelernt. Ich legte auch dem gastfreien, freundlichen Mann einen kleinen Garten an (ich hatte wohl zu dieser Zeit keinen andern Samen mehr als Wassermelonen). Wir hatten unsern Bivouak am Strande aufgeschlagen – als wir uns am Morgen dem Schlaf entrangen, saßen Labigar und die Seinen um uns, still und geduldig unser Erwachen erwartend, um uns den Kokos zum Frühtrunk darzureichen.

Wir erreichten an diesem Morgen (29. Januar) das Schiff. Die andere Furt ward später, am 3. Februar, von Gleb Simonowitsch in der Barkasse rekognosziert und nach ihm die Schischmarew-Straße benannt. Zu derselben kann jedes Schiff bequem, sicher und ohne umzulegen mit dem wehenden Passat ein- und ausfahren.

Am 30. Januar ward ein Eimer mit einem eisernen Reif von unsern Leuten vermißt, die teils nach Wasser, teils nach Holz ausgeschickt waren, einem Artikel, womit wir uns hier auf die ganze Dauer unserer Fahrt nach Norden versehen mußten. Rarick ward ernstlich angehalten, das gestohlene Gut wieder herbeizuschaffen; aber bei dem Ereignis, worüber alle andern ihre Mißbilligung laut ausdrückten, ward er von einer Lässigkeit befunden, die einen Schatten über seinen Charakter warf. Erst am andern Morgen, nachdem wiederholt auf Erstattung gedrungen worden, brachte, nach einem langen Gespräch mit dem Häuptling, einer seiner Leute den Eimer aus dem Dickicht des Waldes hervor. Darauf wurde bekanntgemacht, jeder spätere Diebstahlsversuch würde unsererseits streng bestraft werden. Ich werde den einzigen Fall nicht verheimlichen, wo wir die Drohung zu verwirklichen Gelegenheit hatten.

Lagediack speiste mit uns auf dem Schiffe. Der Dieb des Eimers hatte ihn begleitet, aber ihm war der Eingang in die Kajüte verwehrt worden, und auf dem Verdecke liegend, sah er uns vom Fenster zu. Lagediack ließ ihm einiges zum Kosten zukommen, und auch ein blankes Messer ward ihm zum Besehen gereicht. Das Messer kam nicht auf unsern Tisch wieder herab, sondern fand seinen Weg in den Mudirdir des Mannes (das Männerkleid, ein mit Baststreifen schürzenartig behangener Mattengürtel). Er wurde beobachtet und, als er das Schiff zu verlassen sich anschickte, ergriffen, durchsucht, überwiesen, hingestreckt und ausgepeitscht.

Zu der Zeit waren bereits unsere Namen kurzen Liedersätzen anvertraut und der Vergessenheit entrissen; Deinnam, Chamisso und andere:

> Aé ni gagit, ni mogit,
> Totjan Chamisso.
> Den geschälten Kokos trinkt, Kokos ißt,
> – ? – Chamisso.

Denkmünzen, die auf uns geprägt, Denksteine, die uns gesetzt sind und welche, mögen sie ohne Inschrift sein oder Gestalt, die Träger sein werden der sich an dieselben knüpfenden mündlichen Überlieferungen und Sagen. – In der Eigil-Saga haben oft die metrischen Denksprüche, die bei denkwürdigen Ereignissen auf diese Weise gestempelt und durch Alliteration, Assonanz und Reim befestet ausgegeben werden, keine anschauliche Beziehung zu der Tat, deren Gedächtnis an dieselben gekettet wird.

Unsere Absicht, Otdia zu verlassen, um Erigup, Kaben und andere Gruppen zu besuchen, war verkündigt, und wir wünschten und erwarteten, daß uns der eine oder der andere von unsern hiesigen Freunden auf diesem Zuge begleiten würde. Rarick baute an einem neuen Schiffe, worauf er die Reise mit uns zugleich zu machen versprach; aber die Arbeit nahm kein Ende. Lagediack wollte auf dem »Rurik« mit uns fahren, ließ sich aber durch Raricks Schiffsbau davon abhalten. Rarick, Langien und Labigar wollten uns auf einem anderen Schiffe begleiten, aber auch *der* Plan ward aufgegeben. Wir mußten auf die vorgefaßte Hoffnung verzichten.

Wir lichteten am 7. Februar 1817 mit Tagesanbruch die Anker; unsere Freunde standen am Strande, doch keiner kam an das Schiff. Nur ein Boot kam unter Segel von Oromed uns nach. Vermutlich der Greis Laergaß. Er hatte uns noch etliche Tage zuvor besucht; er war erkenntlich für unsere Geschenke und liebevoll wie keiner; er wollte wohl den letzten Abschied von uns nehmen. Wir verloren das Boot aus dem Gesichte, als wir außerhalb der Straße die Segel vor dem günstigen Winde verdoppelten.

Schon beim Ausfahren aus Otdia ward von dem Masthaupt das Land Erigup gesehen. Wir vollendeten am 7. und 8. Februar die Aufnahme dieser ärmlichen, spärlich begrünten Gruppe, die nur von drei Menschen bewohnt sein soll. Wir sahen nicht mehrere am Strande der einzigen Insel, auf welcher sich Kokosbäume zeigten, aber nicht über den Wald erhoben.

Unter dem Winde der Gruppe ward eine Furt untersucht, die wohl nicht ohne Gefahr befahren werden konnte. Wir verließen Erigup, um Kaben aufzusuchen. Wir hatten gegen den Wind, der ausnehmend frisch wehte, anzukämpfen. Am 10. nachmittags sahen wir Kaben. Die Gruppe ist beiläufig fünfundvierzig Meilen von Otdia entfernt, und Lagediack hatte ihre Lage ziemlich richtig angegeben.

Am 11. morgens waren wir vor der Furt, die unter dem Winde der Gruppe ihrem Nordwestwinkel am nächsten gelegen ist. Der Wind war heftig. Zwei Boote kamen aus dem Tore uns entgegen und beobachteten uns von fern. Von einem Windstoß erfaßt, schlug das eine Fahrzeug um. Das andere kümmerte sich nicht um den Unfall; da sind die Schiffer sich selber genug. Wir sahen sie bald teils auf dem Kiele sitzen, teils an Leinen gespannt schwimmend das Schiff dem Lande zu bugsieren, von dem sie doch über eine halbe Meile entfernt waren. – Drei andere Boote kamen von der großen Insel im Nordwesten zu uns her und luden uns an das Land.

Das Tor ist breit, aber seicht der Kanal, in welchem wir bei der Einfahrt zwischen Korallenbänken wenden mußten. Wir führten schnell und glücklich das kühne Manöver aus. Die Durchsichtigkeit des Wassers ließ unsere Blicke in die geheimnisreichen Korallengärten des Grundes hinabreichen. – Wir warfen die Anker vor einer der geringsten und ärmsten Inseln der Gruppe.

Kaben hat ungefähr die Größe und die längliche Gestalt von Otdia, aber von Nordwesten nach Südosten kehrt sie eine ihrer längeren Seiten dem Passatwinde zu, und das Hauptland, die Insel Kaben, nimmt die Nordwestspitze der Gruppe ein. Das Riff ist auf der Windseite mit fruchtbaren Inseln reichlich gekrönt. (Herr von Kotzebue zählte deren im ganzen Umkreis vierundsechzig.) Hochstämmig erhebt sich über den mehrsten die Kokospalme; der Brotfruchtbaum ist gemein; drei Arten Arum werden angebaut, die jedoch nur einen spärlichen Ertrag gewähren können; und wir haben die erst eingeführte Bananenpflanze auf einer der Inseln angetroffen. Die Bevölkerung ist der größeren Fruchtbarkeit des Bodens angemessen. Die Menschen erschienen uns wohlhabender, selbstvertrauender, zutraulicher als auf Otdia, und durch unsere Gegenwart belebt, durchkreuzten ihre Boote, deren sie viele besaßen, zu allen Zeiten und in allen Richtungen das innere Meer, das einem verkehrreichen Hafen glich.

Wir haben auf Kaben flüchtigere Berührungen mit mehreren Menschen gehabt, und die Bilder der freundlichen Gestalten verwirren sich schon in meinem Gedächtnisse; doch leuchten aus dem Allgemeinen etliche noch besonders hervor, und das freundliche, fröhliche, lebensfrische, mutvolle Fürstenkind auf Airick ist mir unvergeßlich.

Wir fanden auf der Insel, vor der wir lagen, nur junge Kokospflanzungen und verlassene Häuser. Am 12. kamen von Osten her zwei große Boote und näherten sich uns. Wir riefen ihnen den Friedensgruß zu; sie erwiderten unsern Gruß und kamen furchtlos heran; wir warfen ihnen ein Tau zu, woran sie ihre Fahrzeuge befestigten, und ein Häuptling bestieg, von einem einzigen Mann begleitet, das Verdeck. Er suchte sogleich unsern Chef auf, reichte ihm eine Kokosnuß dar und setzte ihm seinen Blumenkranz auf das Haupt. Wir konnten uns gut mit den staunenden Menschen verständigen, und kein Mißtrauen wartete zwischen uns ob.

Herr von Kotzebue, der bereits seinen Namen an Rarick verloren hatte, bot ihn hier dem entzückten Labadini, Herrn auf Torua (einer östlicheren Insel dieser Gruppe), zum Tausche wieder an. Der Freundschaftsbund war geschlossen.

Der Häuptling übernachtete auf der nächsten Insel. Die Nacht war Sturm; wir konnten am 13. weder unter Segel gehen noch ans Land fahren.

Am 14. verließen wir unsern Ankerplatz und drangen lavierend tiefer ostwärts in das Innere der Gruppe hinein. Unser Freund folgte uns auf seinem Boote, hielt schärfer bei dem Winde als wir und segelte nicht viel langsamer. Nachmittags warfen wir vor einer kleinen, von luftigen Palmen reich beschatteten Insel die Anker; Labadini kam an Bord. Auch diese Insel, Tian geheißen, gehörte ihm; sie war aber nicht sein gewöhnlicher Aufenthalt, und er drang in uns, ihm nach Torua zu folgen, was wir am morgenden Tage zu tun versprachen. Wir fuhren gemeinschaftlich ans Land, und beim Landen trug er den Kapitän durch das Wasser.

Auf dieser Insel, vor welcher das widrige Wetter uns noch am 15. zurückhielt, freuten wir uns der behaglicheren

Wohlhabenheit des anmutigen Volkes; wir wurden unter jedes Dach gastlich eingeladen, von jeder Familie freundlich empfangen. Etlichen Pflanzungen und Gruppen von Fruchtbäumen diente anstatt der Mauern eine um dieselben gezogene Schnur von Kokosbast zur Befriedigung. Wir sahen den weißen Reiher mit gelähmtem Flügel gezähmt und etliche zahme Hühner. Labadini bewirtete den Kapitän mit einem reinlich bereiteten Mahle von Fischen und gebackenen Brotfrüchten. Wir fuhren auf seinem Boote unbesorgt wie auf den unsern, und es ward uns an beiden Tagen, als wir an das Schiff zurückfuhren, eine solche Menge Kokosnüsse gebracht, daß sie für die ganze Mannschaft auf mehrere Tage ausreichten; wir ließen dagegen Eisen verteilen. – Wir haben Kokosnüsse von Kaben bis nach Unalaschka gebracht.

Wir gingen am 16. Februar wieder unter Segel, und der Kette der Insel folgend, die eine südlichere Richtung nahm, überschauten wir ihre ganze Bevölkerung, die das wunderbare Schauspiel des fremden Riesenschiffes unter Segel an den Strand herbeizog.

Aus einer größeren Insel, die, wie wir später erfuhren, Olot geheißen, stieß ein großes Boot ab, auf dem zwanzig bis dreißig Menschen sein mochten. Sie zeigten uns Kokosnüsse und schrien und winkten uns herbei. Wir segelten weiter, und das Fahrzeug folgte uns nach. Auch Labadinis Boot, das uns nachkam, erschien in der Ferne. Eine große Insel, von welcher aus die Kette ihre Richtung nach Süden nimmt, bot uns einen geschützten Hafen, wo wir die Anker fallen ließen. Es war Torua, Wohnsitz von Labadini. Das Boot aus Olot legte sich an unsere Seite, und der Herr dieser Insel, der junge Häuptling Langediu, stieg sogleich auf den »Rurik«. Er war reicher tatuiert und zierlicher geschmückt als Labadini. Er trug Herrn von Kotzebue einen Namenstausch an, den dieser, der immer das behielt, was er hingab, unbedenklich annahm. Das Verfahren war geeignet, Zwist unter den Fürsten zu erregen. Labadini, der bald eintraf, wandte sich beleidigt von uns ab, und hier, auf seiner Insel, verkehrten wir allein mit Langediu. Mit dem lebhaften, geistreichen und sittigen Jünglinge wiederholte der Kapitän seine Geographie von Radack und vervollständigte sie.

Torua, in gerader Linie vierundzwanzig Meilen von Kaben entfernt, ist doppelt so groß und verhältnismäßig weniger bevölkert als Tian. Wir wurden hier mit dem unschmackhaften Gerichte bewirtet, das die Radacker aus geraspeltem Kokosholz bereiten. – Hier oder auf Tian ward uns auch der aus der Brotfrucht bereitete Sauerteig gereicht, der aus Beschreibungen von Reisen nach O-Taheiti genugsam bekannt ist und den Europäern nicht munden will. Wir blieben drei Tage auf unserm Ankerplatz, verschafften uns viele Kokosnüsse und teilten viel Eisen aus. Der Matrose, der das Eisen verausgabte, stand bei den Eingebornen in besonderem Ansehn, und ihm wurde von allen geschmeichelt.

Wir lichteten am 19. die Anker und steuerten südwärts längs des Riffes, das hier einen grünen Kranz von sehr kleinen Inseln trägt. Nach einer Strecke von zehn Meilen ändert sich seine Richtung, und das innere Meer verlängert sich nach Südosten sackartig in einen Vorsprung, worin die Gruppe endigt. Eine größere Insel im Hintergrund dieser Bucht des innern Meeres zog unsere Aufmerksamkeit auf sich, und wir richteten dahin unsern Kurs. Bevor wir sie erreicht, ward vom Masthaupt jenseits des Riffes Land im Süden entdeckt. Es war die Gruppe Aur. Wir gingen vor Airick, jener großen Insel, vor Anker.

Wir fuhren ans Land, während der Kapitän noch auf dem Schiffe beschäftigt zurückblieb. Ein Boot aus Airick hatte uns bereits vor Torua besucht. Wir wurden mit zuvorkommender Herzlichkeit empfangen; man reichte uns Kokosnüsse dar, und wir schienen alte, lang erwartete Freunde zu sein. Diese Insel ist die volkreichste und fruchtbarste von allen, die wir gesehen haben. Sie besitzt allein sechs bis sieben große Boote. Ein Jüngling oder Knabe, der noch nicht mit dem Männerschmucke der Tatuierung angetan war und dem das Volk mehr Ehrfurcht zu zollen schien, als wir anderen Häuptlingen hatten erweisen sehen, galt uns erst für den Herrn der Insel. Aber gleicher Ehren war ein junges, ebenfalls noch untatuiertes Mädchen (seine Schwester?) teilhaftig, und über beide schien ein Weib (ihre Mutter?) erhaben zu sein, welche sich in einen Nimbus der Vornehmigkeit hüllte, von dem ich auf Radack kein zweites Beispiel gesehen habe. Es ist auch der einzige Fall, wo ich ein Weib der Auctorität genießen sah. Daß die verschiedene Würde und Macht der Häuptlinge nicht allein von ihrem Reichtum und Besitzstand abhing, war anschaulich; doch habe ich mir über diese Ungleichheit keine Auskunft verschaffen können.

Der Jüngling, der sich herzig an mich anschmiegte, kam sogleich mit mir auf das Schiff; ein älterer Mann, dessen Obhut er anbefohlen zu sein schien, begleitete ihn. Freudig, freundlich, lebhaft, wißbegierig, geistreich, tapfer und voller Anstand; ich habe nicht leicht eine anmutigere Erscheinung gesehen. So gefiel er auch dem Kapitän, dem er sich gleich vorstellte. Er maß mit seinem Begleiter das Schiff aus und die Höhen der Masten; die Schnur, die dazu gedient, ward sorgfältig aufbewahrt. Ihm ein Schauspiel zu geben, holte ich meine Rapiere hervor und focht einen Gang mit Eschscholtz. Da erglühete er vor Lust; das Spiel mußte er auch spielen. Er begehrte mit sittiger Art ein Rapier, und freudig, voller Anstand, sich und mir vertrauend, stellte er sich mir entgegen und bot dem blanken, kalten Eisen des weißen Fremden seine bloße Brust. – Bedenket es – es war schön.

Wir fuhren nachmittags wieder ans Land, und der Jüngling führte den Kapitän zu der Mutter. Sie empfing schweigend den vornehmen Gast und seine Geschenke und ließ ihm dagegen zwei Rollen Mogan und Kokosnüsse reichen. Mogan, das Wertvollste, was ein Radacker geben kann, ist selbst gegen Eisen nicht zu erhandeln. Sie gingen sodann zu der Schwester, die um sich eine Schar von Mädchen hatte, von denen sie jedoch abgesondert saß. Hier herrschte Fröhlichkeit und wurde gesungen. Während dieser Besuche und überall auf der Insel bildete sich um die Fürsten und ihre hohen Gäste in weitem Umkreis ein dichter Kranz von Zuschauern.

Der »Rurik« war zu allen Stunden von Booten der Eingeborenen umringt und von Besuchern überfüllt. Die Insulaner waren hier in Überzahl, und ihre Zutraulichkeit ward lästig und beunruhigend.

Am 20. kam von Westen her ein großes Boot, worauf zweiundzwanzig Menschen gezählt wurden. Es war Labeloa, der Häuptling von Kaben, der uns hieher gefolgt war und dem Kapitän eine Rolle Mogan überreichte. Er erzählte uns, er sei es gewesen, der mit seinem Boote vor dem Eingang der Gruppe umgeschlagen sei.

Ein Kommando war nach Wasser geschickt worden: abends, als es dunkelte, schrie der Unteroffizier vom Lande her, daß ein Matrose vermißt werde. Der Kapitän ließ eine Kanone abfeuern und eine Rakete steigen. Der Mann, den die Insulaner nicht aus feindlicher Absicht zurückgehalten, fand sich wieder ein, und unser Boot ruderte heran.

Am 21. war der gestrige Schreckschuß allgemeiner Gegenstand der Nachfrage, und wir fanden unter den Leuten mehr Ehrfurcht und Zurückhaltung. Wir unsererseits blieben uns in unserm Betragen gleich. Eschscholtz bedeutete ganz gleichgültig den Forschenden, unser Kapitän sei nach oben gefahren, aber er sei schon wieder da. Wir besuchten unsere hiesigen Freunde zum letztenmal. – Der Zutritt zu der alten Fürstin ward dem Kapitän verwehrt. Wir bekamen auf dieser Insel eine Unzahl von Kokosnüssen.

Wir verließen Airick am 21. Februar und steuerten nach Olot, der Insel von Langediu, den zu besuchen der Kapitän versprochen hatte. Labeloa, der uns nach Aur begleiten wollte, folgte uns in seinem Boote; er nahm, als er uns vor Olot anlegen sah, den Kurs nach Kaben, kam uns aber nach Aur nach.

Olot steht an Bevölkerung und Fruchtbarkeit den andern von uns gesehenen Inseln nach. Doch ward der Taro auf Olot gebaut, und wir sahen nur hier die Banane. Wie ich auf allen Inseln von Kaben, auf denen wir gelandet, bei der regsten Teilnahme der Insulaner die Wassermelone selber gesät und deren Samen den Häuptlingen ausgeteilt, also tat ich auch hier. Bei dem Geschäfte wurde mir mein Messer entwendet. Ich sprach deshalb, und nicht vergeblich, Langedius Autorität an; mein Eigentum ward mir sogleich wiedergegeben. Labadini war hier bei Langediu, und es schien das gute Vernehmen wiederhergestellt zu sein. Beide Häuptlinge wurden reichlich beschenkt.

Wir verließen am 23. Februar 1817 Olot und die Inselgruppe Kaben, aus welcher wir zu derselben Straße hinausfuhren, zu welcher wir hereingekommen waren. Wir steuerten nach Aur, in dessen Gehege wir zu einer engen Furt, geschickt zwischen Korallenbänken steuernd, mit vollen Segeln einfuhren. Die Gruppe, geringeren Umfangs, war vom innern Meere zu übersehen. Sie ist dreizehn Meilen lang, sechs breit und besteht aus zweiunddreißig Inseln. Um fünf Uhr nachmittags ließen wir vor der Hauptinsel, welche die Südostspitze der Gruppe bildet, deren Namen sie führt, die Anker fallen.

Es umringten uns sogleich mehrere Boote der Eingebornen. Wir riefen ihnen »Eidara!« zu, und sogleich stiegen die Fürsten zutraulich an Bord und mit ihnen die Fremden aus Ulea: Kadu und sein Schicksalsgefährte Edock. – Mein Freund Kadu! – Ich überlese, was ich in der Denkschrift

»Über unsere Kenntnis der ersten Provinz des Großen Ozeans«, auf die ich euch verweisen muß, von diesem Manne gesagt habe, und die Erinnerung erwärmt mein Herz und befeuchtet meine Augen.

Die Radacker entsetzten sich ob des schnell gefaßten Entschlusses Kadus, bei den weißen Männern auf dem Riesenschiffe zu bleiben. Sie ließen nichts unversucht, ihn zurückzuhalten; sein Freund Edock, tief bewegt, versuchte selbst mit Gewalt, ihn in das Boot herabzuziehen; Kadu aber, zu Tränen gerührt, erwehrte sich seiner und stieß ihn, Abschied von ihm nehmend, zurück.

Der hiesige Ankerplatz hatte Nachteile, die den Kapitän bewogen, einen besseren im Schutze der Insel Tabual zu suchen, die, acht Meilen von Aur entfernt, die Nordostspitze der Gruppe einnimmt. Diesen Entschluß hatte er den Häuptlingen angezeigt, und sie folgten uns dahin mit fünf großen Booten am 24. Februar früh. Die Bevölkerung war stärker als selbst auf Kaben und die Anzahl der großen Boote beträchtlicher.

Nach Herrn von Kotzebue waren die hohen Häupter des Volkes, mit denen wir hier verkehrten, die, Zutrauen fassend, ihn in ihren Rat zogen und ihn bestürmten, mit der Übermacht unserer Waffen einzugreifen in den wartenden Krieg, von dem sie uns die erste Kunde gaben: Tigedien, ein Mann mit schneeweißem Bart und Haupthaar und vom Alter gebeugt, der Herr der Gruppe Aur, der Schutzherr von Kadu und in Abwesenheit des Königs Lamari der erste der Fürsten; der zweite nach ihm Lebeuliet, ein Greis, der Herr der Gruppe Kaben, wo die Insel Airick sein gewöhnlicher Wohnsitz war, der Gatte jener Fürstin, der Vater jener Kinder, die wir dort kennengelernt; der dritte, jüngste und rüstigste, Tiuraur, der Herr der Gruppe Otdia, der Vater von Rarick.

Lamari war von Aur an König über den ganzen Norden von Radack. König über die drei südlichen Gruppen, Meduro, Arno und Mille, war Lathete, und zwischen beiden war Krieg. Lamari bereiste jetzt die ihm untertänigen Inseln, seine Mannen und sein Kriegsgeschwader nach Aur zu berufen, um von hier aus einen Kriegszug gegen seinen Feind zu unternehmen.

Man vergleiche meinen Aufsatz über Radack. – Ich will hier nur wiederholen, weil Herr von Kotzebue, schlecht berichtet, es anders aufgezeichnet hat, daß bei diesen Kriegen die überfallenen Inseln aller Früchte beraubt, aber die Bäume selbst nicht beschädigt werden.

Herr von Kotzebue gab dem Tigedien Waffen! – Lanzen und Enterhaken. Tigedien hatte ihm ein Geschenk von etlichen Rollen Mogan gebracht. Die Umstände und der bevorstehende Krieg mögen zu dem hohen Werte, der auf den Mogan gelegt wurde, und zu der Schwierigkeit, die wir fanden, uns welchen zu verschaffen, beigetragen haben. Dieser wohlschmeckende, süße Konfekt ist der einzige Mundvorrat, der auf längeren Reisen eingeschifft werden kann, ist der Zwieback dieser Seefahrer.

Als unsere Boote vom Lande nach dem Schiffe zurückkehrten, wurden sie mit so vielen Kokosnüssen beschwert, als sie tragen konnten.

Vor Tabual erbat sich Kadu vom Kapitän Urlaub, an das Land zu fahren, von wo er an das Schiff zurückkommen werde. Wir selber durchschweiften an diesem Tage die Insel, die reicher ist an Humus als die fruchtbarsten der Gruppe Kaben und auf der wir Taro- und Bananenpflanzungen in gedeihlichem Zustande antrafen. Wie wir von unserer Wanderung zurückkehrten, fanden wir unsern Kadu, von einem weiten Kreise von Radackern umringt, lebhaft, beseelt, tiefbewegt redend, indem alle um ihn gespannt, ergriffen, gerührt dem Vortrage zuhörten und mehrere in Tränen ausbrachen. – Kadu ward auf Radack geliebt, wie er unter uns geliebt worden ist.

Kadu

Verschiedene Fahrzeuge von der Gruppe Kaben trafen ein, das eine von Airick, andere, zwei oder drei, mit Labeloa von der Insel Kaben, und diese zwar bei sehr heftigem Winde. Von unserm Ankerplatz war vom Masthaupt das Land von Kaben zu sehen.

Ich machte auf Tabual einen letzten Versuch, die Tatuierung zu erlangen. Ich hätte damals gern das schöne Kleid mit allen den Schmerzen, die es bekanntlich kostet, erkauft. Ich brachte die Nacht in dem Hause des Häuptlinges zu, der versprochen zu haben schien, die Operation am andern Morgen vorzunehmen. Am andern Morgen wurde jedoch die Operation nicht vorgenommen, und Rechenschaft über die stillschweigende Verweigerung konnte ich erst später aus Kadus Aussagen entnehmen.

Unerachtet des zwischen dem Süden und dem Norden von Radack waltenden Krieges und des leidenschaftlichen Hasses, der oft bei Erwähnung dieser unglücklichen Verhältnisse zum Ausbruche kam, lebte unbefährdet, lieb gehegt und geehrt ein Häuptling von Arno auf Tabual.

Am 26. gingen wir zum letzten Male ans Land auf Tabual und nahmen Abschied von unsern Freunden. Die Nacht über erschollen die radacksche Trommel und das Lied unter den Palmen am Strande des innern Meeres.

Am 27. Februar 1817 liefen wir am frühen Morgen aus dem Meerbecken von Aur zu ebendem Tore hinaus, zu dem wir eingefahren waren. Wir steuerten nach Norden, den Tag über unter dem Winde von Kaben, am 28. über dem Winde von Otdia, und hatten noch vor Nacht Kenntnis von der Gruppe Eilu, die uns über dem Winde lag. Kadu erkannte die Gruppe. Er war bereits auf derselben und ebenfalls auch auf Udirick gewesen, und wohlbewandert in der Geographie von Radack, gab er uns die Richtungen an, in welchen Temo und Ligiep lagen.

Wir waren am Morgen des 1. März 1817 bei der Südspitze

von Eilu, welche von der Insel gleiches Namens gebildet wird. Wir folgten der Süd- und Ostseite des Umkreises, wo das Riff von Land entblößt ist, und suchten einen Durchbruch desselben zur Einfahrt. Drei Boote kamen uns in das offene Meer entgegen, und unser Genosse Kadu pflog ein lebhaftes Gespräch mit seinen staunenden alten Bekannten. Diese wiesen uns mehr im Norden die breiteren Tore ihres Riffwalles. Von dreien schien das eine nur fahrbar für den »Rurik« zu sein. Der Abend dunkelte schon.

Am 2. März suchten wir das Tor wieder auf, von welchem uns der Strom westwärts entführt hatte. Der Wind blies uns aus dem engen Kanal entgegen, und da hineinzudringen schien kaum möglich zu sein. Der Leutnant Schischmarew untersuchte das Fahrwasser. Zwischen zwei senkrechten Mauern hatte die Straße fünfzig Faden Breite und eine hinreichende Tiefe. Das Schiff mußte in der Straße gewendet und gleichzeitig von dem stark einsetzenden Strom hineingeführt werden; gehorchte es nur träge dem Steuerruder, so galt es, an der Korallenwand zerschellt zu werden. Schnell ward und glücklich das kühne Manöver ausgeführt; es war ein schöner Moment. Alle Segel waren dem Winde ausgespannt; tiefes Schweigen herrschte auf dem »Rurik«, wo dem Kommandoworte gelauscht wurde; zu beiden Seiten brauste die Brandung. Das Wort erschallt, und wir sind im innern Meer. In der Furt selbst hatte sich eine Bonite an der Angel gefangen; so hatten wir Torzoll genommen.

Die Gruppe Eilu ist von Nord in Süd fünfzehn Meilen lang und nur fünf Meilen breit. Alles Land ist auf der Windseite; es ist spärlich begrünt, die Kokospalme erhebt sich nur auf Eilu im Süden und auf Kapeniur im Norden über den Wald. Das innere Meer ist seicht und mit Korallenbänken und Untiefen angefüllt, welche uns Gefahr drohten. Wir gingen gegen Mittag in der Nähe von Eilu vor Anker.

Drei Boote umringten uns alsobald, und Kadu hatte für

sich und für uns genug zu reden. Lamari, den wir hier zu treffen hofften, war bereits auf Udirick, und der Häuptling von Eilu, Langemui, wohnte auf Kapeniur. Kadu fuhr mit den Radackern ans Land, wohin wir ihm später folgten. Wir haben hier den Pandanus noch ganz grün essen sehen, und die Brotfrucht fehlte ganz. Ein paar Pflanzen von der einen der auf Kaben angebauten drei Taro-Arten bezeugten den Fleiß der Menschen und die Unwilligkeit der Natur. Die guten, dürftigen Leute beschenkten uns mit einer Menge Kokosnüssen, woran wir vielleicht reicher waren als sie. Sie erwarteten dafür keinen Lohn. Wir teilten Eisen aus, und ich säete Kerne der Wassermelone, wie ich es überall auf den anderen Gruppen getan hatte.

Wir gingen am 4. mit Tagesanbruch unter Segel und kamen nach einer beschwerlichen Fahrt erst spät vor Kapeniur, wo wir die Anker fallen ließen. Wir lagen sicher und bequem in der Nähe des Landes, das uns vor dem Winde schirmte; und es wurde beschlossen, etliche Tage hier zu verweilen, um Segel und Tauwerk für die uns bevorstehende Nordfahrt instand zu setzen.

Uns besuchte zuerst am Bord Langemui und brachte dem Kapitän etliche Kokosnüsse dar. Er war ein hochbejahrter, hagerer Greis von heiterem, lebendigem Geiste, wie überhaupt auf diesen Inseln das Alter ein jugendliches Gemüt behält. Er mochte nach unserer mutmaßlichen, unzuverlässigen Schätzung achtzig Jahre alt sein. An seinem Körper trug er etliche Narben. Diese, als er nach denselben befragt wurde, veranlaßten ihn, uns die erste Kunde von Ralick zu geben, der westlicher gelegenen Inselkette, deren Geographie jedem Weibe, jedem Kinde auf Radack geläufig ist. Es ist mit den Menschen wie mit der Natur: was man schon weiß, kann man sich leicht zu allen Stunden wiederholen lassen; aber an den Tag zu fördern, was man nicht weiß, dazu gehört Geschick, dazu gehört Glück. Nach

Langemui, der auf Ralick seine Wunden erhalten hatte, entwarf Herr von Kotzebue die Karte dieser Inseln, die man in seiner »Reise« nachsehen muß. Bei Udirick hatte er einen zweiten Punkt, von dem aus er sich die Richtung der nördlichen Gruppen angeben ließ, und er hatte im Spätherbst auf Otdia Gelegenheit, seine Arbeit zu prüfen und zu berichtigen. Ich habe in meinen »Bemerkungen« Kadus Aussagen über Ralick aufgenommen. Nach ihm war Sauraur, den wir auf Aur gekannt, später als Langemui auf Ralick gewesen und hatte daselbst den Namen, den er jetzt führt, ertauscht und Freundschaft mit den Eingebornen gestiftet. – Ralick gehört zu derselben Welt der Gesittung als Radack und schien zur Zeit wie Radack in zwei einander feindliche Reiche geteilt zu sein.

Auf Eilu war ein junger Häuptling von Mesid, der auf einem kleinen Fischerboote, durch Sturm von seiner Insel verschlagen, hier angelangt war. Er gedachte sich zu der Rückreise an Lamari anzuschließen, der auch nach Mesid fahren wollte, um Verstärkung von dort zu holen. Unsere Seefahrer halten es für kühn, ohne Kompaß, gegen Wind und Strom anringend, einen Landpunkt, der nicht über sechs Meilen sichtbar ist, in einer Entfernung von sechsundfünfzig Meilen aufzusuchen; eine Reise, auf welcher die Radacker wohl zwei Tage und eine Nacht zubringen müssen. Sie würden sich nicht getrauen, das Wagestück zu unternehmen. Wir erfuhren im Spätjahr, daß Lamari dieses Mal Mesid verfehlt und, auf die Hülfe, die er von dieser Insel erwartete, verzichtend, sich zu den übrigen Gruppen Radacks gewendet habe.

Auf Kapeniur war ein anderer Häuptling, welcher, anscheinlich um vieles älter als Langemui, gleich regen und heitern Geistes war.

Der Wind drehte sich am 7. Februar über Norden nach Westen, und ein anhaltender Regen unterbrach die Arbeiten auf dem »Rurik«. Der 9. und 10. waren gleich regnichte Tage. Am 11. ward das begonnene Werk schnell vollendet. Wir waren segelfertig.

Von den Wassermelonen, die ich auf Kapeniur gesäet hatte, waren trotz der Verwüstung, welche die Ratten angerichtet, mehrere Pflanzen im erfreulichsten Wuchs, und deren Fortgang schien gesichert.

Ich habe, um nur von dieser einen Pflanzenart zu reden, eine unerhörte Menge von Wassermelonenkernen auf den Riffen von Radack an geeigneten Stellen sorgfältig der Erde anvertraut. Der ganze Samenertrag aller Wassermelonen, die in Kalifornien und auf den Sandwich-Inseln auf dem »Rurik« verzehrt worden, ist, entweder von mir ausgesäet oder den Händen betriebsamer Eingeborenen anvertraut, auf Radack geblieben. Ich habe bei unserm zweiten Besuch auf Radack eine zweite Aussaat auf Otdia besorgt und einen anderen beträchtlichen Samenvorrat der liebenden Sorgsamkeit von Kadu überlassen. Nach Herrn von Kotzebues letzter Reise und letztem Besuch auf Otdia im Jahr 1824 scheint doch diese willigste der Pflanzen, die, wo nur eine milde Sonne nicht fehlt, den Europäern gefolgt ist, sich auf Radack nicht erhalten zu haben. Wahrlich, es ist leichter, Böses zu tun als Gutes!

Im Innern der Gruppe Eilu wurden vom Schiffe an verschiedenen Tagen zwei Haifische geangelt. Man berichtete mir von dem einen, er habe drei lebendige Junge im Leibe gehabt, jedes drei Spannen lang; zwei in einem Ei, das dritte allein. – Man wird sonst in den Becken, welche Korallenriffe umhegen, von Haifischen nicht befährdet.

Das Wasser dieser Binnenmeere war wenig leuchtend.

Als der gute Langemui unsere Absicht erfuhr, Eilu am andern Tage zu verlassen, ward er betrübt. Wir sahen in der Nacht Lichter längs dem Riffe sich bewegen; am frühsten Morgen kam unser Freund an das Schiff und brachte uns ein letztes Geschenk: Fliegende Fische, die er beim Feuerscheine hatte fangen lassen, und Kokosnüsse.

Wir verließen Eilu den 12. März 1817. Der Wind, der uns zum Auslaufen günstig war, erlaubte uns, zu einem nördlicher gelegenen, engeren Tore hinauszufahren; ein Haifisch ward in der Furt selbst gefangen. Wir hatten um drei Uhr nachmittags Ansicht von Udirick und Tegi, welche, wie wir es bereits mit Zuversicht erkannt hatten, die im vorigen Jahre von uns gesehenen Gruppen waren. Die anbrechende Nacht zwang uns, die Nähe des Landes zu vermeiden. – Wir fanden uns am Morgen des 13. acht Meilen westwärts getrieben. Wir erreichten bald den Kanal, welcher beide Gruppen trennt, fuhren hindurch und befanden uns vor Mittag in ruhigem Wasser unter dem Winde von Udirick. Kein Tor im Riffgehege war dem »Rurik« zum Eingang in das Innere der Gruppe gerecht. Lamari mußte hier sein, und es lag uns daran, den gewaltigen Machthaber dieses neptunischen Reiches kennenzulernen, der, von seiner Wiege, der Gruppe Arno, ausgehend, den Norden von Radack kraft des Faustrechtes unter seine Alleinherrschaft vereiniget hatte.

Mehrere Segel ließen sich blicken und kamen, das Riff durchkreuzend, in das freie Meer heraus. Zwei Boote nahten sich zuerst dem »Rurik«; die darauf fuhren, erkannten alsbald unsern Freund und riefen ihn laut beim Namen mit vorgesetzter Vorschlagsilbe: »La Kadu*!« Alle Scheu war bezwungen; sie kamen heran, sie stiegen auf das Verdeck. Unter diesen Männern befand sich der Schicksalsgefährte Kadus, dessen ich in meinen »Bemerkungen und Ansichten« erwähnt habe, der greise Häuptling aus Eap, der sogleich den Vorsatz faßte, bei uns zu bleiben, und fast nur

* Bei dem gleichlautenden Anfange aller Mannesnamen auf Radack, der hier angeführten radackischen Sprachweise des Namens Kadu und der schwankenden Aussprache der Mitlauter L und R möchte vielleicht der Name unsers Freundes auf Otdia richtiger Larick als Rarick geschrieben werden. Doch entbehrt auch der Name Wongusagelig der bräuchlichen Vorschlagsilbe.

mit Gewalt davon abzubringen war. Kadu trug zu diesem Manne, der ihn doch vom »Rurik« verdrängen wollte, ein sanft Erbarmen und beschäftigte sich noch später mit dem Gedanken, Nachricht von ihm und seinem jetzigen Aufenthalte nach Eap gelangen zu lassen.

Ich stieg mit Kadu auf eines der Boote der Eingeborenen, in der Absicht, auf der Insel zu landen. Bald nachdem wir vom Schiffe abgestoßen, langte bei demselben Lamari auf einem andern Boote an und stieg sogleich auf das Verdeck. Ein stattlicher, dicker Herr mit einem schwarzen, langen Barte und mit einem größeren und einem kleineren Auge. Von seinen Genossen sollen keine äußerlichen Unterwürfigkeitsbezeugungen gegen ihn stattgefunden haben.

Wir indes lavierten vor dem Riffe, über welches bei hohem Wasser zu fahren sich auch diese Boote nicht zu getrauen scheinen. Wir nahten uns endlich der Insel, zu welcher zwei Mann durch die Brandung hinüberschwammen. Hier kam uns Lamari nach und unterhielt sich mit uns. Ich sah von allen Booten nur ein einziges zu dieser Stunde von dem freien Meer in das innere Becken hineindringen, da doch alle leicht hinausgesegelt waren. Dasjenige, worauf ich stand, war neu repariert; es trug vierzehn Menschen, ohne zu den größten gerechnet werden zu können. Wir kehrten mit etlichen Kokosnüssen an das Schiff zurück. Es war Nachmittag. Kadu, dem noch einmal ernst vorgestellt wurde, daß wir jetzt Radack verließen, um nicht wieder dahin zurückzukehren, beharrte unerschütterlich bei seinem Entschlusse. Er verteilte seine letzte Habe unter seine Gastfreunde. Wir warteten nicht auf das, was uns diese Insulaner noch an Früchten versprachen. Wir nahmen unsern Kurs nach Bigar.

Das unbewohnte Riff Bigar, das nach der Aussage der Radacker im Nordosten von Udirick liegt und von ihren Seefahrern von dieser Gruppe aus des Vogel- und Schildkrötenfanges wegen besucht wird, war für uns unerreichbar. Wir kämpften zwei Tage lang gegen den Wind an; die im Norden von Radack ausnehmend starke westliche Strömung des Meeres brachte uns am 14. März sechsundzwanzig Meilen, am 15. zwanzig Meilen von unserer Rechnung nach Westen zurück; wir verloren gegen den Wind, anstatt zu gewinnen, und gaben, von diesen Seefahrern, die wir »Wilde« nennen, in unserer eigenen Kunst überwunden, das fernere Aufsuchen von Bigar auf.

Man könnte auf die Vermutung kommen, die Radacker hätten uns die Richtung, in welcher sie steuern, um nach Bigar zu gelangen, als diejenige angegeben, in welcher dieses Riff wirklich liegt, und dasselbe habe uns im Westen gelegen, als wir es noch im Osten gesucht. Da müßten hinwiederum dieselben Geographen von Bigar aus der Gruppe Udirick eine um soviel östlichere Lage anweisen. Auf jeden Fall setzt die Reise hinüber und herüber eine hinreichende Kenntnis der Strömung und eine zuverlässige Schätzung ihrer Wirkung voraus.

Wir nahmen unsern Kurs nach den von Kapitän Johnston auf der Fregatte »Cornwallis« im Jahre 1807 gesehenen Inseln. Häufige Seevögel, deren Flug Kadu am Abend beobachtete, schienen uns dahin zu leiten. Wir sahen diese Inseln am 19. März 1817. Die sichelförmige, öde Gruppe hat von Nord in Süd eine Länge von dreizehneinhalb Meilen. Herr von Kotzebue setzt auf seiner Karte die Mitte derselben in 14° 40' nördlicher Breite, 190° 57' westlicher Länge. Der Leutnant Schischmarew, auf einem Boote ausgesandt, fand kein Tor in dem wallartigen, nackten Riffe, das sie unter dem Winde begrenzt.

Ein Haifisch von außerordentlicher Größe biß indessen an der Angel. Angeregt durch die Hoffnung, uns die ansehnliche Beute zu sichern, zog sich Kadu aus, bereit, hülfebringend in die See zu springen. Das Untier riß sich mit der Angel los und entkam uns.

Wir setzten unsere Fahrt nach Norden fort.

VON RADACK NACH UNALASCHKA

Nordfahrt; die Inseln Sankt Paul, Sankt George, Sankt Laurenz; der Zweck der Reise wird aufgegeben. Aufenthalt zu Unalaschka

Wir hatten am 13. März 1817 Udirick von Radack und am 19. das letzte zu demselben Bezirke Polynesiens gehörige Riff gesehen; wir wandten uns von einer heitern Welt dem düstern Norden zu. Die Tage wurden länger, die Kälte wurde empfindlich, ein nebelgrauer Himmel senkte sich über unsere Häupter, und das Meer vertauschte seine tief azurne Farbe gegen ein schmutziges Grün. Am 18. April 1817 hatten wir Ansicht von den Aleutischen Inseln. Der eigentliche Zweck der Reise lag vor uns; über Unalaschka hinaus eilten die Gedanken dem Eismeere zu. Frischen Sinnes und voller Tatenlust versprachen wir uns alle, Offiziere und Mannen, die wir Freude an der Natur gehabt, jetzt Freude an uns selber zu haben während dieses ernsteren Abschnittes unserer Reise und unseres Lebens.

Nicht ohne Reiz war für mich die Gegenwart. Das Ergebnis von Kadus Aussagen über die ihm bekannte Welt, von den Pelew-Inseln bis Radack, liegt in meinen »Bemerkungen und Ansichten« dem Leser vor. Aber das dort Aufgezeichnete zur Sprache zu bringen und zu ermitteln, das war die Aufgabe, das war die lustvolle Plage dieser Zeit. Erst mußte das Mittel der Verständigung erweitert, ausgebildet und eingeübt werden. Die Sprache setzte sich aus den Dialekten Polynesiens, die Kadu redete, und wenigen europäischen Wörtern und Redensarten zusammen. Kadu mußte zu verstehen und, was schwieriger war, Rede zu stehen gewöhnt werden. Sächliches und Geschichtliches konnte bald abgehandelt werden, und die Erzählung war ohne Schwierigkeit. Was aber verbarg nicht noch der Vorhang! Kadu mußte ausgefragt werden – seine Antwort überschritt die Frage nicht. Naturhistorische Bilderbücher beseitigten manche Zweifel über fragliche Gegenstände. – Auf den Grund des Briefes des Paters Cantova über die Karolinen-Inseln in den »Lettres édifiantes« ward weiter inquiriert. Da war Kadus freudiges Erstaunen groß, wie er aus unserm Munde so vieles über seine heimischen Inseln vernahm. Er bestätigte, berichtigte; es bot sich mancher neue Anknüpfungspunkt dar, und jede neue Spur wurde emsig verfolgt. Aber in gleiches Erstaunen versetzte uns oft auch unser Freund. Einst sprach ich mit Eschscholtz, während Kadu auf einem Stuhle zu schlummern schien; und wie manche fremdartige Redensarten sich in unsere Schiffsprache gemischt hatten, so zählten wir auf Spanisch. Da fing Kadu von selber an, Spanisch zu zählen, sehr richtig und mit guter Aussprache, von eins bis zehn. Das brachte uns auf Mogemug und auf die letzten noch vorhandenen Spuren der Mission von Cantova. Das Land Waghal, von dem die Lieder Kadus Meldung taten, das Land des Eisens, mit Flüssen und hohen Bergen, ein von Europäern bewohntes, von den Karolinianern besuchtes größeres Land, blieb uns lange ein Rätsel, und wir erhielten dessen zuversichtliche Lösung erst auf Waghal selbst, das ist auf Guajan, wo wir Don Luis de Torres sogleich mit dem Liede begrüßten, welches auf Ulea seinen Namen verherrlichet und welches wir von Kadu erlernt hatten, der es noch oft auf den Höhen von Unalaschka gesungen.

Ich bitte die, denen ich widersprechen muß, sehr um Verzeihung. Mein Freund Kadu war kein Anthropophage, so schön das Wort auch klingt, und hat uns auch nie für Menschenfresser angesehen, die ihn als Schiffsproviant mitgenommen hätten. Er war ein sehr verständiger Mann, der, falls er diesen verzeihlichen Argwohn gefaßt, nicht so hartnäckig darauf bestanden hätte, mit uns zu reisen. Er hat auch nie Menschen zu Pferde für Zentauren angesehen. Er kann in beiden Fällen nur in einen Scherz eingegangen sein oder selbst gescherzt haben.

Es ist wahr, daß er, der uns eben das näher liegende Bigar verfehlen gesehen, gegen das Ende einer so langwierigen Fahrt zu zweifeln begann, ob wir nicht auch das verheißene Land Unalaschka verfehlt hätten. – »Emo Bigar!«, »Kein Bigar!«, ist sprichwörtlich auf dem »Rurik« geblieben. – Kadu sah der Veränderung des gestirnten Himmels aufmerksam zu, wie andere Sterne im Norden aufgingen, andere im Süden sich zu dem Meere senkten; er sah uns an jedem Mittag die Sonne beobachten und sah uns nach dem Kompasse steuern; zu wiederholten Malen stieg das Land, wann, wo und wie wir es vorausgesagt, vor uns auf; da lernte er zuversichtlich auf unsere überlegne Wissenschaft und Kunst vertrauen. Diese waren natürlicherweise für ihn unermeßlich; wie hätte er vermocht, ihre Leistungen zu würdigen und zu vergleichen, und wie zu beurteilen, was an der Grenze ihres Bereiches lag. – Die Kunde von dem Luftballe und der Luftschiffahrt, die ich ihm gab, schien ihm nicht unglaublicher und fabelhafter als die von einer pferdegezogenen Kutsche. Haben wir aber auch selber einen andern Maßstab für diese Würdigung als das Gewohnte und Ungewohnte? Dünkt uns nicht, was alltägig für uns geworden ist, eben darum der Beachtung nicht wert und aus demselben Grunde das Unerreichte unerreichbar? – Scheint es uns nicht ganz natürlich, daß ein Knabe die Gänse auf die Weide treibt, und märchenhaft, daß man davon rede, den Walfisch zu zähmen?

Kadu sah uns auf Unalaschka und überall, wo wir landeten, alle Erzeugnisse der Natur beachten, untersuchen, sammeln und verstand viel besser als Unwissende unseres Volkes den Zusammenhang dieser unbegrenzten Wißbegierde mit dem Wissen, worauf unsere Übermacht beruhte. Ich zog einst im Verlauf der Reise zufälligerweise einen Menschenschädel aus meiner Koje hervor. Er sah mich fragend an, und sich an seiner Verwunderung zu ergötzen, taten Eschscholtz und Choris ein Gleiches und rückten mit Totenköpfen gegen ihn an. »Was heißt das?« frug er mich, wie er es zu tun gewohnt war. Ich hatte gar keine Mühe, ihm begreiflich zu machen, daß es uns daran läge, Schädel von den verschieden gebildeten Menschenstämmen und Völkern untereinander zu vergleichen, und er versprach mir gleich von selber, mir einen Schädel von seinem Menschenstamm auf Radack zu verschaffen. Die kurze Zeit unseres letzten Aufenthaltes auf Otdia war mit anderen Sorgen ausgefüllt, und es konnte von jenem Versprechen die Rede nicht sein.

Ich werde mit wenigen Worten über unsere Fahrt nach Unalaschka berichten.

Wir steuerten nach Norden und etwas westlicher, um den Punkt zu erreichen, wo wir im vorigen Jahr Anzeige vom Land gehabt hatten. Am 21. März mochte uns die Insel Wakers in Nordost liegen, die zu erreichen der Wind uns ungünstig war. Viele Seevögel wurden gesehen, deren Flug am Abende, dem Winde entgegen, unsern Kurs etwas ostwärts durchkreuzte. »Sie gehen ans Land schlafen«, sagte Kadu. Ich bemerkte jedoch, daß nicht alle Vögel derselben Richtung folgten und der abweichende Flug anderer Unzuverlässigkeit in die Beobachtung brachte. Die Seevögel begleiteten uns noch am folgenden Tage.

Den 23. März verloren wir den Passat in 20° 15' nördlicher Breite, 195° 5' westlicher Länge. Wir mußten in den nächsten Tagen erfahren, daß wir außerhalb der Wendekreise uns befanden; der unbeständige Wind wuchs bald zum Sturm an und legte sich bald zur gänzlichen Windstille. Die Kälte ward bei fünfzehn Grad Réaumur empfindlich.

Wir waren am 29. März in 31° 39' nördlicher Breite,

198° 52' westlicher Länge in dem Meerstriche, wo wir nach den vorjährigen Erfahrungen Land vermuteten; jetzt deutete nichts darauf. Wir steuerten jetzt gerade nach Unalaschka. Wir hatten von hier an bis zum 5. April, 35° 36' nördlicher Breite, 191° 49' westlicher Länge, einen ausnehmend starken Strom gegen uns, der uns zwischen zwanzig und fünfunddreißig Meilen den Tag nach Südwesten zurücktrieb.

Am 30. ließ sich ein Pelikan auf dem Schiffe fangen. Wir lavierten vom 31. März bis zum 2. April zwischen 34 und 35 Grad nördlicher Breite und 194 und 195 Grad westlicher Länge gegen den Nordwind und den Strom in einem dunkelgrünen Meere. Wenige Seevögel, viele Walfische wurden gesehen. Diese, obgleich dem Kadu nicht unbekannt (wir haben selbst einen Physeter bei den Riffen von Radack gesehen), hatten für ihn einen ausnehmenden Reiz.

Wir hatten am 3. April Windstille. Ein schwimmender Kopf (ein Fisch, Tetrodon Mola L., der aber kein Tetrodon ist), der unbeweglich auf der Oberfläche des Wassers zu ruhen schien, wurde von einem ausgesetzten Boote harpuniert und versorgte uns und die ganze Mannschaft auf mehrere Tage mit einer sehr köstlichen frischen Speise. Das Fleisch desselben ist fest und an Geschmack sehr ähnlich dem Krebse. Wir hatten zur Vorsicht wegen der zweideutigen Verwandtschaft dieses Fisches mit giftig geglaubten Tetrodon-Arten die Leber und das Eingeweide einem Schweine vorgeworfen. Zahlreiche Walfische spielten um das Schiff. Wo sie Wasser spritzen, bleibt von dem ausgeworfenen Tran eine glatte Spiegelfläche auf dem Wasser.

Am 4. steuerten wir bei Nordwind nach Osten. Ein Reiher umkreiste im Fluge das Schiff und verfolgte uns einige Zeit. Zahlreiche Flüge von Seevögeln zeigten sich. Flößholz und ein Kreuz von Bambus, das mit Schnüren zusammengefügt war, trieben an uns vorbei. Drei schwimmende Köpfe wurden gesehen.

Am 5. morgens ward ein zweiter schwimmender Kopf harpuniert. Das ganze Fleisch, Knorpel und Haut war ausnehmend stark phosphoreszierend; ich konnte noch nach einigen Tagen bei dunkler Nacht im Scheine des Maxillarknochens, den ich aufbewahrt hatte, die Zeit an der Uhr erkennen. Wir hatten den Tag über fast Windstille. Es zeigten sich rote Flecke im Meere, die, wie westlicher im selben Meere am 6. Juni 1816, von kleinen Krebsen herrührten. Am Abend frischte der Wind aus Süden, wir führten alle Segel.

Am 9., nachdem wir mit wechselnden Winden vier Tage ohne Mittagsobservation gefahren, fanden wir uns durch den Strom, der bis dahin nach Süden gesetzt hatte, beiläufig um einen Grad nördlich von unserer Schiffsrechnung versetzt.

Der große Sturm bei Unalaschka, berüchtigten Andenkens, ist auf dem »Rurik« zu einem Sprichwort geworden, welches sich, wenigstens in meiner Familie, über die Jahre der Fahrt hinaus erhalten hat. Merkwürdigerweise scheint dieser Sturm einige Verwirrung in unsere sonst übereinstimmende Zeitrechnung gebracht zu haben.

Herr von Kotzebue sagt: »Der 13. April war der schreckliche Tag, welcher meine schönsten Hoffnungen zerstörte. Wir befanden uns an demselben unter dem 44.° 30' nördlicher Breite und 181.° 8' westlicher Länge. Schon am 11. und 12. stürmte es heftig mit Schnee und Hagel; in der Nacht des 12. zum 13. brach ein Orkan aus; die ohnehin hochlaufenden Wellen türmten sich in ungeheuren Massen, wie ich sie noch nicht gesehen; der ›Rurik‹ litt unglaublich. Gleich nach Mitternacht nahm die Wut des Orkans in einem solchen Grade zu, daß er die Spitzen der Wellen vom Meere trennte und sie in Gestalt eines dicken Regens über die Fläche des Meeres herjagte. – Eben hatte ich den Leutnant Schischmarew abgelöst; außer mir waren noch vier Matrosen auf dem Verdeck, von denen zwei das Steuer hielten; das übrige Kommando hatte ich der Sicherheit wegen in den Raum geschickt. Um vier Uhr morgens staunte ich eben die Höhe einer brausenden Welle an, als sie plötzlich die Richtung auf den ›Rurik‹ nahm und mich in demselben Augenblicke besinnungslos niederwarf. Der heftige Schmerz, den ich beim Erwachen fühlte, ward übertäubt durch den traurigen Anblick meines Schiffes, das dem Untergang nahe war, der unvermeidlich schien, wenn der Orkan noch eine Stunde anhielt; denn kein Winkel desselben war der Wut jener gräßlichen Welle entgangen. Zuerst fiel mir der zerbrochene Vordermast (Bugspriet) in die Augen, und man denke sich die Gewalt des Wassers, welche mit einem Stoß einen Balken von zwei Fuß im Durchmesser zersplitterte; dieser Verlust war um so wichtiger, da die beiden übrigen Maste dem heftigen Hinundherschleudern des Schiffes nicht lange widerstehen konnten und dann keine Rettung denkbar war. Dem einen meiner Matrosen hatte die Riesenwelle ein Bein zerschmettert; ein Unteroffizier ward in die See geschleudert, rettete sich aber, indem er mit vieler Geistesgegenwart ein Tau umklammerte, das neben dem Schiffe herschleppte; das Steuerrad war zerbrochen, die beiden Matrosen, welche es hielten, waren sehr beschädigt, und ich selbst war mit der Brust gegen eine Ecke geschleudert, litt sehr heftige Schmerzen und mußte einige Tage das Bett hüten. Bei diesem furchtbaren Sturme bitte ich Gelegenheit, den unerschrockenen Mut unserer Matrosen zu bewundern; aber keine menschliche Kraft konnte Rettung herbeiführen, wenn nicht, zum Glück der Seefahrer, die Orkane nie lange anhielten.«

Choris ist in diesem Teile der Reise bis zur Ankunft in Unalaschka um einen Tag zurück. Ich selbst habe in mein Tagebuch unter dem 15. April notiert: »Freitag, den 11. April, fing der stärkste Sturm an, den wir je erfahren. – Außerordentliche Größe der Wellen. – Eine zerschlug in der Nacht zum Sonnabend (vom 11. zum 12.) den Bugspriet. Der

Sturm dauerte den Sonntag durch; am Montag, dem 14., ward erst die Kajüte wieder helle. Am Abende ward der Wind wiederum bis zum Sturme stark. – Am 15. noch sehr scharf; wir genießen jedoch das Tageslicht. Heute der erste Schnee. – In diesen Tagen ward vieles von Kadu herausgebracht, usw.«

Nachdem die Welle eingeschlagen, ließ der Kapitän das Kielwasser messen, um zu erfahren, ob vielleicht das Schiff von der Erschütterung leck geworden. Das geschieht, indem man ein Lot in eine der Pumpenröhren hinabläßt. Der junge Unteroffizier, der den Befehl erhalten, ein Mann, der sich vor unseren tapferen Matrosen nicht durch größere Unerschrockenheit auszeichnete, berichtete leichenbleich, das Schiff sei ganz voll Wasser. – Die Sache war zu interessant, um nicht genauer untersucht zu werden – die Leine nur oder die Röhre war naß gewesen; es ergab sich, daß gar kein Wasser in das Schiff eingedrungen.

Ich vermisse unter meinen Papieren etliche Stanzen, die mir der Müßiggang eingegeben hatte. Ich kann mich nur auf die erste besinnen, die hier der Kuriosität halber eine Stelle finden mag. Man macht wenig deutsche Verse auf und bei Unalaschka.

So wüte, Sturm, vollbringe nur dein Tun,
Zerstreue diese Planken, wie den Mast,
Den wohlgefügten, mächt'gen, eben nun
Du leichten Spieles schon zersplittert hast!
Da unten, mein ich, wird ein Mensch doch ruhn;
Da findet er von allen Stürmen Rast.
Was kracht noch? Gut! die Welle schlug schon ein?
Fahr hin! es ist geschehn, wir sinken. – Nein!
Wir sinken nicht! Geschaukelt wird annoch,
Getragen himmelan der enge Sarg;
– – –

Kadu, der, ein anderer Odysseus, ein vielbewegtes, taten- und abenteuerreiches Leben zwischen den Wendekreisen auf einem Meerstrich geführt, dessen Ausdehnung beiläufig der Breite des Atlantischen Ozeans gleichkommt, und nie das flüssige Lasur des Wassers erstarren, nie das üppige Grün des Waldes verwelken gesehen – Kadu sah in diesen Tagen zum erstenmal das Wasser zum festen Körper werden und Schnee fallen. Ich glaube, daß ich ihm das gräßliche Märchen unseres Winters nicht vorher erzählt hatte, um nicht von ihm, wenigstens bis zu der traurigen Erfüllung meiner Worte, für einen Lügner gehalten zu werden.

Am 17. April versprachen wir unserm Freunde auf den andern Tag Ansicht vom Lande, das wir ihm mit seinen hohen, zackigen, weiß schimmernden Gipfeln beschrieben. Der Wind ließ nach, und die Kette der Aleutischen Inseln ward erst am Abend des 18. sichtbar.

Wir befanden uns im Westen von Unalaschka. Der Schnee war auf den südlichen Niederungen geschmolzen. Die Walfische, die sich hier den Sommer über aufhalten, waren noch nicht eingetroffen; dieselben vermutlich, denen wir zwischen fünfundvierzig und siebenundvierzig Grad nördlicher Breite begegnet waren. Wir hatten in dieser frühen Jahreszeit im Norden des Großen Ozeans weniger anhaltende Nebel gehabt als im vorigen Jahre, wo wir denselben Meerstrich im Mai und Juni befuhren.

Einen merkwürdig herrlichen Anblick gewährten am 21. April beim Sonnenaufgang die weißen Schneeberge von Umnack in blutrotem Scheine auf dunkelm Wolkengrunde. Wir versuchten an diesem Tage den Durchgang zwischen Umnack und Unalaschka. Der Wind änderte sich, und Schneegestöber umdunkelte uns. Unsre Lage soll nicht ohne Gefahr gewesen sein. »Schon konnten wir die Stunde unsers Untergangs berechnen, als der Wind sich plötzlich rettend wandte«, sagt Herr von Kotzebue. Wir gewannen während der Nacht das hohe Meer südlich von Unalaschka.

Wir suchten am 22. und 23. bei hellem Wetter und schwachem Winde, der uns oft gänzlich verließ, den Durchgang östlich von Unalaschka zu erreichen. Wir fuhren am 24. grade vor dem Winde, der zu frischen begann, durch die Straße von Unalaschka und Unalga. Wir hatten den Strom gegen uns, der reißend und einer Brandung zu vergleichen war. Wir riefen eine vierzehnruderige Baidare, die sich blicken ließ, mit einem Kanonenschusse herbei; sie erreichte uns, als wir um die Felsenspitze in Windstille lagen. Der Wind schwoll zum Sturm an mit unendlichem Schneegestöber. Wir warfen Anker in der Bucht und wurden am 25. in den innern Hafen hineinbugsiert, wo wir vor der Ansiedelung Illiuliuk nahe am Ufer vier Anker auswarfen.

Der vergangene Winter hatte sich vor andern ausgezeichnet durch die außerordentliche Menge des Schnees, der gefallen war. Noch lag er tief auf den Abhängen; noch war die Natur nicht erwacht, noch blühte keine Pflanze als die Rauschbeere (Empetrum nigrum) mit winterlichen, dunklen, fast purpurnen Blättern. Gegen die Mitte Mai zog sich der Schnee allmählich auf die Hügel zurück. Gegen den 24. lockte die Sonne die ersten Blumen hervor, die Anemonen, die Orchideen. Gegen das Ende Mai fiel frischer Schnee, der sich einige Zeit auf den Bergen erhielt, und es fror zu Nacht. Mit dem Juni begann die Blütezeit.

Das Schiff, dessen Bugspriet nah am Fuße gebrochen war, dessen andere Masten schadhaft, dessen Tauwerk morsch, dessen Kupferbeschlag, abgerissen, nur noch den Lauf hemmte, mußte abgeladen, abgetakelt und gekielt werden. Der alte Bugspriet mußte, verkürzt und zusammengefügt, instand gesetzt werden, den Dienst zu verrichten. Es gab viel zu tun, und es wurde ungesäumt an das Werk geschritten.

Was der Kapitän zu seiner Ausrüstung auf unsere zweite Nordfahrt verlangt hatte, war teils bereit, teils im Werke und gedieh bald zur Vollendung. Den 27. Mai langten aus Kodiak zwei Dolmetscher an, welche die Dialekte der nördlichern Küstenvölker Amerikas, bei denen sie gelebt hatten, redeten und sonst verständige, brauchbare Leute zu sein schienen.

Der Kapitän war ans Land zu Herrn Kriukow, dem Agenten der Kompanie, gezogen, und wir hatten da unsern Tisch. Wir selbst wohnten auf dem Schiffe. Alle Sonnabende ward das erfreuliche Dampfbad geheizt.

Wir lebten meist von Fischen (Lachs und eine Riesenbutte). – Wahrlich, wahrlich! die schlechteste Nahrung, die es geben kann. Ein großer Krebs (Maja vulgaris) war das Beste, was auf unsern Tisch kam, und wirklich gut. Wir waren auf vegetabilische Nahrung lüstern. Das einzige Gemüse, das wir zur Genüge hatten, war eine große Rübe; wir ließen sie uns, in Wasser abgekocht, trefflich schmecken. Man sucht sonst wild wachsende Kräuter auf: etliche Schirmpflanzen, etliche Kreuzblumen, etliche Ampferarten und die jungen Sprößlinge der Uvullaria amplexifolia, die den Geschmack von Gurken haben. Später im Jahre hatten wir verschiedene Beeren, besonders eine ausnehmend schöne, aber wenig schmackhafte Himbeere (Rubus spectabilis). Russen und Aleuten essen überall auf ihren Wegen die Stengel von dem Heracleum, welches häufig in den Bergtälern wächst. Herr Kriukow ließ von seiner kleinen Herde ein Rind für uns schlachten. Wir kosteten etlichemal Walfischspeck. Es war für uns eine schlechte, jedoch genießbare Speise. Was aber nicht zu essen war und wirklich ungegessen von unserm Tische abgehoben wurde, dünkt mich des Erwähnens wert.

Wir hatten von unsern o-waihischen Tieren noch ein trächtiges Mutterschwein zum Geschenke für Unalaschka aufgespart, wo übrigens schon Schweine waren, und zwar auf einem anderen Teile der Insel, bei Makuschkin. – Das Tier, welches in den ersten Tagen unseres Hierseins seine Jungen warf, wurde mit Fischen gefüttert. Eins der Ferkel kam auf unsern Tisch; die Nahrung der Mutter hatte dem Fleische einen unleidlicheren Trangestank mitgeteilt, als wir je an Vögeln oder Säugetieren des Meeres gefunden hatten.

Es war zur Sprache gekommen, daß in Hinsicht unseres Tisches und unserer Mundvorräte nicht zum besten gewirtschaftet worden; Speisekammer und Keller waren in dem Zustande nicht, in welchem sie hätten sein sollen. Um Ordnung darein zu bringen, wurde das Amt einer Schaffnerin unserm Choris zugeteilt, der für dasselbe Neigung und Talent hatte, und wir befanden uns in der Folge sehr wohl bei dieser Einrichtung. Choris sorgte, wie wir im August Unalaschka verließen, für einen Vorrat von Seevögeleiern und von eingesalzenem Ampfer, woran wir uns noch zwischen den Wendekreisen erfreuten. Er verschaffte sich zu Hana-ruru und zu Manila von andern, uns wohlwollenden Schiffskapitänen manche Zierde und Würze des Mahles, deren wir bis jetzt entbehrt hatten. Er ließ von Zeit zu Zeit auf dem »Rurik« frisches Brot backen usw. Lauter Dinge, die zur See angenehmer sind, als man es zu Lande glauben kann. Dabei wirtschaftete er mit Sparsamkeit. Aber Freund Login Andrewitsch ging bei den einzuführenden Reformen mit einem durchgreifenden Diensteifer zu Werke, wodurch er die Wichtigkeit seiner neuen Stellung auf eine mir nicht ganz zusagende Weise beurkundete. Ich fand nämlich, als ich abends von den Bergen herabkam, wo ich in Amtsgeschäften, botanisierend, die Tischzeit versäumt hatte, die Schränke verschlossen und Verordnungen zu dem Zwecke erlassen, mir ein Stück Zwieback und einen Schluck Branntwein, das einzige, was ich bescheiden ansprach, unzugänglich zu machen; und so sollte es werden und bleiben. – Gasthäuser und Restaurationen findet man auf Unalaschka nicht. Ich konnte mich bei der neuen Ordnung nicht beruhigen. – Ich glaube, daß unser wackerer Sikow, der auch eine Auctorität auf dem Schiffe war, sich ins Mittel legte und zugunsten meiner den Starrsinn des Reformators beugte; die Sache kam von selbst in ein besseres Geleise, und ich hatte den Hunger nicht mehr zu befürchten.

Herr Kriukow erwies sich gegen den Kapitän in außeramtlichen sowohl als in amtlichen Verhältnissen von einer untertänigen Dienstfertigkeit, die sehr weit ging. Er hatte ihm, dem Mächtigeren, mit Beeinträchtigung der Ansprüche von Choris gedient, welcher es ihm nicht vergaß und sich darbietende Gelegenheiten gern ergriff, ihm auf die Hühneraugen zu treten. Die Erinnerungen an Unalaschka sind mir ebenso betrübend, wie die an Radack erheiternd sind. – Ich möchte über den Schmutz den Vorhang ziehen.

Das bräuchliche Geschenk, was man hier einem Schiffskapitän macht – andere Notabilitäten verirren sich wohl nicht auf diese Insel –, besteht in einer feiner gearbeiteten Kamlaika, deren Verzierungen wirklich bewundrungswürdig sind. Dieses Geschenk kostet den Vorstehern bloß die Arbeit der armen aleutischen Mädchen, die nichts dafür bekommen als einige Nähnadeln und – hoch in Wert gehalten wie Gold und Edelsteine – ein Stück roten Frieses von der Größe der Hand. Die Hälfte davon wird aber an der Kamlaika selbst verbraucht und verarbeitet. Die Nähte werden mit ganz feinen Friesfransen zierlich besetzt.

Kriukow hatte nicht ermangelt, dem Kapitän und auch seinem Leutnant und endlich auch seinen Passagieren jedem eine Kamlaika zu verheißen. Es kam ihm später vor, als sei eben kein Grund vorhanden, sich meinetwegen in Unkosten zu setzen. Die andern erhielten ihr Geschenk, und ich wurde übergangen. Login Andrewitsch nahm die Gelegenheit wahr und sagte ihm mit einer gewissen Auctorität, die er sich zu geben wußte, er möge Adelbert Loginowitsch ja nicht vergessen. – Ich erhielt nachträglich meine Kamlaika, und Login Andrewitsch holte sich den Dank bei mir ein.

Kriukow erzählte dem Herrn von Kotzebue von einem hundertjährigen Aleuten, der auf der Insel lebte. Der Alte ward auf den Wunsch des russischen Kapitäns vorgeladen und kam aus seinem entfernten Wohnort vor ihn. Eine fast mythische Figur aus den Zeiten der Freiheit her, die Schicksale seines Volkes überragend, jetzt vor Alter blind und gebrochen. Der Kapitän, ein gewaltiger Machthaber auf dieser russischen Insel, ließ ihn seiner Gnade versichern; was in seiner Macht stehe, wolle er für ihn tun. Er möge sich ein Herz fassen und seinen kühnsten, während seines langen Lebens unerreicht gebliebenen Wunsch aussprechen. Der Alte erbat sich ein Hemd: er habe noch keines besessen.

Während unseres Aufenthaltes auf Unalaschka schossen die Aleuten Vögel und balgten sie für uns aus. Das Berliner Museum verdankt Herrn von Kotzebue und seinem Eifer für die Wissenschaften die beträchtliche Sammlung nordischer See- und Raubvögel, die es von mir erhalten hat. Ohne die Hülfe des Kapitäns und die Befehle, die er geben ließ, hätte ich hier für die Ornithologie wenig getan und gesammelt, zumal da ich meine englische Doppelflinte dem Gouverneur von Kamtschatka überlassen, von welchem den bedungenen Preis abzuholen der später veränderte Plan der Reise mich verhinderte. Ein paar große Kisten Vogelbälge wurden zu Unalaschka gepackt. – Wann überhaupt während des Verlaufes der Reise meine Koje sich mit Gesammeltem überfüllte, ließ der Kapitän Kisten machen, die er wohlgepackt, vernagelt und verpicht in Verwahrung nahm.

Von den erfahrensten Aleuten ließ ich mir die Walfischmodelle verfertigen und erläutern, die ich in dem Berliner Museum niedergelegt und in den »Verhandlungen der Akademie der Naturforscher«, 1824, T. XII, P. I., abgebildet, beschrieben und abgehandelt habe. Für diesen Teil der Zoologie ist jede Nachricht schätzbar. Nach unserer Rückkunft auf Unalaschka ward in unserer Nähe ein Walfisch von der Art Aliomoch von den Aleuten zerlegt. Das unappetitliche Werk wird so emsig von vielem Volke betrieben, daß der Naturforscher sich einzumischen keinen Beruf fühlt. Wir haben den Schädel des Tieres nach Sankt Petersburg gebracht.

Es fehlt auf Unalaschka an Feuerung; da wächst kein Baum, und das Treibholz wird nicht in Überfluß angespült. Der Torf müßte den Mangel ersetzen, aber die Menschen wissen ihn nicht aufzufinden und zu benutzen. Es fehlt mehr an der Technik als an der Natur. Ich hatte zu der Zeit noch kein Torfmoor untersucht und noch nicht über den Torf geschrieben.* Ich würde jetzt den Torf sicherer unter der Bunkerde zu finden wissen und mit nachdrücklicherem Rat das Vorurteil bekämpfen, welches den Menschen so schwer macht zu tun, was sie noch nicht getan haben.

Obiger naturhistorischer Zeitung hänge ich ein Feuilleton an. Ein Sohn von Kriukow, ein munterer Knabe, war von Unalaschka aus nach Unimak gekommen; so weit war für ihn schon die Welt. Er hatte daselbst Bäume gesehen, ja, er war auf einen Baum hinaufgeklettert und hatte sich auf dessen Zweigen gewiegt. Das erzählte er uns mit großem Stolze, aber auch mit nicht geringer Furcht, ob der seltsamen Kunde für einen Lügner zu gelten, und gab sich alle Mühe, uns glaubhaft zu erläutern, was ein Baum sei.

Auf den Aleutischen Inseln kommen keine Amphibien vor, und die Naturgeschichte von Unalaschka weiß von

* In Karstens »Archiv für Bergbau«, Band V, VIII und XI.

keinem Frosche. Nichtsdestoweniger kam einmal in dem chinesischen Zuckersirup, welcher daselbst verbraucht wird, ein wohlerhaltener, großer Frosch zum Vorschein. Es war schon viele Jahre her, aber man sprach noch davon, und ob es ein kleiner Mensch gewesen, so ein Wilder, ein junger Waldteufel, oder sonst eine Kreatur, darüber war man noch uneinig.

Ich verbrachte meine Tage auf den Bergen. Kadu, nachdem er den Seekohl dieses Meeres (Fucus esculentus) für Bananenblätter anzusehen aufgehört hatte und sich ungern bereden lassen, es würde vergeblich sein, Kokosse an diesem unwirtbaren Strande zu pflanzen, las am Hafen für seine Freunde auf Radack Nägel und vernachlässigtes Eisen auf, wählte für sie unter den meerbespülten Geschieben sorgfältig diejenigen aus, die sich am besten zu Schleifsteinen eigneten, ging von weitem den Rindern auf der Weide nach, setzte sich auf die nächsten Hügel und sang sich Lieder von Ulea und von Radack vor.

Er begehrte, mit unseren Feuergewehren umgehen zu lernen, und Eschscholtz übernahm den Unterricht. Zu dem Ende ward vom Schiffe eine alte, schlechte Flinte verabreicht. Beim ersten Schusse, den unser Freund tat, brannte das Pulver zu dem Zündloch langsam heraus, während er wacker im Anschlag liegenblieb und nicht wußte, was er versehen habe, um nicht wie der Kapitän einen guten Knall herauszubekommen. Ich weiß nicht, ob der Unterricht mit besserer Flinte wieder vorgenommen ward, wenigstens ist unser friedlicher Kadu kein Schütze geworden.

Wir hatten einen Sohn von Herrn Kriukow und fünfzehn Aleuten, Baidaren, große und kleine, gesalzene und gedörrte Fische (Stockfisch) an Bord genommen. Der »Rurik« war segelfertig. Wir hatten vergebens auf die Ankunft eines Schiffes aus Sitcha gehofft, uns mit manchem, woran

Bewohner der Aleuten

wir Mangel litten, zu versorgen. Widrige Winde hielten uns ein paar Tage im Hafen zurück, an dessen Eingange wir in Windstille auf der Scheidelinie zweier einander entgegengesetzten Winde vor Anker lagen. Vor uns blies der Wind von der See her, hinter uns hingegen, im innern Hafen zwischen der kleinen Insel und dem Hauptlande, seewärts. Wir gingen am Sonntag, dem 29. Juni 1817 nach unserer Schiffsrechnung (einen Tag später nach der Rechnung der Insel), unter Segel.

Wir sollten auf unserer Nordfahrt auf den Inseln Sankt George und Sankt Paul durch die Agenten der Kompanie, welche den dortigen Ansiedelungen unter Herrn Kriukow vorstehen, auf Anweisung von diesem mit manchem, woran wir Mangel litten, versehen werden. Auf beiden Inseln, welche im Meerbecken im Norden der aleutischen Inselkette vereinzelt liegen und sonst unbewohnt waren, werden von wenigen Russen und mehreren angesiedelten Aleuten die Herden von Seelöwen und Seebären, welche ihren Strand besetzen, bewirtschaftet, und die Kompanie zieht aus denselben einen sichern und beträchtlichen Ertrag. Beide Inseln sind ohne Hafen und Ankerplatz.

Bei hellem Wetter und günstigem Winde kamen wir am 30. Juni nachmittags in Ansicht der Insel Sankt George, näherten uns derselben, meldeten uns durch einen Kanonenschuß an und lavierten die Nacht über. Am Morgen des 1. Juli holte uns die große Baidare der Ansiedelung an das Land. Einen gar wundersamen Anblick gewährt die zahllose Herde von Seelöwen (Leo marinus Stelleri), die, unabsehbar im Umkreis der Insel und bis unter der Ansiedelung, einen breiten, felsigen, nackten, von Fett geschwärzten Gurt des Strandes überdeckt. Unförmliche, riesige Fett- und Fleischmassen, ungeschickt und schwerfällig auf dem Lande. Die Männchen bewachen ihre Weiber und kämpfen gegeneinander wütend um deren Besitz; jene folgen dem

Sieger. Ihr Gebrüll wird sechs Meilen weit zur See vernommen. Man kann ihnen bis auf wenige Schritte nahen; sie kehren sich bloß gegen die Menschen und brüllen sie an. Nichts hat während der Zeit, die Kadu unter uns zubrachte, seine Aufmerksamkeit so sehr gefesselt und einen stärkeren Eindruck auf ihn gemacht als der Anblick dieser Tiere. Er schloß sich mir an, als ich sie zu besichtigen ging, blieb aber immer etliche Schritte hinter mir zurück. Man tötet alte Männchen vorzüglich der Haut wegen, die zum Überziehen der Baidaren und ähnlichem dient; auch werden deren Eingeweide zu Kamlaiken verarbeitet. Junge schlachtet man um des Fleisches willen, das wir selber nicht übeln Geschmackes gefunden haben. Etliche Menschen, mit Stöcken bewaffnet, verscheuchen die Alten, und die Jungen, von der See abgeschnitten, werden landeinwärts nach dem Orte hin getrieben, wo sie abgetan werden sollen. Ein Kind treibt eine Herde von zwölf bis zwanzig vor sich her. Alte werden mit der Flinte geschossen; sie haben nur eine Stelle am Kopfe, wo der Schuß tödlich ist. Sankt George und Sankt Paul werden von den Russen »die Inseln der Seebären« genannt, weil dieses Tier ihnen den größeren Ertrag liefert. Sankt George ist aber die Insel der Seelöwen. Nur wenige Familien der Seebären nehmen abgesonderte Stellen des Strandes ein. Es wurden für uns und unsere Mannschaft etliche junge Seelöwen geschlachtet; auch vermehrten wir unsere Vorräte um etliche Fässer Eier, die sich im Tran eine lange Zeit frisch erhalten. Die Nester der Seevögel, die hier ihre Brüteplätze haben, werden regelmäßig geplündert, und die Menschen wirtschaften mit Robben und Vögeln, als seien sie ihnen hörig geworden.

Wir hatten am selben Abend Ansicht erst von der Bober-Insel, einer Klippe in der Nähe von Sankt Paul, und dann von dieser Insel selbst. Sankt George und Sankt Paul liegen in solcher Nähe, daß die eine Insel von der andern gesehen

Die Insel Sankt Paul

werden kann. Wir lagen am 2. Juli in Windstille bei Nebel und Regen in der Nähe der Bober-Insel. Das Meer war trüb und schmutzig; häufige Fettflecken darauf spielten in den Farben der Iris. Die Baidaren von Sankt Paul kamen und gingen zwischen dem Lande und dem Schiffe; vom »Rurik« ward kein Boot, keine Baidare in die See gelassen. Nachmittags erhob sich ein schwacher Windhauch; wir fuhren an der Klippe vorüber und näherten uns der Hauptinsel. Den 3. am frühen Morgen verkündigte ein Kanonenschuß der Ansiedelung, daß wir uns in ihrer Nähe befänden. Eine Baidare ruderte sogleich heran, und wir fuhren auf derselben ans Land. Choris und Kadu versäumten dieses Mal die Gelegenheit und blieben auf dem »Rurik« zurück.

Die Insel Sankt Paul erhält von dem Seebären (Ursus marinus Stelleri), der zur Zeit, wo die Mütter werfen, ihren Strand in unendlichen Herden besetzt hält, ihre größere Wichtigkeit. Das Fell der Jungen wird als Pelzwerk geschätzt und findet in Kanton einen sichern Markt und feste Preise. Das Männchen ist um das Doppelte größer als das Weibchen, welches sich außerdem durch Gestalt und Farbe sehr unterscheidet. Männchen und Junge sind dunkler, das Weibchen fahler. Ich habe Schädel von beiden Geschlechtern mitgebracht; sie weichen in der Gestalt sehr voneinander ab, doch scheint die Verschiedenheit ihrer Größe geringer als die der Tiere selbst. Der Schädel des Männchens ist gewölbter, der des Weibchens flacher, bei stärkerem Hervortreten der Fortsätze und Ränder, welche die Augenhöhlen bilden. Der Seebär ist gelenkiger als der Seelöwe und bewegt sich auf dem Lande schneller und leichter als er. Das Männchen überschaut von einem erhöhten Sitze den Kreis seiner Familie und bewacht eifersüchtig seine Weiber. Mancher besitzt deren nur eine einzige oder wenige, indem andere gegen ein halb Hundert beherrschen. Das Weibchen wirft zwei Junge, die mit Zähnen in beiden

Kinnladen zur Welt kommen. Die Mutter beißt die Nabelschnur nicht ab, und man sieht die jungen Tiere noch lange die Nachgeburt nach sich ziehen. Ich beschaute und streichelte einen solchen Neugeborenen; er tat die Augen auf und setzte sich, wie er mich sah, gegen mich zur Wehre, indem er sich auf die Hinterpfoten erhob und mir sehr schöne Zähne wies. Gleichzeitig nahm der Hausvater Kenntnis von mir und setzte sich in Bewegung, um mir entgegenzukommen: »Et qui vous a chargé du soin de ma famille?« Ich versicherte ihm, daß ich es nicht übel gemeint habe, empfahl mich aber und zog mich weiter zurück.

Die Seevögel (Uria) nehmen zwischen den Familien der Robben die freien Stellen des Strandes ein; sie fliegen ohne Scheu mitten durch die Herde und vor dem Rachen der Wache haltenden Männchen, ohne sich an deren Gebrüll zu kehren. Sie nisten in unzähliger Menge in den Höhlen der meerbespülten Felsenwände und unter den gerollten Steinen, die längs dem Strande einen Damm bilden. Der Rücken dieses Dammes ist von ihrem Unflat weiß überzogen.

Vor Sankt Paul soll einmal ein amerikanisches Schiff erschienen sein, dessen Kapitän mit einem starken Kommando ans Land fuhr, Branntwein hinbringend, womit er gar nicht karg tat. Russen und Aleuten tranken zur Genüge, aber die Zeit, die sie darauf schliefen, benutzte der freigebige Fremde, Seebären zu schlachten und abzuziehen; so verschaffte er sich seine Ladung. – In solchen Fällen, wo man die Häute zu trocknen keine Zeit hat, werden solche eingesalzen, wodurch sie nichts von ihrem Wert verlieren sollen.

Unser Kapitän hatte einen Kompaß ans Land gebracht, um sich die Richtung genau angeben zu lassen, in welcher man sowohl von Sankt George als von hier aus auf hoher See vulkanische Erscheinungen und Land gesehen zu haben meint. Die Magnetnadel ward auf diesem Boden vulkanischer Eisenschlacke sehr unruhig befunden. – Doch fand sich ein Standpunkt, wo sie ruhig blieb und von dem aus die Richtung jener Erscheinungen Südwest einhalb West bestimmt wurde. In ebendieser Richtung waren wir am 4. Juli mittags bei hellem Wetter und klarem Horizont sechzig Meilen von Sankt Paul entfernt, und kein Land war zu sehen. Wir behielten bis fünf Uhr abends denselben Kurs, und kein Land erschien. Da steuerten wir nach Norden, um die Ostspitze der Sankt-Laurenz-Insel zu erreichen.

Wir hatten bei meist trübem Wetter wechselnde Winde und Windstillen. Am 9. Juli waren wir über die Breite der Insel Sankt Matwey gekommen, ohne dieselbe sehen zu wollen, und sollten am andern Tage, da der Wind günstiger wurde, Ansicht von der Sankt-Laurenz-Insel bekommen. Wir benachrichtigten davon unsern Freund Kadu. Wir hatten Walfische und öfters Robben gesehen, etliche Seelöwen schienen an diesem Abend dem Laufe unsers Schiffes zu folgen. In diesem Meere ohne Tiefe, wo wir oft das Senkblei warfen, fingen sich mehrere Kabliau (Gadus) an der Angel und versorgten uns mit frischer Nahrung.

Wir sahen am 10. Juli morgens das Land und steuerten auf das südliche Vorgebürge der Sankt-Laurenz-Insel zu. Die Ansicht ist die von einer Gruppe mäßig hoher Inseln, deren Rücken ruhige Linien begrenzen und deren Küsten abstürzig sind. Aber Niederungen vereinigen alle diese Felseninseln, und sie erstrecken sich stellenweise von ihnen aus weit in die See. Auf diesen Niederungen sind die Ansiedelungen der Menschen, welche das in stehenden Pfützen und Seen angesammelte Schneewasser trinken. Wir gingen vor Anker und fuhren nachmittags bei einer Ansiedelung an das Land. Wir hatten uns bewaffnet; Kadu, darüber entrüstet, hatte sich sehr erkundigt, was unsere Meinung sei. Wie er aber vernommen, unsere Gesinnung sei friedlich und wir sorgten bloß für unsere Sicherheit unter Unbekannten, so ließ er sich auch einen Säbel geben und schloß sich dem Kapitän an.

Nur wehrhafte Männer kamen uns selbstvertrauend entgegen, während Weiber und Kinder entfernt wurden. Unsere Dolmetscher machten sich verständlich. Sie gaben Friedensworte, und Tabak und Glasperlen begründeten ein freundschaftliches Verhältnis. – Die Männer hatten tatuierte Linien um das Gesicht nebst etlichen Zeichen auf Stirne und Wangen. Die Mundknöpfe waren selten und wurden oft durch einen runden tatuierten Fleck ersetzt. Sie waren auf der Scheitel geschoren und trugen einen Kranz längerer Haare um das Haupt (die Aleuten schneiden ihr Haar nicht ab). Sie besitzen das Rentier nicht. Ihre Hunde werden auf Küstenfahrten an die Baidaren gespannt. Ihre Waren erhalten sie von den Tschuktschen, mit denen sie in Handelsverbindungen sind.

Wir betraten ihre Wohnungen nicht. Wir sahen ihre irdenen Jurten längs dem Strande, von den üblichen Gerüsten umragt, unter denen die Hundelöcher sind. Ein Zelt von Häuten war ein Sommeraufenthalt.

Wir erfuhren, daß das Eis erst seit drei Tagen (nach meinen eigenen Notaten seit fünf Tagen) aufgegangen war und nordwärts mit dem Strome treibe.

Wir fuhren an das Schiff zurück und gingen unter Segel, um die Insel von der Ostseite zu umfahren.

Am Morgen des 11. Juli lavierten wir bei hellem Wetter und Südwinde. Ich erfuhr, daß man in der Nacht bei der Ostspitze der Insel Eis angetroffen habe und daß der Kapitän an der Brust litte und bettlägerig sei.

Am 12. machte der Kapitän uns und der Mannschaft des »Ruriks« schriftlich bekannt, daß er den Zweck der Reise wegen seiner zerstörten Gesundheit aufgebe und deren Reste dazu verwenden müsse, uns in die Heimat zurückzuführen. – Wir hatten demnach nur noch das bisher Getane rückwärts abzuwinden. Hier die Worte des Herrn von Kotzebue in seiner »Reise«, Zweiter Teil, Seite 105:

»Um zwölf Uhr nachts, als wir eben am nördlichen Vorgebürge vor Anker gehen wollten, erblickten wir zu unserem Schreck stehendes Eis, das sich, so weit das Auge reichte, nach Nordosten erstreckte und nach Norden zu die ganze Oberfläche des Meeres bedeckte. Mein trauriger Zustand, der seit Unalaschka täglich schlimmer wurde, erlitt hier den letzten Stoß. Die kalte Luft griff meine kranke Brust so an, daß der Atem mir verging und endlich Brustkrämpfe, Ohnmachten und Blutspeien erfolgten. Ich begriff nun erst, daß mein Zustand gefährlicher war, als ich bis jetzt glauben wollte, und der Arzt erklärte mir ernstlich, ich könnte in der Nähe des Eises nicht bleiben. Es kostete mich einen langen, schmerzlichen Kampf; mehr als einmal war ich entschlossen, dem Tode trotzend, mein Unternehmen auszuführen; wenn ich aber wieder bedachte, daß uns noch eine schwierige Rückreise ins Vaterland bevorstand und vielleicht die Erhaltung des ›Ruriks‹ und das Leben meiner Gefährten an dem meinigen hing, so fühlte ich wohl, daß ich meine Ehrbegier unterdrücken mußte; das einzige, was mich bei diesem Kampfe aufrecht erhielt, war die beruhigende Überzeugung, meine Pflicht redlich erfüllt zu haben. Ich meldete dem Kommando schriftlich, daß meine Krankheit mich nötige, nach Unalaschka zurückzukehren. Der Augenblick, in dem ich das Papier unterzeichnete, war einer der schmerzlichsten meines Lebens; denn mit diesem Federzuge gab ich einen lang genährten, heißen Wunsch meines Herzens auf.«

Und ich selbst kann nicht ohne das schmerzlichste Gefühl dieses unglückliche Ereignis berühren. Ereignis, ja! mehr denn eine Tat. Herr von Kotzebue befand sich in einem krankhaften Zustand, das ist die Wahrheit; und dieser Zustand erklärt vollkommen den Befehl, den er unterzeichnete. Erklärt, sage ich, ob aber auch rechtfertiget, muß erörtert werden. Ein befugter Richter sagt darüber in der »Quarterly Review« (January 1822), Vol. XXIV, p. 363:*

»Wir haben wenig mehr zu sagen von dieser erfolglosen Reise; aber es scheint uns kaum zu rechtfertigen, sie unter den erwähnten Umständen plötzlich aufgegeben zu haben. Es würde in England nicht geduldet werden, daß die schlechte Gesundheit des kommandierenden Offiziers vorgeschützt werde als ein Grund, ein wichtiges Unternehmen aufzugeben, solange sich noch ein anderer Offizier am Bord befände, der imstande wäre, das Kommando zu übernehmen.«

Dieses ist auch meine Meinung. Derselbe Richter verdächtiget aber unbillig Offizier und Mannen, durch Entmutigung dem Befehl entgegengekommen zu sein. – Ich habe für meinen Teil mit schmerzlicher Entrüstung den Befehl von Herrn von Kotzebue vernommen und mich in meine Instruktion gehüllt: »Ein Passagier an Bord eines Kriegsschiffes, wo man nicht gewohnt ist, welche zu haben, hat keinerlei Ansprüche zu machen.«

Ich habe in den schweigenden, niedergeschlagenen Gesichtern um mich her dasselbe, was in mir vorging, unter der Hülle gewohnter Subordination ebenfalls durchschauen zu sehen geglaubt. Was das ärztliche Gutachten des Doktors Eschscholtz anbetrifft, so hat selbiger die Verantwortlichkeit dafür übernommen; mehr läßt sich nicht sagen.

* »We have little more to offer on this unsuccessful voyage; but it appears to us that its abrupt abandonment was hardly justified under the circumstances stated. It would not be tolerated in England, that the ill health of the commanding officer should be urged as a plea for giving up an enterprize of moment, while there remained an other officer on board fit to succeed him. – But we rather suspect, that when the physician warned him against approaching the ice, the caution was not wholly disinterested on his part and that the officers and men, like the successors of the immortal Cook, had come to the conclusion that the longest way about was the nearest way home.«

Ich habe damals den kranken Herrn von Kotzebue tief bedauert, daß ein Verfahren, welches mir unter ähnlichen Umständen auf Schiffen anderer Nationen beobachtet worden zu sein scheint, vermutlich nicht in den Bräuchen des russischen Seedienstes lag und der von ihm gefaßte Entschluß nicht beraten, nicht von einem Kriegsrat, zu welchem jeder Stimmfähige auf dem Schiffe zugezogen worden, für notwendig erkannt und gerechtfertigt worden sei. Ich habe noch eine Zeitlang gehofft, Herr von Kotzebue werde, den Anfall der Krankheit bemeisternd, sich besinnen und den gegebenen Befehl zurückrufen. Darin hätte er Charakterstärke bewiesen, und ich hätte mich in Demut vor ihm geneigt.

Lasset uns übrigens nicht vergessen, daß, obgleich der »Rurik« die kaiserliche Kriegsflagge trug, Schiff, Kapitän und Mannschaft nur den Grafen Romanzow als Herrn anerkannten; daß der Graf Romanzow die Expedition ausgerüstet und nur ihm über den Erfolg derselben Rechenschaft abzulegen war. Herr von Kotzebue hat dem Grafen Romanzow, von dem seine Instruktionen ausgingen, Rechenschaft abgelegt und ihm vollkommen Genüge getan; mithin ist, was der Graf Romanzow gutgeheißen, gut und die Frage über das, was sonst hätte geschehen können, eine bloß wissenschaftliche.

Nun aber fordert ihr, ihr habt nach dem Gesagten das Recht, daß ich euch die Frage nach meiner eigenen Weisheit beantworte und euch sage, was ich denn glaube, daß sonst noch hätte geschehen können. – Aufrichtig gestanden, nicht viel. Wir waren mit einem einzigen dienstfähigen Offizier und zwei Untersteuerleuten (auf den dritten war zur Zeit aus Gründen, die hierher nicht gehören, nicht zu rechnen) sehr schwach, und wenn in der Nacht vom 10. zum 11. Juli das Eis noch zwischen der Sankt-Laurenz-Insel und der amerikanischen Küste anstehend gefunden ward, so mochte dieser Sommer ungünstiger sein als der vorjährige.

Wir hätten uns die nächstfolgenden Tage bei der Sankt-Matwey-Insel verweilen können. Das mit dem Strom nordwärts treibende Eis bedrohete uns mit keiner Gefahr; wir hätten demselben auf der asiatischen Seite der Sankt-Laurenz-Insel folgen können und hier schon Vorerfahrungen sammeln von dem, was im Norden aufzusuchen unsere Bestimmung war. Die Sankt-Laurenz-Bucht bot uns einen sichern Hafen und köstliche Erfrischungen dar. Wir hätten daselbst von Renfleisch gelebt, uns mit Renfleisch verproviantiert und die Zeit abgewartet, wo der Kotzebue-Sund, vom Eise befreit, dem »Rurik« zugänglich geworden wäre. Hier bei dem Schiffe hätte sich der kranke Kapitän so gut als auf Unalaschka ausruhen können, während er dem Leutnant Schischmarew den Befehl über die Baidaren-Nordfahrt übertragen hätte. Ich bin der festen Meinung, daß im schlimmsten denkbaren Falle ein Untersteuermann das Schiff in den Hafen von Sankt Peter und Paul zu fahren vollkommen genügt hätte. Man wird mich gern einer weitern Ausführung, welche auch meines Amtes nicht ist, überheben.

Wir machten bei wechselnden Winden, meist in nordische Nebel gehüllt, unsern Weg nach Unalaschka. Wir kamen an den Inseln Sankt Matwey, Sankt Paul und Sankt George vorüber, ohne dieselben zu sehen. Wir segelten am 20. Juli in der Nähe von Unalaschka über zwei Walfische von der Art Kuliomoch. Sie waren von sehr verschiedener Größe; ihre Haut war glatt; nur die Protuberanz am Vorderteil des Kopfes und der äußere Rand der Klappe der sehr großen und wenig voneinander getrennten Spritzlöcher schwammartig. Sie erhielten drei Wurfspieße von unsern Aleuten, ohne sehr darauf zu achten. Sie warfen wenig Wasser, und ich konnte, obgleich aufmerksam darauf, keinen

Geruch wahrnehmen. Die Erschütterung des Stoßes, die im Schiffsraum empfunden wurde, war auf dem Verdeck unmerklich.

Am Morgen des 21. zeigten sich etliche Seelöwen um das Schiff. Am Nachmittag entdeckten wir unter der Nebeldecke Unalaschka in geringer Entfernung. Wir lagen in Windstille. Wir ließen uns durch unsere Boote bugsieren. Wir kamen in der Nacht an und lagen am Morgen des 22. Juli 1817 im Hafen von Unalaschka vor Anker.

Das Schiff blieb dieses Mal weit vom Ufer. Der Kapitän zog wieder zu dem Agenten Kriukow. Wir speisten auf dem »Rurik« und tranken Tee auf dem Lande.

Der Kapitän teilte uns den Plan der Reise mit: die Sandwich-Inseln, Radack, Ralick und die Karolinen, Manila, die Sunda-Straße, das Vorgebürge der Guten Hoffnung und Europa. »Der Mangel an frischen Lebensmitteln und der üble Zustand des ›Ruriks‹, der durchaus einer Reparatur bedurfte, gestattete mir nicht, meinen Rückweg, der Instruktion zufolge, durch die Torres-Straße zu nehmen.« Also Herr von Kotzebue, »Reise«, II, Seite 106. – Die Sandwich-Inseln versorgten uns mit frischen Lebensmitteln in Überfluß.

Wir sollten zu Sankt Peter und Paul Briefe von der Heimat vorfinden und wiederum Gelegenheit haben, in die Heimat zu schreiben. – Wir vergruben uns, verschollen für die Welt, zu Unalaschka, schifften aus, was wir zu unserer Ausrüstung auf unsere Nordfahrt eingeschifft, verbuken zu Zwieback, woran wir Mangel zu leiden bedroht waren, das Mehl, das wir in San Francisco an Bord genommen, und verbrachten die Zeit wie in einem Aufenthalt der Verführung.

Ich werde eine kleine Reise erzählen, die ich durch das Innere der Insel zu machen Gelegenheit fand. Ein Schwein, das zu Makuschkin für den »Rurik« geschlachtet worden war, spielte bei dieser Expedition die Hauptrolle und war die Hauptperson, an deren Gefolge ich mich anschließen durfte. Die ganze Gebirgsmasse, über welche der Vulkan von Unalaschka, die Makuschkaja Sobka, sich erhebt, liegt zwischen Illiuliuk und Makuschkin. Zwei Meerbusen oder Fjorden kommen einander in verschiedenen Richtungen entgegen und machen aus jenem Gebürgsstock eine Halbinsel. Aber die Landzunge von einem Fjorde zu dem anderen, über Bergtäler und Pässe, welche in die Schneeregion reichen, zu durchkreuzen erfodert wenigstens acht Stunden Zeit. Ich machte mich am 1. August morgens um sechs Uhr mit zwei Aleuten und einem Russenknaben auf den Weg. Wir erreichten in kleinen Baidaren um acht Uhr den Hintergrund der Kapitäns-Bucht, des Fjordes, an welchem Illiuliuk liegt, und traten von da an talhinauf unsere Wanderung an. Kein Weg ist gebahnt; der Bergstrom, zu dessen Quelle man hinansteigt, ist der Führer durch die Wildnis. Man muß ihn oft durchkreuzen und sich zum kalten Bade in das reißende Schneewasser, das einem bis über die Hüften steigt, entblößen. Die landesübliche Fuß- und Beinbedeckung, die Tarbassi, die, obgleich immer feucht, kein Wasser durchlassen, erlauben minder tiefe Gewässer zu durchwaten, ohne sich auszuziehen. Im unteren Tale ist der Graswuchs üppig und hinderlich dem Wandernden. An der Schneegrenze fesselte manche Pflanze meine Aufmerksamkeit, und die Weite des Weges nicht kennend, den wir noch zurückzulegen hatten, beschleunigte ich nicht den Marsch so, wie ich gesollt hätte. Das jenseitige Tal führet durch tiefe Moräste zu dem Meere. Die Nacht brach ein, als wir den Strand erreichten. Ich glaubte schon bei Makuschkin zu sein; aber der Weg folgt dem Strande in einem Teile des Umkreises der Halbinsel, und hinter jeder vorgestreckten Landspitze, die man mit der Hoffnung erreicht, zu Makuschkin anzukommen, sieht man eine andere Landzunge sich vorstrecken, die eine gleich lügenhafte Hoffnung erregt. Es war elf Uhr in der Nacht, als wir ankamen. Ich bin als ein rüstiger Fußgänger bekannt gewesen, und was ich als solcher geleistet, hat mir schwerlich einer nachmachen können: ich habe in meinem Leben keinen ermüdenderen Tagemarsch gemacht als den eben beschriebenen. Alles schlief. Der hier befehlende Russe, bei dem ich heimkehrte, empfing mich auf das gastlichste; aber es war zu spät, um das Bad zu heizen, und er hatte weiter nichts mir vorzusetzen als Tee ohne Branntwein, ohne Zucker und ohne Milch, zu welchem Getränke er mich gutmütig nötigte, als sei es Malvasier. Der gute Sanin, so hieß mein Wirt, gab mir sein Bett, und das war das Beste, was er mir geben konnte.

Am 2. genoß ich des Dampfbades, ruhete mich aus und untersuchte gemächlich die Hügel um die Ansiedelung und die heiße Quelle, die dort am Strande unter dem Niveau des hohen Wassers aus dem Felsen sprudelt. Ein Tal liegt zwischen der Ansiedelung und dem Fuße des Schneegebürges, der die Grundfesten des Piks von Makuschkin bildet. Diese winterliche Wildnis gewährt einen abschrekkenden Anblick. Ein Nebengipfel raucht unablässig; doch wird man den Rauch nur gewahr, wenn ihn der Wind auf die Seite hintreibt, auf welcher man steht.

Sanin selber rüstete sich mit einer Karawane von Trägern, das zerlegte Schwein nach dem Hafen zu bringen. Das schlechte Wetter verzögerte die Abreise um einen Tag, den ich die Gegend zu durchstreifen anwendete. Wir brachen den 4. am frühen Morgen auf. Die große Baidare der Ansiedelung brachte uns in den Hintergrund des Fjordes, von wo der Landweg über die Landenge kürzer ist als der, den ich auf der Hinreise gemacht. Ich habe, glaube ich, gesagt, daß diese großen Baidaren »Frauenboote« heißen; aleutische Mädchen waren unsere Ruderer. Arme Geschöpfe! Elend, Krankheit, Schmutz, Ungeziefer und Häßlichkeit schließen eine gewisse zarte Zierlichkeit der Sitten nicht aus; diese Mädchen haben mir einen Beweis davon gegeben, und ein Geschenk, das ich von ihnen besitze und in Ehren halte, hat mich mehr gerührt, als Gunstbezeugungen von Königen tun könnten. Auf dem Platze, wo wir Nachmittag noch bei guter Zeit landeten, richteten wir sogleich unser Bivouak ein. Unter der Baidare liegend, betrachtete ich meine Mütze, die zerrissen war; und die Gelegenheit wahrnehmend, dem Schaden abzuhelfen, steckte ich drei Nähnadeln hinein und reichte sie so dem mir zunächst liegenden Mädchen und machte sie auf das, was ich von ihr wünschte, aufmerksam. Drei Nähnadeln! – Ein solcher Schatz umsonst! Da leuchtete gar wundersam ein unaussprechliches Glück aus ihren Augen. Alle Mädchen kamen herbei, die Nadeln zu bewundern, der Begünstigten Glück zu wünschen, und manche schien mit Wehmut des eignen Elends zu gedenken. – Da beglückte ich sie denn alle und schenkte jeder drei Nadeln. – Wir brachen am andern Morgen früh auf und waren um drei Uhr zu Illiuliuk. – Hier überreichte mir Sanin das Gegengeschenk der dankbaren Mädchen, welches er mir erst nach der Ankunft einzuhändigen beauftragt war: ein Knäul Tierflechsenzwirn von ihrer Arbeit.

Ich habe Aleutenmädchen einen Hemdeknopf von Posamentierarbeit untersuchen sehen, sich unter sich darüber beraten und am Ende das zierliche Ding dergestalt nachmachen, daß ihr Machwerk würdig befunden wurde, an das Hemd des Kapitäns geheftet zu werden.

Ich habe die Radackerinnen über ein Gewebe unserer Fabrik, über einen Strohhut, ratschlagen sehen, Material und Arbeit betrachten und besprechen und die Frage in Erwägung ziehen, ob solches darzustellen ihnen möglich sein werde.

Ich habe meine Frau mit ihren Gespielinnen sich bemühen sehen, das Geknöte eines englischen Hosenträgers zu enträtseln. Ich habe überall die Frauen sich der Zierlichkeit befleißigen sehen, mit nicht gespartem Aufwand von Zeit, Mühe und Nachdenken ihre Handarbeiten auf das künstlichste ausschmücken und für den Putz der Männer wie für den eigenen sorgen. Wenn ich es aber in der Fremde gesehen habe, so habe ich immer eine herzige Freude daran gehabt.

Herr von Kotzebue behielt zur Verstärkung der Mannschaft des »Ruriks« etliche, ich glaube vier, der Aleuten, die wir auf unsere Nordfahrt mitgenommen hatten. Unter diesen war ein junger, frischer Bursche, aufgeräumten Sinnes und guter Geistesfähigkeit, mit dem Eschscholtz sich leicht zu verständigen gewußt und mit dessen Hülfe er unternommen hatte, die Sprache der Aleuten, die er bereits für einen Dialekt des Eskimo-Sprachstammes erkannt, näher zu beleuchten. – Ich hatte meine Freude an seiner Forschung, mit deren Ergebnissen er mich bekannt machte. Aber das begonnene Werk zu vollenden, das einem eingestandenen Bedürfnis der Linguistik abgeholfen hätte, und aus dem bereits Ermittelten Gewinn zu ziehen, war eines nötig: den Doktor Eschscholtz in Europa, wo es Grammatiken und Lexika zu vergleichen galt, des Beistandes seines Sprachlehrers nicht zu entblößen.

Ich habe oft Gelegenheit gehabt zu bedauern, daß, nachdem verschwenderisch für den Erwerb gesorgt worden, mitnichten daran gedacht werde, das Erworbene nutzbar zu machen, und daß selbst für die Erhaltung desselben geizig die geringste Beisteuer verweigert werde. Der Prunk kauft das Teuerste an; er stattet Sammler, sendet Reisende aus; aber das teuer Erstandene, das sorgenvoll Eingespeicherte wird sorglos dem Untergange überlassen. Der Prunk, der den Reisenden ausgerüstet, sorget manchmal noch für die Herausgabe eines Buches; jeder kann nach dem Maßstabe dessen, was er schon gekostet hat, seine Ansprüche stellen; aber mißachtet wird, wer und was freiwillig sich darbietet. – Ich habe einmal eine junge Berlinerin sagen hören, gemachte Rosen seien viel schöner als natürliche, denn sie kosteten viel mehr. Das ist ein großes Kapitel in der Geschichte der Menschen.

Aber ich wollte ja von der aleutischen Sprache reden. Sobald wir in Sankt Petersburg angekommen, ward der junge Bursch mit den andern Aleuten der Russisch-Amerikanischen Handelskompanie wieder überantwortet, und von der verdienstlichen Arbeit, der sich Eschscholtz unterziehen wollte und welche die Wissenschaft dankbar der Romanzowschen Expedition zum Ruhme angerechnet haben würde, ist nie wieder die Rede gewesen.

Bezeichnend wird es vielleicht in mehr als einer Hinsicht sein, zu bekennen, daß ich selber von der aleutischen Sprache nur ein einziges Wort erlernt und behalten habe: Kitung (i.e. pediculus). Und, ad vocem Kitung, scheidend den letzten Rückblick auf den düstern Norden werfend, werde ich der Vollständigkeit halber bemerken, daß während unserer Nordfahrten im Jahre 1816 und 1817 das Benannte nichts Seltenes auf dem »Rurik« war, wogegen Iwan Iwanowitsch heimlich aus einem Krüglein spendete, was gute Dienste tat.

Am 18. August 1817 verließen wir zum dritten und letzten Male Unalaschka.

VON UNALASCHKA NACH DEN SANDWICH-INSELN

Zweiter Aufenthalt auf denselben

Am 18. August 1817 aus dem Hafen von Unalaschka ausgelaufen, suchten wir wiederum den Kanal zwischen Unimak und Akun zu erreichen, als die bequemste Furt, um aus dem Kamtschatkischen Meere südwärts durch die Kette der Aleutischen Inseln in den Großen Ozean zu gelangen. Windstille und widrige Winde hielten uns auf; wir bewirkten erst am 20. unsere Durchfahrt. Zwei Walfische der Art Aliomoch kamen sehr nah an das Schiff. Am 21. morgens lagen wir in Windstille und schauten zum letztenmal zurück nach Norden auf die vulkanische Gebirgskette, welche die Aleutischen Inseln bildet. Die zwei Piks der Halbinsel Alaska tauchten aus den Wolken hoch in den reinen Himmel und erschienen uns ungleich höher als der Pik von Unimak, welcher uns viel näher lag. Am Abend frischte der Wind und führte uns dem Süden zu; der trübe, regnichte Himmel dieses Meerstriches schloß sich über uns.

Wir aber waren müde. Die Hoffnungen unserer Reise lagen als Erinnerungen hinter uns. Wir gingen keinen neuen Hoffnungen entgegen; wir hatten nur noch etliche der bekannten Kapitel scheidend zu überlesen, und die Heimat war das Ziel der langwierigen Fahrt. Die Kränklichkeit des Kapitäns und die reizbare Stimmung, in die sie ihn versetzte, beraubte gar oft die kleine Welt um ihn her der Heiterkeit des Lebens.

Vom 23. August bis zum 10. September rangen wir gegen

vorherrschende, oft stürmische Südwinde an, ohne die Sonne zu sehen. Die Temperatur ward allmählich milder, und wir hatten zu heizen aufgehört, was zu Unalaschka unausgesetzt geschehen mußte. Ein Delphin von einer ausgezeichneten Art, die wir noch nicht gesehen hatten und die unsern Aleuten als einheimisch in ihren Meeren wohlbekannt war, wurde gegen den vierundvierzigsten Grad nördlicher Breite harpuniert. Den Schädel hat, wie die aller Delphine, die wir gefangen haben, das Zootomische Museum zu Berlin; die Zeichnung hat Choris behalten; meine Notate sind unbenutzt geblieben. Etwas südlicher wurden bei starkem Winde und unruhigem Meere viele spiegelglatte Wasserstellen bemerkt, die unter Windstille zu liegen schienen. Unser vielerfahrener Aleut Afzenikow deutete diese Erscheinung auf den Tran eines im Meeresgrunde verwesenden Walfisches, womit meine eigene Vermutung übereinstimmte.

Am 10. September ging der Wind nach Norden über, und das Wetter klärte sich auf. Wir waren am Mittag im 40.° 10' nördlicher Breite, 147.° westlicher Länge, und der Strom hatte uns in achtzehn Tagen fünf Grad östlich von unserer Rechnung abgeführt. Wir hatten wechselnde und oft wiederkehrende Windstillen bis zum 23., wo sich der Passat einstellte (26° 41' nördlicher Breite, 152° 32' westlicher Länge). Zwei Tage früher, beiläufig einen Grad nördlicher, hatten Schnepfen das Schiff umflattert.

Am 25. September erwarteten wir O-Waihi zu sehen; ein dunstiger Schleier lag davor. Am Morgen des 26. zeigte sich Mauna-Kea, erst durch die Wolken und sodann über denselben. Wir kamen erst bei Nacht in die Nähe des Landes. Ein dickes Stratum von Wolken ruhte über den Höhen der Insel und selbst über Mauna-Puoray. Eine Reihe von Signalfeuern ward angezündet und erstreckte sich von dem Puoray gegen Mauna-Kea. Wir umschifften in der Nacht die Nordwestspitze der Insel. Die Wolken lösten sich auf; am Morgen des 27. war das heiterste Wetter. Wir hatten nun Windstille und schwache spielende Winde. Es ruderten nur zwei Kanots an uns heran. Auf dem ersten saß ein Weib allein, das abgewiesen wurde; auf dem zweiten etliche Männer vom Volke. Wir erfuhren nur, daß Tameiameia auf O-Waihi sei. Der Kapitän beschäftigte sich wiederholt mit der Höhenmessung der Berge.

Wir segelten am Morgen des 28. an dem Fuße des Wororay vorüber, als uns um zehn Uhr Herr Elliot de Castro in seinem Kanot nachfuhr und einholte. Wir hatten bereits Powarua, den Ort, wo sich eben der König aufhielt und mit dem Bonitenfang ergötzte, hinter uns gelassen. Herr Elliot nahm den Kapitän und uns Passagiere des »Ruriks«, wozu Kadu auch gehörte, in sein Kanot auf, und wir ruderten dem Lande zu.

Kadu, dessen Neugierde durch alles, was er sah und hörte, auf das höchste gespannt wurde, hat uns hier zuerst und überhaupt auch nur das eine Mal einem Mächtigeren als wir Ehrfurcht bezeugen sehen, und dieser Gewaltige war ein Mann von seinem Stamme und seiner Farbe. Er wurde dem Könige vorgestellt, der ihm Aufmerksamkeit schenkte und sich von den Inseln, von wo aus er uns gefolgt, erzählen ließ. Unser Freund war bei dieser Gelegenheit schüchtern, jedoch mit Anstand und guter Haltung. Die O-Waihier waren gegen ihn liebreich und zuvorkommend, und er mischte sich fröhlich unter das Volk.

Powarua liegt am Fuße des Wororay mitten auf dem Lavastrom, den der Berg zuletzt ausgeworfen hat. Nackt und unbenarbt ist rings der glasige, schimmernde Grund. Seitab am Strande haben nur ein paar Sträucher der rotblütigen Cordia sebestena Fuß gefaßt. Alles, was zu dem Lebensunterhalt gehört, muß fernher herbeigebracht werden. Seltsam scheint der König den Ort gewählt zu haben, wo er zum Bonitenfang sein Lustlager aufgeschlagen hat. Er selbst, seine Frauen, seine mächtigsten Lehnsmänner, die er gern um sich versammelt hält, leben hier, unziemlich aller Gemächlichkeit beraubt, unter niedern Strohdächern.

Als wir landeten, war der König vom Bonitenfang noch nicht heimgekehrt. Dieser Fischfang ist hier, wie bei uns die hohe Jagd, ein königliches Vergnügen. Er ist oft beschrieben worden. Das Kanot wird mit größter Gewalt der Ruder in dem schnellsten Lauf erhalten. Am Hinterteile desselben sitzt der Fischer und hält die Perlemutterangel schwebend über dem Meer und bespritzt sie zugleich mit Wasser. Der Fisch muß getäuscht werden und selbst aus dem Wasser auftauchen, um den Haken, der ihm lebendig scheint, zu verschlingen.

Wir besuchten die Königinnen, die unter einem leinenen Schirm lagerten und etliche Wassermelonen mit uns teilten. Die auf das Essen bezüglichen Tabus erstrecken sich nicht auf das Essen von Früchten, welches dem Trinken gleichgeachtet wird.

Der König kam, nackt bis auf das Maro. Er bewillkommnete uns wie alte Bekannte mit Herzlichkeit. Die neuesten Ereignisse auf Atuai und O-Wahu, von denen uns auf letzterer Insel mehr erzählt ward, hatten den Stand der Dinge zu unseren Gunsten verändert.

Zwei Boniten wurden dem Könige nachgetragen; er gab mit feiner Sitte dem Kapitän den Fisch, den er selbst geangelt hatte, ganz wie bei uns ein Jäger das Wild verschenkt, das er geschossen hat. Er kleidete sich in die rote Weste, wie wir ihn im vorigen Jahre gesehen hatten, frühstückte und unterhielt sich indes mit dem Kapitän. Herr Elliot war der Dolmetscher; Herr Cook stand zu der Zeit nicht mehr in der Gunst des Königs. Tameiameia gab uns wie im vorigen Jahre einen Edeln mit. Sein Name war Kareimoku. Man denke dabei nicht an den mächtigen

Kareimoku, Stellvertreter des Königs auf O-Wahu. Hier gilt zwar die Geburt, und man könnte wohl von Familien sprechen, aber Familiennamen gibt es noch nicht. Auch bei uns findet sich der Name spät zu dem Schilde, und dieses, das Familienzeichen, ist späteren Ursprungs als die Familie selbst. Kareimoku war Überbringer des königlichen Befehles: man solle uns so wie im vorigen Jahre empfangen und uns ebensoviel an Lebensmitteln liefern als im vorigen Jahre. – Der König erbat sich von uns nur Eisen, das er zum Schiffbau brauchte.

Wir kamen am Abende des 28. Septembers wieder an das Schiff und nahmen wie das vorige Mal unsern Weg nach O-Wahu südlich längs der schönen Inselkette. Wir hatten Windstille unter Ranai. Wir sahen am 1. Oktober mit Tagesanbruch O-Wahu. Eine amerikanische Brigg kam vom Norden zwischen Worotai und O-Wahu und segelte mit uns dem Hafen zu. Viele Kanots ruderten uns entgegen. Wir warfen um fünf Uhr nachmittags die Anker außerhalb des Hafens, und der Kapitän fuhr ans Land, wohin ihm unser Geleitsmann vorangegangen war.

Sieben Schiffe lagen im Hafen, das achte kam mit uns zugleich an, alle Amerikaner; nur ein altes Schiff der Russisch-Amerikanischen Kompanie, der »Kadiak«, lag auf dem Strande. Erwartet wurde noch ein Schiff von Kareimoku, ein hübscher Schoner, welcher unter dem Befehle von Herrn Bekley, Kommandant der hiesigen Festung, Sandelholz aus Atuai herbeiholte. Die mehrsten Schiffe begehrten Sandelholz. Um dieses Handels willen belasten die Fürsten das Volk mit Frondiensten, welche die Agrikultur und die Industrie beeinträchtigen. Reges Leben war zu Hanaruru.

Der Doktor Scheffer hatte Atuai verlassen und Tamari seinem Lehnsherrn aufs neue gehuldigt. Ich hörte von dem Ereignisse nicht übereinstimmende Erzählungen; die ich hier aufnehme, entlehne ich von Herrn von Kotzebue. Er berichtet uns, Kareimoku habe ihm erzählt, der König und das Volk von Atuai hätten den Doktor Scheffer vertrieben, welcher jüngst mit seiner Mannschaft, die aus hundert Aleuten und einigen Russen bestanden, auf dem »Kadiak« zu Hana-ruru angelangt sei. Das Schiff sei leck gewesen, und die Flüchtlinge hätten es auf den Grund fahren müssen, sobald sie mit Not den Hafen erreicht. Er habe nicht Böses mit Bösem vergolten, sondern die armen Aleuten und Russen freundlich aufgenommen, und selbst Scheffern habe er ungehindert auf einem amerikanischen Schiffe abziehen lassen, welches vor wenigen Tagen nach Kanton unter Segel gegangen sei. »Herr Tarakanow, Agent der Russisch-Amerikanischen Kompanie«, setzt Herr von Kotzebue hinzu, »kam mit mehreren Beamten derselben an Bord. Tarakanow, der auf Baranows Ordre ganz unter Scheffers Befehlen stand, äußerte sein Mißfallen über das Verfahren auf Atuai, wodurch sie alle in die größte Lebensgefahr gekommen waren, und er hielt es für ein wahres Wunder, daß bei ihrer Flucht von Atuai nur drei Aleuten erschossen wurden, da Tamari, welcher sie alle für seine ärgsten Feinde hielt, leicht vielen das Leben nehmen konnte. Er erwähnte auch der gefährlichen Reise hieher und war jetzt mit seinen Leuten in der traurigsten Lage, da man ihnen natürlich die Lebensmittel nicht unentgeltlich überlassen wollte. Glücklicherweise hatte ich in Unalaschka eine solche Quantität Stockfisch eingenommen, daß ich den armen Menschen jetzt auf einen Monat Provision schicken konnte. Tarakanow, der mir ein recht verständiger Mann zu sein schien, hatte mit Herrn Hebet, dem Eigentümer zweier hier liegender Schiffe, einen Kontrakt abgeschlossen, nach welchem dieser sich anheischig machte, die Aleuten ein ganzes Jahr zu ernähren und zu kleiden, unter der Bedingung, daß er sie nach Kalifornien bringen dürfe, wo sie auf den dort liegenden Inseln den Seeotterfang treiben sollten. Nach Verlauf dieses Jahres bringt Hebet sie nach Sitcha zurück und gibt der Kompanie die Hälfte der erbeuteten Felle. Dieser Kontrakt war vorteilhaft für die Kompanie, welche die Aleuten oft auf diese Weise vermietet; denn diese Unglücklichen werden die Schlachtopfer ihrer Unterdrücker bleiben, solange die Kompanie der Willkür eines Unmenschen preisgegeben bleibt, der jeden Gewinn mit dem Blute seiner Nebenmenschen erkauft.« (Kotzebues »Reise«, II, Seite 113 ff.)

Ein Versuch der Russisch-Amerikanischen Kompanie, sich der Sandwich-Inseln zu bemächtigen, kommt mir fabelhaft vor. Es ist mir nicht unbegreiflich, daß man in Sitcha das Volk mißachten könne, welches zum Rückhalt diesen nackten Soldaten dient, die mit der Flinte in der Hand und der Patrontasche um den bloßen Leib gebunden auf Wache ziehen; aber wie sollte man da nicht wissen, daß dieses Reich unter dem unmittelbaren Schutze von England steht, dem Tameiameia gehuldigt hat? – Wir haben im Jahr 1816 einen Brief des Prinzen-Regenten von England an Tameiameia gesehen, worin er das Verhalten Seiner Majestät während des Krieges zwischen England und Amerika belobt, dafür dankt und meldet, daß zu den übersendeten Geschenken noch ein Schiff kommen werde, welches er in Port Jackson erbauen lasse.

Sobald wir am 1. Oktober 1817 die Anker ausgeworfen, fuhr, wie ich sagte, der Kapitän an das Land. Wir hatten in Hana-ruru ein gutes Angedenken zurückgelassen; Kareimoku empfing ihn auf das freundlichste und ließ ihn mit drei Schüssen aus der Festung salutieren. Die amerikanischen Kauffahrer ehrten ebenfalls den Kommandanten der kaiserlich russischen Entdeckungsexpedition und begrüßten ihn mit ihrem Geschütze. Als die Rede war, den »Rurik« in den Hafen zu bugsieren, so boten sie dazu ihre

Boote an, und sie leisteten uns wirklich am andern Morgen mit Tagesanbruch diesen Dienst. Im Hafen angelangt, wechselten wir mit dem Fort Salutschüsse, empfingen mit drei Schüssen Kareimoku, der an Bord kam und uns Früchte, Wurzeln und ein Schwein brachte. – Die gestern empfangenen Artigkeiten wurden erwidert.

Die Amerikaner erwiesen sich uns überhaupt dienstfertig mit zuvorkommender Höflichkeit. Wir erhielten von ihnen manches, was sie uns von ihrem eigenen Vorrat ohne Gewinn abließen: englisches Bier, Zwieback von einem am 6. aus Sitcha einlaufenden Schiffe und anderes. Dennoch wurde eine unangenehme Reibung nicht vermieden. Wo mehrere Kauffahrteischiffe verschiedener Nationen in einem fremden Hafen vereinigt sind, pflegt der älteste Kapitän den Vorrang zu nehmen und, wo es geschehen darf, den Retraitenschuß bei Sonnenuntergang abzufeuern; wo aber unter Kauffahrern ein Kriegsschiff sich befindet, wird dem Kapitän desselben die Ehre gelassen. Nun soll der amerikanische Kapitän aus Unachtsamkeit den Retraitenschuß abgefeuert haben und die Beschwerde, die Herr von Kotzebue darüber geführt, von der Art gewesen sein, daß sie ihn zum Trotz gereizt habe. Die Sache lag übrigens außerhalb meines Kreises, und ich habe nur obenhin davon gehört.

Die fremden Kauffahrteikapitäns kamen bei Herrn Marini zusammen und hatten daselbst ihren Tisch. Ich speiste einmal zu Abend an ihrer Tafel. Zu den warmen Fleischspeisen wurde Tee anstatt Weines getrunken. Die Herren waren gegen mich ausnehmend höflich. Ein älterer Kapitän frug mich, zum wievielten Male ich jetzt diese Reise mache. Ich antwortete bescheidentlich, es sei das erste Mal, und fand mich natürlich veranlaßt, dieselbe Frage an ihn zu richten. Zum zehnten Male war er auf solcher Handelsreise in der Südsee und um die Welt begriffen; aber jetzt, sagte er, sei er müde worden, und es solle seine letzte Reise gewesen sein. Er fahre jetzt nach Hause und werde sich zur Ruhe begeben. – Choris, der mit ihm näher bekannt war, fand und sprach ihn wieder in Manila und endlich noch in Portsmouth, wohin er uns vorausgeeilt war. Er hatte Briefe von Hause vorgefunden: segelfertig erwarte ihn daheim ein Schiff, mit dem er zum eilften Male die Reise machen solle, aber das eilfte Mal werde auch das letzte sein.

Wir pflegten jeden der kleinen Dienste, die uns die stets willigen O-Waihier leisteten, die Überfahrt zwischen Schiff und Ufer und derlei mehr, mit einer Glasperlenschnur zu belohnen. Solche schimmernde leichte Ware wurde immer gern empfangen, ihr jedoch kein eigentlicher Geldwert beigelegt. Choris hatte unter seinem Vorrat etliche Schnüre von besonderer Art und Farbe, die er ohne Unterschied mit den andern ausgab. Gerade auf diese eigentümlich dunkelrote Farbe, gerade auf diese Perlenart legte, wie es sich später ergab, die Mode einen ganz außerordentlichen Wert. Solche, die Vancouver zuerst auf die Inseln gebracht und seit seiner Zeit kein anderer Seefahrer, gehörten zu dem Schmucke der Königinnen. Nun waren sie wieder erschienen und etliche Schnüre davon in Umlauf gekommen. Man forschte der Quelle nach und kam bald auf Choris, dem reiche Häuptlinge mehrere Schweine für eine Schnur anboten; die amerikanischen Kaufleute machten ihm ihrerseits ansehnliche Anerbietungen – alles zu spät. Freund Login Andrewitsch, ein sonst bedächtiger und den Gewinn nicht verschmähender Handelsmann, hatte diesmal seine Dublonen für Maravedis ausgegeben.

Bei der Anwesenheit so vieler Schiffe nahm der Geschäftsverkehr Herrn Marinis Betriebsamkeit und Zeit in Anspruch, und ich konnte mich nur wenig seines belehrenden Umganges erfreuen. Er hatte mir vor einem Jahre versprochen, manches für mich aufzuschreiben, und hatte die

Muße dazu nicht erübrigt. Jetzt war, das Versäumte nachzuholen, nicht mehr Zeit. Ich verbrachte meist meine Tage auf botanischen Wanderungen im Gebürge, während Eschscholtz, wenigstens während der ersten Tage, durch einen wunden Fuß zurückgehalten, auf dem Schiffe blieb und für die eingelegten Pflanzen Sorge trug. Schildwacht zu stehen bei den an der Sonne ausgelegten Pflanzenbündeln war ein zeitraubendes und verdrießliches Geschäft, was dennoch nicht zu umgehen war. Eschscholtz vermißte einmal eines seiner eigenen Pakete, die er auf dem Verdecke gehabt hatte, und unterhielt sich mit mir über den Verlust. Der Kapitän kam auf mich zu und fragte mich, was geschehen sei. Ich sagte es ihm geruhig, ohne Ahnung des Gewitters, das über mich losbrach. Er erteilte mir zornig einen überflüssigen Verweis und wiederholte mir, was ich gar gut wußte, das sei meine Sache und nicht die seiner Matrosen, die er wegen meiner Kräuter nicht werde schlagen lassen. – Ich hatte nichts getan, als Eschscholtz' Klage angehört.

Choris lebte viel mit den amerikanischen Kaufherren. Kadu verlor sich unter die Eingebornen, die ihn gern hatten und mit denen er sich leicht verständigen gelernt. Er erhandelte mit dem, was er besaß und was wir ihm gaben, verschiedene ihrer Arbeiten und beschenkte damit jeden von uns nach seinem Sinne.

Man hatte zu Hana-ruru Zeitungen von nicht eben altem Datum, russische und englische. Ruhe, scheinbare wenigstens, war in der Geschichte. Aus Zeitungen alles herauszulesen, was interessieren kann, ist ein Geschäft, wozu man auf dem Lande keine Muße hat. Freunde und Bekannte betreffend, erfuhr ich nur die Reise der Frau von Staël nach Italien. Auf meinen Wanderungen durch die Insel sind mir einige Male von O-Waihiern Zeitungen angeboten worden, vermutlich alte Blätter.

Der Handel bringt auf den Sandwich-Inseln die bunteste

Musterkarte aller Völker der Erde zusammen. Ich sah unter den Dienern vornehmer Frauen einen jungen Neger und einen Flachkopf der Nordwestküste Amerikas. Ich sah hier zuerst Chinesen, sah unter diesem herrlichen Himmel diese lebendigen Karikaturen in ihrer Landestracht mitten unter den schönen O-Waihiern wandeln und finde für das unbeschreiblich Lächerliche des Anblicks keinen Ausdruck. (Häufig werden in diesem Meerbecken Chinesen, die unterwürfig und leicht zu ernähren sind, als Matrosen gebraucht.)

Einmal auf einer fernen Wanderung, nachdem ich auf dem Schiffe deutsch und russisch, die Sprache der Karolinen-Inseln mit Kadu und mit unserm Koche zum flüchtigen Gruße dänisch geredet; nachdem ich zu Hana-ruru mit Engländern und Amerikanern, Spaniern, Franzosen, Italienern und O-Waihiern gesprochen, mit jedem in seiner Muttersprache; nachdem ich auf der Insel noch Chinesen gesehen, mit denen ich aber nicht geredet, wurde mir in einem entlegenen Tale ein Herr Landsmann vorgestellt, mit dem ich gar nicht sprechen konnte. Es war ein Kodiaker – ein russischer Untertan. – Ich anerkannte die Landsmannschaft, gab ihm die Hand darauf und zog meiner Straße. Das schien mir in der Ordnung und ganz natürlich. – Es fiel mir erst viel später in der Erinnerung ein, diese Landsmannschaft und meine Ernsthaftigkeit dabei komisch zu finden.

Ich hatte mir vorgesetzt, den westlichen Gebürgsstock der Insel zu besuchen. Herr Marini erteilte mir seinen Rat, Kareimoku seinen Beistand; ich vollbrachte die beabsichtigte Reise in den Tagen vom 7. bis zu dem 10. Oktober 1817. Ein Kanot von Kareimoku brachte mich, meinen Führer und einen Knaben, der ihn begleitete, längs dem Korallenriffe, das den Strand umsäumt, bald innerhalb, bald außerhalb der Brandung, nach Pearl River und auf diesem

Wasser landeinwärts nach dem Fuße des Gebürges, das ich bereisen wollte. Ein Schiff, als ich von Hana-ruru abstieß, lief eben in den Hafen ein. Ich hatte auf dieser Fahrt die erwünschte Gelegenheit, die Beschaffenheit des Riffes zu untersuchen. Wir fuhren einmal ziemlich seewärts über eine Korallenuntiefe, worüber das Fahrzeug getragen werden mußte. Mehrere Kanots waren außerhalb der Brandung in einer Tiefe von beiläufig zehn bis fünfzehn Fuß mit dem Fischfang beschäftigt. Mit langen, schleppenden Netzen wurden sehr mannigfaltige Fische gefangen, besonders Chaetodon-Arten, die in den wunderherrlichsten Farben spielen. Hier versorgten sich meine Leute im Namen Kareimokus mit ihrem Bedarf. Sie verzehrten diese Fische roh und, unsauber genug, noch nach drei Tagen, als sie schon angegangen und voller Insektenlarven waren. Als wir landeinwärts wiederum über die Brandung fuhren, ward ungeschickt gesteuert, und eine Welle erfüllte das Boot. Die eben erhaltenen Fische schwammen mir um die Füße, meine Leute schwammen um das Kanot im Meere; alles kam bald wieder in Ordnung. Wir fuhren nun zwischen Brandung und Ufer bei geringerer Tiefe des Wassers; dieses färbte sich mit einemmal dunkler: wir waren im Pearl River. Ich versuchte in den Mittagsstunden die Wirkung der scheitelrechten Sonne auf meinen Arm, den ich ihr entblößt und von Seewasser benetzt eine Zeitlang ausgesetzt hielt. Der Erfolg war eine leichte Entzündung und die Erneuerung der Oberhaut.

Ich hatte einmal Grund, mit meinem Führer unzufrieden zu sein, der, wie es ins Gebürge ging und ich seiner am bedürftigsten war, mich mit dem Knaben vorangehen ließ und gar nicht nachkam, so daß ich umkehren und ihn selber holen mußte. Ein Liebesabenteuer hatte ihn aufgehalten. Ich verschoß den ganzen Köcher meines o-waihischen Sprachschatzes zu einer zornigen Anrede, worin ich ihn an seine Pflicht mahnte und mit Kareimoku bedrohte, der mir ihn untergeordnet. Der Mann, wie es das Recht eines O-Waihiers ist, lachte mich unmenschlich aus ob meiner ungefügen Rede, die er aber sehr wohl verstand, und er gab mir im Verlauf der Reise keine zweite Gelegenheit, meine Beredsamkeit auszuschütten.

Ein reichlicher Regen, eine Art Wolkenbruch, empfing uns auf den Höhen des Gebürges. Die Bastzeuge der O-Waihier verhalten sich wie ungeleimtes Papier gegen die Nässe. Ihre Kleider zu verwahren, gebrauchten meine Leute den Wipfel der Dracaena terminalis. Maro und Kapa, Schamgurt und Mantel, wurden um den Stamm dicht umgewickelt und darüber die breiten Blätter nach allen Seiten zurückgeschlagen und mit einem Ende Bindfaden befestigt. So trugen sie am Stamme des Bäumchens ihre Gewänder in der Form ungefähr eines Turbans. Ich selber zog meine ganz durchnäßten leichten Kleider aus, und wir stiegen vom Gebürge hinab »in der Nationaltracht der Wilden«. Daß die O-Waihier gegen Kälte und Regen viel empfindlicher sind als wir, ist so oft bemerkt worden und so wenig bemerkenswert, daß ich es kaum wiederholen mag; ich will bloß erinnern, daß mir als Sammler die Umstände nicht günstig waren. Beim abermaligen Durchkreuzen des Gebürgs über einen höheren Bergpaß hatte ich wiederholt Regen und durchaus keine Ansicht der Gegend. In die bewohnte Ebne herabgestiegen und im Begriff, in das Dorf einzuziehen, wo wir übernachten sollten, machte ich mir aus zwei Schnupftüchern ein anständiges Kleid. Ein winzigeres genügte meinem Führer; sein ganzer Anzug bestand in einem Endchen Bindfaden von drei Zoll Länge, quo pene ad scrotum represso cutem protractam ligavit.

Ich habe auf der Reise nie blecherne botanische Kapseln, sondern an deren Statt Schnupftücher gebraucht. Man breitet ein Tuch aus, legt die gesammelten Pflanzen quer auf dasselbe, preßt sie mit einer Hand zusammen und bindet mit der andern Hand und dem Munde die zwei entgegenstehenden Zipfel des Tuches zu einem Knoten; der untre Zipfel wird eben auch mit den andern verknüpft, und der obere, vierte dient zum Tragen. – Auf größeren Exkursionen, wo man einen Führer und Träger hat, nimmt man ein gebundenes Buch Löschpapier mit, worin man zartere Blumen sogleich verwahrt. – Hier war mein Pflanzenvorrat vom Regen durchnäßt und Fäulnis zu besorgen. Im Quartier angelangt, wurde eine Seite des Hauses mit Tabu belegt und da die Pflanzen über Nacht ausgebreitet. Ein solches Tabu wird heiliggehalten. – Aber auf dem Schiffe schützt kein Tabu, und die ganze Ernte von vier Tagen muß, gleichviel ob trocken oder durchnäßt, in der kürzesten Zeit »zum Verschwinden gebracht werden«. Das war unter uns der gestempelte Ausdruck. In unserer abgeschlossenen, wandernden Welt hatte sich aus allen Sprachen, die am Bord oder am Lande gesprochen, aus allen Anekdoten, die erzählt worden, und aus allen geselligen Vorfallenheiten eine Cantsprache gebildet, welche der Nichteingeweihte schwerlich verstanden hätte. Durch die Erzählung auf den »Rurik« wieder versetzt, drängen sich mir die dort gültigen Redensarten auf, von denen diese Blätter rein zu halten ich kaum hoffen darf.

Am 10. Oktober von meiner Wanderung heimgekommen, machte ich am 12. noch eine letzte Exkursion ins Gebürge, bei der mich Eschscholtz zum erstenmal begleitete. Alles war zur Abfahrt bereit, die am 13. stattfinden sollte; aber Kareimoku, den mit den Häuptern des Adels die Feier eines Tabu auf dem Lande fesselte, bat, einen Tag länger zu bleiben, damit er Abschied von uns nehmen könne, und seiner freundlichen Bitte wurde nicht widerstanden.

Man hat sich verwundert, mich von Adel unter den Polynesiern sprechen zu hören. Allerdings finde ich da noch den Adel, wie ich mir denke, daß er ehedem bei uns bestand, wo er, bereits verschüttet, nur noch in verblassenden Erinnerungen lebt. Anerkannt wird in unsern Staaten unter dem Namen Adel nur noch das Privilegium, und es ist auch nur gegen das Privilegium, daß das Wehen des Zeitgeistes fast zum Sturm anschwillt. Ein Adel, der gegeben und genommen werden kann, der verkauft wird, ist keiner. Der Adel liegt tiefer, er liegt in der Meinung, er liegt in dem Glauben. Ich finde in der französischen Sprache, wie sie in meiner Kindheit war, Wörter, deren die deutsche ermangelt, und ich bediene mich ihrer. Le Gentilhomme, das ist der echte Adel, wie er auf Polynesien ist, wie ihn kein König verleihen, kein Napoleon aus der Erde stampfen kann. Le Noble, das ist der letzte Bolzen, den die Könige gegen den Adel, aus dessen Schoß sie selber hervorgegangen und den zu unterdrücken ihre Aufgabe war, siegreich abgeschossen haben. Wahrlich, es gibt Umkehrungen, worüber man sich verwundern möchte! Jetzt heißt es: »der König und sein Adel!«, nachdem übermächtig geworden ist der dritte Stand, den zum Verbündeten gegen den Adel die Könige sich anerzogen haben. Jetzt heißt es auch »Thron und Altar!«, nachdem lange Zeit »Thron oder Altar!« die Losung gewesen.

Ich werde nicht eitel die Vergangenheit unserer Geschichte zurückrufen, in welcher ein Adel bestand, zu dem meine Väter gehörten. Ich glaube an einen Gott, mithin an seine Gegenwart in der Geschichte, mithin an einen Fortschritt in derselben. Ich bin ein Mann der Zukunft, wie Béranger mir den Dichter bezeichnet hat. Lernt doch auch in die Zukunft, der die Weisheit des Waltenden uns zuführt, furchtlos und vertrauend schauen und laßt die Vergangenheit fahren, sintemal sie vergangen ist. Und was war denn jene bessere Zeit, an der euer Herz hängt? Die Zeit der Religionskriege mit ihren Scheiterhaufen, der

Bartholomäusnächte, der Autos-da-fe? Die Zeit der Hinrichtung Damiens'? Wahrlich, wahrlich! diese eine Greuelgeschichte –! Leset die Akten! – In der Blutzeit der darauf folgenden Staatsumwälzung verklärte sich dagegen die Milde. Wo immer Bürgerkrieg war, ist und sein wird, werden Menschen getötet, zerrissen, werden Leichname verstümmelt. Aber die Hinrichtung Damiens' – Dank sei dir, o mein Gott! – wird nimmer, nimmer zurückkehren; *die* Zeit ist völlig abgelaufen.

Aber ich verirre mich von meinem Ziele. Ich habe hier nur nachträglich auf das, was ich in meinen »Bemerkungen und Ansichten« von der geselligen Ordnung, von der Kasteneinteilung, von dem Adel gesagt habe, wie solche auf den Inseln sind, von denen zu reden ich berufen war, mehr Nachdruck legen wollen. Ich habe geglaubt und angenommen, es verstände sich von selbst, daß von einer Kaste in die andere kein Übergang möglich ist; daß selbige, wie die Arten der Tiere, unbezweifelt naturnotwendig geschieden sind und daß, so wie es nur eine Fabel ist, daß der Esel sich zu einem Hunde und der Frosch zu einem Rinde habe ausbilden wollen, es auch außerhalb aller Wahrheit ist, daß ein gemeiner Mann zu einem Edeln zu werden nur träumen könne. – Daher finden auch in diesen Verhältnissen Neid und Hochmut keinen Raum. Aber, dürfte man fragen, was versteht sich denn von selbst?

Habe ich doch mit Entrüstung in Herrn von Kotzebues »Reise«, II, Seite 132, von Piloten der Karolinen-Inseln gelesen, »die, nur von geringem Stande, oft für ihre Verdienste in den Adelsstand erhoben werden« – »und der Pilot ward zum Lohn für seine Dienste zum Tamon erhoben«.

Wenn ein zum Zeugen aufgerufener, unbescholtener Mann solches Zeugnis spricht, was werden wir nicht erst von denen zu erwarten haben, deren Geschäft es ist, ohne selbst etwas gesehen zu haben, die Aussagen der Augenzeugen aus- und ab- und zusammenzuschreiben? Maltebrun, in einer kurzen Anzeige von Choris' »Voyage pittoresque«, nennt meinen lieben Freund Kadu »un anthropophage de la mer du sud« und läßt auf Eap, wo nur Wasser getrunken wird, ganze Nächte dem Trunke widmen. Ist einmal eine recht handgreifliche Abgeschmacktheit zu Papier gebracht, so rollt selbige unablässig von Buch zu Buch, und es ist das erste, wonach die Büchermacher greifen. Solange noch Bücher geschrieben werden, wird in jedem, wo sie nur Platz finden kann, die Albernheit zu lesen sein, daß die Eingebornen der Marianen- oder Ladronen-Inseln den Gebrauch des Feuers erst durch die Europäer kennengelernt.

Aber soll ich zum andern und zum letzten Male von den Sandwich-Inseln scheiden, ohne daß meiner Feder das Wort entgleitet, welches du, Leser, mit flüchtigem Finger diese Blätter umwendend, schnellen, neugierigen Blickes darinnen gesucht hast? Zu einer Parteifrage sind die Missionen geworden, die erst nach meiner Zeit auf diesen Inseln Fuß gefaßt haben, und ich gehöre keiner Partei an. Lasse dir die Akten vorlegen und höre auf die nicht, die, ohne selbst geschaut zu haben, verwirrend ihre Stimmen in dem Streit erhoben. Ich selber habe sie nicht vollständig gelesen. Die Volkstümlichkeit, die vor dem aufgehenden Christentum untergehen muß, habe ich geschaut, und sie ist mir wert geworden; daß ich um sie traure, spreche ich unumwunden aus. Daß ich aber der Mann des Fortschrittes bin und höher mir der Geist des Christentums mit seinen Segnungen gilt, glaub ich in meinem Gedichte »Ein Gerichtstag auf Huahine« an den Tag gelegt zu haben. Selbst an dem frommen Ellis (»Polynesian researches«) habe ich zwei Dinge vermißt: er hätte, meine ich, selber O-Taheitier werden sollen, bevor er O-Taheitier umzuschaffen unternahm, und hätte sein heiliges Geschäft geistiger auffassen und betreiben können. Seefahrer, die da Weiber und Lust auf den Sandwich-Inseln gesucht, mögen dem Missionswesen abhold sein; aber gewichtigere Beschuldigungen fallenlassend, scheint mir doch aus allen Zeugnissen hervorzugehen, daß das Missionsgeschäft geistlos auf O-Waihi betrieben wird, wo noch kein Fortschritt in der geselligen Ordnung das Aufgehen des Geistes beurkundet hat. Die stille Feier des Sabbats und der erzwungene Besuch der Kirche und der Schule sind noch das Christentum nicht.

Dem sei, wie ihm wolle – früher oder später werden, dem Fortschritt der Geschichte angemessen, die Hauptinseln des Großen Ozeans sich der Welt unserer Gesittung anschließen; und schon erscheint in Landessprache und meist von Eingebornen geschrieben eine Zeitung auf O-Taheiti! – Hört! hört! – eine Zeitung auf O-Taheiti! Die ihr dort die Presse, die periodische Presse befördert, hört auf, euch daheim davor zu entsetzen und sie zu bekämpfen. Schlagt euch nicht gegen die Luft, eure Streiche verwunden sie nicht. Preßfreiheit ist in Europa. – Der Tory Walter Scott sagt im »Leben Napoleons«: »Deutschland verdankt von jeher der politischen Zerstückelung seines Gebietes die Wohltat der Preßfreiheit.« Was er von Deutschland sagt, gilt von der Welt. Die Presse ist nur ein Nachhall, selbst machtlos, wo sie das nicht ist. Die öffentliche Meinung, das ist die Macht, die groß geworden. Dankt der Presse und lernt von ihr.

Aber diese Trivialitäten sind hier nicht am Ort. Im Begriffe, unter Segel zu gehen, bemerkte ich, daß, nach einem zweimaligen Aufenthalt auf der Insel und häufigem Verkehr mit den Eingeborenen, ich noch kein Hundefleisch zu kosten bekommen hatte; denn der Europäer wird auf O-Waihi seinen Sitten und Vorurteilen gemäß empfangen und bewirtet, und für den fremden Gast wird ein Schwein, das er zu schätzen weiß, nicht aber ein Hund, den er verschmäht, in der Backgrube bereitet. Da erfuhr ich, als es schon zu spät war, daß ich die weit gesuchte Gelegenheit täglich an Bord versäumt hatte, wo unser königlicher Geleitsmann einen gebackenen Hund zu verspeisen gepflegt. So geht es mit manchen Freuden im Leben.

Am 14. Oktober 1817 lichteten wir mit Tagesanbruch die Anker, und die Boote der amerikanischen Schiffe bugsierten uns aus dem Hafen. Kareimoku kam aus dem Morai zu uns und brachte uns Fische und Früchte mit. Wir wechselten übliche Salutschüsse mit der Festung, wir nahmen herzlichen Abschied von unsern Freunden und entfalteten die Segel dem Winde.

VON DEN SANDWICH-INSELN NACH RADACK

Abschied von den Radackern

Am 14. Oktober 1817 lagen die Inseln des O-Waihischen Reiches hinter uns, und vorwärts mit den Wimpeln waren Gedanken und Gemüt den radackischen Inseln zugewandt. Wir hatten uns ganz besonders ausgerüstet, Geschenke bleibenden Wertes unsern liebewerten Freunden darzubringen. Mit dem letzten Abschied von ihnen sollten wir auch Abschied von der Fremde nehmen, die, als sie fern vor uns lag, uns mit so mächtigem Reiz angezogen und jetzt noch reizend zurückhielt. Über Radack hinaus lagen nur noch bekannte europäische Kolonien verzögernd auf unserm Heimweg, und unsere übrige Fahrt glich dem Abendgang des müden Wallers durch die lang sich hinziehenden Vorstädte seiner heimischen Stadt.

Ich möchte, um die mit den letzten Zeilen gegenwärtigen Abschnittes mir bevorstehende Trennung von den Polynesiern zu verzögern, mir noch etwas mit ihnen zu schaffen, noch etwas über sie zu reden machen. Ich hätte noch manche Kapitel abzuhandeln, wenn ihr mir so lange zuhören wolltet, als ich sprechen könnte. Ich hätte zum Beispiel Lust, dem Verfasser des »Sartor Resartus« einen Artikel zu der »Philosophy of Clothes« zu liefern.

Wir unterlassen nicht, künstlerisch eitel uns zu brüsten, den Reifrock mit den Paniers, die hohen Absätze, die Frisure à la grecque, den Puder, die Schminke, den Zopf, die Ailes de pigeon und anderes mehr, worin wir zu der Zeit meiner Kindheit das Schöne noch suchten, aufgegeben zu haben, und sehen nicht mit Scham auf den Zuschnitt unsers Fracks herab und auf alle widerlichen Verzeichnungen der menschlichen Gestalt, die an uns hervorzubringen wir uns mit der Mode befleißen. Ich habe die gefeierte Schönheit, nach welcher man die Tage unserer Geschichte, die den Polignacschen Verordnungen vorangegangen sind, benennen könnte – ich habe Mademoiselle Sontag in Naturrollen, wo nichts sie dazu zwang, sich dergestalt verunstalten sehen, daß sich der Künstler empört von dem Idol der Zeit abwenden mußte.

Aber ihr fragt mich lächelnd, ob ich da von Polynesiern rede? – Ich finde die Schönheit in der einfachen, nicht verunstalteten Natur, und ich weiß diese nicht anders zu preisen, wie es meine Absicht ist, als wenn ich ihr die Unnatur grell entgegenstelle.

Ich finde, daß die Schönheit sich überall mit der Zweckmäßigkeit paart. Für den Menschen ist die menschliche Gestalt das Schönste; es kann nicht anders sein. Die gesunde, ebenmäßige Ausbildung derselben in allen ihren Teilen bedingt allein ihre Schönheit. Der größere Gesichtswinkel bedingt die Schönheit des Antlitzes, weil der Mensch sich als denkendes Wesen über die Tiere erhebt und in dem Zunehmen jenes Winkels den Ausdruck seiner Vermenschlichung wiederfindet.

Die Kleidung dient einerseits der Schamhaftigkeit, die den Körper zum Teil verdecken will, andrerseits der Bedürftigkeit, die Schutz gegen äußere Einwirkungen sucht. Nur der Barbar ruft sie zu Verunstaltungen, in denen er sich wohlgefällt, zu Hülfe. Die Kleidung der Polynesier im allgemeinen genügt der Schamhaftigkeit, ohne den edlen Gliederbau der kräftigen, gesunden, schönen Menschen zu verhüllen. Der Mantel der O-Waihier, der nach Bedürfnis und Laune umgenommen und abgelegt wird und von dem sich vor einem Mächtigeren zu entblößen die Ehrfurcht gebietet – besonders der weitere, faltigere, den die Reichen tragen –, ist ebenso schön als zweckmäßig.

Aber die Tatuierung? – Die Tatuierung ist eine sehr allgemeine Sitte unter den Menschen; Kalifornier und Eskimos huldigen ihr mehr oder weniger, und das mosaische Verbot beurkundet, daß ihr die Völker anhingen, von denen die Kinder Israels abgesondert werden sollten. Die Tatuierung, auf verschiedenen Inseln des Großen Ozeans sehr verschiedentlich angewandt, bildet auf Radack ein kunstmäßiges Ganze. Sie verhüllt und verunstaltet die Formen nicht, sie schließt sich ihnen an mit anmutiger Verzierung und scheint deren Schönheit zu erhöhen. Man muß den Haarschnitt der O-Waihierinnen tadeln, der sie ihres natürlichen Schmuckes beraubt. Bei den Radackern hingegen verwenden beide Geschlechter die größte Sorgfalt auf ihr Haar, und die zierlichen Muschelschnüre, womit sie sich bekränzen, erhöhen sehr zweckmäßig den Glanz der schwarzen Locken und die Bräune der zarten Haut. Befremdlich möchte ihr Ohrenschmuck erscheinen, der von dem erweiterten Ohrlappen gehalten wird; ich muß jedoch bekennen, daß ich ihn von angenehmer Wirkung gefunden habe.

Indem wir uns in unsere häßlichen Kleider einzwängen, verzichten wir auf den Ausdruck des Körpers und der Arme; die Mimik tritt bei uns Nordeuropäern ganz zurück, und wir schauen kaum dem Redenden ins Antlitz. Der bewegliche, gesprächige Polynesier redet mit Mund, Antlitz und Armen, und zwar mit der größten Sparsamkeit der Worte und der Gebärden, so daß zweckmäßig der kürzeste Ausdruck und der schnellste gewählt wird und ein Wink an die Stelle einer Rede tritt. So wird mit einem Zucken der Augenbrauen bejaht, und das Wort *inga* erzwingt von dem O-Waihier nur der Fremde, der, schwerfälligen Verständnisses, seine Fragen mehrere Male wiederholt.

Hawaiierin

Unser Schuh- und Stiefelwerk hat für uns den Gebrauch der Füße auf das Gehen beschränkt. Dem vierhändigen Polynesier leisten sie noch ganz andere Dienste. Er hält und sichert mit den Füßen den Gegenstand, woran er mit den Händen arbeitet, die Matte, die er flechtet, die Schnur, die er dreht, das Stück Holz, worauf er durch Reibung Feuer hervorbringen will. – Wie unbeholfen, langsam und ungeschickt müssen wir uns bücken, um etwas, das zu unsern Füßen liegt, aufzuheben. Der Polynesier faßt es mit dem Fuße, der es der Hand von derselben Seite reicht, und er hat sich nicht gerührt und hat zu reden nicht aufgehört. Soll etwas, das auf dem Verdecke eines Schiffes liegt, entwendet werden, faßt es einer mit dem Fuße und reicht es dem andern; es wandert von Fuß zu Fuße und über Bord, während die ausgesetzte Schildwacht allen nach den Händen siehet und nichts merkt.

Der Ausspruch des Meisters drängt sich mir auf und führt mich noch ferner ab von meinem Ziele:

Nur aus vollendeter Kraft blicket die Anmut hervor.

Die vollendete Kraft sucht nicht, sondern trifft mit Sicherheit das Rechte, und das Rechte ist das Schöne. Jede versuchte willkürliche Ausschmückung ist Verunzierung und Verunstaltung. Ich weiß mir kein anmutigeres Schauspiel als den indischen Jongleur, der mit der Kanonenkugel spielt, die ihm zum Erstaunen gehorcht. An der Entfaltung der menschlichen Gestalt in ihrer vollen Schöne weidet sich schwelgend der Künstlerblick, indem ich mich kindergleich belustige mit dem kindergleichen Menschen, der eben nur spielt und sich belustigt. Ich habe den europäischen Jongleur unstreitig noch schwierigere Kunststücke ausführen sehen, aber der alberne, widrige Mensch verdarb mir den dargebotenen Kunstgenuß, indem er ganz ernstlich für sein eitles Spiel die Art Bewunderung in Anspruch nahm, die ich nur

Heldentaten zollen mag. Ebenso unterscheiden sich von den lustigen, belustigenden Taschenspielern, wie ich sie in meiner Kindheit noch gesehen habe, die jetzigen langweiligen Professeurs de physique amusante. – Die Vornehmigkeit hat ihnen den Hals gebrochen. Ich kehre zu meinen Polynesiern zurück: ich vergleiche sie mit dem indischen Jongleur, der mit ihnen gleichen Menschenstammes ist.

Wir hatten den Passat und segelten vor dem Winde. Am 20. Oktober sahen wir am Morgen viele Schnepfen und viele Seevögel. Um zwei Uhr nachmittags zeigten sich die dem Seefahrer Gefahr drohenden nackten Klippen, die von Kapitän Johnston in der Fregatte »Cornwallis« im Jahre 1807 zuerst gesehen worden und die wir im vorigen Jahre vergeblich aufgesucht hatten. Der höchste, sichtbarste Punkt derselben liegt nach Herrn von Kotzebue 16° 45' 36" nördlicher Breite, 169° 39' 21" westlicher Länge. Überflossene Riffe erstrecken sich weit umher. Schnepfen und Seevögel wurden oft während dieser Überfahrt gesehen. Am 21. zog ein Flug Enten gegen Südosten. Am 24. setzte sich eine Schnepfe auf das Schiff. Wir fanden im Norden von Radack den uns bekannten starken Weststrom. Wir hatten am 30. Ansicht von Otdia, und wie wir die Schischmarew-Straße aufsuchen wollten, befiel uns ein Sturm aus Südosten, der in der Nähe dieser Riffe nicht ohne Gefahr war. Der Regen floß in Strömen, und um unser Schiff erging sich ein kleiner Physeter.

Der Wind, der wieder zum Osten überging, wehte in der Nacht noch heftig, und wir lavierten in Ansicht des Landes.

Wir fuhren am 31. Oktober 1817 morgens um zehn Uhr in Otdia ein. Ein Segel kam vom Westen, wir holten es ein. – Wir erkannten unsern Freund Lagediack, der uns frohlockend begrüßte. Um fünf Uhr nachmittags erreichten wir unsern alten Ankerplatz vor Otdia. Lagediack kam sogleich auf das Schiff und brachte uns Kokosnüsse mit.

Radackerin

Seine Freude war unbeschreiblich; er vermochte kaum, sie zu zügeln, um uns Nachricht von unsern Freunden und dem Zustande der Inseln überhaupt zu geben.

Kadu, dem als einem Naturkinde das Ferne auf dem üppigen O-Wahu fernlag, der erst in der Enge unseres kleinen Bretterhauses seine Gedanken zusammengefaßt und auf seine lieben Gastfreunde gerichtet, denen wir ihn zuführten; Kadu, von dem Momente an, wo er die Riffe von Otdia erschaut und erkannt, der Gegenwart angehörend und mächtig sie erfassend, war ganz ein Radacker unter den Radackern. Geschenke, Geschichten, Märchen, Freude brachte er ihnen und jubelte mit ihnen vor Entzücken und Lust. Aber besonnen, wo es zu handeln galt, war er unablässig tätig und hatte schon Hand angelegt, wo andere noch zögerten. Er tat's aus eigenem Herzen in unserm Geiste. Er war unsre Hand unter den Radackern und bis an den letzten Tag ohne Nebengedanken einer der Unsern.

Ich selbst, nachdem ich mit redlichem Bemühen Kadu über Radack zu reden veranlaßt, seine Aussagen zusammengetragen, verglichen und studiert hatte und mir nur die abstrakteren Kapitel der Glaubenslehre, der Sprachlehre usw. abzuhandeln übrigblieben; nachdem ich mit den Sitten und Bräuchen und mit den Zuständen dieses Volkes vertrauter geworden war, hatte jetzt einen klareren Blick über dasselbe gewonnen und konnte übersichtlich lesen, wo ich sonst nur mit Mühe buchstabiert hatte.

Auch die Radacker standen uns dieses Mal um vieles näher. Kadus Genossenschaft mit ihnen und mit uns war das Band, das uns vereinigte. Unser Freund war in Hinsicht unser leichter und schneller für sie, was er in Hinsicht ihrer für uns gewesen war. Wir waren jetzt nur *eine* Familie.

Aber wir sollten nur drei Tage auf Radack zubringen, und es galt zu schaffen und zu wirken, nicht aber müßig zu studieren.

Der größte Teil von der Bevölkerung der Gruppe war mit dem Kriegsgeschwader von Lamari weggezogen. Von unsern Freunden waren nur Lagediack und der Greis von Oromed, Laergaß, zurückgeblieben; letzterer der einzige Häuptling und zur Zeit Machthaber auf Otdia. Es waren überhaupt nur zwölf Mann und mehrere Weiber und Kinder anwesend. Kurz nach unserer Abreise war aus Aur der Häuptling Labeuliet hiehergekommen und hatte sich einen Teil des von uns geschenkten Eisens abliefern lassen. Drei Ziegen lebten zu der Zeit noch; die hatte er ebenfalls mitgenommen. Später war Lamari eingetroffen und hatte den Rest unsers Eisens und unserer Geschenke sich herausgeben lassen. Er war einige Zeit geblieben, die Bereitung von Mogan zu betreiben, und hatte bei seiner Abfahrt nur wenige Früchte zur kümmerlichen Erhaltung der Zurückbleibenden übriggelassen. Etliche Jamswurzeln, die in unserm Garten noch gegrünt, hatte er ausgegraben und mitgenommen, um sie nach Aur zu verpflanzen.

Am 1. November 1817 gingen wir zuerst ans Land. Einen niederschlagenden Anblick gewährte der wüste Fleck, den wir einst bebaut. Nicht ein armes Unkraut, nicht die Vogelmiere war zurückgeblieben, Zeugnis von uns und unserer frommen Absicht abzulegen. Wir schritten rüstig an das Werk, nicht deshalb entmutiget, weil, nicht unvorhergesehenerweise, unsere ersten Bemühungen fruchtlos geblieben. Der Garten ward erneuert und reichlicher besetzt; aber von allen Setzlingen und von allen Sämereien ward ein Teil zurückgelegt, um auch auf Oromed einen gleichen Versuch anzustellen; manche, die in größerm Vorrat vorhanden waren, wurden auch unter die Freunde verteilt. Kadu, den Spaten in der Hand, redete gar eindringlich die Umstehenden an und unterrichtete sie und schärfte ihnen nützliche Lehren ein. Wir speisten und schliefen zu Nacht auf dem Lande. Wir hatten noch ein paar Wassermelonen auf diesen Tag gespart; sie wurden nebst etlichen Wurzeln, die der Kapitän zubereiten lassen, unter die Radacker ausgeteilt und dienten den Reden Kadus zum Belege. – Am Abend sangen uns die Freunde mehrere der Lieder vor, die, unsere Namen und das Andenken unseres Zuges aufzubewahren, gedichtet worden.

Am 2. wurden die Hunde und die Katzen ans Land gebracht; diese zogen zu Walde, während sich jene an die Menschen anschlossen; aber auch sie warfen sich sogleich auf die Ratten und verzehrten ihrer etliche, und ich sah beruhigt ihre Unterhaltung auf Unkosten eines zu bekämpfenden lästigen Parasiten gesichert.

Ziegen und Schweine sollten, von unsern Pflanzungen entfernt, auf eine andere Insel gebracht werden. Da zagten noch die Radacker, sich mit den ihnen unheimlichen Tieren zu befassen. Kadu übernahm sogleich und vollbrachte das Geschäft. Er sollte von jener Insel weiter nach Oromed überfahren, die dortige Gartenanlage zu besorgen. Er begegnete, sowie er den Kurs dahin genommen, dem kommenden Laergaß und kam mit ihm an das Schiff zurück. Der alte Freund, liebevoll und freigebig, brachte uns Brotfrüchte und Kokosnüsse und beklagte sich, daß wir nicht vor seiner Insel die Anker geworfen. Nach kurzem Aufenthalte gingen beide Boote nach Oromed unter Segel. Ich entschloß mich schnell mitzufahren und stieg auf das Boot des Alten. Kadu, der erst auf Otdia anlegte, kam uns nach. Ich pflanzte an diesem selben Abend das Zuckerrohr, das schon von der Dürre gelitten hatte, und fing die Gartenarbeiten an. Kadu langte an. Der eine Tag, den ich auf Oromed unter diesen anmutigen Kindern, ganz ihren Sitten gemäß, ohne Rückhalt, ohne fremde Einmischung zugebracht habe, hat mir die heiterste, frischeste Erinnerung hinterlassen, die ich von meiner ganzen Reise zurückgebracht. Die Bevölkerung der Insel, drei Männer, zahlreiche Frauen und Kinder, waren mit uns am Strande um ein gesellig loderndes Feuer versammelt. Kadu erzählte seine Begebenheiten, denen er schalkhaft unterhaltende Märchen einwob; die Mädchen sangen uns freudig die Lieder vor, die zahllos auf uns entstanden waren. Die Älteren zogen sich zurück und begaben sich zur Ruhe. Wir zogen weiter abwärts, und es ward abwechselnd verständiges Gespräch gepflogen und lustig gesungen bis spät in die Nacht hinein.

Ich habe von Unschuld der Sitten und Zwanglosigkeit der Verhältnisse, von zarter Schamhaftigkeit und sittigem Anstande gesprochen. Haben die Saint-Simonianer einen Traum von diesen meerumbrandeten Gärten gehabt, als sie an der Aufgabe gescheitert sind, zu machen, was sich nicht machen läßt, und sie die Zeit vorzuschrauben gemeint, bis sie im Kreise dahin wiederkäme, wo sie möglicherweise schon einmal war? – Hier ein geringfügiger Zug von den Sitten von Radack. Ich saß im Kreise neben einem jungen Mädchen, auf deren Arm ich die zierlich tatuierte Zeichnung betrachtete, die, wie dem Auge durch die dunkelblaue Farbe, so dem Tasten durch leises Aufschwellen der feinen Haut wahrnehmbar zu sein schien; und ich ließ mich zu dem Versuche hinreißen, indem ich sanft die Hand darüber gleiten ließ. Das hätte nun nicht sein sollen; wie aber konnte das junge Mädchen den nicht arg gemeinten Fehl an dem doch werten und lieben Gaste rügen, der nur fremd der Sitte war und überdies die Sprache nicht gut verstand? Wie konnte sie dem Einhalt tun und sich davor schützen? Ich merkte anfangs nicht, daß mein Betragen unsittig gewesen sei; als aber das Lied, das eben gesungen wurde, zu Ende war, stand das Mädchen auf, machte sich anderswo etwas zu schaffen und setzte sich, als sie wiederkam, gleich freundlich und fröhlich, nicht wieder an ihren alten Platz neben mir, sondern an einen andern unter ihren Gespielinnen.

Am andern Morgen wurden Pflanzung und Aussaat beschickt, wobei Kadu die größte Tätigkeit entwickelte. Ich

Radack

entdeckte bei dieser Gelegenheit auf Oromed den Taro und die Rhizophora gymnorrhiza, von denen ich einzeln angebaute Pflanzen sogar auf dem dürftigen Riffe Eilu angetroffen und die mir bis jetzt auf der Gruppe Otdia noch nicht vorgekommen waren. Sobald das Werk vollbracht war, rief Kadu: »Zu Schiffe!« Wir trennten uns von unsern Freunden und entfalteten das Segel dem Winde.

Ich habe, was in der Geschichte folgt, an anderm Orte berichtet. (Siehe »Bemerkungen und Ansichten«: »Über unsere Kenntnis der ersten Provinz des Großen Ozeans« zu Anfang und »Radack« am Schlusse.) Ich habe dem, was dort zu lesen ist, nichts hinzuzufügen.

Du hast, mein Freund Kadu, das Bessere erwählt; du schiedest in Liebe von uns, und wir haben auch ein Recht auf deine Liebe, die wir die Absicht gehegt und uns bemüht haben, Wohltaten deinem zweiten Vaterlande zu erweisen. Du hast von uns das Gute gelernt, und es hat dich ergriffen; du hast in unserm frommen Sinn fortzuwirken dich unterfangen; möge, der die Schicksale der Menschen lenkt, dein Werk segnen und dich selbst bei deiner fahrvollen Sendung beschirmen! Möge er eine Zeit noch die Europäer von euren dürftigen Riffen, die ihnen keine Lockungen darbieten, entfernen. Sie würden euch zunächst nur den Schmutz von O-Waihi zuführen. – Aber was hättest du in unserm alten Europa gesollt? Wir hätten eitles Spiel mit dir getrieben, wir hätten dich Fürsten und Herren gezeigt; sie hätten dich mit Medaillen und Flittertand behangen und dann vergessen. Der liebende Führer, dessen du Guter bedurft hättest, würde dir nicht an der Seite gestanden haben; wir würden nicht zusammengeblieben sein, du hättest dich in einer kalten Welt verloren gefunden. Paßlich für dich würde unter uns keine Stellung sein; und hätten wir dir endlich den Weg nach deinem Vaterland wieder eröffnet, was hätten wir zuvor aus dir gemacht?

Mit der zweiten Reise von Herrn von Kotzebue und seinem Besuche auf Otdia im April und Mai 1824 endigt für uns die Geschichte von Radack.

Seine Ankunft in Otdia verbreitete panischen Schrecken unter den Eingebornen. Nachdem er erkannt worden, fanden sich die alten Freunde wieder ein: Lagediack, Rarick, Laergaß, Langien, Labigar fanden sich ein – Kadu fehlte. Eine große Schüchternheit und Zaghaftigkeit war den Freunden anzumerken. Diese wird dadurch erklärt, daß die Kupferplatte, die im Jahre 1817 an einen Kokosbaum bei Raricks Hause angeschlagen worden, weggekommen war. Von allem, was wir auf Radack gebracht, sah Herr von Kotzebue nur die Katze, verwildert, und die Jamswurzel. Der Weinstock, der sich bis auf die höchsten Bäume hinaufgerankt hatte, war vertrocknet.

Kadu befand sich angeblich auf Aur bei Lamari, mit dem er sich abgefunden, und unter seiner Pflege sollten sich Tiere und Pflanzen, die der Machthaber dorthin überbracht und verpflanzt hatte, außerordentlich vermehrt haben. – Angeblich war nur der Weinstock ausgegangen. Herr von Kotzebue setzt hinzu, daß ihn die Größe seines Schiffes leider verhindert habe, Kadu in Aur aufzusuchen.

Wir nehmen zweifelnden Herzens die uns nicht befriedigenden Aussagen hin.

Den Kriegszug, zu welchem sich Lamari im Jahre 1817 rüstete, hatte Kadu mitgemacht. Er hatte in europäischem Hemde und roter Mütze mit dem Säbel in der Hand gefochten, und das Eisen, das viele Eisen, hatte dem Lamari die Übermacht gegeben. Er war als Sieger heimgekehrt.

Die von Otdia, Inselkette Ralick, hatten jüngst unter ihrem Häuptling Lavadock Kaben überfallen, und Rache für diesen Raubzug zu nehmen, rüstete sich jetzt Lamari, den Krieg nach Otdia zu tragen.

So erzählten die Befreundeten.

Lagediack drang heimlich in Herrn von Kotzebue, sich die Herrschaft auf Radack anzumaßen, und bot ihm bei dem Unternehmen seine Unterstützung an. Als dieser, in seinen Plan nicht eingehend, sich zur Abreise anschickte, bat er ihn, seinen Sohn nach Rußland mitzunehmen, und mochte doch sich von dem Kinde nicht trennen, als er erfuhr, Herr von Kotzebue habe jetzt Radack zum letzten Male besucht. – Als aber das Schiff im Begriffe stand, unter Segel zu gehen, brachte Lagediack dem Freunde ein letztes Geschenk: junge Kokosbäume, die er nach Rußland verpflanzen möge, da, wie er vernommen, es dort keine Kokosbäume gebe.

Am 4. November 1817 liefen wir aus dem Riffe von Otdia zu der Schischmarew-Straße aus. Das Wetter war heiter, der Wind schwach. Wir fuhren an Erigup vorüber und steuerten nach der Anweisung von Lagediack und den andern Freunden, um Ligiep aufzusuchen. Wir waren am 5. vormittags in Ansicht dieser Gruppe, in deren Nähe der Wind uns gänzlich gebrach. Endlich zog uns ein schwacher Hauch aus Norden aus einer peinlich werdenden Lage. Ein Boot kam uns entgegen und beobachtete uns vorsichtig von weitem. Wir nannten uns: da war alle Scheu von den Menschen gewichen; sie kamen heran, befestigten das Boot an das Schiff und stiegen zutraulich auf das Verdeck. Lamari auf seinem Zuge hatte uns ein gutes Zeugnis gesprochen. Sie brachten uns die üblichen Geschenke dar, Kokosnüsse und ihre zierlichen Muschelkränze, und verkehrten ohne Arg und Rückhalt mit den alten, wohlbekannten Freunden ihres Volkes. Sie luden uns dringend ein auf ihre Inseln und rühmten uns die Schönheit der Töchter von Ligiep. Dieses ist auf Radack das einzige Mal, daß ein solches Wort unser Ohr getroffen hat. Ihre Geschenke blieben nicht unerwidert. Sie erstaunten ob unserer Freigebigkeit und unseres Reichtumes an Eisen. Wir gaben ihnen, so gut es gehen wollte, Nachrichten von Otdia und ihren Freunden.

Ohne Kadu ward es uns auf Radack noch schwer, uns zu verständigen, und so haben wir wenig von den Insulanern von Ligiep erfahren. Die Radacker sind, wie die Engländer, im Verstehen, ich möchte sagen, ungefällig. Sie erkennen die Wörter ihrer Sprache nicht, die wir ihnen vorzusagen uns bemühen. Ihre Art ist dann, zu wiederholen, was sie von uns hören, und so täuschen sie uns, die wir uns nicht erwehren können, solche Wiederholung für eine Bejahung aufzunehmen.

Wir sahen nur den dürftigeren Teil der Gruppe; die reicheren Inseln, über welchen die Kokospalme hochstämmig ihre Krone wiegt, sah Herr von Kotzebue erst im Jahre 1824. Die Durchbrüche des Riffes scheinen selbst größeren Schiffen bequeme Tore zu verheißen, zu denen sie beim herrschenden Passat aus- und einfahren können. Die Menschen schienen uns wohlgenährter und wohlhabender als auf anderen Gruppen von Radack, und wir waren darauf vorbereitet, sie so zu finden.

Herr von Kotzebue hatte auf Otdia mit Lagediack, der, wie es sich ergab, öfter selbst auf Ralick gewesen, die Geographie dieser andern Inselkette wiederholt durchgenommen. Hier, am Ausgangspunkt der Seefahrer von Radack, die dahin fahren, ließ er sich wiederum die Richtung der zu jener Kette gehörigen Gruppe Kwadelen andeuten, und sie ward ihm, gleichlautend mit den früheren Angaben, nach Westen gezeigt.

Am Abend frischte der Wind; wir trennten uns von unsern Freunden und steuerten nach Westen. Es war uns aber nicht vorbehalten, diese oder eine andere Gruppe von Ralick zu entdecken. Im Jahre 1825 hat Herr von Kotzebue im Westen und in der Breite von Udirick, da, wo den Angaben nach die nördlichsten Riffe von Ralick liegen sollen, drei verschiedene Inselgruppen entdeckt, die wohl mit hohen Kokospalmen bewachsen, aber unbewohnt waren.

VON RADACK NACH GUAJAN

Wir hatten am 5. November 1817 Ligiep, die letzte Inselgruppe von Radack, aus dem Gesichte verloren. Der Kapitän hatte auf Guajan, Marianen-Inseln, anzulegen beschlossen. Wir hatten Ansicht erst von Sarpane oder Rota und sodann von Guajan am 23. November. (Ich behalte die spanische Rechtschreibung »Guajan« bei; man findet sonst den Namen Guaham, Guam und anders geschrieben.) Das bloß verneinende Resultat dieser Fahrt, auf welcher wir die Kette Ralick und den Meerstrich durchfahren haben, den die Karolinen-Inseln auf einigen Karten einnehmen, ist in hydrographischer Hinsicht nicht ohne Wichtigkeit. Der Seefahrer, der dieses Meer auf Entdeckung befahren soll, ist auf die Tabelle »Aerometerbeobachtungen«, »Reise«, III, Seite 226, zu verweisen, auf daß er den Kurs, den wir gehalten, vermeide.

Herr von Kotzebue bemerkt, daß das Meer im Westen von Radack und in dem Striche, wo die Karolinen-Inseln gesucht wurden – zwischen dem neunten und zehnten und in den letzten drei Tagen bis zu dem elften Grad nördlicher Breite –, blasser blaulich gefärbt war, einen größeren Salzgehalt und in der Tiefe eine auffallend niedrigere Temperatur hatte als sonst unter gleicher Breite im Großen Ozean, und schließt daraus, daß es da weniger tief sein möchte. Als wir, Guajan zu erreichen, nördlicher steuerten (am 20. November 11° 42' nördlicher Breite, 209° 51' westlicher Länge), nahm das Meer seine gewöhnliche dunkelblaue Farbe, seinen gewöhnlichen Salzgehalt und in der Tiefe seine gewöhnliche Temperatur wieder an.

Wir hatten bis dahin häufige Windstillen gehabt und einmal ein Nachtgewitter mit heftigen Windstößen. Ein Delphin wurde harpuniert. Ein fabelhafter Vorfall ergötzte ungemein unsere Mannschaft.

Einer unserer Matrosen trug eine alte Mütze von Seehundsfell, die, vor Teer, Tran und Alter schier unkenntlich, ein Gegenstand der Verhöhnung geworden war. Überdrüssig warf er sie eines Morgens in die See. Ein Haifisch ward am selbigen Tage gefangen, in dessen Magen sich die Schicksalsmütze noch wohlbehalten vorfand.

Wir hatten uns am Nachmittag des 23. November der Nordspitze von Guajan genähert. Wir konnten uns nach keiner Karte richten, und die Stadt Agaña war uns nur aus unzulänglichen Beschreibungen bekannt. Wir entfernten uns vom Lande. Am 24. suchten wir das Land wieder auf und verfolgten dessen Westküste nach Süden, um Stadt und Ankerplatz aufzusuchen.

Der Passat blies mit ausnehmender Stärke. Nachdem wir die Nordspitze der Insel umfahren hatten, fanden wir unter dem Winde derselben ein ruhiges Meer, und ein leichter Windzug, der noch unsere Segel schwellte, wehte uns vom schön bewaldeten Ufer Wohlgerüche zu, wie ich sie in der Nähe keines anderen Landes empfunden habe. Ein Garten der Wollust schien diese grüne, duftende Insel zu sein, aber sie war die Wüste. Kein freudiges Volk belebte den Strand, kein Fahrzeug kam von der Isla de las velas latinas uns entgegen. Die römischen Missionare haben hier ihr Kreuz aufgepflanzt; dem sind 44000 Menschen geopfert worden, und deren Reste, vermischt mit den Tagalen, die man von Luzon herübergesiedelt hat, sind ein stilles, trauriges, unterwürfiges Völklein geworden, das die Mutter Erde sonder Mühe ernährt und sich zu vermehren einladet. Darüber habe ich in meinen »Bemerkungen und Ansichten« die Spanier selbst berichten lassen.

Wir waren bemerkt worden. Als wir uns eben in den reizend umgrünten Buchten nach einem Ankerplatz umsahen, kam uns der Pilot des Gouverneurs, Herr Robert Wilson, in einem europäischen Boote entgegen, um uns in den Hafen zu führen. Im Angesichte der Stadt kam der Artillerieleutnant Don Ignacio Martinez, uns zu rekognoszieren. Er fuhr in einer Proa heran, einem den Fahrzeugen der Radacker gleichen Boote, wie sie, ehedem auf diesen Inseln üblich, ihnen den ersten Namen erwarben, bei welchem sie die Europäer benannt haben. Für die Spanier auf Guajan bauen jetzt die südlicheren Karoliner diese Fahrzeuge und bringen sie ihnen her zu Kauf.

Der Hafen La caldera de Apra, von einem Korallenriffe gebildet, ist ausnehmend sicher, aber von schwerem Zugange. Wir hatten die Anker noch nicht geworfen, als wir eine Botschaft des Gouverneurs erhielten, der uns nach Agaña einlud und uns für den beiläufig vier Meilen langen Landweg Pferde und Maultiere entgegengeschickt hatte. Das Schiff ward unter den Befehl des Leutnant Schischmarew gestellt, und wir fuhren mit Herrn Wilson ans Land. Im Hafen lag nur die kleine Brigg des Gouverneurs, die Herr Wilson zu fahren den Auftrag hat. Wir hatten bis zu dem Dorfe Massu, wo uns die Pferde erwarteten und auf das wir, der Untiefen wegen, nicht in grader Richtung steuern konnten, beiläufig zwei Meilen zu rudern. Die Nacht brach ein, als wir landeten. Die Tagalen haben die Bauart der Philippinen hierherüber gebracht. Die Häuser des Volkes sind auf Pfosten getragene, niedliche Käfige von Bambusrohr mit einer Bedachung von Palmenblättern.

Der Weg, auf welchem uns der Mond leuchtete, führte uns durch die anmutigste Gegend: Palmengebüsche und Wälder, die Hügel zu unserer Rechten, das Meer zu unserer

Linken. Wir stiegen in Agaña bei Herrn Wilson ab und stellten uns sodann dem Kapitän-General der Marianen-Inseln vor. Don José de Medinilla y Pineda empfing uns in voller Montierung mit aller Förmlichkeit, aber auch auf das gastlichste. Der Kapitän und ich wohnten bei ihm, die anderen Herren wurden bei andern Spaniern untergebracht. Seine Tafel war zu mehreren Mahlzeiten des Tages mit einer Unzahl von Fleischgerichten verschwenderisch besetzt; aber von den Früchten, den grünen Erzeugnissen der Erde, nach denen der Seemann, der ans Land tritt, besonders begierig ist, ward nichts aufgetragen, und nur ein Apfelsinentrank, der eine Zwischenmahlzeit bildete, erinnerte an das duftig grüne Land. Brot ward nur dem Wirte und den fremden Gästen gereicht; die Spanier erhielten an dessen Statt Maistorten.

An Früchten, woran ich in Agaña Mangel litt, herrschte indes auf dem »Rurik« der größte Überfluß. Der Gouverneur ließ das Schiff mit frischem Fleische und mit allem, was die Erde an Wurzeln und Früchten hervorbringt, verschwenderisch versorgen. Außerdem durften die Matrosen, die einmal ans Land geschickt wurden, so viele Apfelsinen und Limonen aus dem Walde heimbringen, als sie zu pflücken und mit sich zu schleppen vermochten. – Dieser Boden, diese Fruchtbäume haben ja sonst ein starkes, blühendes Volk ernährt; die geringe Anzahl der jetzigen Bewohner steht in keinem Verhältnis zu den reichen Gaben der willigen Erde.

Man möchte fragen, wie diese Kost unsern nordischen Ichthyophagen mundete. Die Apfelsinen schmeckten ihnen besser als Walfischspeck. Wahrlich, es ist eine solche Lust, Aleuten Apfelsinen essen zu sehen, daß wir auf der Überfahrt nach Manila die letzten, die uns vom Vorrat übrigblieben, lieber von ihnen verschlucken sahen, als daß wir sie selber gegessen hätten. Wenigstens überließ Eschscholtz die ihm zugeteilten seinem aleutischen Sprachlehrer.

Ich habe in meinen »Bemerkungen und Ansichten« von Don Luis de Torres gesprochen, mit dem eine gleiche Gesinnung mich schnell und innig verband. Ich gedenke seiner mit herzlicher Liebe und aufrichtiger Dankbarkeit. Don Luis de Torres, der auf Ulea selbst Sitten und Bräuche, Geschichte und Sagen dieser lieblichen Menschen kennengelernt, sich von ihren erfahrensten Seefahrern, mit denen er in vertrautem Umgange gelebt, die Karte ihrer neptunischen Welt vorzeichnen lassen und der durch die Handelsflotte von Lamureck, die jährlich nach Guajan kommt, in ununterbrochener Verbindung mit seinen dortigen Freunden geblieben war – Don Luis de Torres eröffnete mir die Schätze seiner Kenntnisse, legte mir jene Karte vor und sprach gerne und mit Liebe zu mir von seinen Gastfreunden und jenem Volke, zu dem ich durch meinen Freund Kadu eine große Vorliebe gefaßt hatte. Alle meine Momente auf Agaña waren dem lehrreichen und herzlichen Umgange des liebenswerten Don Luis de Torres gewidmet, aus dessen Munde ich die Nachrichten niederschrieb, die ich in den »Bemerkungen und Ansichten« aufbewahrt habe. Herr von Kotzebue, dem ich die Ergebnisse meiner Studien mitteilte, kam meinem Wunsche zuvor und gab zu den zwei Tagen, die er auf Guajan zu bleiben sich vorgesetzt hatte, einen dritten Tag hinzu, ein Opfer, wofür ich ihm dankbarlichst verpflichtet bin. Während er selbst zwischen dem Hafen und der Stadt seine Zeit teilte, blieb ich in Agaña und verfolgte mein Ziel.

Ich habe von einem Paare rüstiger Eheleute auf Guajan gesprochen, Stammeltern der sechsten gleichzeitig lebenden Generation. Von ihnen war Don Luis de Torres ein Enkel, selber Großvater; zu dem sechsten Gliede stieg eine andere Linie herab.

Don José de Medinilla y Pineda hatte in Peru, von wo er auf diese Inseln gekommen, Alexander von Humboldt gekannt und war stolz darauf, ihm einmal seinen eigenen Hut geliehen zu haben, als jener einen gesucht, um an dem Hof des Vizekönigs zu erscheinen. Wir haben später zu Manila, welche Hauptstadt der Philippinen von jeher mit der Neuen Welt in lebendigem Verkehr gestanden hat, oft den weltberühmten Namen unseres Landsmanns mit Verehrung nennen hören und mehrere, besonders geistliche Herren angetroffen, die ihn gesehen oder gekannt zu haben sich rühmten.

Ich habe beiläufig erzählt, daß Don José de Medinilla y Pineda unserm Kapitän, der Verlangen trug, die volkstümlichen Tänze und Festspiele der Eingebornen zu sehen, ein Opernballett bei Fackelschein aufführen ließ. – Ich hörte ihn in diesem schwierigen Falle, wo von ihm verlangt wurde, daß er zeigen sollte, was nicht da war, sich mit andern beraten und ihrem Gutachten wiederholt die Worte entgegnen: »Aber er will einen Tanz sehen!« – So ward uns denn ein Tanz gezeigt.

Choris, der ein besonderes Talent hatte, schnell und leicht ein wohlgetroffenes Porträt mit Wasserfarben hinzuwerfen, erbot sich eines Morgens, das Porträt des Gouverneurs zu machen. Dieser ging sogleich, sich in vollen Anzug zu werfen, und kam in Gala zurück mit seidenen Strümpfen, Schuhen und Schnallen. Choris machte ein bloßes Brustbild, worauf nur die Epauletten aufgenommen werden konnten. Ebendiese Epauletten waren die Zielscheibe böser Zungen, die zu verstehen gaben, Don José werde das damit verzierte Bild seinen Angehörigen, für die es bestimmt war, nicht schicken dürfen, da er dieselben zu tragen nur von sich selber die Berechtigung habe.

Der 28. November, wo wir uns wieder einschiffen sollten, war herangekommen. Dem Spanier, der mich im

Hause des Gouverneurs bedient hatte, wollte ich beim Abschied etliche Piaster darreichen, fand aber einen Mann, der, in unsern Sitten fremd, gar nicht zu verstehen schien, was mir in den Sinn gekommen sein möchte. – In der Furcht, ihn beleidigt zu haben, sagte ich ihm, es sei para los muchachos, für die niedere Dienerschaft, und so nahm er das Geld an. Weder der Kapitän noch ein anderer von den Herren hatte ein Trinkgeld anbringen können. Irgendeine Ware, ein buntes Tuch, wie sie welche um den Kopf tragen, oder ähnliches würde mit großem Danke angenommen worden sein. Für Piaster kann man hier nur das bekommen, was der alleinige Handelsmann, der Gouverneur, dafür geben mag.

Ich war Zeuge eines peinlich-komischen Auftritts zwischen dem Gouverneur und unserm Kapitän. Der erstere hatte großartig gastfrei für die Verproviantierung des »Ruriks« Zahlung anzunehmen sich geweigert. Der Kapitän hatte zu Geschenken etliche Exemplare einer russischen Medaille mitgenommen, die er auszugeben pflegte, als sei dieselbe auf die gegenwärtige Expedition des »Ruriks« geprägt. Man liest zu Agaña und an manchen andern Orten das Russische nicht geläufig. Diese Medaille wollte er unserm edeln Wirte mit der bräuchlichen Redensart »des alleinigen Wertes der Erinnerung« usw. verehren. Don José de Medinilla y Pineda mißverstand die Sache auf das vollständigste; was er sich aber einbilden mochte, weiß ich nicht; kurz, er schob die dargehaltene Medaille zurück und setzte eine hartnäckige Weigerung, dieselbe anzunehmen, dem entrüsteten Kapitän entgegen. Ich bewog ihn endlich mit vieler Mühe, das Ding, das er für ein gefährliches anzusehen schien, anzunehmen, und die Schlacht wurde noch unsererseits gewonnen.

Ich hatte hier zuerst den Trepang kennengelernt. Der Gouverneur, der für den Markt von Kanton diese kostbare

Ware sammeln und bereiten läßt, hatte mir über die verschiedenen Arten Holothurien, die in den Handel kommen, ihr Vorkommen, ihre Bereitung und über den wichtigen Handel selbst, dessen Gegenstand sie sind, die Notizen mitgeteilt, die ich teils in meinen »Bemerkungen«, teils in den »Verhandlungen der Akademie der Naturforscher« (T. X, P. II, 1821, p. 353) niedergelegt habe. Er hatte mir einige dieser Tiere verschafft; die abzureichen waren, lebendig, andere geräuchert und in dem Zustande, worin sie zu Markt gebracht werden. (Sie sind nun sämtlich in dem Berliner Zoologischen Museum zu sehen.) Er hatte die ausnehmende Artigkeit, auch meinem Wunsche zu willfahren und diese von den chinesischen Lüstlingen so sehr begehrte Speise für uns bereiten zu lassen. Es ging mir aber damit wie jenem deutschen Gelehrten, der in einer Bildergalerie gelehrte Notizen aus dem Munde des Cicerone sammelte und emsig niederschrieb, zu Hause aber sein Notatenbuch überlas und sich von seinem Reisegefährten nachträglich sagen ließ, wie die Bilder eigentlich ausgesehen hätten.

Der Trepang muß zweimal vierundzwanzig Stunden bei gelindem Feuer langsam kochen; demnach ward der Genuß desselben auf die letzte Mahlzeit aufgespart, die Don José de Medinilla y Pineda uns vor dem Scheiden aus Agaña gab. Aber ich hatte bei Tagesschein den grünen, duftigen Wald von Guajan noch nur von weitem gesehen und wollte doch wenigstens einen flüchtigen Blick auf diese Flora werfen. Ich verzichtete auf das Mittagsmahl und benutzte die Zeit, den Weg nach dem Hafen zu Fuß botanisierend zurückzulegen, wobei mich noch Don Luis begleitete. – Was das Sammeln von Pflanzen anbetrifft, konnte sich wohl Eschscholtz auf mich verlassen, ich aber nicht auf ihn.

Mit unserer Schiffsgesellschaft trafen am Abend des 28. November die mehrsten spanischen Offiziere am Bord des »Ruriks« ein. Wir verlebten noch frohe Stunden zusammen, und sie blieben zu Nacht bei uns. Was ich von kurzer Ware, Glasperlen und ähnlichem noch übrig hatte, übergab ich Don Luis de Torres und ließ ihn, den Freund der Indianer, meinen Erben sein. Ich kaufte noch von Choris große Messer, die er abzusetzen keine Gelegenheit gehabt, und bestimmte sie, als Geschenke von Kadu seinen Freunden und Angehörigen auf Ulea verteilt zu werden.

Am Morgen des 29. November 1817 kam Don José de Medinilla y Pineda und übergab unserm Kapitän Depeschen für den Gouverneur von Manila. Wir nahmen Abschied von unsern Freunden, salutierten den Kapitän-General, als er unsern Bord verließ, mit fünf Kanonenschüssen und dreimaligem »Hurra!« und entfalteten die Segel dem Winde.

VON GUAJAN NACH MANILA

Aufenthalt daselbst

Am 29. November 1817 aus dem Hafen von Guajan ausgefahren, richteten wir unsern Kurs nach dem Norden von Luzon, um zwischen den dort liegenden vulkanischen Inseln und Felsen in das Chinesische Meer einzudringen.

Am 1. Dezember (16° 31' nördlicher Breite, 219° 6' westlicher Länge) gaben uns Seevögel Kunde von Klippen, die nach Arrowsmiths Karte westlich unter dem Winde von uns sich befinden mußten. Am 6. ward ein Raubvogel auf dem »Rurik« gefangen.

»Schon vor einigen Tagen«, sagt Herr von Kotzebue, »ist ein ansehnlicher Leck im Schiffe entdeckt; wahrscheinlich hat sich eine Kupferplatte abgelöst, und die Würmer, welche zwischen den Korallenriffen so häufig sind, haben das Holz durchbohrt.« Er sagt ferner unter dem 12. Dezember: »Das Wasser im Schiffe nahm stark zu.« Ich entlehne seiner Reisebeschreibung, II, Seite 136, diesen Umstand, den ich damals entweder nicht erfahren oder aufzuzeichnen vernachlässiget habe.

Wir umsegelten am 10. die Nordspitze von Luzon zwischen den Bashees-Inseln im Norden und den Richmond-Felsen und Babuyanes-Inseln im Süden. Wir hatten am 11. Ansicht des Hauptlandes, längs dessen Westküste wir südwärts segelten. Der Strom war stark und gegen uns, aber der Wind war mächtig, und wir eilten dem Ziele zu. An diesem Tage wurde eine Bonite gefangen. Fliegende Fische waren häufig.

Der Wind legte sich. Wir erreichten erst am 15. mittags den Eingang der Bai von Manila. Der Telegraph von der Insel Corregidor setzte sich in Tätigkeit, unsere Ankunft zu melden. Diese Insel, die das Tor des schönen Wasserbeckens verteidigt, schien mir von dem Rande eines zum Teil überflossenen Kraters gebildet zu werden. Wir hatten bereits längs der Küste von Luzon ein paar Boote unter Segel gesehen; hier zeigten sich ihrer mehrere.

Wir lavierten bei einbrechender Nacht gegen den Ostwind, um in die Bucht einzufahren, als ein Offizier von dem Wachtposten auf einem zwanzigruderigen Boote zu uns heranfuhr, um uns zu rekognoszieren. Er ließ uns einen Lotsen zurück, der uns nach Manila führen sollte.

Wir kamen sehr langsam vorwärts; die im Hintergrunde der Bucht belebte Schiffahrt verkündigte die Nähe einer bedeutenden Handelsstadt; der Wind gebrach uns; wir ließen am 17. mittags die Anker fallen. Zwei Offiziere kamen vom Generalgouverneur der Philippinen, Don Fernando Mariana de Fulgeras, den Kapitän zu bewillkommnen. Er benutzte die Gelegenheit, selber in ihrem Boote ans Land zu fahren, und nahm mich mit. Acht Kauffahrteischiffe, Amerikaner und Engländer, lagen auf der Reede. Der Gouverneur empfing uns auf das liebreichste und versprach, alle mögliche Hülfe uns angedeihen zu lassen. Dasselbe Boot brachte uns an das Schiff zurück. Wir hoben noch am selben Abend die Anker, um nach Cavite, dem Hafen und dem Arsenal von Manila, zu fahren, wohin uns die Befehle des Gouverneurs zuvorkommen sollten. Windstille hielt uns auf und zwang uns abermals, Anker fallen zu lassen; Fischerboote brachten uns ihren Fang zu Kauf; wir erreichten erst am 18. mittags Cavite. Der Kommandant des Arsenals, Don Tobias, erhielt erst am 19. die uns betreffenden Befehle; da wurde der »Rurik« sogleich in das Innere des Arsenals gebracht, eine leerstehende Galione erhielt die Bestimmung, Schiffsladung und Mannschaft aufzunehmen, und ein ansehnliches Haus ward dem Kapitän zu seiner Wohnung eingeräumt. Wir bezogen am 20. dieses Haus. Der Kapitän hätte gar gern eine Schildwacht vor seiner Türe gesehen, und da er selber keinen Ehrenposten begehren konnte, so begehrte er einen Sicherheitsposten. Wir waren nicht mehr in Chile, und hier wußte man, was in Europa Brauches ist und was nicht. Anstatt des ersehnten Schildergastes erschien eine Ordonnanz, die, zur Verfügung des russischen Kapitäns gestellt, sich bei ihm meldete. Herr von Kotzebue entließ den Mann mit kaum unterdrücktem Unwillen.

Indes besichtigte Don Tobias mit einem Schiffsbaumeister den »Rurik« und setzte alsbald hundert Arbeiter an das Werk, welches, kräftigst angefaßt und emsig betrieben, vor Ablauf der zweimonatlichen Frist vollendet ward, welche die Dauer des Nordostmonsun uns im hiesigen Hafen gestattete. An allem Schadhaften repariert und erneut, neu betakelt, mit neuem Kupferbeschlag versehen, mit welchem, da er ursprünglich nicht vorzüglich gewesen, wir nie in Ordnung gekommen waren, mit verbessertem Steuerruder, das die Schnelligkeit seines Laufes merklich vermehrte, ging der »Rurik« verjüngt aus dem Arsenal von Cavite hervor. So hätte er eine Reise um die Welt unternehmen, so den Stürmen des Nordens Trotz bieten können. Wir hatten aber nur noch die Heimfahrt vor uns.

Nach der Reparatur des Schiffes war die nächste Sorge, unsern Aleuten die Schutzblattern impfen zu lassen, was der Doktor Eschscholtz ungesäumt bewerkstelligte.

Wir hatten auf der Reede von Cavite die »Eglantine« aus Bordeaux, Kapitän Guerin, Superkargo Du Sumier, angetroffen, und Herr Guerin, Offizier der königlichen Marine, hatte uns an unserm Bord besucht, noch bevor wir in das Arsenal aufgenommen worden. Wir haben mit diesen Herren wie mit den spanischen Autoritäten auf das freundschaftlichste verkehrt und nur mit Bedauern auch hier die Bemerkung erneuen müssen, daß zwei Autoritäten auf einem Schiffe nicht statthaft sind.

Ich galt in allen Landen für einen Russen: die Flagge deckt die Ware. Außerdem aber erkannten mich Deutsche und Franzosen für ihren Landsmann. So traf ich hier außer den Herren von der »Eglantine« einen liebenswerten Landsmann, dessen ich mit herzlicher Dankbarkeit erwähnen muß. Don San Jago de Echaparre war bei der französischen Auswanderung nach Spanien verschlagen worden, wo er im Seedienst seine in der Heimat begonnene Karriere fortgesetzt hatte. Er war seit vielen Jahren auf Luzon und jetzt ein bejahrter Mann; aber er war noch ganz Gentilhomme français und war hier nicht unter dem Volke, nicht in den Verhältnissen seiner Wahl. Sein Herz war noch im alten Vaterlande. Don San Jago besaß und bewohnte ein Landhaus zu Tierra alta. Cavite, auf der äußersten Spitze einer drei Meilen langen, sandigen Landzunge gelegen, ist durchaus kein passender Aufenthalt für einen reisenden Naturforscher. Ich zog nach Tierra alta, einem Dorfe, das auf dem Hochufer der Bai von Manila liegt, da, wo die Landzunge von Cavite sich demselben anschließt, und verbrachte dort fast die ganze Zeit, die der »Rurik« im Hafen blieb. Ich war der Gast meines Landsmanns, ob ich gleich nicht in seinem Hause wohnte, und verbrachte mit dem liebenswürdigen, gutmütigen Polterer die Stunden, wo ich nicht in der Umgegend die Schluchten und das Feld durchschweifte. Es waren, wie in unsern Häusern, täglich dieselben Gelegenheiten, die ihm bereitet wurden, sich zu ereifern. Sein Diener Pepe hatte vergessen, Rettiche, die er gern aß, vom Markte mitzubringen; darüber lärmte er dann eine Zeit, setzte aber bald begütigend hinzu, er wolle sich um einen Rettich nicht erzürnen. Dann setzten wir uns zu

Tisch – da fand es sich, daß Pepe ihm wiederum den zerbrochenen Stuhl hingestellt hatte, auf dem er nicht sitzen mochte; er sprang auf und schleuderte jähzornig den Stuhl von sich, nahm, schon wieder lächelnd, einen andern; dann speisten wir selbander und sprachen von den Philippinen-Inseln und von Frankreich.

Eine große Schildkröte erging sich auf dem Hofe und in dem Garten von Don San Jago de Echaparre; Honigsauger (Nectarinia) nisteten in einem Baumzweig, welcher fast in das Fenster seines Zimmers hineinreichte; und ein kleiner Gecko (eine Hauslacerte) kam jedesmal, daß wir Kaffee tranken, auf den Tisch, den Zucker zu belecken. Er bot mir diese verschiedenen Tiere an. Wie hätte ich an diese Hausgenossen und Gastfreunde des schon so verwaisten Mannes Hand anlegen können? Dazu hätte ich ein anderer sein müssen, als ich bin.

Die Gehege, worin die Häuser stehen, werden allgemein durch Hunde bewacht, die nicht an der Kette liegen und ihrem Geschäfte wohl gewachsen sind. Ich erfuhr es, als ich am ersten Abend ungewarnt nach Hause kam. Es bellten Hunde umher, an die ich mich wenig kehrte; aber ein übermächtiger Packan trat mir, ohne zu bellen, kampffertig in den Weg; wir standen voreinander und maßen uns mit den Augen. Ich begriff sehr wohl, daß an keinen Rückzug zu denken war, und hielt es für das klügste, mutig auf das Tier zuzuschreiten, das sich vielleicht fürchten und zurückgehen würde. Ich tat also; aber das Tier ging nicht zurück, und nun waren wir aneinander. – Sehr beizeiten ließen sich Stimmen im Hause vernehmen, wo ich alles im Schlaf glaubte, und der Hund ward abgerufen, bevor es zu einem Kampfe kam, wobei ich gewiß den kürzeren gezogen hätte.

Dieser Hund erinnert mich an einen andern, mit dem ich einmal in der Heimat zusammenkam. Es war ein Kettenhund, der, als ich an ihm vorüberging, so ausnehmend wütend sich gebärdete, daß ich denken mußte: Wie würde das werden, wenn die Kette risse? Und siehe da! die Kette riß; der Erfolg war aber der: Der Hund rollte zu meinen Füßen, stand wieder auf, sah mich an, wedelte mit dem Schwanze und ging sanft wie ein Lamm nach seinem Häuschen. Ich habe gar oft beim Lesen der Zeitungen an diesen Hund gedacht. Zum Beispiel als bei Gelegenheit der Reformbill die Tories das Ministerium Grey stürzten und dann sanftmütig baten, die zerbrochene Kette doch wiederherstellen zu wollen.

Ich habe zu Tierra alta die einzige Unpäßlichkeit überstanden, die mich auf der ganzen Reise betroffen. Ich war ausnehmend erhitzt und fürchtete eine Entzündung der Eingeweide. Mein Lager, welches nach Landessitte aus einer hölzernen Bank und einer feinen Strohmatte bestand, dünkte mich in meiner Unruhe fast hart; Don San Jago sorgte für »ein gutes weiches Lager« und schickte mir eine von Rohr geflochtene Bank. Eschscholtz besuchte mich; das Übel legte sich, ohne ganz gehoben zu werden; und unter solchen Umständen mußte ich, nicht ganz frei von Besorgnis, die Reise nach dem Innern der Insel und dem Vulkan de Taal antreten, zu welcher ich die Anstalten getroffen hatte, weil die Tage unseres Aufenthalts auf Luzon bereits zu Ende gingen.

Ich hatte die Ausfertigung der mir angebotenen, aber notwendigen Pässe erwirken müssen und war eigentlich in dieser Hinsicht noch nicht vorschriftmäßig ausgerüstet, da ich eine Mark berühren sollte, auf der ich anderer Papiere und Unterschriften bedurft hätte, die ohne neuen Zeitverlust nicht zu erhalten waren. Ich hatte mit der spanischen Prunksucht unterhandeln müssen, die, wo ich nur eines Führers bedurfte, mir eine militärische Bedeckung von dreißig Pferden aufbürden wollte. – Ich trug allein die Kosten aller meiner wissenschaftlichen Ausflüge und Unternehmungen und wollte Dienste, die ich angenommen, nicht unbelohnt lassen. Am 12. Januar 1818 brach ich von Tierra alta auf, mit einer Leibwache von sechs Tagalen der reitenden Miliz, deren Kommandant, der Sergeant Don Pepe, zugleich mein Führer und mein Dolmetscher war.

Don San Jago de Echaparre hatte ein Kind von Don Pepe aus der Taufe gehoben. Das geistige Band der Gevatterschaft, welches im protestantischen Deutschland alle Bedeutung und Kraft verloren hat, wird in katholischen Landen überhaupt und hier ganz besonders in hohem Grade geehrt. Don San Jago, der seinen Gevatter zu meinem Geleitsmann ausersehen, ließ ihn den Abend vorher kommen und erteilte ihm seine Verhaltungsbefehle ungefähr mit folgenden Worten: »Eure Gnaden werden diesem Edelmann auf einer Reise nach Taal zur Leibwache und zum Führer dienen. Ich werde mit Euren Gnaden verabreden, in welchen Ortschaften Sie anhalten und bei welchen unserer Gevattern Sie einkehren müssen. Vor allem aber werden Eure Gnaden darauf bedacht sein, nur bei Tage zu reiten, weil dieser Edelmann alles sehen will. Eure Gnaden werden oft im Schritte reiten und oft halten lassen müssen nach dem Begehren dieses Edelmannes, der jedes Kraut betrachten wird und jeden Stein am Wege und jedes Würmchen, kurz jede Schweinerei, von der ich nichts weiß und von der Eure Gnaden eben auch nichts zu wissen nötig haben« usw.

Don Pepe war ein brauchbarer, anstelliger, verständiger Mann, mit dessen Dienste ich allen Grund hatte zufrieden zu sein. Nur suchte er mich, für dessen Sicherheit er verantwortlich war, so wie man ein Kind führt, mit angedrohten Krokodilen und Schlangen auf dem geraden Pfade und unter seinen Augen zu erhalten; ich hatte ihn aber bald durchschaut. Ich habe nicht leicht in meinem Leben ein ängstlicheres Geschrei vernommen als dasjenige, womit er mir einst zurief, vor meine Füße zu sehen; über den Steg schlich eine kleine Schlange, die ich tötete und die, wie es sich erwies, ein ganz unschuldiges Tier war. Auf gleiche Weise warnte er mich einmal vor einem Baume, den ich mit erregter Neugierde sogleich untersuchte; es war eine Brennessel, die ich versuchte und nicht gefährlicher fand als unsere gewöhnliche.

In allen Ortschaften kamen, wie ich es schon gewohnt war, die Menschen zu dem russischen Doktor, ihm ihre Leiden zu klagen und Hülfe bei ihm nachzusuchen. Ich mußte den Unterschied zwischen Doctor naturalista und facultativo aufstellen, und sie mußten sich dabei beruhigen. Das lasse sich, wer Reiselust verspürt, gesagt sein: der Name und Ruf eines Arztes wird ihm, so weit die Erde bewohnt ist, der sicherste Paß und Geleitsbrief sein und wird ihm, sollte er dessen bedürfen, den zuverlässigsten und reichlichsten Erwerb sichern. Überall glaubt der gebrechliche Mensch, der sich selber hülflos fühlt, an fremde Hülfe und setzt seine Hoffnung in den, der ihm Hülfe verspricht. Am begierigsten langt der Hülfsbedürftige nach dem Fernsten, dem Unbekanntesten, und der Fremde erweckt in ihm das Vertrauen, welches er zu dem Nächsten verloren hat. In der Familie des gelehrten Arztes gilt mehr als seine Kunst der Rat, den die alte Waschfrau heimlich erteilt.

Es ist die Medizin für den, der ihrer bedarf, eine heimliche, fast zauberische Kunst. Auf dem Glauben beruht immer ein guter Teil ihrer Kraft. Zauberei und Magie, die tausendgestaltig, tausendnamig ausgebreitet und alt sind wie das Menschengeschlecht, waren die erste Heilkunst und werden wohl auch die letzte sein. Sie verjüngen sich unablässig unter neuen Namen und zeitgemäßen Formen – für uns unter wissenschaftlichen – und heißen: Mesmerianismus und … Ich will niemand beleidigen. Wer aber wird bestreiten, daß heutzutage noch in einer aufgeklärten Stadt wie Berlin mehr Krankheiten besprochen oder durch sympathetische und Wundermittel behandelt als der Sorge des wissenschaftlichen Arztes anvertraut werden?

Ich habe ja nur dem, der die Welt zu sehen begehrt, anraten wollen, sich mit dem Doktorhut als mit einer bequemen Reisemütze zu versehen, und jüngere Freunde haben bereits den Rat für einen guten erprobt. – Nächst dem Arzt würde der Porträtmaler zu einer Reise in fernen Landen gut ausgerüstet sein. – Jeder Mensch hat ein Gesicht, worauf er hält, und Mitmenschen, denen er ein Konterfei davon gönnen möchte. Die Kunst ist aber selten und noch an viele Enden der Welt nicht gedrungen.

Während ich andere, die meine Hülfe ansprachen, abwies, hatte ich genug mit meiner eigenen Gesundheit mich zu beschäftigen. Ich behandelte mich mit Kokosmilch und Apfelsinen, wovon ich mich ernährte, konnte aber nicht meinen Don Pepe entwöhnen, das Huhn, das gewöhnlich zu einer Suppe gekocht ward, mit Ingwer und starken Spezereien nach Landessitte zu überwürzen; darin schien seine Heilkunst zu bestehen, und er beharrte dabei aus guter Meinung. Ich fand nur im Bade Erleichterung.

Abends wurden die Pferde frei auf die Weide getrieben und morgens früh zur weitern Reise wieder eingefangen. Das ist Landesbrauch. Dabei ging aber nicht nur Zeit verloren, sondern auch noch ein Pferd, welches sich nicht wiederfand.

Bekanntlich ist in allen spanischen Kolonien das Monopol des Tabaks die Haupteinnahme der Krone, welche auf diese Weise eine Kopfsteuer anstatt einer Grund- oder Vermögenssteuer erhebt; denn der Tabak ist dem Armen und dem Reichen ein gleiches Bedürfnis. Auf Guajan drückt noch diese verhaßte Steuer nicht die Bevölkerung. Aber hier kann der arme Tagal dem Könige nicht bezahlen, was ihm die Erde umsonst zu geben begehrt. – Gewöhnlich bittet er, wo man ihm auf Straßen und Wegen begegnet, um das Endchen Zigarre, das man im Munde hat und das man nicht so ganz aufzurauchen pflegt, wie die Not es ihn zu tun gelehrt hat. – Don Pepe ließ sich meine Zigarrenenden geben und verteilte sie mit großer Gerechtigkeit unter sein Kommando.

Wir erreichten am dritten Tage den Bergkamm, den Rand des Erhebungskraters, von wo der Blick in die Laguna de Bongbong und auf den Vulkan de Taal, der in ihrer Mitte einen traurigen, nackten Circus bildet, hinabtaucht. Von da kamen wir abwärts durch den Wald nach Westen zu dem jetzigen Burgflecken Taal am Chinesischen Meere. Hier war es, wo sich ein Pferd verlor. Ich brachte einen Teil des Morgens des 15. im Bade zu und fuhr am Nachmittag in einem leichten Kahne mit Don Pepe und einem meiner Tagalen den Abfluß der Laguna bis zu derselben hinauf. Wir rasteten in einer ärmlichen Fischerhütte und schifften uns bei Nacht zur Überfahrt nach dem Vulkan wieder ein. Hier war es, wo Don Pepe mich beschwor, ja auf meiner Hut zu sein, wohl mich umzuschauen, aber zu schweigen. Der Vulkan, welcher den Indianern nicht feind sei, werde von jedem ihn besuchenden Spanier zu neuen Ausbrüchen gereizt. Ich entgegnete dem guten Tagalen, ich sei kein Spanier, sondern ein Indianer aus fremdem Lande, ein Russe – eine Spitzfindigkeit, die seine Besorgnis nicht zu beschwichtigen schien. Ich nahm mir vor, seiner Meinung nicht zu trotzen, sondern mich ganz nach seiner Vorschrift zu richten. Er hatte sie aber selber früher vergessen als ich.

Wir landeten über dem Winde der Insel. Die ersten Strahlen der Sonne trafen uns auf dem Rande des höllischen Kessels. Wie ich diesen Rand verfolgte, um einen Punkt des Umkreises zu erreichen, auf welchem in das Innere hinabzusteigen möglich schien, hatte Don Pepe alle Vorsicht vergessen. Er war entzückt, ein Wagestück zu vollbringen, das, meinte er, kein Mensch vor uns unternommen, kein Mensch nach uns unternehmen werde. – Diesen Pfad würden wir wohl allein unter den Menschen betreten haben. – Ich zeigte ihm bescheiden, daß Rinder ihn vor uns betreten hatten. – An den Ufern der Insel wächst stellenweise einiges Gras, welches abzuweiden einige Rinder auf dieselbe überbracht worden sind. Ich begreife nicht, was diese Tiere antreiben kann, den steilen, nackten Aschenkegel zu ersteigen und sich einen Pfad um den scharfen Rand des Abgrundes zu bahnen.

Ich habe den Vulkan de Taal in meinen »Bemerkungen« beschrieben und wiederholt in dem »Voyage pittoresque« von Choris, welcher ihn nach einer Skizze von mir abgebildet hat. Wir kehrten am Abende nach Taal zurück und trafen am 19. Januar 1818 in Tierra alta wieder ein.

Noch habe ich von Manila selbst nicht gesprochen, wohin ich doch zu Wasser und zu Lande längs des wohlbebauten Ufers der Bucht mehrere kleine Reisen gemacht und wo ich stets die zuvorkommendste, freundlichste Aufnahme gefunden habe. In Manila, wo es keine Gasthäuser gibt, war der Doktor Don José Amador, an den wir von dem Gouverneur der Marianen-Inseln empfohlen waren, unser Gastfreund. Seine liebenswürdige Frau war eine Mündel von Don San Jago de Echaparre, der an ihrem hier verstorbenen Vater einen Freund, Landsmann, Dienst- und Schicksalsgefährten verloren hatte. Die reizende Señora sprach nur die spanische Sprache. – In der Abwesenheit von Don José Amador empfing uns bei unserer ersten Reise nach Manila der Adjutant des Gouverneurs, Don Juan de la Cuesta. Der Gouverneur selbst war für den Kapitän und für uns alle von der zuvorkommendsten Artigkeit. Eine ungezwungene, anmutige Geselligkeit herrschte in seinem Hause. Man legte bei ihm das Kleid ab, worin man sich dem Generalgouverneur der Philippinen vorgestellt hatte, und erhielt vom Wirte eine leichte Jacke, wie sie dem Klima angemessen war. Er schickte mir, als wir die Anker lichteten, die letzterhaltenen französischen und englischen Zeitungen von

Der Taal-Vulkan auf der Insel Luzon

mehreren Monaten. Das war im Chinesischen Meere eine gar reizende Beschäftigung für mich. Da erhielt ich von meinen Angehörigen die erste Kunde, die seit unserer Abfahrt aus Plymouth zu mir erklungen war, und verdankte sie Don Antonio Mariana de Fulgeras. Präfekt des Departements des Lot war ein Bruder von mir usw. Man kann nur im Chinesischen Meere oder unter ähnlichen Umständen sich einen Begriff machen von der Menge der Dinge, die aus so einem europäischen Zeitungsblatte herausgelesen werden können.

Mein Hauptgeschäft in Manila war, Bibliotheken und Klöster nach Büchern und Menschen durchzusuchen, von denen ich über die Völker und Sprachen der Philippinen und Marianen Aufklärung erhalten könnte. Ich habe seines Ortes Rechenschaft abgelegt über das, was in dieser Hinsicht mir geglückt und nicht geglückt ist. Ich brachte in sehr kurzer Zeit eine schöne Bibliothek von Tagalisten und Geschichtschreibern von Manila zusammen. Weniges war käuflich zu bekommen, mehreres wurde mir geschenkt, wogegen ich manchmal andere Bücher schenken konnte. Ich fand überall die humanste Gesinnung, die größte Bereitwilligkeit, mir förderlich zu sein, und die höflichste Sitte. Nur in dem Kloster, wo das »Vocabulario de la lengua tagala« zu haben war, machte der Bruder, der mir mein bezahltes Exemplar reichte, eine Ausnahme von der Regel, indem er mich gehen hieß und die Tür hinter mir abschloß. Sein Benehmen ärgerte mehr die Spanier, die es erfuhren, als es mich selber geärgert hatte, der ich wußte, daß ein Mönch und ein Weib no hacen agravio, keine die Ehre kränkende Beleidigung zufügen können.

Als in der Nacht vom 3. zum 4. Juli 1822 das Haus, das ich in Neuschöneberg bei Berlin bewohnte, in Asche gelegt ward, war nach dem Leben der Meinigen diese tagalische Bibliothek das erste, was ich zu retten bemüht war, und ich sorgte sogleich, sie mit der Königlichen Berliner Bibliothek zu vereinigen, wo der gelehrte Forscher der Sprachen malaiischen Stammes manches finden wird, das nicht so leicht eine andere Bibliothek besitzt.

Wir waren auf Luzon nicht in der Jahreszeit der Manga, einer Frucht, die hoch gerühmt wird und, in dem größten Überflusse vorhanden, einen Teil der Volksnahrung auszumachen scheint. Eine einzige, zur Unzeit reif gewordene Manga ward beschafft und bei einer Mahlzeit unter die Schiffsgesellschaft des »Ruriks« verteilt. Ich kann nach der unzureichenden Probe nichts darüber sagen. Wir haben überhaupt von den Früchten der heißen Zone nur solche genossen, die zu allen Zeiten zu haben sind und denen zu entgehen nicht möglich war. – Keine Manga! Keine Ananas! Keine Eugenia! usw.

Die chinesische Vorstadt ist für den anziehend, der das Reich der Mitte nicht betreten hat. »Non cuivis homini contigit adire Corinthum.« Es ist doch, und mögen wir uns noch so sehr über die Chinesen erheben, das Normalreich der konservativen Politik, und wer von den Unseren dieser Fahne folgt, hätte gewiß an jenem Muster vieles zu lernen. Ich meine nicht eben, um Rückschraubungsversuche, die immer mißlich sind, in Dingen vorzunehmen, wo wir einmal tatsächlich weiter vorgeschritten sind als die Chinesen; aber doch um zu ermessen, was zu konservieren frommt und wie man überhaupt konserviert. Ich bin aber hier außer meinem Fache. Man suche Belehrung in den »Mémoires pour servir à l'histoire de la Chine«. Ich habe mich nur als Dilettant an den chinesischen Gesichtern ergötzt.

Ich war am 19. Januar 1818 in Tierra alta wieder eingetroffen. Eschscholtz besuchte mich am 21. Am selben Tage kam auch der Kapitän, der weiter nach Manila fuhr. Ich kehrte am 22. nach Cavite zurück. Der Kapitän traf am 25. aus Manila ein. Der »Rurik« war segelfertig, die Chronometer wurden eingeschifft. Ich fuhr am 26. frühmorgens in einem leichten Boote nach Manila, frühstückte auf der »Eglantine«, die vor der Barre unser wartete, hielt einen letzten Umzug nach tagalischen Büchern und vertraute nicht vergeblich auf die Gastfreundschaft von Don José Amador. Der »Rurik« langte am 27. vor der Barre an. Ich schiffte mich am 28. ein, und dieser Tag war der letzte, den wir bei Manila zubrachten. Der Gouverneur kam an unsern Bord und ward mit fünfzehn Kanonenschüssen geehrt. Die Freunde fanden sich ein, und die letzten Stunden, verschönt durch die reizende Gegenwart der Señora Amador, wurden zu einem fröhlichen und herzlichen Abschiedsfest.

Ich habe einen unserer Freunde nicht genannt, der auf eine Weise, die mir aufgefallen war, oft im Gespräche mit mir der Freimaurerei erwähnt und dennoch die Zeichen einer Weihe nicht erwidert hatte, die aus dem Schatze halbvergessener Jugenderinnerungen wieder hervorzusuchen sein Benehmen mich veranlaßte. An diesem Abend suchte er mich auf und drückte mir die Hand. – Ich erstaunte. »Wie haben Sie doch verleugnet …?« – »Sie reisen ab, aber ich bleibe.« Das war seine Antwort, die ich nicht vergessen habe.

Das Sängerchor unserer Matrosen sang zur Janitscharenmusik russische Nationallieder, und die Señora Amador, die in der fröhlichsten Stimmung sich wie eine anmutige Fee unter uns bewegte, warf ihnen nach spanischer Sitte eine Handvoll Piaster zu. – Der Herr von Kotzebue fand darin eine Beleidigung. Er ließ, nachdem unsere Gäste sich entfernt, dieses Geld aufsuchen und sandte es der wohlmeinenden Geberin mit einem Billett zurück, welches, an eine schöne Frau gerichtet, von der Zartheit russischer Sitte keinen günstigeren Begriff gegeben haben kann, als ihm die Freigebigkeit, die er zurückwies, von der spanischen Weise gegeben hatte.

Am 29. Januar 1818 gingen wir mit der »Eglantine« zugleich unter Segel und verließen die Bucht von Manila.

VON MANILA NACH DEM VORGEBÜRGE DER GUTEN HOFFNUNG

Nachdem wir aus der Bucht von Manila am 29. Januar 1818 ausgelaufen, durchkreuzten wir de conserve mit der »Eglantine« mit günstigem Nordostwind in westsüdwestlicher Richtung auf vielbefahrener Fahrstraße das Chinesische Meer und hatten am 3. Februar Ansicht von Pulo Sopata. Von hier, mit südwestlichem und mehr südlichem Kurs, kamen wir am 6. in Ansicht von Pulo Teoman, Pulo Pambeelau und Pulo Aroe (nach Arrowsmith, dem ich folge, um bei der schwankenden Rechtschreibung der malaiischen Namen einen Halt an ihm zu haben; nach anderen Pulo Timon, Pisang und Aora). Die »Eglantine«, die minder schnell als wir segelte, hielt uns auf.

Von diesem westlichsten Punkt unserer Fahrt im Chinesischen Meere steuerten wir nach Süden und etwas östlicher, um die Gaspar-Straße, zwischen der Insel gleiches Namens und Banka, zu erreichen.

Wir durchkreuzten am 8. Februar 1818 am frühen Morgen zum dritten Male den Äquator. Es war für die Russen und Aleuten, die wir zu Sankt Peter und Paul, zu San Francisco und zu Unalaschka an Bord genommen, das erste Mal. Unsere alten Matrosen hatten besonders die Aleuten mit märchenhaften Erzählungen von der furchtbaren Linie und von den Gefahren und Schrecken beim Überschreiten derselben in Angst gesetzt. – Es blieb bei dieser Verhöhnung; es ward keine Taufe vorgenommen, und keine Feierlichkeit fand statt.

An diesem Tage schickte mich der Kapitän mittags zu der »Eglantine«, um dem Kapitän Guerin Nachtsignale, die noch nicht verabredet worden, mitzuteilen. Ich speiste am Bord der »Eglantine«. Ein solcher Besuch auf hoher See hat einen besondern Reiz. Wenn man aus der veränderten Umgebung sein eigenes Schiff, womit man reist, unter Segel sieht, so ist es, als stünde man am Fenster, um sich auf der Straße vorübergehen zu sehen. Ich kehrte nachmittags zu dem »Rurik« zurück.

Von beiden Schiffen hatte man den Tag über im Westen ein malaiisches Segel bemerkt, welches, nur mit der Spitze über den Horizont ragend, denselben Kurs als wir zu halten schien. Abends um neun Uhr zeigte sich in der Nähe des »Ruriks« Licht – ein Boot, vielleicht jenes Segel. – Der Kapitän ließ sogleich einen Schuß darauf tun, das Licht verschwand, und etliche Kartätschenschüsse wurden noch in die Nacht hinein abgefeuert – hoffentlich ohne Schaden anzurichten. Es mochte übrigens sehr weise sein, in diesem Meere, das nicht für sauber von malaiischem Raubgesindel gehalten wird, auf den ersten Argwohn hin zu zeigen, daß wir Kanonen hatten und nicht schliefen. Die »Eglantine«, die eine halbe Meile hinter uns war, hielt unsere Schüsse für Notschüsse. Der Kapitän Guerin glaubte uns auf eine Untiefe geraten und wandte wohlweislich sein Schiff, um selber nicht zu scheitern. Wir legten bei, riefen ihn durch ein Signal herbei, erzählten ihm durch das Sprachrohr den Vorfall und setzten in seiner Begleitung unsern Weg fort.

Eine weitläuftigere Beschreibung von dem ganzen Vorfall ist in der »Reise« von Herrn von Kotzebue, Teil II, Seite 142, nachzusehen, woselbst es heißt: »Fest entschlossen, zu siegen oder zu sterben, ließ ich« usw. – Ich verweise darauf.

Am 9. vormittags ward die Insel Gaspar von dem Masthaupt entdeckt. Wir segelten am Abend südwärts längs ihrer Westküste und ließen um Mitternacht die Anker fallen, als sie uns im Norden lag. Wir gingen mit Tagesanbruch wieder unter Segel und kamen schon am Vormittag durch die Gaspar-Straße.

Die Küste von Banka und die von Sumatra, längs welcher wir die nächstfolgenden Tage segelten, sind niedriges Land. Der Wald, der die Ebene üppig bekleidet, erstreckt sich bis zum Strande; die Form der Palmen ist darin nicht vorherrschend.

Am 11. warfen wir die Anker um Mitternacht und nahmen sie um halb fünf Uhr wieder auf. Am Morgen des 12. segelten wir durch grüne Wiesen, die frei im Meere schwimmende aufkeimende Pflanzen bildeten, vermutlich eine Baumart; die Pflänzchen hatten die Samenhülle bereits abgeworfen. – Wind und Strom zogen diese schwimmenden Saaten zu langhin sich schlängelnden Flüssen. Bald zeigten sich die Zwei Brüder. Diese nahe der niedern Küste von Sumatra liegenden Inselchen gleichen den Niedern Inseln der Südsee, nur sieht man das Meer an denselben nicht branden. Wir glaubten zuerst, daß Büsche von Rhizophoren sich unmittelbar aus der Flut erhöhen. Wir segelten zwischen diesen Inseln und dem Hauptlande durch und warfen um sieben Uhr abends dic Anker.

Am 13. wehte nur ein schwacher Landwind, der uns zu öfteren Malen gebrach; wir gingen unter Segel und warfen wiederholt die Anker, zuletzt sehr nahe an der Küste von Sumatra. Wir waren in der Nähe der Zupflen-Inseln; die Nordinsel lag hinter uns; drei kleine waldbewachsene Inselchen nördlich von uns fehlten auf der Karte. Java war gut zu sehen und nah an dessen Küste ein großes Schiff. In unserer Nähe angelten zwei Fischer auf einem leichten Kahn. Wir machten ihnen, als sie sich uns näherten, kleine Geschenke; sie ruderten sogleich, uns freundlich winkend, an das Land, von wo sie uns bald eine sehr große Schildkröte brachten. Ein anderes Boot brachte uns deren mehrere und außerdem Hühner, Affen und Papageien. Die Menschen wollten dafür Pistolen und Pulver oder Piaster. Schildkröten wurden für unsern und der Matrosen Tisch auf mehrere Tage angeschafft, und außerdem kauften einzelne von der Schiffsgesellschaft Affen von verschiedenen Gattungen und Arten.

Unter diesen Affen, die alle kränkelten und von denen keiner das Vorgebürge der Guten Hoffnung erreichte, befand sich ein junger, der häßlich, räudig und sehr klein war. Des letztern Umstandes wegen hatten ihn die Matrosen Elliot genannt. Dieses armen verwaisten Affenkindes wollten sich die erwachsenen alle, sowohl Männchen als Weibchen, annehmen; alle wollten ihn an sich reißen, ihn haben, ihn liebkosen, und keiner war doch von seiner Art. Der Untersteuermann Petrow, dem besagter Elliot gehörte, wurde von den Herrn der anderen Affen flehentlich um denselben gebeten. Er teilte seine Gunst und beglückte jeden Tag einen andern. Eschscholtz hat in der Reisebeschreibung einen dieser Affen als eine neue Gattung beschrieben.

Wir hatten ein Pärchen von der auf Luzon gemeinen Art aus Manila mitgenommen. Diese befanden sich in dem gedeihlichsten Zustande; sie belebten unser Tauwerk wie ihre heimischen Wälder und blieben unsere lustigen Gesellen bis nach Sankt Petersburg, wo sie glücklich und wohlbehalten ankamen.

Ich finde den Umgang mit Affen belehrend; »denn« – wie Calderón von den Eseln sagt –, »denn es sind ja Menschen fast«. Sie sind das ganz natürliche Tier, das dem Menschen zum Grunde liegt. Mazurier wußte es wohl; er spielte den Jocko wie Kean den Othello. Die Charakterverschiedenheit bei Individuen derselben Art ist bei den Affen wie bei den Menschen auffallend. Wie in den mehrsten unserer

Häuslichkeiten führte das verschmitztere Weib das Regiment, und der Mann fügte sich.

In Hinsicht der Schildkröten werde ich bemerken, daß ich an der letzten, die geschlachtet ward und nachdem sie bereits zerlegt worden, phosphorisches Licht wahrnahm; es zeigte sich besonders an dem Bug des einen Vordergliedes. Aber auch am abgeschnittenen Halse leuchteten etliche Teile – ob die Nerven? Das Leuchtende ließ sich mit dem Finger aufnehmen und auf demselben ausbreiten, wo es seinen Schein behielt.

Im Chinesischen Meere, das wir zu verlassen uns anschicken, hatten sich eine Seeschwalbe und ein Pelikan auf dem »Rurik« fangen lassen; letzterer, nachdem er ein Gefangener auf der »Eglantine« gewesen war. – Insekten und Schmetterlinge kamen in der Nähe des Landes an unsern Bord. Die Windstille in der Sunda-Straße versorgte uns mit einer reichen Ausbeute an Seegewürmen, und das von Eschscholtz entdeckte Insekt des hohen Meeres fehlte auch hier nicht.

Ich kehre zu unserm Ankerplatz vom 13. Februar 1818 zurück. – Am Abend besuchten uns die Herren von der »Eglantine«. Wir nahmen voneinander Abschied. Der »Rurik« sollte wohl früher als die »Eglantine« in Europa anlangen; dennoch gab ich dem Kapitän Guerin etliche Zeilen an meine Angehörigen mit.

Der Strom setzte mit einer Schnelligkeit von zwei Knoten abwechselnd bei der Flut in das Chinesische Meer, bei der Ebbe aus demselben in das Indische.

Wir lichteten am 14. mit dem frühsten die Anker und fuhren bei großer Gewalt der Strömung und schöner Nähe des Landes durch den Kanal zwischen den Zupflen-Inseln, deren wir acht zählten, und dem Stromfelsen in den Indischen Ozean. Wir hatten um zwölf Uhr mittags die »Eglantine« aus dem Gesichte verloren. Wir sahen sie, da uns der Wind zu lavieren zwang, noch einmal um vier Uhr vor der Insel Krokotoa vor Anker liegen. Wir hatten am 15. abends die Straße und die Inseln hinter uns. Wir bekamen am 16. den beständigen Ostwind. Wir hatten bisher täglich drei bis vier Schiffe um uns bald einzeln, bald zugleich gezählt. Am 18. war kein Segel mehr zu sehen.

Wir hatten am 21. die Sonne im Zenit. Am Abend des 2. März ward eine Feuerkugel von ausnehmendem Scheine am nördlichen Himmel gesehen. – Ich habe im Atlantischen Ozean und in anderen Meeren manche Meteore der Art mit ziemlicher Genauigkeit beobachtet. Aber die Wissenschaft verlangt zusammentreffende, gleichzeitige Beobachtungen derselben Erscheinung, und meinen Beobachtungen sind keine anderen entgegengekommen.

Der Fang einer Bonite erfreute uns am 3. März. Wir überschritten am 4. den südlichen Wendekreis. Ein großes Schiff durchkreuzte am Morgen dieses Tages in Nordnordost-Richtung unsern Kurs. Am Abend flog uns eine Seeschwalbe in die Hände.

Am 12. März, 29° 19' südlicher Breite, 313° 26' westlicher Länge, im Süden von Madagaskar, hatten wir den beständigen Wind verloren. Gewitter mit Blitz und Donner, Windstille und Sturm wechselten ab. In der Nacht zum 13., die ausnehmend finster war, befanden wir uns unversehens in der Nähe eines übergroßen Schiffes und in Gefahr, übergesegelt zu werden. Wir sahen in dieser Breite noch Tropikvögel.

Die Nachtgleiche (20. März) brachte uns Stürme. Wir hatten vom 14., erstes Mondviertel, bis zum 21., Vollmond, beständig ein stürmisches Meer und abwechselnd die heftigsten Windstöße, die wir je erlitten. (Gegen 31 Grad südlicher Breite, zwischen 318 und 325 Grad westlicher Länge.) Am 22., dem Ostertage, war das schönste Wetter. Morgens wurde ein Delphin harpuniert von einer ausgezeichneten Art, welche uns noch nicht vorgekommen war.

Am 23., wo der Wind sehr schwach war, wurde vom Masthaupt ein Segel im Norden entdeckt. Wir erreichten am Abend die Mittagslinie von Sankt Petersburg. Am 27. befanden wir uns schon auf der Bank, welche die Südspitze Afrikas umsäumt, und der Strom trieb uns schnell westwärts unserm Ziele zu. Am 29. hatten wir Ansicht vom Lande, westlich vom Kap Agulhas. Wir liefen in der Nacht vom 30. zum 31. in die Tafelbai ein.

Da hatte uns der alte Adamastor* einen Trug gespielt und uns in die größte Gefahr verlockt, die wir vielleicht auf der Reise bestanden. Herr von Kotzebue kannte die Tafelbai nicht und mußte wohl keinen Plan von derselben haben. Er sagt selbst: »Durch verschiedene Feuer am Ufer irregeleitet, hatte ich nicht den Ort getroffen, wo die Schiffe gewöhnlich zu liegen pflegen. – Bei Tagesanbruch merkten wir erst, daß wir nicht vor der Kapstadt geankert, sondern am östlichen Teile der Bai, drei Meilen von der Stadt entfernt.« Auf dem Strande vor uns, dem wir in der Nacht zugesteuert waren und von dem uns der Wind abgehalten hatte, lagen zur Warnung die Wracke verschiedener Schiffe.

Es wehte stürmisch aus Süden. Ein Lotse holte uns aus der gefährlichen Stelle, die wir einnahmen, und brachte uns auf den sichern Ankerplatz vor der Stadt, wo Windstille war oder auch ein leichter Windhauch aus Norden. Der Kapitän fuhr nach der Stadt, und ich mußte auf dem »Rurik« seine Rückkunft erwarten. Es brannte mir wie Feuer auf den Nägeln. Die Kapstadt ist eine Vorstadt der Heimat. Hier sollte ich in einer deutschen Welt die Spuren mir teurer Menschen wiederfinden; hier erwarteten mich vielleicht Briefe von meinen Angehörigen; hier rechnete ich auf einen Freund, Karl Heinrich Bergius aus Berlin, Ritter des

* Camõens »Lusiada«, Vers 51.

Eisernen Kreuzes, Naturforscher, der vor meiner Abreise als Pharmazeut nach dem Kap gegangen war. Und wie ich nach der Stadt hinübersah, die an diesem schönen Morgen sich nach und nach aus dem Nebel, der über ihr lag, entwickelt hatte und, von der bekannten herrlichen Berggruppe übertürmt, rein vor mir lag: da ruderte aus dem Walde von Masten hervor ein kleines Boot auf den »Rurik« zu, und Leopold Mundt, ein anderer befreundeter Botaniker aus Berlin, stieg an Bord und fiel mir um den Hals.

Die erste Nachricht, die er mir gab, war eine Todesnachricht. Der wackere Bergius, allgemein geliebt, geachtet und geehrt, hatte am 4. Januar 1818 sein Leben geendet. Mundt selbst war von der preußischen Regierung als Naturforscher und Sammler nach dem Kap geschickt worden.

Sobald der Kapitän wieder eintraf, fuhr ich mit Mundt ab, und zwar zuerst an den Bord der »Uranie«, Kapitän Freycinet. So wie der »Rurik« von seiner Entdeckungsreise müde und enttäuscht heimkehrte, lief eben die »Uranie« zu einer gleichen Reise in der Blüte der Hoffnung aus und war im Begriff, den hiesigen Hafen zu verlassen. Wir fanden den Kapitän Freycinet nicht an seinem Bord. Seine Offiziere, die zugleich seine Gelehrten waren, behielten uns zu Tische. Ich freute mich des günstigen Zufalls, der mir, obgleich nur flüchtig, ihre Bekanntschaft verschaffte. Es war ihnen verheißen, auf Guajan anzulegen, und für diesen Landungsort hatte ich ihnen manches zu sagen, was da noch übrigblieb zu tun, und hatte ihnen Grüße an meinen Freund Don Luis de Torres aufzutragen. – Einer von den Herren hatte mit einem Chamisso gedient und sollte, falls er mir in der Welt begegnete, mir von ihm und der Familie ein Glückauf zurufen. Hier trat mir zuerst mein wackerer Nebenbuhler und Freund, der Botaniker Gaudichaud, entgegen.

Wir kehrten nach Tische zu dem »Rurik« zurück, und da

schnürte ich mein Bündel und zog auf die Zeit unseres Aufenthalts am Kap zu Mundt an das Land.

Man erstaunt selber ob der gesteigerten Tätigkeit, zu welcher man plötzlich, sowie man den Fuß auf das Land setzt, aus dem trägen Schlafe erwacht, von dem man unter Segel sich gebunden fühlte. Ein Blättchen zu schreiben, zehn Seiten zu lesen, das war ein Geschäft, zu dem man mühsam die Zeit suchte, und bevor man sie gefunden, waren die bleiernen Stunden des Tages leer abgelaufen. Jetzt dehnen sich gefällig die vollen Stunden, und zu allem hat man Zeit, und zu allem hat man Kraft; man weiß nichts von Schlaf oder Müdigkeit. »Der Körper hat sich bis auf das Vergessen seiner Bedürfnisse dem Geiste untergeordnet.«*

Wir blieben nur acht Tage am Kap. Während drei dieser Tage wütete ein Nordoststurm mit solcher Gewalt, daß er die Verbindung zwischen dem Lande und dem Schiffe unterbrach. Mich hemmte der Sturm nicht, ich war die Stunden des Tages in der freien Natur, die Stunden der Nacht mit dem Gesammelten und mit Büchern geschäftig. – Mundt, Krebs, dortiger Pharmazeut und Naturforscher, und andere, meist Freunde meines seligen Freundes Bergius, waren meine Wegweiser und Gefährten.

Wir machten eine große Exkursion auf den Tafelberg; wir bestiegen ihn vor Tagesanbruch von der Seite des Löwenberges und kamen bei dunkler Nacht auf dem mehr betretenen Wege zu der Schlucht hinter der Stadt wieder herab. Die Gefährten legten sich sogleich müde und schlaftrunken hin, erst spät am andern Tage zu erwachen. Ich aber, nachdem ich meine Pflanzen besorgt, studierte die Nacht über eine holländisch-malaiische Grammatik, die erste malaiische Sprachlehre, die mir in die Hand gekommen war, und verschaffte mir den ersten Blick in diese Sprache, deren Kenntnis mir zur Vergleichung mit den Mundarten der

* »Dya-Na-Sore«.

Philippinen und Südsee-Inseln erfoderlich war. Am frühen Morgen war ich schon am Strande und sammelte Tange.

Unter den Seepflanzen, die ich vom Kap mitgebracht habe, hat eine oder, nach meiner Ansicht, haben zwei eine große Rolle in der Wissenschaft gespielt, indem sie für die Verwandlung der Gattungen und Arten in andere Gattungen und Arten Zeugnis ablegen gesollt. Ich habe wohl in meinem Leben Märchen geschrieben, aber ich hüte mich, in der Wissenschaft die Phantasie über das Wahrgenommene hinausschweifen zu lassen. Ich kann in einer Natur, wie die der Metamorphosler sein soll, geistig keine Ruhe gewinnen. Beständigkeit müssen die Gattungen und Arten haben, oder es gibt keine. Was trennt mich Homo sapiens denn von dem Tiere, dem vollkommneren und dem unvollkommneren, und von der Pflanze, der unvollkommneren und der vollkommneren, wenn jedes Individuum vor- und rückschreitend aus dem einen in den andern Zustand übergehen kann? – Ich sehe in meinen Algen nur einen Sphaerococcus, der auf einer Conferva gewachsen ist, nicht etwa wie die Mistel auf einem Baume wächst, nein, wie ein Moos oder eine Flechte.*

Man hat, um sich mit dem Vorgebürge der Guten Hoffnung, der Kapstadt und deren Umgebung bekannt zu machen, zwischen vielen Reisebeschreibungen die Wahl. Ich lasse gern überflüssige Werke ungeschrieben sein, versuche kein neues Gemälde von dieser großartig-eigentümlichen Landschaft zu geben, sondern zeichne mich bloß als Staffage auf das bekannte Bild. Nirgends kann für den Botaniker das Pflanzenkleid der Erde anziehender und behaglicher sein als am Kap. Die Natur breitet ihre Gaben in unerschöpflicher Fülle und Mannigfaltigkeit unter seinen Augen zugleich und unter seiner Hand aus; alles ist ihm er-

* »Ein Zweifel und zwei Algen«, in: »Verhandlungen der Gesellschaft Naturforschender Freunde in Berlin«, I. Band, Drittes Stück, 1821.

reichbar. Die Heiden und Gebüsche vom Kap scheinen zu seiner Lust, wie die Wälder von Brasilien mit ihren wipfelgetragenen Gärten zu seiner Verzweiflung geschaffen zu sein.

In der Stadt und eine Strecke weit auf dem Fahrwege, der sich um den Fuß des Gebürges zieht, findet man mit Verdruß nur europäische Pinien, Silberpappeln und Eichen. Überallhin bringt der Mensch ein Stück von der Heimat mit sich, so groß, wie er kann. – Verläßt man aber den Fahrweg und steigt zu Berge, so entspricht kein Ausdruck der gedrängten Vielfältigkeit und dem bunten Gemische der Pflanzen. Ich habe mit Mundt auf dem Tafelberge manche Pflanzen gefunden, die ihm bis dahin entgangen waren, und habe, flüchtiger Reisender, aus diesem betretensten der botanischen Gärten manche Pflanzenart mitgebracht, die noch unbeschrieben war. – Und jede Jahreszeit entfaltet eine ihr eigentümliche Flora.

Der Gebürgsstock des Tafelberges, der durch weite Ebnen von den Gebürgen des Innern abgesondert ist und den man als ein nördlichstes, stehengebliebenes Vorgebürge des mit seinen Bergen im Meere untergegangenen südlicheren Landes betrachten könnte – der Gebürgsstock des Tafelberges unterscheidet sich sehr von den nächsten Bergzügen durch seine Flora, in welcher sich Gattungen und Arten in einem anderen Verhältnis, auf eine eigene, charakteristische Weise mischen und die anscheinlich mehrere ihr ausschließlich eigentümliche Pflanzen besitzt. So ist zum Beispiel die in unsern botanischen Gärten gemeine Protea argentea nur auf dem Tafelberge gefunden worden, und es wäre leicht denkbar, daß eine Laune des Zufalls oder des Menschen sie auf ihrem so beschränkten heimatlichen Boden vertilgte und ihre Art sich nur noch in unsern Treibhäusern erhielte.

Etliche Pflanzer des Innern kamen während meines

Hierseins nach der Stadt. Wie sie hörten, daß ein neuer »Blumensucher« da sei, erboten sie sich, mich auf ihre Besitzungen mitzunehmen. Jeder reisende Naturforscher kann darauf rechnen, auf das gastfreundlichste im Innern der Kolonie aufgenommen zu werden.

Der Islamismus und das Christentum sind auf den ostindischen Inseln gleichzeitig gepredigt worden, und die Missionare beider Lehren haben auf demselben Felde gewetteifert. Es war mir auffallend, von mohammedanischen Missionen am Kap sprechen zu hören. – Unter dem Vorwand des Handels, sagte man mir, kommen, die diesem Geschäfte sich widmen, und suchen in das Innere der Kolonie zu dringen. Sie richten sich vorzüglich an die Sklaven, von denen sie nicht wenige bekehren. – Es soll aber auch nicht beispiellos sein, daß Freie und Weiße sich zu ihnen bekannt haben. – Ich wiederhole bloß, was ich gehört habe, und kann keine Bürgschaft dafür stellen.

Ich hatte Befehl erhalten, mich am Abend des 6. Aprils einzuschiffen. Wie ich an Bord kam, wurde ein Tag zugegeben, und ich fuhr wieder ans Land. Ich machte am 7. noch eine weite Exkursion mit Mundt und Krebs. Am Abend begleiteten mich beide an Bord. Mundt schlief die Nacht auf dem »Rurik«. Als wir am Morgen des 8. Aprils 1818 aufwachten, war bereits der »Rurik« unter Segel und hatte die Schiffe auf der Reede hinter sich zurückgelassen. – Der Kapitän wollte den gepreßten Passagier auf das nächste Schiff zurückschicken. Da zeigte sich ein Boot und ward herbeigeschrien. Der Eigner begehrte gleich bare Bezahlung. Es zeigte sich, daß Mundt, wie ohne Hut, so auch ohne Geld war. – Ich löste schnell den Freund aus, wir umarmten uns, er sprang in das Boot. Der »Rurik« glitt mit vollen Segeln in die offene See.

VOM VORGEBÜRGE DER GUTEN HOFFNUNG NACH DER HEIMAT. LONDON. SANKT PETERSBURG

Nachdem wir am 8. April 1818 (nach unserer Schiffsrechnung) die Tafelbai verlassen, erhielten wir auf der gewöhnlichen Fahrstraße der heimkehrenden Schiffe den Passat am 16., durchkreuzten am 18. den südlichen Wendekreis und erreichten am 21. die Mittagslinie von Greenwich. Hier erst korrigierten wir unsere Zeitrechnung und schrieben, die von Greenwich annehmend, anstatt Dienstag, den 21., Mittwoch, den 22.

Am 24. April 1818 hatten wir Ansicht von Sankt Helena. Unser Kapitän hegte den Wunsch, an dem Felsen des gefesselten Prometheus anzulegen; das ist begreiflich. Die hohen Mächte hatten Kommissare auf der Insel. Es konnte nicht unnatürlich scheinen, daß ein russisches Kriegsschiff sich dem russischen Kommissar (Grafen Balleman) erböte, seine Depeschen zu befördern. Die englische Kriegsbrigg, die über dem Winde der Insel kreuzte, visitierte uns. Der Offizier, der an Bord kam, trat mit gespannter Pistole in die Kajüte des Kapitäns. Nach eingesehenen Papieren gab er uns die Weisung, uns während der Nacht, die zu dämmern begann, in der Nähe der Insel aufzuhalten und am andern Morgen nach Jamestown zu steuern. – Die Brigg machte Signale; der Telegraph auf dem Lande setzte sich in Bewegung; die Nacht brach ein.

Wir segelten am Morgen der Stadt und dem Ankerplatze entgegen. Eine Batterie gab uns durch eine Kanonenkugel, die vor dem Schiffe die Luft durchpfiff, zu verstehen, daß wir nicht weitergehen möchten. – Der Telegraph war in Tätigkeit; eine Barke stieß vom Admiralschiff ab und ruderte auf uns zu. Wir glaubten jener Barke entgegenfahren zu dürfen, nahmen den alten Kurs wieder und erhielten, auf demselben Punkt angelangt, eine zweite Kanonenkugel. Der Offizier, der an unsern Bord gekommen war, erbot sich, uns auf die Reede zu führen. Die Batterie, meinte er, habe keine Befugnis, auf uns zu feuern, und werde es jetzt nicht wieder tun. Wir steuerten mit unserm Geleitsmann wiederum auf den Hafen und erhielten sofort die dritte Kanonenkugel. – Darauf stieg der Offizier wieder in sein Boot und ruderte an sein Schiff zurück, um Mißverständnissen ein Ziel zu setzen, welche nur von der Abwesenheit des Gouverneurs herrühren konnten, der nicht in der Stadt, sondern auf seinem Landhause war. – Mittlerweile lichteten alle Kriegsschiffe, die auf der Reede lagen, die Anker und gingen unter Segel. – Wir warteten bis nach zwölf Uhr; da wir um diese Zeit noch ohne Nachricht waren, strichen wir mit einer Kanonenkugel die Flagge und nahmen nach einer Versäumnis von beiläufig achtzehn Stunden unsern Kurs wieder nach Norden.

Ich bemerke beiläufig, daß nach Seemannsbrauch bei der Art Unterhaltung, welche die Batterie mit uns führte, die erste Kugel über das Schiff, die zweite durch das Tauwerk und die dritte in die Kajüte des Kapitäns geschickt zu werden pflegt. Die Batterie hatte eigentlich dreimal den ersten Schuß, aber keinen zweiten auf uns abgefeuert. Es ist übrigens einleuchtend, daß in dem Verfahren der Wachtbrigg, des Admiralschiffes und der Landbatterie keine Übereinstimmung stattfand; und die Schuld an der Verwirrung, die in Hinsicht unser herrschte, können wir nur dem Gouverneur beimessen.

Ich ward in diesen Tagen eines Mißverständnisses wegen von dem Kapitän vorgefodert. Es kam zu Erörterungen, wobei die liebenswerte Rechtlichkeit des kränklich-reizbaren Mannes in dem schönsten Lichte erschien. Er erkannte, daß er sich in mir geirrt, bot mir die Hand, wollte selber die Hälfte der Schuld auf sich nehmen, ich solle zu der anderen mich bekennen. Und wahrlich, ich mochte zur Unzeit seiner Empfindlichkeit Stolz und Trotz entgegengesetzt haben. Alles, was ich zu dulden gehabt, war vergessen und aller Groll ins Meer versenkt.

Wir sahen am 30. April die Insel Ascension, die wir im Westen liegen ließen. Die Schildkröten, die man auf ihrem Strande zu finden hoffen kann, bewogen uns nicht, eine Landung zu versuchen. – Auf den Bergen ruhten Wolken. Viele Vögel waren zu sehen.

Am 6. Mai überschritten wir vor Tagesanbruch zum vierten und letzten Male den Äquator. Der Tag wurde festlich begangen. – Ich habe von der Komödie, welche die Matrosen aufführten, keine Erinnerung. Da mußte ich wohl nicht mit ganzem Herzen dabeisein.

Wir hatten den Passat verloren und hatten leichte spielende Winde und Windstille. Wir hatten am 5. ein Schiff gesehen, am 8. zeigte sich ein anderes. Am Abend dieses Tages war ein Regen gleich einem Wolkenbruche, und es donnerte stark.

Wir bekamen am 12. Mai den nördlichen Passat, behielten ihn bis zu dem 26., wo der Wind zum Südosten überging, und durchschnitten ungefähr vom 22. bis zum 30. Mai zwischen dem zwanzigsten und sechsunddreißigsten Grad nördlicher Breite und dem fünfunddreißigsten und siebenunddreißigsten Grad westlicher Länge das Meer des Sargasso. So wird geheißen eine weite Wiese schwimmenden, von dem unbekannten Felsenstrande, wo er erzeugt worden sein muß, abgerissenen und von dem weiten Strudel der Seeströmung in die Mitte ihres Kreislaufes zusammengespülten Seetanges, meist von einer und derselben Art. Ich will mit diesen flüchtigen Worten nur dem Laien das gebrauchte Wort erklären. Die Sache selbst läßt dem Gelehrten noch viel zu denken und zu erforschen übrig.

Seit wir die Linie durchkreuzt hatten, nahm die Zahl der Schiffe zu, die wir fast täglich sahen. Wir zeigten oft wechselseitig unsere Flaggen. Am 29. Mai sahen wir eine Flasche im Meere schwimmen, die wir aber nicht aufnahmen. – Was mochte die Schrift besagen, die sie vermutlich enthielt? – Am 1. Juni sprach uns ein amerikanischer Scunner und erhielt von uns Zwieback, woran er Mangel litt.

Wir sahen am 3. Juni 1818 die Insel Flores, die westlichste der Azorischen Inseln, und steuerten von da dem Kanale zu.

Am 5. kam uns ein Schiffswrack in Sicht. Es wurde weiter nicht untersucht. Die Zahl der Schiffe nahm zu; mehrere hielten mit uns denselben Kurs; wir unterhielten uns mit einigen.

Am 15. waren wir am Eingang des Kanals, ohne noch Ansicht des Landes zu haben. Eine englische Flotte war zu sehen. Ein Lotse stieg an unsern Bord. Die erste Nachricht, die ich erhielt, war eine Todesnachricht: in einem Zeitungsblatte, das jener mitbrachte, wurde eine Ausgabe der Werke der verstorbenen Frau von Staël angekündigt.

Am Abend des 16. Juni 1818 lagen wir auf der Reede von Portsmouth vor Cowes vor Anker neben einem Amerikaner, dem wir bereits zu Hana-ruru und zu Manila begegnet waren. Am Abend des 17. waren wir im Hafen.

Meine erste Sorge war, die Briefe, die ich vorsorglich zur See geschrieben, nach allen vier Winden zu verstreuen. Ich war auf heimatlich europäischem Boden und konnte noch so bald nicht Nachricht von denen erwirken, durch die mir ein bestimmter Punkt der überall nährenden Erde zur Heimat geworden. – Ich will euch, Freunde, noch zum Zwischenspiel einladen, mich auf einen schnellen Ausflug nach London zu begleiten. Aber meine Seele durstete nur nach dem *einen*, nach Briefen von den Freunden, und ich konnte erst im heimatlichen Berlin zur Ruhe gelangen.

Ich finde in einem vom Kanal datierten Briefe von mir die Worte: »Ich kehre Dir zurück, der sonst ich war – ganz – etwas ermüdet, nicht gesättiget von dieser Reise – bereit noch, unter diesen oder jenen Umständen wieder in die Welt zu gehen, und ›den Mantel umgeschlagen‹.«

Ich trat am 18. morgens in Portsmouth in das erste beste Haus hinein, mich nach Schneider, Schuster usw. zu erkundigen. Ich wurde festgehalten: »Was brauchen Sie?« – »Alles – und will mit dem Wagen, der morgen um vier Uhr nachmittags abgeht, nach London fahren.« – Stoffe, Zeuge, Kattun, Leinwand wurden mir zur Auswahl vorgelegt. Arbeiter nahmen Maß; Hüte, Stiefeln wurden anprobiert, Strümpfe ausgesucht, die Bestellung genau gemerkt. Ich wurde in der Zeit von zehn Minuten fertig. – Am 19. um halb vier bekam ich auf dem »Rurik« meinen gepackten Koffer, alles nach Muster und Vorschrift, die Wäsche neu genäht, gezeichnet, gewaschen und geplättet. Verdrießlich war mir nur die Ängstlichkeit, mit welcher nach dem Gelde gelangt wurde, bevor man die Ware aus der Hand ließ.

In England beginnt der Arbeitstag in der Regel um zehn Uhr des Morgens und endigt nachmittags um vier. Ein Wagen zwischen Portsmouth und London fährt nachmittags um vier Uhr ab und langt am andern Morgen um zehn Uhr an; der Geschäftsmann hat auf der Reise keine Stunde Zeit versäumt. – Ein anderer Wagen fährt bei Tage für andere Leute.

Ich saß um vier Uhr im Wagen und sah aus dem Schlage die Marksteine mit unglaublicher Schnelligkeit vorübergleiten. Ich erkannte im Fluge manche Pflanzen der heimischen Flora, und der purpurne Fingerhut mit seinen hohen

Blütenrispen schien mir ein freundliches Willkommen zuzuwinken.

Auf der Decke des Wagens, ich hätte fast gesagt auf dem Verdecke, hatten mehrere auf Urlaub entlassene Zöglinge einer Seeschule ihre Plätze. Die jungen Leute übten ihre Kletterkünste an der pfeilschnell rollenden Maschine auf eine ergötzliche Weise und waren überall eher als da, wo sie sollten.

Ich hatte mich als den Titulargelehrten der russischen Entdeckungsexpedition zu erkennen gegeben; die Gefährten der Fahrt hatten für mich, den Fremden, Aufmerksamkeiten, die ich weit entfernt war zu erwarten.

Ich wurde mitten in der Nacht aus dem festesten, gesundesten Schlafe geweckt; es sollte gespeist werden. Man erwies sich dienstfertig meiner schlaftrunkenen Unbeholfenheit. Die Augen halb eröffnend, versuchte ich nacheinander in babel-rurikischer Sprachverwirrung alle Zungen der redenden Menschen, die ich kannte und nicht kannte, bevor ich auf die rechte kam und mich auf Old England wiederfand.

Unter jenen Schülern, die zu unserer Reisegesellschaft gehörten, befand sich ein geborener Russe. Der wurde mir vorgestellt, und ich sollte mich mit ihm unterhalten. Das war ich mit dem besten Willen nicht imstande zu tun.

Welch ein Glücksfund, welch eine Perle für eine gut eingerichtete Polizei! Ein Mensch, der ohne Paß und ohne Papiere irgendeiner Art sich nach der Residenz begibt; der, um sich recht zu verstecken, sich für einen Russen ausgibt und von dem ein besonderes Glück sogleich an den Tag legt, daß er die Sprache nicht versteht. Die armen Engländer genießen aber der wohltätigen Einrichtung nicht. Die Verlegenheit, die mich verriet, wurde nicht einmal bemerkt; man glaubte mir aufs Wort, und ich war so sicher wie bei uns ein Spitzbube, der sich selber seine Pässe geschmiedet hat.

Ich stieg aus Unkenntnis der Stadt in der City ab, Fleet-Street, Belle-Sauvage-Inn. Die Welt, in welcher ich mich bewegen wollte, war in Westminster, Piccadilly. Sieben Tage in London fassen mehr Erlebtes, mehr Gesehenes als drei Jahre an Bord eines Schiffes auf hoher See und in Ansicht fremder Küsten – in London, das nächst und abwechselnd mit Paris die Geschichte für die übrige Welt macht und verkündigt. – Ich werde nicht von jedem Vogel, den ich hier habe fliegen sehen, Rechenschaft ablegen.

Ich habe in London ausschließlich mit Gelehrten gelebt und in Museen, Herbarien, Bibliotheken, Gärten und Menagerien meine Zeit verbracht. Schon die Namen der Männer herzuzählen, denen ich mich dankbar verpflichtet fühle, würde mich zu weit führen. Die Bibliothek von Sir Joseph Banks war gleichsam mein Hauptquartier. Sir Robert Brown, welcher derselben vorstand, war für mich von ausnehmender Dienstfertigkeit. – Ich hatte die Ehre, Sir Joseph Banks vorgestellt zu werden. Ich sah unter andern bei ihm den Kapitän James Burney, den Gefährten Cooks auf seiner dritten Reise und Verfasser von der »Chronological history of the discoveries in the South Sea«, einem Meisterwerke gründlicher Gelehrsamkeit und seltener gesunder Kritik. – Mich erkühnt zu haben, in der Frage, »ob Asien und Amerika zusammenhängen oder durch die See getrennt sind«, gegen einen Mann wie James Burney aufzutreten und recht gegen ihn behalten zu haben, ist eines der Dinge, die mich in meinen eigenen Augen ehren.

Ich ging einst in einem Museum auf und ab, die Schreibtafel in der Hand, und schrieb mir über Gegenstände, die meine Aufmerksamkeit besonders fesselten, Notata auf. Ein Gleiches tat mit großem Eifer ein rascher, lebendiger Mann; der Zufall führte uns zusammen, und er redete mich an. Er mochte bald an meinen Antworten merken, daß ich kein geborner Engländer sei; er fragte mich auf französisch, ob er sich dieser Sprache bedienen solle. Ich aber rief in der Freude meines Herzens auf deutsch aus: »Das ist ja meine Muttersprache!« – »So wollen wir deutsch reden«, fuhr auf deutsch Sir Hamilton Smith fort, und er ward seit der Stunde mein gefälliger und gelehrter Wegweiser in den verschiedenen Museen, die wir zusammen zu besuchen uns verabredeten.

Ich lernte zuerst in London Cuvier kennen und begegnete auch dort dem Professor Otto aus Breslau, der mir manche Nachrichten aus der Heimat mitteilte.

Der bekannte Herr Hunnemann war mir in allen Dingen dienst- und hülfreich; er war mein Rat, mein Führer, mein Dolmetscher. Er widmete meinem Dienste einen großen Teil seiner ihm kostbaren Zeit. Er half mir, alles, was mir auf der Reise an Instrumenten, Büchern, Karten gefehlt hatte, nachträglich zusammenzubringen, um mich zu der Heimfahrt auszurüsten, wie ich es zur Ausfahrt hätte sein sollen. – Hätte wohl, wer darüber lächelt, es viel klüger gemacht? Ich meinerseits bin bei jedem neuen Kapitel meines Lebens, das ich schlecht und recht, so gut es gehen will, ablebe, bescheidentlich darauf gefaßt, daß es mir erst am Ende die Weisheit bringen werde, deren ich gleich zu Anfang bedurft hätte, und daß ich auf meinem Sterbekissen die versäumte Weisheit meines Lebens finden werde. – Und ich bin ohne Reue, weil ich nicht wissentlich und mit Willen gefehlt und weil ich die Meinung habe, daß es anderen nicht viel anders geht als mir. – Aber ich sprach von meinen Ankäufen, denen ich beiläufig 100 Pfund bestimmt hatte. – Ich fand in Arrowsmith einen liebenswerten, liberalen Gelehrten. Er sagte, wir hätten für ihn gearbeitet, und schenkte mir die Karte, die ich von ihm zu kaufen begehrte.

Der ich die letzten Jahre in der Natur gelebt, fühlte jetzt

zu der Kunst, welche die Natur nach dem Bedürfnisse des geistigen Menschen vergeistigt, einen unaussprechlichen, unwiderstehlichen Zug; und von den kurzgezählten Stunden, die ich in London zu verleben hatte, mußte ich mehrere widmen, Beruhigung im Anschauen der Kartons von Raffael oder der Antike zu suchen.

Die französische Restauration, welche sich die nächstvergangene Geschichte zu verleugnen bemühte, beeiferte sich hergebrachterweise, Standbilder umzustürzen und Inschriften und Namenszüge auszukratzen. Aber die öffentliche Meinung Europas verbot ihr, Kunstwerke, die sie in Schutz nahm, zu vernichten. Sie hatte den Mittelweg erwählt, diese Träger verhaßter Erinnerungen wenigstens von ihrer Wurzel abzulösen und dieselben als Geschenke den Fremden zuzuwerfen. Ich wußte, daß der Napoleon von Canova dem Lord Wellington zugeteilt worden und in London sich befinden mußte. Längst war ich auf diese Statue aufmerksam geworden, und ich begehrte gar sehr zu sehen, wie Canova den Kaiser idealisiert, um darüber zur Klarheit zu kommen, ob der vieux sergeant de la garde, an welchen ich dieses Kunstwerk gerichtet wissen wollte, in dem griechisch nackten Halbgott seinen vergötterten Petit Caporal erkennen könne.

»Hier«, sagte mir Robert Brown auf dem Wege nach Kew, wohin er die Güte hatte mich zu begleiten – »hier in diesem Hause, hinter dieser Tür steht die Bildsäule, von der wir sprechen.« Und ich darauf: »So lasset uns hingehen, klopfen oder klingeln; die Tür wird aufgehen, und wir sehen hinein.« – »Wenn Sie wünschen, das Bild zu sehen«, erwiderte, der Sitte kundig, Robert Brown, »so will ich an Sir Joseph Banks schreiben; auf dessen Bitte wird Ihnen sonder Zweifel die Erlaubnis erteilt werden. – Oder auch der russische oder der preußische Gesandte.« – Ich kann einmal keine großen Mittel an kleine Zwecke setzen und

Polyspasten anwenden, um eine Feder zu bewegen. Ich schüttelte mit dem Kopfe, und wir gingen weiter.

Herr von Kotzebue war mit mir zugleich in London. Ich sah ihn flüchtig. Er hatte sich dem russischen Gesandten angeschlossen, war dem Prinzregenten und dem Großfürsten Nikolai Pawlowitsch vorgestellt worden und klagte, daß seine Zeit anders ausgefüllt werde, als er gewünscht hätte, und daß er von dem, was ihn interessiere, nur wenig zu sehen bekomme.

Aber ich bin in London und spreche bis jetzt von London nicht. – Man trifft auch anderswo naturhistorische Sammlungen an und dem Fremden hülfreich gefällige Gelehrte. Manche Stadt ist reicher als diese an Schätzen der Kunst.

Wahrlich, ich wanderte nicht [als] ein Blinder durch diese bewunderungswürdige Welt, welche sich mir, von den Parlamentswahlen aufgeregt, in ihrem Wesen enthüllte. Auf dem öffentlichen Markte bewegt sich in England das öffentliche Leben mit Parlamentswahlen, Volksversammlungen, Aufzügen, Reden aller Arten. – Was hinter Mauern gesprochen wird, hallt auf den Straßen nach, die zu allen Zeiten von Ausrufern, von Ausstreuern von Flug- und Zeitschriften, nachts von transparenten Bildern und Inschriften durchströmet werden. Die Mauern von London mit ihren politischen Plakaten sind für den Fremden, der seinen Augen nicht traut, das märchenhaft wundersamste, das unglaublichste Buch, das er je zu sehen bekommen kann. Und diese heiligen Freiheiten sind es, die das Gebäude sicherstellen, indem sie jeglicher Kraft, und auch der zerstörenden, ihr freies Spiel in die freien Lüfte hin zugestehen. Diese heiligen Freiheiten sind es, welche die notwendig gewordene, zu lange verzögerte, zeitüberreife Revolution, die zu bewirken jetzt England geschäftig ist, hoffentlich als ruhige Evolution gestalten werden – eine Revolution, die längst schon jeden anderen Boden mit schauerlichem, aus Staub und Blut gemischtem Schlamme überspült hätte.

Der Herzog von Wellington hat durch das unzeitig widerstrebende Wort »No reform« diese Revolution begonnen. Er hat das Schiff dem Winde und Strome übergeben, die es unwiderstehlich dahinreißen; derselbe Herzog hat sich jetzt des Steuerruders angemaßt und verspricht sich, es unter gerefften Sturmsegeln an den Klippen vorüberzusteuern, aber abwärts, immer abwärts dem Ziele zu.

Zu Vergleichungen geneigt, werfe ich abseits von London den Blick zuerst auf Paris. Da sollen las narizes del volcan, die Sicherheitsventile des Dampfkessels, zugedammt und zugelötet werden. Das öffentliche Leben wird in das innere Gebäude gewaltsam eingezwängt und kann sich nur als Emeute oder Aufruhr einen Weg auf den Markt bahnen. Auf den Mauern von Paris werden noch nur neben den Theater-Anschlagezetteln Buchhändleranzeigen und dergleichen mehr Privatangelegenheiten verhandelt. Da erhebt der Kaufmann seine Ware über die seines Nachbars, da führt Brotneid kleinliche Zwiste usw.

Man ist über dem Rheine zu keinem öffentlichen Leben erwacht. Daß es trotzdem Gesinnungen gibt, tüchtige, tatenmächtige, hat das Jahr 1813 dargetan, wird jedes dem ähnliche Sternenjahr dartun, das über Deutschland aufgehen wird. – Man liest in Berlin noch an den Straßenecken die Komödien- und Konzertzettel, den Anschlagzettel vom großen Elefanten, vom starken Manne und von den Dingen überhaupt, die da zu sehen sind; endlich noch Versteigerungsankündigungen.

In Sankt Petersburg darf kein Erzeugnis der Presse den Augen des Volkes ausgestellt werden. Die Mauern werden rein gehalten, und der Komödienzettel wird unter dem Mantel in die Häuser eingeschwärzt, die nach demselben begehren.

Ich kehre zurück, von wo ich ausgegangen. Ich las von den Mauern Londons das Plakat ab, womit sich Lord Thomas Cochrane von seinen Kommittenten, den Wählern von Westminster, verabschiedete. Nach manchen Schmähungen gegen die Minister kam er auf den Helden zu sprechen, den jene widergesetzlich, widerrechtlich auf Sankt Helena gefangenhielten. Sie selber, nicht Napoleon, gehörten in diesen Kerker. Es gebühre sich, ihn zu befreien und sie an seiner Statt einzusperren. Stünde sonst keiner auf, solches zu unternehmen, er, Lord Thomas Cochrane, sei der Mann, es zu tun.

Dieses Kriegsmanifest hatte in London nichts Anstößigeres als in Berlin der Anschlagzettel der Oper »Alcidor«. Es stand im Schutze der Sitte.

Ich kam vor das Wahlgerüste für Westminster auf Covent Garden eine halbe Stunde zu spät, um den Premierminister, zur Rüge eines unpopulären Verfahrens bei Ausübung seines Rechtes als Wähler, mit Kot bewerfen zu sehen; eine echt volkstümliche Lustbarkeit, der beigewohnt zu haben der lernbegierige Reisende für eine wahre Gunst des Schicksals ansehen müßte.

Wir wissen noch aus Überlieferung, daß sonst zu den akademischen Freiheiten der auf deutschen Hochschulen studierenden Jugend die allenfalls mit etlichen Tagen Karzer zu erkaufende Befugnis gehörte, einem mißfälligen Lehrer die Fenster einzuwerfen, ohne daß von Verschwörung gegen Kirche und Staat die Rede war. Bei solchen Gelegenheiten flog einmal dem alten Johann Reinhold Forster ein faustdicker Stein auf den Arbeitstisch; den Stein nahm er zornig auf, und das Fenster aufreißend, warf er ihn den Studenten wieder zurück, ihnen zurufend: »Den hat ein Fuchs geworfen!«

Ähnliches kam, ins Englische übersetzt, bei den mehrerwähnten Wahlen vor. Das Volk hatte von seiner unbestrittenen Befugnis gegen einen ministeriellen Kandidaten

Gebrauch gemacht und denselben mit Kot beworfen. Aber auch ein Stein war geflogen; wenigstens gab der Gemißhandelte vor, von einem solchen getroffen worden zu sein, und legte sich zu Bette. Es wurden Bulletins ausgegeben, und der schicksalige Stein schien mit Stimmen, die dem Verletzten zuflossen, aufgewogen werden zu sollen. Sein Gegner hielt, als ich vor das Gerüste trat, eine Rede, worin er das Ereignis besprach. Er erklärte: derjenige, welcher jenen Stein geworfen, könne kein Engländer gewesen sein; da deckte der rauschende Beifall der Versammlung die Stimme des Redners.

Am 26. Juni 1818 um vier Uhr nachmittags brachte mich Herr Hunnemann zu dem Wagen, der nach Portsmouth abfuhr. Meine Ankäufe, die er einpacken zu lassen übernommen hatte, füllten eine mäßige Kiste, die ich mit auf den Wagen nahm. Ich umarmte den mir unvergeßlichen Landsmann und nahm Abschied von der Weltstadt London.

Ich war am 27. Juni in Portsmouth. Ich fand keine Briefe vor; kein Gegengruß von meinen Lieben erreichte mich in England, keine Nachricht von ihnen. Der »Rurik« ging am 29. auf die Reede und am 30. unter Segel. Wir gingen am 1. Juli durch die Dover-Straße, verloren am 2. das Land aus dem Gesichte, sahen Jütland am 10., gingen am 11. durch den Sund und waren am 12. vor Kopenhagen. Wir sollten, ohne anzuhalten, vorüberfahren; der Wind, der uns gebrach, entschied es anders. Ich durfte auf eine flüchtige Stunde ans Land. Ich empfing den ersten Gruß von der Heimat und umarmte die alten Freunde.

Wir lichteten am 13. die Anker. Wir liefen am 23. in den Hafen von Reval ein, wo der Kapitän den Herrn von Krusenstern sprechen wollte. Dieser war nicht in der Stadt und traf erst am dritten Tag ein. Wir gingen am 27. unter Segel, waren am 31. Juli vor Kronstadt; am 3. August 1818 lag der »Rurik« zu Sankt Petersburg in der Newa vor dem Hause des Grafen Romanzow vor Anker.

Der Graf war auf seinen Gütern in Kleinrußland und mußte erwartet werden, um die kleine Welt aufzulösen, die so lange in seinem Namen zusammengehalten hatte. Herr von Krusenstern traf erst ungefähr vierzehn Tage nach uns ein. Es wurden etliche obere Zimmer im Hause des Grafen Romanzow dem Herrn von Kotzebue und seiner Schiffsgesellschaft eröffnet; mich selbst zog ein hier ansässiger Preuße, ein Universitätsfreund, gastlich an seinen Herd; ich verließ den »Rurik«.

Aber ich hatte keinen Paß, und hier war die Polizei gegen Fremde viel vorzüglicher eingerichtet als in England. Indes hatte ich an der preußischen Gesandtschaft vorläufig einen Schutz, und was läßt sich nicht ins Geleise bringen, wenn man Freunde hat.

Ich hatte in Sankt Petersburg nur das eine Geschäft, mich so bald als möglich von Sankt Petersburg frei zu machen. Ich kehrte mich von jeder Aussicht ab, die mir in Rußland eröffnet werden sollte, und wich hartnäckig jedem Antrag aus, mich durch irgendein Verhältnis binden zu lassen. Mich zog heimatlich ein anderes Land. Ich werde diesem Geschwätze hohe Namen nicht einmischen. Mein Herz hing an Preußen, und ich wollte nach Berlin zurückekehren.

Ich habe in Sankt Petersburg nur mit Deutschen, nur mit Sprach- und Herzensverwandten vertraulich gelebt; ich bin in das russische Leben nicht eingedrungen; ich werde nur über die äußere Erscheinung der Stadt einige flüchtige Bemerkungen hinwerfen, zu denen mich die Vergleichung mit London auffodert.

London ist, entsprechend dem Begriffe einer großen Stadt, ein riesenhafter Menschen-Ameisenhaufen, ein unermeßlicher Menschen-Bienenbau, bei dessen Ansätzen ungleiche Kräfte unregelmäßige Zellen hervorgebracht haben. Das Bedürfnis hat die Menschen zusammengebracht;

sie haben nach dem Bedürfnis sich angebaut; ein Naturgesetz, das als Zufall erscheint, hat den Plan vorgezeichnet, die Willkür hat keinen Teil daran; und wenn die Stadt stellenweise dekoriert worden, beweist es bloß, daß Dekorieren dem Menschen zum Bedürfnis geworden ist.

Sankt Petersburg ist eine großartig angelegte und prächtig ausgeführte Dekoration. Die Schiffahrt, die zwischen Kronstadt und dem Ausfluß der Newa das Meer belebt, deutet auf einen volk- und handelreichen Platz! Man tritt in die Stadt ein – das Volk verschwindet in den breiten, unabsehbar langgezogenen Straßen, und Gras wächst überall zwischen den Pflastersteinen.

Dekoration im einzelnen wie im ganzen; der Schein ist in allem zum Wesen gemacht worden. Mit den edelsten Materialien, mit Gußeisen und Granit, wird dekoriert; aber man findet stellenweise, um die unterbrochene Gleichförmigkeit wiederherzustellen, den Granit als Gußeisen geschwärzt und das Gußeisen als Granit gemalt. Die Stadt wird alle drei Jahre aufs neue und in den Farben, die polizeilich den Hauseigentümern vorgeschrieben werden, angestrichen, außerdem noch außerordentlich bei außerordentlichen Gelegenheiten, zum Empfang eines königlichen Gastes und dergleichen mehr; dann wird auch das Gras aus den Straßen ausgereutet. Der Herrscher sprach einst das Wohlgefallen aus, mit welchem er auf einer Reise massive Häuser gesehen, an denen alles Holzwerk, Türen und Fensterladen, von Eichenholz gewesen. Darauf wurden Maler polizeilich angelernt und Türen und Fensterladen aller Häuser der Stadt auf Kosten der Eigentümer als Eichenholz bemalt. Da kamen die Maler in das Viertel, wo die reichen englischen Handelsherren wohnen und wo der Luxus eichenhölzerner Türen und Fensterladen nicht selten ist – und sie begannen, das wirkliche Eichenholz wie Eichenholz zu übermalen. – Die Eigentümer verwahrten sich dagegen und schützten vor, es sei ja schon Eichenholz – vergebens; der Vorschrift einer hohen Polizei mußte genügt werden.

Mit Monumenten, denen man Heiligkeit beizulegen sich volkstümlich beeifern sollte, wird wie mit eiteln Dekorationen verfahren und gespielt. Die Romanzows-Säule wird von einem Ufer der Newa auf das andere hinübergebracht, um dort zu einem neuen Point de vue zu dienen, und es wird beantragt, die Statue des Zaren Peters des Großen zu einer ähnlichen Verschönerung von der Stelle, die sie jetzt einnimmt, zu verrücken.

Es ist mir schmerzlich, hier ein scharfes Urteil sprechen zu müssen, welches gleiche Unheiligkeit trifft, deren man sich in der Heimat auch schuldig gemacht. Aber was ist denn ein Monument? Ein Fleck Erde wird dem Gedächtnis eines Mannes oder einer Tat geweiht; da setzt man einen Stein auf und peitscht die Kinder bei dem Steine und sagt ihnen dabei: Erinnert euch an das und das. So wird unter den Menschen die Sage, die mündliche Überlieferung an ein bestimmtes Äußeres gebunden. – Das ist im wesentlichen ein Monument. Daß ihr später Buchstaben in den Stein graben gelernt und den Stein selbst nach dem Bildnisse eines Menschen meißeln, das sind außerwesentliche Zugaben. Wälzt den Stein von seinem Orte fort, so habt ihr nur einen Stein, wie andere Steine mehr auf dem Felde sind. Verrückt das Standbild von seiner Stelle, so setzt ihr es auf seinen Kunstwert herab, so habt ihr nur noch ein Bild, wie ihr der Bilder mehr in euren Museen habt, die sonst in Tempeln Götter gewesen sind. – Legt nicht Hand an ein volkstümliches Monument, legt nicht Hand an die Statue eines eurer Helden: der Ort, wo sie steht, gehört ihr, ihr habt kein Recht mehr daran. Errichtet Monumente auf Plätzen, wo man sie sehen kann, nicht aber zu eiteler Verschönerung, und wählt bedächtig den Ort, den ihr nicht willkürlich verändern dürft!

Der Graf Romanzow traf in Sankt Petersburg in den ersten Tagen des Septembers ein.

Alles, was zu meinem Gebrauch an Instrumenten und Büchern auf Rechnung der Expedition angeschafft worden, wurde mir, wie jedem von uns, abgefodert. Ich blieb hingegen im Besitz dessen, was ich gesammelt hatte. Ich wurde entlassen, die von mir gefoderten Denkschriften in Berlin zu vollenden. – Der »Rurik« ward verkauft.

Nun hielt mich aber noch in Sankt Petersburg die Polizei fest, die, mich daselbst zu dulden, sich so schwer entschlossen hatte. – Man weiß die weitläuftigen Förmlichkeiten, denen man sich unterziehen muß, bevor man einen Paß erhält. (Dreimalige Bekanntmachung der Absicht zu reisen im Wochenblatt usw.) – Ich war endlich soweit: die Welt, der ich angehört hatte, war schon auseinandergestoben.

Es sei mir vergönnt, jetzt ein Scheidender, mit dem Blicke die Männer zu suchen, in deren Gemeinschaft ich manches erduldet und erfahren. Herrn von Kotzebues »Neue Reise um die Welt in den Jahren 1823 bis 1826« (die zweite, wobei er kommandiert, die dritte, die er gemacht hat) ist in diesen Blättern erwähnt worden. Sie hat besonders wegen der ungünstigen Berichte über die Missionen auf den Südsee-Inseln Aufsehen erregt. – Chramtschenko hat ein Schiff im Norden der Südsee kommandiert und mir im Jahre 1830 aus Rio Janeiro freundliche Grüße zugesandt. Die übrigen Seeleute erreicht mein Auge nicht mehr auf ihrem beweglichen Elemente. Von denen, die mit mir in ähnlichen Verhältnissen standen, bin ich, der älteste, allein vom Schauplatze nicht abgetreten. Eschscholtz, Professor in Dorpat, begleitete abermals Herrn von Kotzebue auf seiner neuen Reise. Er besuchte mich in Berlin im Jahre 1829, wo er sein wichtiges Werk, »System der Akalephen«, herausgab – nach wenigen Monaten war er nicht mehr. Ich sah Choris im Jahre 1825 in Paris, wo er der Kunst lebte. Er unternahm bald nachher eine Reise nach Mexiko: zwischen Santa Cruz und Mexiko ward er von Räubern angefallen und ermordet. Der Leutnant Wormskiold zu Kopenhagen, versunken in trübem Tiefsinn, ist der Welt erstorben.

Am 27. September 1818 waren meine Kisten an Bord der »Asträa« aus Stettin, Kapitän Breslack, eingeschifft. Verschiedene Umstände verzögerten die Abfahrt; ich mußte in Kronstadt noch einige Tage auf günstigen Wind harren.

Die Verwandlungen des Insektes lassen sich auch an dem Menschen nachweisen, nur in umgekehrter Reihenfolge. Er hat in seiner Jugendperiode Flügel, die er später ablegt, um als Raupe von dem Blatte zu zehren, auf welches er beschränkt wird. – Ich befand mich auf dem Wendepunkt. Vor meinem vierzigsten Lebensjahre (bis dahin standen noch nur zwei und ein Vierteljahr vor mir) wollte ich die Flügel abstreifen, Wurzel schlagen und eine Familie begründen; oder die Flügel wiederum ausbreiten und auf einer anderen außereuropäischen Reise, reifer und besser vorbereitet, nachholen, was für die Wissenschaft zu tun ich auf meiner ersten versäumt hatte. – Diese demokratische Zeit, in welcher, wie in der Geschichte, so in der Wissenschaft und in der Kunst, anstatt einzelner Fürsten die Massen auftreten, gewähret noch jedem Strebenden die Hoffnung, da im Volke mitzuwirken und mitzuzählen, wo sonst nur hervorragenden Häuptern, denen es ein Gott gegeben, unbedingt gehuldigt wurde.

Die »Asträa« lag am 17. Oktober auf der Reede vor Swinemünde.

Hier endigt dieser Abschnitt meines Lebens. Als Fortsetzung gebe ich euch, ihr Freunde, das Buch meiner Gedichte. Ich habe darin zu eigener Lust die Blüten meines Lebens sorgfältig eingelegt und aufbewahrt, während die Zweige verdorrten, auf welchen sie gewachsen sind.

Aber die Zeilen, die ich auf der Reede von Swinemünde niederschrieb, mögen gegenwärtiges Buch beschließen, wie sie jenem zur Einleitung dienen.

Heimkehret fernher, aus den fremden Landen,
In seiner Seele tief bewegt, der Wandrer;
Er legt von sich den Stab und kniet nieder
Und feuchtet deinen Schoß mit stillen Tränen,
O deutsche Heimat! – Woll ihm nicht versagen
Für viele Liebe nur die eine Bitte:
Wann müd am Abend seine Augen sinken,
Auf deinem Grunde laß den Stein ihn finden,
Darunter er zum Schlaf sein Haupt verberge.

ANHANG

Kadu

Wir hatten zu Anfang 1817 im äußersten Osten dieser Provinz auf der Gruppe Otdia und Kaben der Inselkette Radack mit dem lieblichen Volke, welches sie bewohnt, Bekanntschaft gemacht und Freundschaft geschlossen. Als wir darauf in die Gruppe Aur derselben Inselkette einfuhren, die Eingebornen auf ihren Booten uns entgegenkamen und, sobald wir Anker geworfen, an unsern Bord stiegen, trat aus deren Mitte ein Mann hervor, der sich in manchen Dingen vor ihnen auszeichnete. Er war nicht regelmäßig tatuiert wie die Radacker, sondern trug undeutliche Figuren von Fischen und Vögeln, einzeln und in Reihen, um die Knie, an den Armen und auf den Schultern. Er war gedrungenern Wuchses, hellerer Farbe, krauseren Haares als sie. Er redete uns in einer Sprache an, die, von der radackischen verschieden, uns völlig fremd klang, und wir versuchten gleich vergeblich, die Sprache der Sandwich-Inseln mit ihm zu reden. Er machte uns begreiflich, er sei gesonnen, auf unserm Schiffe zu bleiben und uns auf unsern ferneren Reisen zu begleiten. Sein Gesuch ward ihm gern gestattet. Er blieb von Stunde an an unserm Bord, ging auf Aur nur einmal mit Urlaub ans Land und verharrte bei uns, unser treuer Gefährte, den Offizieren gleichgehalten und von allen geliebt, bis zu unsrer Rückkehr auf Radack, wo er mit schnell verändertem Entschluß erkor, sich anzusiedeln, um der Bewahrer und Ausgeber unsrer Gaben unter unsern dürftigen Gastfreunden zu sein. Es könnte niemand von dem menschenfreundlichen Geiste unsrer Sendung durchdrungener sein als er.

Kadu, ein Eingeborner der Inselgruppe Ulea im Süden von Guajan, von nicht edler Geburt, aber ein Vertrauter seines Königs Toua, der seine Aufträge auf andern Inseln durch ihn besorgen ließ, hatte auf früheren Reisen die Kette der Inseln, mit denen Ulea verkehrt, im Westen bis auf die Pelew-Inseln, im Osten bis auf Setoan, kennengelernt. Er war auf einer letzten Reise von Ulea nach Feis mit zweien seiner Landsleute und einem Chef aus Eap, welcher letztere nach seinem Vaterlande zurückkehren wollte, begriffen, als Stürme das Boot von der Fahrstraße abbrachten. – Die Seefahrer, wenn wir ihrer unzuverlässigen Zeitrechnung Glauben beimessen, irrten acht Monde auf offener See. Drei Monde reichte ihr kärglich gesparter Vorrat hin; fünf Monde erhielten sie sich, ohne süßes Wasser, bloß von den Fischen, die sie fingen. Den Durst zu löschen, holte Kadu, in die Tiefe des Meeres tauchend, kühleres und ihrer Meinung nach auch minder salziges Wasser in einer Kokosschale herauf. Der Nordostpassat trieb sie endlich auf die Gruppe Aur der Kette Radack, wo sie sich im Westen von Ulea zu befinden wähnten. Kadu hatte von einem Greise auf Eap Kunde von Radack und Ralick vernommen: Seefahrer aus Eap sollen einst auf Radack, und zwar auf die Gruppe Aur, verschlagen worden sein und von da über Nugor und Ulea den Rückweg nach Eap gefunden haben. Die Namen Radack und Ralick waren ebenfalls einem Eingebornen aus Lamureck, den wir auf Guajan antrafen, bekannt. Es werden oft Boote aus Ulea und den umliegenden Inseln auf die östlichen Inselketten verschlagen, und noch leben auf der südlichen Gruppe Arno der Kette Radack fünf Eingeborne aus Lamureck, die ein gleiches Schicksal auf gleicher Bahn dahin geführt.

Die Häuptlinge von Radack schützten die Fremden

gegen Niedriggesinnte ihres Volks, deren Habsucht das Eisen, welches jene besaßen, gereizt hatte. – Man trifft die edelmütigern Gesinnungen stets bei den Häuptlingen an.

Die Einwohner von Ulea, die in größerem Wohlstand und in ausgebreiteterem Verkehr als die Radacker leben, sind ihnen in mancher Hinsicht überlegen. – Kadu stand in einem gewissen Ansehn auf Radack. Er mochte, als wir diese Inseln besuchten, seit etwa vier Jahren auf denselben angelangt sein. Er hatte zwei Weiber auf Aur und von der einen eine Tochter, die bereits zu sprechen begann.

Unsere Erscheinung verbreitete in Aur, wo die Kunde von uns noch nicht erschollen war, Schrecken und Bestürzung. Der vielgewanderte, der vielerfahrene Kadu, der sich zur Stunde auf einer entlegenen Insel der Gruppe befand, ward alsbald herbeigeholt, und man begehrte seinen Rat, wie man den mächtigen Fremden begegnen müsse, die man für böse Menschenfresser anzusehen geneigt war.

Kadu hatte von den Europäern vieles erfahren, ohne daß er je eines ihrer Schiffe gesehen. Er sprach seinen Freunden Mut ein, warnte sie vor Diebstahl und begleitete sie an unser Schiff mit dem festen Entschluß, bei uns zu bleiben, und in der Hoffnung, durch uns zu seinem lieben Vaterlande wieder zu gelangen, da einmal ein europäisches Schiff in Ulea gewesen zu einer Zeit, wo er selbst abwesend war.

Einer seiner Landsleute und Schicksalsgefährten, der bei ihm war, bemühte sich umsonst, ihn von diesem Vorhaben abzubringen, und seine Freunde bestürmten ihn umsonst mit ängstlichen Reden: er war zur Zeit unerschütterlich. – Ein andrer Gefährte Kadus, der Häuptling aus Eap, den wir im Gefolge des Königs Lamari bei Udirick antrafen, faßte denselben Entschluß, dieselbe Hoffnung wie unser Freund. Er war ein schwächlicher Greis; sein Gesuch fand kein Gehör. Es war schwer, ihn zu vermögen, unser Schiff zu verlassen, worauf er in Tränen in der ruhigen Lage beharrte, durch welche er seinen Vorsatz uns zu versinnlichen gesucht. Wir stellten ihm sein Alter und die Mühseligkeiten unserer Fahrt vor, er blieb bei seinem Sinne; wir stellten ihm vor, daß unser Vorrat nur auf eine gewisse Anzahl Menschen berechnet sei. Er mutete uns zu, unsern Freund Kadu hier auszusetzen und ihn an dessen Stelle aufzunehmen.

Wir müssen die leichte und schickliche Weise rühmen, womit Kadu sich in unsre Welt zu fügen wußte. Die neuen Verhältnisse, worein er sich versetzt fand, waren schwer zu beurteilen, zu behandeln. Er, ein Mann aus dem Volke, ward unversehens unter den an Macht und Reichtum so sehr überlegenen Fremden gleich einem ihrer Edeln angesehen, und das niedere Volk der Matrosen diente ihm wie dem Oberhaupte. Wir werden Mißgriffe nicht verschweigen, zu welchen er anfangs verleitet ward, die er aber zu schnell und leicht wiedergutmachte, als daß sie strenge Rüge verdienten. – Als kurz nach seiner Aufnahme unter uns Häuptlinge von Radack an unsern Bord kamen, erhob er sich gegen sie und nahm die Gebärden an, die nur jenen ziemen. Eine arglose Verhöhnung ihrerseits ward sein wohlverdienter Lohn. – Es geschah nicht ein zweites Mal. – Er suchte anfangs den Gang und die Arten des Kapitäns nachzuahmen, stand aber von selbst davon ab. Es ist nicht zu verwundern, daß er die Matrosen erst für Sklaven ansah. Er befahl einst dem Aufwärter, ihm ein Glas Wasser zu bringen; dieser nahm ihn still am Arme, führte ihn zu dem Wasserfaß und gab ihm das Gefäß in die Hand, woraus andere tranken. Er ging in sich und studierte die Verhältnisse und den Geist unserer Sitten, worein er sich bald und leicht zu versetzen und zu finden lernte, wie er eben unsern äußern Anstand im Leben und bei der Tafel sich anzueignen gewußt.

Kadu lernte erst nach und nach die Kraft unserer geistigen Getränke kennen. Man will bemerkt haben, daß er sich anfangs Branntwein von den Matrosen geben lassen. Als darauf ein Matrose bestraft wurde, ward ihm angedeutet, solches geschehe wegen heimlichen Trinkens des Feuers (Name, womit er den Branntwein bezeichnete). Er trank nie wieder Branntwein, und Wein, den er liebte, nur mit Mäßigung. Der Anblick betrunkener Menschen, den er auf Unalaschka hatte, machte ihn mit Selbstgefühl über sich selber wachsam. – Er beschwor im Anfang den Wind zu unsern Gunsten, nach der Sitte von Eap; wir lächelten, und er lächelte bald über diese Beschwörungen, die er fortan nur aus Scherz und uns zu unterhalten wiederholte.

Kadu hatte Gemüt, Verstand, Witz; je näher wir einander kennenlernten, je lieber gewannen wir ihn. Wir fanden nur bei seinem lieblichen Charakter eine gewisse Trägheit an ihm zu bekämpfen, die sich unsern Absichten entgegensetzte. – Er mochte nur gerne singen oder schlafen. Als wir uns bemühten, über die Inseln, die er bereist oder von denen er Kenntnis hatte, Nachrichten von ihm einzuziehen, beantwortete er nur die Fragen, die wir ihm vorlegten, und dieselbe Frage nicht gern zweimal, indem er auf das, was er bereits ausgesagt hatte, sich bezog. Wenn im Verlauf des Gesprächs Neues an das Licht gefördert ward, welches verschwiegen zu haben wir ihm verwiesen, pflegte er gelassen zu entgegnen: »Das hast du mich früher nicht gefragt.« Und dabei war sein Gedächtnis nicht sicher. Die Erinnerungen lebten nach und nach wieder auf, sowie das Ereignis sie hervorrief, und wir glaubten zugleich zu bemerken, daß die Menge und Vielfältigkeit der Gegenstände, die seine Aufmerksamkeit in Anspruch nahmen, frühere Eindrücke in ihm verlöschten. Die Lieder, die er in verschiedenen Sprachen sang und von den Völkerschaften, unter welchen er gelebt, erlernt hatte, waren gleichsam das Buch, worin er Auskunft oder Belege für seine Angaben suchte.

Kadu hielt unter uns sein Journal nach Monden, wofür er Knoten in eine Schnur knüpfte. Dieses Journal schien uns aber unordentlich geführt zu werden, und wir konnten uns nicht aus seiner Rechnung finden.

Er war nicht ungelehrig, nicht ohne Wißbegierde. Er schien wohl zu verstehen, was wir über die Gestalt der Erde und unsre nautische Kunst ihm anschaulich zu machen uns bestrebten; aber er war ohne Beharrlichkeit, ermüdete durch die Anstrengung und kehrte ausweichend zu seinen Liedern zurück. Er gab sich die Schrift, deren Geheimnis er begriffen hatte, selbst zu erlernen einige Mühe, war aber zu diesem schweren Versuche ohne Geschick. Was man ihm in der Absicht, ihn zu befeuern, sagte, mochte ihm wohl völlig den Mut benehmen; er unterbrach und nahm das Studium wieder vor und legte es endlich gänzlich beiseite.

Er schien, was wir ihm von der geselligen Ordnung in Europa, von unsern Sitten, Bräuchen, Künsten berichteten, mit offenem Sinne aufzufassen. Am empfänglichsten war er aber für den friedlichen Abenteurersinn unserer Reise, mit der er die Absicht verband, den entdeckten Völkern, was ihnen gut und nützlich sei, mitzuteilen, und er verstand allerdings darunter hauptsächlich, was zur Nahrung dient, erkannte aber auch wohl, daß unsre Überlegenheit auf unserm größern Wissen überhaupt beruhe, und er ehrte und diente nach Möglichkeit unserm Forschsinn, wo derselbe auch manchem Gebildeteren unter uns sehr mäßig geschienen hätte.

Als wir auf Unalaschka angekommen und er diese verwaiste, von allen Bäumen entblößte Erde sich beschauet hatte, eilte er geschäftig, uns aufzufordern, etliche Kokos, die wir noch an Bord hatten und zu welchen er noch ihm eigens gehörige zugeben wolle, hier an angemessenen Orten zu säen. Er drang, uns das Elend der Einwohner vorhaltend, auf den Versuch und ließ sich ungern überreden, daß solches vollkommen überflüssig sei.

Die Natur fesselte zumeist seine Aufmerksamkeit und Neugierde. Die Rinder auf Unalaschka, die ihm erst ins Gedächtnis wieder riefen, daß er früher welche auf den Pelew-Inseln gesehen, beschäftigten ihn anhaltend, und er ging ihnen täglich betrachtend auf der Weide nach. Nichts auf der ganzen Reise hat ihn freudiger angeregt als der Anblick der Seelöwen- und Seebärenherden auf der Insel Sankt George.*

Wie Kadu während der Reise vernachlässigte Eisenstücke, Glasscherben und alles von uns Übersehene, was für seine Landsleute Wert haben mochte, sorgfältig aufgelesen und aufbewahrt, so suchte er sich auf Unalaschka unter den Geschieben des Ufers vorzüglich zu Schleifsteinen taugliche Steine aus. Wir haben diesen sanftmütigen Mann nur einmal in zurückgehaltenem Zorne, in Ingrimm gesehen; das war, als im Verlauf der Reise er diese Steine am Orte, wo er sie auf dem Schiffe verwahrt, vergeblich suchte und die Beschwerde, die er darüber führte, wenig Gehör fand. Er war in seinem Rechtssinn gekränkt.

Kadu war in seiner Armut freigebig und erkenntlich in seinem Herzen. Er diente denen von uns, von welchen er beschenkt worden, und benutzte auf O-Wahu die Gelegenheit, durch den verständigen Handel, den er mit den kleinen Waren, womit wir ihn bereichert, trieb, uns und den Matrosen, die ihm gedient hatten, Gegengeschenke darzubringen, wie sie jedem nach eignem Sinn angenehm sein mochten. Er legte für sich selber nichts zurück als das, womit er einst seine Landsleute zu bereichern oder zu

* Als, von der Insel Sankt George ans Schiff zurückgekehrt, wir uns von den Seelöwen unterhielten, deren Gang und Stimme mit launigem Geschick nachzuahmen Kadu sich und uns ergötzte, ward er mit anscheinlichem Ernste gefragt, ob er auch deren Nester und Eier unter dem Felsen am Strande in Augenschein genommen. Wie unbewandert er auch in der Naturgeschichte der Säugetiere war, befremdete ihn doch diese Frage, deren Scherz er gleich entdeckte und herzlich belachte.

erfreuen hoffte. So hatte er seinen Freunden auf Radack alles, was er besaß, hinterlassen und nur ein einziges Kleinod sich vorbehalten, einen Halsschmuck, den er lange noch unter uns getragen hat. Er vertraute uns einst mit feuchten Augen lächelnd die Heimlichkeit dieses Halsbandes. Er focht im Kampf auf Tabual (Insel der Gruppe Aur von Radack) in den Reihen seiner Gastfreunde gegen den aus Meduro und Arno eingefallenen Feind; da gewann er über seinen Gegner den Vorteil und war im Begriff, den zu seinen Füßen Gestürzten zu durchbohren, als dessen Tochter rettend vorsprang und seinen Arm zurückhielt. Sie erhielt von ihm das Leben ihres Vaters; dieses Mädchen verhieß ihm ihre Liebe, er, der Mann, trug ihr heimlich ansehnliche Geschenke hinüber, und er trug ihr zum Andenken das Liebespfand, das sie auf dem Schlachtfelde ihm verehrt.

Wir müssen in Kadus Charakter zwei Züge vorzüglich herausheben: seinen tief eingewurzelten Abscheu vor dem Kriege, dem Menschenmord, und die zarte Schamhaftigkeit, die ihn zierte und die er unter uns nie verleugnet hat.

Kadu verabscheute das Blutvergießen, und er war nicht feig. Er trug vorn auf der Brust die Narben der Wunden, die er im Verteidigungskrieg auf Radack erhalten hatte, und als wir uns zu einer Landung auf der Sankt-Laurenz-Insel mit Waffen rüsteten und er belehrt war, solches geschehe nicht zu einem feindlichen Angriff, sondern zur Selbstverteidigung im Fall der Notwehr unter einem Volke, dessen Gesinnung uns unbekannt und mit dem wir bloß zu wechselseitigem Vorteil zu handeln gesonnen seien, begehrte er Waffen, einen Säbel, womit er uns im nötigen Fall beistehen könne, da er sich im Schießen auf Unalaschka noch nicht hinreichend eingeübt. – Er hegte fest die Meinung, die er auf Eap sich eingeprägt, daß graue Haare nur daher erwüchsen, daß man der Männerschlacht in ihrem Greuel beigewohnt.

Kadu trug im Verhältnisse zu dem andern Geschlechte eine musterhaft schonende Zartheit. Er hielt sich von dem Weibe, das im Besitz eines andern Mannes war, entfernt. Er hatte überall ein richtiges Maß für das Schickliche. Was er auf O-Wahu erfuhr, widerstand ihm, und er sprach frei darüber, wie über die Sittenlosigkeit, die er auf den Pelew-Inseln herrschend gefunden. In das freie Männergespräch gezogen, wußte er in dasselbe dergestalt einzugehen, daß er immer innerhalb der ihm angedeuteten Grenzen blieb.

Man findet den regsten Sinn und das größte Talent für den Witz unter den Völkern, die der Natur am wenigsten entfremdet sind, und besonders, wo die Milde des Himmels dem Menschen ein leichtes, genußreiches Leben gönnt. Kadu war besonders witzig, verstand aber wohl in arglosem Scherz geziemende Schranken zu beobachten, und er wußte mit großem Geschick sich durch leichte Dienste oder Geschenke die zu versöhnen, über die er sich mit Überlegenheit erlustigte.

Unser Freund bezeugte uns wiederholt im Verlauf unsrer Reise, er sei gesonnen, bis an das Ziel derselben bei uns zu verharren und, sollten wir selbst sein vielgeliebtes Vaterland Ulea auffinden, von uns nicht abzutreten, sondern uns nach Europa zu begleiten, von wo aus wir ihm die Rückkehr nach Ulea verheißen durften, da der Handel unsre Schiffe regelmäßig nach den Pelew-Inseln führt, wo die Boote von Ulea gleich regelmäßig verkehren. Wir waren selbst noch des andern Weges über Guajan unkundig. Aber er hegte den Wunsch, und dieser würde ihm auf Guajan in Erfüllung gegangen sein, Gelegenheit auf einer der ihm bekannten Inseln zu finden, nach Eap über das Schicksal und den jetzigen Aufenthalt des Häuptlings dieser Insel, seines Unglücksgefährten auf Radack, berichten zu lassen, damit, meinte er, die Seinen ein Schiff baueten und ihn dort aufsuchten. Er beschäftigte sich angelegentlich mit diesem Gedanken.

Wir bemüheten uns, auf O-Wahu nutzbare Tiere und Gewächse, Setzlinge und Samen verschiedener nützlicher Pflanzen zusammenzubringen, deren Arten wir auf Radack einzuführen versuchen wollten. Kadu wußte, daß wir dort anzugehen gedachten, und beharrte auf seinem Sinn. Wir forderten ihn auf, sich hier in allem, was auf Radack nützen könne, zu unterrichten, da er unsre Freunde unterweisen und sie belehren könne, welcher Vorteil ihnen aus unsern Gaben erwachsen sollte und wie sie ihrer pflegen müßten. Er ging wohl in unsre Absichten ein, aber der Zweck lag ihm noch zu fern, und Leichtsinn und Trägheit ließen ihn in diesem wollüstigen Aufenthalt eine Lehrzeit saumselig benutzen, deren Versäumnis er später selbst bereuete.*

Wir kamen nach Radack und landeten auf Otdia unter dem Jubel der wenigen unsrer Freunde, die nicht mit in den Krieg gezogen. Von dem Augenblicke an war Kadu unermüdlich auf das emsigste beschäftigt, beim Pflanzen, Säen und der Besorgung der Tiere uns mit Rat und Tat an die Hand zu gehen und den Eingebornen das Erforderliche zu erklären und einzuschärfen. – Noch war er festen Sinnes, bei uns zu bleiben.

Als auf Otdia alles Nötige besorgt war, ging Kadu nach Oromed, der Insel des alten Häuptlings Laergaß, um dort auch einen Garten anzulegen. Auf dieser Exkursion, die in Booten der Radacker ausgeführt ward, begleitete ihn nur der Verfasser dieser Aufsätze. – Auf Oromed gingen die Stunden des Tages in Arbeiten, die des Abends in anmutiger Gesellschaft hin. Die Frauen sangen uns die vielen Lieder vor, die während unsrer Abwesenheit auf uns gedichtet und worin unsere Namen der Erinnerung geweihet waren. Kadu berichtete ihnen von seinen Reisen und

* Kadu hatte sich leicht mit den O-Waihiern verständigen gelernt, und er machte uns selbst auf die Ähnlichkeit verschiedener Wörter in ihrer Sprache und in den Sprachen der Inseln der ersten Provinz aufmerksam.

mischte scherzhafte Märchen seiner Erzählung bei; er teilte Geschenke aus, die er im Verlauf der Reise für seine Freunde bereitet. Sobald am andern Tag, dem letzten unsers Aufenthaltes auf Radack, das Boot, das uns zum Schiffe zurückführte, unter Segel war, erklärte Kadu, dessen heitere Laune in ruhigen Ernst überging, er bleibe nun auf Otdia und gehe mit dem »Rurik« nicht weiter. Er beauftragte seinen Freund ausdrücklich, diesen neuen, unveränderlichen Entschluß dem Kapitän zu verkündigen, und Gegenvorstellungen ablehnend, setzte er die Gründe, die ihn bestimmten, auseinander. Er bliebe auf Otdia, Hüter und Pfleger der Tiere und Pflanzungen zu sein, die, ohne ihn aus Unkunde verwahrlost, ohne Nutzen für die unverständigen Menschen verderben würden. Er wolle bewirken, daß unsre Gaben den dürftigen Radackern zu hinreichender Nahrung gereichten, daß sie nicht fürder brauchten aus Not ihre Kinder zu töten und davon abließen. – Er wolle dahin wirken, daß zwischen den südlichern und nördlichern Gruppen Radacks der Friede wiederhergestellt werde, daß nicht Menschen Menschen mehr mordeten; – er wolle, wenn Tiere und Pflanzen hinreichend vermehrt wären, ein Schiff bauen und nach Ralick übergehen, unsere Gaben auch dort zu verbreiten; – er wolle von dem Kapitän, indem er ihm alles, was er von ihm empfangen, wiedergebe, nur eine Schaufel, die Erde zu bearbeiten, und dieses und jenes nützliche Werkzeug sich erbitten. Sein Eisen wolle er gegen den mächtigen Lamari verheimlichen und nötigenfalls verteidigen. Er rechne bei seinem Unternehmen auf die Mitwirkung seines Landsmanns und Schicksalsgefährten, den er aus Aur, wo er sich jetzt befände, zu sich berufen wolle. Dieser solle ihm auch sein Kind, seine Tochter, mitbringen, die, wie er nun erfahren, seit seiner Abreise traurig war, nach ihm verlangte, nach ihm schrie und nicht schlafen wollte. – Seine Weiber hatten andre

Männer genommen, nur sein Kind beschäftigte ihn auf das zärtlichste.

Kadu bereuete zu dieser Frist, vieles Nützliche, die Bereitung der Bastzeuge auf O-Wahu und anderes mehr, zu erlernen vernachlässigt zu haben, und er begehrte in diesen letzten Augenblicken noch über vieles Rat, den er mit großer Aufmerksamkeit auffaßte.

Das Boot, worauf wir diese Fahrt, gegen den Wind anringend, vollbrachten, war ein schlechter Segler; die Sonne neigte sich schon gegen den Horizont, als wir an das Schiff kamen, worauf sich glücklicherweise der Kapitän befand. – Als der Entschluß Kadus bekannt geworden, sah er sich bald und unerwartet in dem Besitz unendlicher Schätze, solcher, die in diesem Teile der Welt die Begehrlichkeit der Fürsten und der Nationen erregen.* Die Liebe ward kund, die er unter uns genoß, und man sah jeden stillschweigend geschäftig, den Haufen des Eisens, der Werkzeuge und der nutzbaren Dinge, die für ihn zusammengebracht wurden, aus dem eignen Vorrat zu vermehren. (Proben von Matten und Zeugen aus O-Wahu, Proben von Strohhüten und dergleichen mehr wurden nicht vergessen.)

Als Kadu sein Bett, seine Kleider, seine Wäsche, die er nun behielt, zu einem Bündel zu schnüren sich beschäftigte, sonderte er seine Winterkleider sorgfältig ab und brachte dieselben dem Matrosen, der ihm gedient hatte, als ein Geschenk dar, welches jedoch dieser sich weigerte anzunehmen.

Die Sonne war bereits untergegangen, als Kadu mit seinem Reichtume ans Land übergebracht wurde. Die Zeit erlaubte nicht, ihm irgendein geschriebenes Zeugnis auszufertigen und zu hinterlassen. Nur eine Inschrift auf einer Kupferplatte, an einen Kokosbaum auf Otdia geschlagen, enthält den Namen des Schiffs und das Datum.

* Πολύκμητός τε σίδηρος. Homer, »Ilias« X, Vers 379.

Kadu wurde von den versammelten Einwohnern von Otdia als *unser Mann* eingesetzt, dem unsere Tiere, unsere Pflanzungen anbefohlen und der außerdem mit unsern Geschenken an Lamari beauftragt sei. Verheißen ward, daß wir, die wir bereits dreimal auf Radack gekommen, nach einer Zeit zurückkehren würden, nach ihm zu sehen und Rechenschaft zu begehren. Zur Bekräftigung dieser Verheißung und zum Zeichen unsrer Macht (wir hatten bis dahin nur Zeichen unsrer Milde und Freundschaft gegeben) wurden, als wir bei dunkler Nacht an das Schiff zurückgekehrt, zwei Kanonenschüsse und eine Rakete abgefeuert.

Als wir am andern Morgen die Anker lichteten, war unser Freund und Gefährte am Ufer mit den Tieren beschäftigt, und er blickte oft nach uns herüber.

Aus: Über unsere Kenntnis der ersten Provinz des Großen Ozeans (»Bemerkungen und Ansichten«)

WORTERKLÄRUNGEN

Boniten: Thunfische
de conserve: (franz.) in Begleitung
Deklination, Deviation: Abweichung der Kompaßnadel durch Eisenteile auf dem Schiff
Deutsche Meile: ca. 7,5 km
Dublonen: spanische Goldmünzen
Elater: Schnellkäfer
Englische Seemeile: ca. 1,85 km
Faden: ca. 2,13 m
Fuß: ca. 30 cm
Galione: mittelalterliches Segelkriegsschiff
Hana-ruru: Honolulu
Havarien: Beschädigungen
Ichtyophagen: Fischesser
Industrie: hier Handwerk
Kimming: Luftspiegelung
Lacerte: Eidechse
Lampyris: Glühwürmchen
Linie: Äquator
Lithophyten: veraltet für Korallen
Lotophagen: Pflanzenesser
Madreporen: Sternkorallen
Mangle: Mangrove
Maravedis: kleine spanische Kupfermünzen
Mittagslinie: Meridian; durch einen Ort verlaufende Nord-Süd-Gerade
Mogan: konfektartig eingedickter Saft der Pandanus-Frucht
pediculus: Läuschen
Polyspasten: Flaschenzüge
Neuholland: Australien

Oryza sativa: Reis
Pandanus: Schraubenbaum
Passat: regelmäßiger östlicher Wind ober- und unterhalb des Äquators
Physeter: Pottwal
Posten: hier Plural von Post
Salpen: Ordnung der Manteltiere
Sankt Peter und Paul: Petropawlowsk
Spanne: ca. 25 cm
Stratum: Schicht
Süd-Shetland: Antarktis
Taro: Wasserbrotwurzel
Tetrodon mola: Mondfisch
über dem Wind: auf der angewehten Seite
unter dem Wind: auf der windabgewandten Seite
Wendekreise: nördliche und südliche Parallelen zum Äquator, zwischen denen sich die Tropen erstrecken
Zoll: ca. 2,5 cm

48 *»De animalibus …«* – (lat.) »Über einige Lebewesen aus der Klasse der Würmer nach Linné«.
»reliquos vermes continens« – (lat.) »die übrigen Würmer enthaltend«.
»Nova acta …« – (lat.) »Neue Berichte der physikalisch-medizinischen Akademie … der Naturmerkwürdigkeiten«.
56 *votum solvens* – (lat.) ein Gelöbnis erfüllend.
84 *Vae victis!* – (lat.) Wehe den Besiegten!
85 *Nello frondoso …* – (span.) »Unter dem dichten Laub eines grünen Lustgartens«.
87 *Bomba!* – (span.) Achtung!
aceite – (span.) Öl.
acetum – (lat.) Essig.
oxys – (griech.) scharf, sauer.
vinagre – (span.) Essig.
98 *»Σύ μοί …«* – (griech.) Hektor, o du bist jetzo mir Vater und liebende Mutter, / Auch mein Bruder allein … – Zitat aus Homers »Ilias«, VI,429 f. (Übersetzung von Johann Heinrich Voß).

181 *a su amigo Don Adelberto* – (span.) seinem Freund Adelbert.
185 *Relata refero* – (lat.) Ich berichte nur, was man mir erzählt hat.
235 *horribile dictu!* – (lat.) schrecklich zu sagen!
302 *»Et qui vous ...«* – (franz.) »Und wer hat Sie mit der Sorge um meine Familie betraut?«
306 *But we rather ... way home* – (engl.) Aber wir vermuten vielmehr, daß, wenn der Arzt ihn davor warnte, sich wiederum dem Eise zu nähern, diese Vorsicht seinerseits nicht ganz uneigennützig war und daß die Offiziere und Mannschaften, wie die Nachfolger des unsterblichen Cook, zu dem Schlusse gekommen waren, der weiteste Umweg wäre der nächste Weg nach Hause.«
314 *ad vocem* – (lat.) bei dem Wort (fällt mir ein).
327 *quo pene ...* – (lat.) womit er die langgezogene Vorhaut festband, nachdem er den Penis an den Hodensack angedrückt hatte.
331 *un anthropophage de la mer du sud* – (franz.) einen Menschenfresser der Südsee.
340 *Professeurs de physique amusante* – Professoren der Taschenspielerkunst.
376 *»Non cuivis ...«* – (lat.) »Nicht einem jeden gelingt es, nach Korinth zu gelangen« (d.h. das Höchste zu erreichen); Zitat nach Horaz, »Episteln« I,17, 36.
»Mémoires pour servir ...« – (franz.) »Denkwürdigkeiten zur Geschichte Chinas«.
405 *Point de vue* – (franz.) Blickpunkt.
420 *Πολύκμητός τε σίδηρος* – (griech.) schön geschmiedetes Eisen.

ABBILDUNGSVERZEICHNIS

Alle Abbildungen stammen von Louis Choris. Die mit * versehenen Illustrationen wurden seiner Reisebeschreibung »Voyage pittoresque autour du monde« (1822; Malerische Reise um die Welt) entnommen, die übrigen dem Werk »Vues et paysages des régions équinoxiales, recueillis dans un voyage autour du monde« (1826; Ansichten und Landschaften der Äquinoktialgebiete, gesammelt auf einer Reise um die Welt).

NACHWORT

»Um 1 Uhr in der Nacht machten wir uns auf den Weg; noch brannte das Feuer der Wilden, noch erscholl, in Begleitung der dumpfen Trommel, ihr Gesang, und dieses, verbunden mit der finstern Nacht, verbarg ihnen unsere Abfahrt. Kaum hatten wir eine halbe Stunde gerudert, so geriethen wir auf eine Untiefe, und um uns hörten wir die Brandung wüthen; ein heftiger Wind machte unsere Lage gefährlich, das Boot zog viel Wasser, wir alle waren von der Arbeit erschöpft, und ich sah keinen Ausweg dem Tode zu entrinnen. Endlich kam uns allen der anbrechende Tag zu Hülfe, wir sahen den Weg den wir zu nehmen hatten. Die Matrosen strengten ihre letzten Kräfte an, um gewaltsam die starke Brandung zu durchschneiden – und wir waren gerettet.«

In jedem anständigen Abenteuerroman darf man Stellen wie diese zu finden hoffen. Sie stammt aber nicht aus dem Buch eines Dichters oder Romanschriftstellers, sondern von Otto von Kotzebue, Sohn des Bühnendichters August von Kotzebue, der als Kapitän der »Rurik« in den Jahren 1815–1818 eine »Entdeckungs-Reise in die Süd-See und nach der Berings-Straße zur Erforschung einer nordöstlichen Durchfahrt« unternahm und 1821 unter diesem Titel seinen Bericht über die Stationen und Ereignisse der Reise herausgab. Den wissenschaftlichen Anhang zu diesem Buch bilden im wesentlichen die »Bemerkungen und Ansichten« des Naturforschers der Expedition, Adelbert von Chamisso. Der hatte sich schon damals mit seinem »Peter Schlemihl« einen Namen als Dichter gemacht; was aber die Reise betrifft, blieb alles Erzählerische vorerst Sache des Kapitäns.

Erst fünfzehn Jahre später stellte Chamisso mit seiner »Reise um die Welt« dem bewegten Erlebnisbericht des Seemanns seine eigene Version gegenüber, deren anti-abenteuerliche Haltung geradezu programmatisch ist. Selbst den entscheidenden Augenblick, das Scheitern der Expedition, baut er nicht spannend auf, sondern kündigt in der Kapitelüberschrift schon an: »Der Zweck der Reise wird aufgegeben.« Immer wieder macht sich der Autor ein Vergnügen daraus, Perlen der Trivialität aus Kotzebues Bericht herauszulösen und im Zusammenhang mit den eigenen, lakonischen Formulierungen zur Geltung zu bringen. Wo es bei diesem heißt: »Schon konnten wir die Stunde unsers Untergangs berechnen, als der Wind sich plötzlich rettend wandte«, konstatiert er nur trocken: »Unsere Lage soll nicht ohne Gefahr gewesen sein.« Das Lieblingsstück in diesem Spiel ist sicher die Piratenschlacht im Chinesischen Meer: Kurz nach Erscheinen der »Entdeckungs-Reise« schrieb Chamisso das ironische Gedicht »Die Reise um die Welt«, worin er diesem Zwischenfall zwei Strophen widmete; und schon unterwegs muß über die Gefährlichkeit des fremden Schiffes gescherzt worden sein, denn Kotzebue selbst bemerkt an dieser Stelle: »Einigen unserer Herren schien meine Besorgnis zu weit getrieben ...«

Die Nüchternheit des Forschers bleibt auch in der Reiseerzählung so spürbar, daß Chamisso ausdrücklich um Nachsicht bitten muß: »Wie in der Geschichte eines Gefangenen eine Fliege, eine Ameise, eine Spinne einen großen Raum einnehmen, so ist dem Seefahrer die Ansicht eines Blattes Tang, einer Schildkröte, eines Vogels eine gar wichtige Begebenheit.« Selbst den Sturm erlebte er als »eine Zeit der unsäglichen Langeweile«; allerdings sieht er wohl, daß es damit nur den Passagieren so ergeht, während die Seeleute ganz anders einbezogen sind; und so kann er dem Kapitän am Ende doch den

Abenteuergeist nicht ganz verdenken: »Mit gesteigerter Tätigkeit führt er den Kampf gegen das Element und hat, siegend oder besiegt, Freude an sich selber, ist reicher nach überstandener Gefahr um eine erfreuliche Erfahrung von der eigenen Tatkraft.«

War denn aber damals, mehr als dreihundert Jahre nach der Entdeckung Amerikas, eine Weltumsegelung überhaupt noch der Rede wert? – Man muß es wohl annehmen. Beim Erscheinen der »Entdeckungs-Reise« Kotzebues waren laut Subskriptionsliste 681 Exemplare vorbestellt, was für ein Buch dieser Preisklasse keine geringe Auflage bedeutete. Nun war seit Mitte des 18. Jahrhunderts das Interesse an authentischen Reisebeschreibungen ohnehin immer allgemeiner geworden (und wurde nicht nur von Autoren wie Goethe und Alexander von Humboldt vortrefflich bedient), doch konnte man sich von dieser Unternehmung noch einige spezielle Aufschlüsse versprechen, namentlich was die Untersuchung einer Durchfahrt vom Pazifik in den Atlantik betraf; denn seit dem 16. Jahrhundert gehörte es zu den großen Herausforderungen der Seefahrt, nördlich von Amerika eine Passage zwischen den großen Ozeanen zu finden. Über den noch heute nach ihm benannten Sund kam Kotzebue nicht hinaus, was aber seine Fähigkeiten nicht in Frage stellt. Erst 1850 wurde die Passage von MacClure überhaupt entdeckt, und wieder über fünfzig Jahre später gelang Amundsen deren erste vollständige Durchfahrung. Auch das von Chamisso sehr bedauerte Versäumnis, die Antarktis (»New South Shetland«) unentdeckt links liegen gelassen zu haben, ist Kotzebue nicht so schwer anzulasten, denn zum einen lag dieser unbekannte Weg, der Schiff und Mannschaft gefährdet hätte, nicht im Bereich der ihm erteilten Instruktionen, und zum anderen schien seit Cooks zweiter Expedition (1772–1775) die Existenz eines südlichen Kontinents nicht mehr wahrscheinlich.

Mit besserem Ergebnis wurden zwei andere Aufgaben gelöst. Im Bereich der pazifischen Tropen konnten zahlreiche Inseln oder Inselgruppen entdeckt oder erstmals sicher geortet werden. Dabei ging es nicht bloß um die Ausschmükkung der Landkarten mit einigen neuen Sprenkelchen im weiten Ozean, sondern auch um die Feststellung sicherer Seewege, denn in der Region der Korallenriffe mußte man immer wieder mit gefährlichen Untiefen rechnen. Außerdem wurden einige der Koralleninseln so genau untersucht, wie es bis dahin noch nicht geschehen war. Dadurch gelang es Chamisso, die geläufigen Theorien über die Entstehung derselben zu widerlegen. Den dafür erforderlichen gewagten Manövern des Kapitäns beim Einfahren in die Riffe zollte er seine aufrichtige Bewunderung.

Weniger spektakulär war dann der Auftrag, die Tauglichkeit russischer und englischer Konserven zu überprüfen. Der Vergleich fiel eindeutig zugunsten der letzteren aus: Ganz im Tone dessen, der etwas für die künftige Seefahrt tut, berichtet Kotzebue, daß eine Schachtel St. Petersburger »Fleischzwieback« gleich nach dem Öffnen über Bord geworfen wurde. Chamisso bestätigt die Bedeutung solcher Forschungen: »Das Essen gewinnt auf einem Schiffe eine Wichtigkeit, von der man sich auf dem Lande nichts träumen läßt.« So durfte Herr von Kotzebue beim Gouverneur der Marianen, auf der Insel Guam, wohl einen Höhepunkt seiner Reise erleben: »Nachdem verschiedene Male Thee und Chocolade geboten war, führte man uns an einen mit Früchten, Confectüren und herrlichen Weinen reich besetzten Tisch; wir thaten uns gütlich daran, weil wir das Abendessen einzunehmen glaubten; kaum aber war eine Stunde verflossen, als wir in den Speisesaal geführt wurden, wo die Tafel, mit den kräftigsten Speisen beladen, uns erwartete. [...] Kaum waren wir erwacht, als der Gouverneur uns zur Chocolade einladen ließ; nachdem ich diese zu mir genommen, äußerte ich den Wunsch, die Stadt in Augenschein zu nehmen; dieses wurde mir aber erst gestattet, nachdem wir noch ein Frühstück eingenommen, das vollkommen einem Mittagsmahle glich.«

Wesentlich an solchen Begegnungen war aber vor allem der diplomatische Gehalt. Zwischen den langen Meerfahrten und einsamen Inseln wird man mitunter nämlich daran erinnert, daß der Kapitän eines russischen Kriegsschiffes in aller Welt sein Land zu vertreten hat. Salutschüsse hin und her werden sorgfältig abgezählt, und »Spanien und Rußland fallen einander in die offenen Arme«. Der Name Rußlands hatte zu der Zeit in den meisten Ländern einen guten Klang, nachdem sich Napoleons Große Armee an der endlosen Weite des Landes aufgerieben hatte. (Als der »Rurik« Europa verließ, hatte Napoleon eben seine letzte Schlacht verloren und war auf dem Weg in die Gefangenschaft auf St. Helena. Auch die skandinavischen Verhältnisse, die Chamisso anspricht, rührten von der Unruhe her, die Napoleon über Europa gebracht hatte: England hatte die dänische Flotte annektiert, um sie dem Zugriff Frankreichs zu entziehen.) In Teilen der Neuen Welt stand Rußland weniger günstig da; die Russisch-Amerikanische Kompanie, eine russische Gründung in Nordamerika, die vor allem den Pelzhandel betrieb, veranlaßte den Landsmann Kotzebue durch ihren schonungslosen Umgang mit den Eingeborenen zu bittersten Anklagen, und der mißliche Eindruck, den sie auf den Sandwich-Inseln hinterlassen hat, wird auch von Chamisso mitgeteilt.

Der wurde ebenfalls, wohin er kam, als Russe angesehen; er, der französische Deutsche, der, wo es nötig war, auch Spanisch sprach, hat dieses sein Weltbürgertum öfters mit munterem Stolz vermerkt. Wie als Folge davon ziehen sich ihm die entlegensten Länder im Verlauf der Reise gleichsam in eines zusammen; die Welt ist klein geworden. Diese Entdeckung, so alt sie schon damals war, nimmt auch unsere Zeit für sich in Anspruch, weshalb alle früheren Zeugnisse davon immer so erstaunlich sind. »Man fährt wie eine abgeschossene Kanonenkugel über die Erde dahin« – das ist von der Ausdrucksweise heutiger Urlauber kaum zu unterscheiden; und wirklich frappierend bleibt es, wenn der Schiffsreisende Chamisso, nach dem Abschied von der »Fremde«, seinen Heimweg noch um den halben Erdball »dem Abendgang des müden Wallers durch die lang sich hinziehenden Vorstädte seiner heimischen Stadt« vergleicht.

Eine große Welt aber, und voller Neuigkeiten, tat sich für Chamisso dennoch auf: die Tier- und vor allem Pflanzenwelt ganzer Regionen, in denen noch kaum ein Naturforscher gewesen war. Die Ergebnisse, die er von der ausgedehnten Expedition heimbrachte, verschafften ihm bald eine gesicherte Anstellung am Berliner Botanischen Garten und Königlichen Herbarium – wodurch ihm auch sogleich eine Heirat möglich wurde; die Reise war in jeder Hinsicht der entscheidende Wendepunkt in seinem Leben. Einen Namen als Wissenschaftler erwarb er sich schnell, und zwar nicht so sehr dank der großen Anzahl erforschter Einzelheiten, sondern vor allem durch seinen ausgeprägten Sinn für Zusammenhänge (seine Arbeiten über die Florengebiete der Erde machen ihn zu einem Begründer der Pflanzengeographie) und den klaren Blick der Unvoreingenommenheit. So blieb es ihm vorbehalten, ein Naturphänomen zu entdecken, das lange übersehen wurde, weil es allem Bekannten eben nicht entsprach: den Generationswechsel bei den Salpen (Ordnung der Manteltiere), wobei zwei völlig unterschiedliche Ausprägungen derselben Tierart einander generationsweise abwechseln. Mit der Arbeit »De Salpa« hat er noch heute seinen Platz unter den namhaften Biologen.

Zu den genannten Eigenschaften kommt noch die helle Begeisterung, mit der er seinen Forschungen nachging. Wer diese auch nur entfernt zu teilen vermag, wird noch aus der nüchterndsten Aufzählung herauslesen, daß die Tage in Kapstadt für Chamisso zu den schönsten der ganzen Reise gehörten: »Ich hatte Befehl erhalten, mich am Abend des 6. April einzuschiffen. Wie ich an Bord kam, wurde ein Tag zugegeben, und ich fuhr wieder ans Land. Ich machte am 7. noch eine weitere Exkursion [...]«

Begeisterung ist es auch, was Chamisso in einem Fall von seiner objektiven Sicht ein wenig ablenkt: die Liebe zu den Inseln von Radack (heute: Ratack; im Bereich der Marshall-Inseln) und ihren Bewohnern. Hier hat er sein Paradies gefunden, und hier traf er auch auf Kadu, den mutigen und klugen Uleaner, mit dem ihn bald eine herzliche Freundschaft verband. Von einem der letzten Tage auf den Radack-Inseln, an dem er allein mit Kadu und den Insulanern noch ein Gärtchen anlegte, heißt es: »Der eine Tag, den ich auf Oromed unter diesen anmutigen Kindern, ganz ihren Sitten gemäß, ohne Rückhalt, ohne fremde Einmischung zugebracht habe, hat mir die heiterste, frischeste Erinnerung hinterlassen, die ich von meiner ganzen Reise zurückgebracht.« Rousseausche Züge trägt seine Vorliebe für die »Region der Palmen« – die dem Reisebericht verschiedentlich eingestreute Zivilisationskritik ist von Parteilichkeit nicht frei. Nachdem er alles Unzweckmäßige in Kleidung und Kosmetik der Europäer als unschön abgelehnt hat, sind seine Argumente zugunsten der Tätowierung nicht wirklich schlüssig – er weicht auf ein »kunstgerechtes Ganze« aus. Dagegen sieht er über eine gewisse erotische Freizügigkeit bei den Insulanern, die sein europäisches Zartgefühl verletzt, mehr oder weniger bewußt hinweg. Die angepriesene Schönheit der Töchter von Ligiep wertet er streng als Ausnahme, und in bezug auf einen Zwischenfall auf Airick, über den bei Kotzebue zu lesen ist: »Der vermißte Matrose gestand offenherzig, daß Amor ihn auf Irrwege verlockt« habe, schreibt Chamisso nur: »Der Mann, den die Insulaner nicht aus feindlicher Absicht zurückgehalten, fand sich wieder ein« – ohne hier, wie sonst mehrfach, offene Kritik an Kotzebues Darstellung zu üben.

Bei seiner Liebe zu den Koralleninseln und seiner Abneigung gegen »das gräßliche Märchen unseres Winters« muß es für Chamisso eine ziemliche Enttäuschung gewesen sein, daß sein Name ausgerechnet einer kleinen Insel im Kotzebue-Sund, dem nördlichsten Punkt der ganzen Reise, verliehen wurde. In seinem Gedicht *Carabus*, worin die zweifelhaften Vorzüge des Forscherdaseins gepriesen werden, findet sich denn auch die Strophe:

Wer gab am Nordpol, hart und fest,
Mir das verfluchte Felsennest?
  Der Kotzebue, der hat's getan,
  Der Meer und Land verteilen kann.
    Der gab am Nordpol, hart und fest,
    Mir das verfluchte Felsennest!

Vielleicht schwingt in diesen Worten ein allgemeineres Ressentiment gegen den Seemann mit; schließlich hatte es der Naturforscher auf dem »Rurik« nicht leicht. Er mußte sich auf See möglichst in Luft auflösen, und sein Rat als Fachmann war durchaus nicht erwünscht. Das wurde ihm zweimal besonders deutlich gemacht: einmal, als er die Suche nach dem Südlichen Kontinent in Erwägung brachte; und früher noch, bei England, als er anbot, sich um den Bau einer Filtrierfontäne für frisches Trinkwasser zu kümmern: »Zuletzt war der Kapitän der Meinung, ›das Filtrieren werde dem Wasser die nahrhaften Teile entziehen und es weniger gesund machen‹.« Man merkt, daß die Begründung nicht rein sachlich war, und es ist ja auch verständlich, daß der Berufsnavigator, mit seinen Geräten und Tabellen, in dem überall interessierten und befähigten Naturwissenschaftler einen Konkurrenten sah, den es von Anfang an kleinzuhalten galt. Entsprechend muß man sich nicht wundern, wenn Kotzebue selbst berichtet, wie ihm Kapitän Freycenet im Hafen von Kapstadt seine wissenschaftliche Ausrüstung zeigte, »worunter eine Destillirmaschine, vermittelst welcher man Seewasser in trinkbares verwandeln konnte, meine besondere Aufmerksamkeit in Anspruch nahm«.

Auch sonst wurde auf die Arbeit des Forschers meist wenig Rücksicht genommen. Fossiles Elfenbein wurde verfeuert, Löschpapierpäckchen mit gepreßten Pflanzen mußten als Kopfkissen herhalten, eine Korallensammlung wurde zerstört – dennoch war die Ausbeute schon im Hinblick auf das Material beträchtlich: »Ich schätze, es sind nicht weniger als 2 500 Pflanzenarten, die wir gesammelt haben, und ein Drittel davon scheint mir neu und unbeschrieben zu sein.« Das teilte Chamisso dem Grafen Rumjanzew, Betreiber der Expedition, in einem offenen Brief von 1819 mit. Die Auswertung dieser Pflanzenfunde, deren Ergebnisse er nach und nach in der Zeitschrift »Linnaea« bekanntmachte, erstreckte sich über viele Jahre. Zunächst aber mußte er seine »Bemerkungen und Ansichten« schreiben, deren geplanten Charakter er in dem offenen Brief wie folgt umriß: »Von jedem Ort, in dessen Hafen wir vor Anker lagen, werde ich einen Artikel verfassen, der nur *objektive* Tatsachen enthalten wird und bar von Erzählerischem ist. Ich werde allgemeine Beobachtungen und höchstens kleine Besonderheiten mitteilen.« (Aus dem Französischen von Ruth Schneebeli-Graf) Seine Vorgaben hat Chamisso gewissenhaft erfüllt. Um so sorgloser ist wohl beim Druck jenes wissenschaftlichen Anhangs verfahren worden, weshalb er sich Jahre später, inzwischen auch als lyrischer Dichter berühmt, eine korrigierte Neuausgabe im Rahmen seiner Gesammelten Werke vornahm. Weil es sich aber nun einmal um einen Anhang handelte und weil ihm Kotzebues Reisebeschreibung weder zur Verfügung stand noch wirklich brauchbar erschien, entschloß er sich, eine eigene vorzulegen, die er aus alten Notizen und Briefen an die Freunde bestreiten konnte. Sein Wunschverfahren hierbei schildert er »vorwortlich«: »Ich würde […] den Gelehrten ganz verleugnen und nur das fremde Land und die fremden Menschen oder vielmehr nur mich selbst in der fremden Umgebung dem teilnehmenden Leser zu vergegenwärtigen trachten; und entspräche der Erfolg dem Willen, so müßte sich jeder mit mir hinträumen, wo eben uns die Reise hinführte.«

Daß das noch fünfzehn Jahre später gelingen konnte, verdankt sich nicht zuletzt zwei Eigenschaften Chamissos, die man gewöhnlich eher tadeln würde. So erzählt er selbst: »Darauf versetzte Herr von Kotzebue, in der nicht verhehlten Absicht, mir etwas Demütigendes zu sagen: [...] ich sei doch immer der, dessen Neugierde sich am gespanntesten zeige, und so erwartungsvoll sei keiner wie ich. – Ich wurde also, ich, der älteste an Jahren, gescholten, der jüngste zu sein an Sinn und Herz.« Die innige Neugierde ließ ihn eine Unzahl von Eindrücken aufnehmen und überall »mit dem Herzen dabeisein« (ohne welches die Erinnerung ausbleibt). Doch kommt in dem kleinen Abschnitt noch etwas anderes heraus: Chamisso war nachtragend. Was er einmal als Unrecht empfunden hat, empfindet er noch immer so. Dem liegt bei ihm aber ganz allgemein das Vermögen zugrunde, längst Vergangenes wiederaufleben zu lassen, eine Gabe, die den Schilderungen auch im Hinblick auf das Erfreuliche sehr zugute kommt. Und nicht nur deshalb wird man die gelegentlichen Spuren einer Charakterschwäche gern hinnehmen; vielmehr haben auch sie ihren Platz in einem so persönlich gehaltenen Text wie diesem.

Und das ist es doch zuletzt, wodurch sich die »Reise um die Welt« als das Werk eines Dichters erweist. In allen Lagen und Facetten kommt die Persönlichkeit Chamissos zum Ausdruck, und zwar so überwiegend sympathisch, daß man sich diesem Reiseführer und seinem Blick für die Dinge gerne anvertraut.

Gerade sein freundlich humorvoller Umgang mit den Eingeborenen nimmt einen schnell für ihn ein. Ob er im hohen

Norden, beim Austeilen von Geschenken, einem Mogler auf die Hände klatscht oder auf den Sandwich-Inseln der »Arocha«-Neckerei einiger Kinder ein überraschendes Ende bereitet – immer trifft er den richtigen Ton, »und wann man zusammen gelacht hat, kann man getrost Hand in Hand gehen«.

Seine Menschenachtung zeigt sich nicht bloß, wie bei vielen anderen der Zeit, in der Ablehnung des Despotismus und der scharfen Kritik am rücksichtslosen Missionswesen, sondern geht weiter. Während Kotzebue schwerfällig erwägt, ob jene segeltüchtigen Wilden nicht doch eher Halb-Wilde seien (zu denen er übrigens auch den König Tameiameia zählt), protestiert Chamisso ausdrücklich gegen die Benennung »Wilde«; und bei allem Eifer, mit dem er Sprache und Sitten der Menschen erforscht, degradiert er sein Gegenüber nie zum Objekt. Überhaupt ist ihm alle europäische Anmaßung fremd: Die versäumten Gelegenheiten, Hundefleisch zu kosten und einer Waffenübung auf O-Wahu beizuwohnen, erfüllen ihn mit dem gleichen Bedauern wie der Umstand, daß er die volkstümliche Lustbarkeit der Londoner, ihren Premierminister mit Straßenschmutz zu bewerfen, um eine halbe Stunde verpaßt hat. Es ist eben keine Herablassung des Zivilisierten, sondern herzliche Teilnahme, wenn sich Chamisso »kindergleich belustigt mit dem kindergleichen Menschen«.

Bezeichnend für sein aufgeschlossenes Wesen ist zuletzt auch der Heimatbegriff, den er gelegentlich vermittelt. Nur dank seinen Freunden, allen voran der Kriminalrat Eduard Hitzig, ist ihm »ein bestimmter Punkt der überall nährenden Erde zur Heimat geworden«. Darüber ist er sich erst auf der Reise richtig klargeworden, und damit ging für ihn, der sich seit vielen Jahren unter den Deutschen als Franzose, unter den Franzosen als Deutscher gefühlt hatte, ein langes Umgetriebensein zu Ende. 1813 hatte er diesem unerträglichen Zustand in »Peter Schlemihls wundersamer Geschichte«, die ihn auf Anhieb berühmt machte, selbst ein Denkmal gesetzt. Jedenfalls wurde das Märchen von dem Mann, der seinen Schatten verkauft, allgemein so gedeutet. Statt seinen Schatten zurückzubekommen, bleibt Schlemihl ein Ausgestoßener und findet am Ende doch seine Bestimmung: Mit Siebenmeilenstiefeln durcheilt er als Botaniker die Welt, und die zwei Schlußkapitel, in denen er seine Tätigkeit beschreibt, klingen wie die (ein wenig übertriebene) Vorwegnahme dessen, was Chamisso in den Jahren 1815 bis 1818 erleben durfte.

Etwas abweichend von der gängigen Ansicht hat Thomas Mann – im Geleitwort zu einer Schlemihl-Neuausgabe – den Schatten nicht als Bild für Heimat, sondern für bürgerliche Solidität angesehen. Diese bleibt dem Schlemihl versagt, und so reist er bis an sein Lebensende. Chamisso aber ließ das vage Vorhaben einer zweiten, vertiefenden Forschungsreise fallen. Er wurde Beamter, nahm eine Frau und führte bis zu seinem frühen Tod (1838) ein ruhiges Leben. Nicht ohne Anerkennung für den Aufstieg bemerkte Thomas Mann dazu: »Man kann nicht immer interessant bleiben.« Für den äußeren Lebenslauf Chamissos mag das zutreffen; seine »Reise um die Welt« bleibt lesenswert.

Freiburg, im Januar 2001 *Johannes Herlyn*

INHALT

Mein Herz war ganz erfüllt

Romantische Reisebriefe
2 Bände in Schuber

Herausgegeben
und mit einem Nachwort
von Gisela Henckmann

Mit 109 zeitgenössischen Abbildungen
598 Seiten, Leinen
ISBN 3-351-02896-2

Eine Verführung zum Reisen, Entdecken und Schreiben in zwei fulminanten Bänden mit Briefen und Bildern der Romantik, von Arnim bis Heine, von Joseph von Eichendorff bis Fürst von Pückler-Muskau, von Gustav Schwab bis Felix Mendelssohn-Bartholdy: Die Vielfalt ist faszinierend und zusammen mit den exzellent reproduzierten Bildern Augenfreude wie Lesefest zugleich.

»Diese Sammlung ist durch die Auswahl wie dank den Illustrationen und der liebevollen Ausstattung besonders geglückt und wird das Herz jedes offenen oder verkappten Romantikers, der sie geschenkt bekommt, ein paar Sprünge machen lassen.«

Die Furche

»Von Langeweile keine Spur. Stattdessen schwelgen wir in den Papier gewordenen Erlebnissen.«

Handelsblatt

Aufbau-Verlag